本书受到云南省哲学社会科学
学术著作出版专项经费资助

八至十世纪
敦煌尼僧研究

◎石小英　著

人民出版社

序　言

　　敦煌是一个地名，位于祖国大西北的甘肃省的最西端。我们这里所说的敦煌，是历史文化意义上的敦煌，从地域范围讲，是汉代敦煌郡的范围，这个范围大体包括今天甘肃省的敦煌市、瓜州县、玉门市、肃北县和阿克塞县的全境。在这个地域范围内的历史文化，我们都称之为敦煌历史文化。所谓的"敦煌学"，即是学人们对 2000 多年来发生在敦煌这块土地上的人和事所作的文字记录和发表的一些看法。《八至十世纪敦煌尼僧研究》就是青年学人石小英博士对敦煌特定历史时期的一个特殊的社会团体所发表的自己的看法。为了让同仁们对本书的背景有个大概的了解，这里我就多说几句。

　　敦煌有人类活动的历史已经 3000 多年，其中有文字记载的也有 2000 多年。远古时代，敦煌为西戎地，先后有塞人、乌孙、月氏、匈奴等游牧民族在这里生活和活动。玉门火烧沟及其他新石器文化遗迹，是相当于中原的青铜时代留下来的敦煌"远古"历史遗迹，表明在公元前 1000 多年前，敦煌地区就已经有了发达的农业文化。西汉时代敦煌设郡，北魏时为敦煌镇，隋、唐以后为瓜州、沙州，现为敦煌市。历史上曾是割据政权西凉国和西汉金山国的国都，北魏时期的敦煌镇曾管辖了我国西北的大片地区。敦煌历史发展的每一个阶段都独具特色，如发达的汉晋文化和大量历史文化名人、繁荣的隋唐盛景、吐蕃的文化中心、归义军时期孤悬塞外的地方政权等。敦煌因为地处亚洲腹地，历史上就是中国与西方各国进行经济、文化交流的中心地带。人类的埃及文明、两河文明、印度文明、中华文明、希腊文明等在这块土地上神奇地进行了交汇和融合，形成了集东西方世界古代文明为一体的作为人类古代文明的象征。因此，敦煌又被誉为人类古代文明的中心。敦煌历史文化是在中华民族传统文化的基础上，吸收了来自东南西北各地的优秀文化，所形成的具有世界性的文化；加之敦煌又有效地保存了这种文化，所以敦煌被看作人类古代文明的中心，敦煌文物又被看作人类古代文明的结晶。特别是公元4到14世纪，在那片广大的区域内，开凿兴建了以莫高窟为首的敦煌佛教石窟群，包括敦煌莫高窟、敦煌西千佛洞、安西榆林窟、安西水峡口、安西东千佛洞、肃北五个庙、肃北一个庙、玉门昌马等石窟群。1600多年后，这些石窟群还为我们保存了我国中古各个历史时期的石窟大约近900多座，里面有壁画50000多平方米，彩塑3000多身，她用艺术图像记录了中国古代1000年间的历史与社会风貌，是世界范围内现存规模最大、内容最丰富的历史文化艺术宝库。在所有展现人类古代文明的历史文化遗产中，敦煌石窟占有十分突出的地位。敦煌石窟艺术包括敦煌石窟建筑、彩塑和壁画。敦煌石窟的佛教文化和佛教艺术，全面展示了埃及、印度、中国和希腊等世界人类古代文明，集中体现了世界人类的古代文明中心的内容，显示出极大的历史价值和文化意义。100多年前，敦煌莫高窟"藏经洞"出土了公元3至10世纪的写本文书和大量美术品、印刷品等，为近代世界考古史上最伟大的发现之一。敦煌的艺术品中，丰富多彩的绢画、纸画、麻布画、剪纸（窗花、覆瓣莲花）、刺绣、画幡等，以及集艺术史、经济史与科学技术史价值为一身的版画（雕版印画），就是藏经洞出土的。从内容方面讲，藏经洞文献主要是写（印）经和社会文书，其中文书部分的内容包罗万象，被誉为敦煌及中国古代社会的百科全书。是中国古代社会历史文化发展的真实的记录，其价值与石窟本身并驾齐驱，相得益彰。遗憾的是，由于历史原因，敦煌藏经洞文献大部分流失海外，分藏于世界各地以及国内各处。

敦煌既是艺术的宫殿，又是学术的海洋。敦煌和敦煌艺术吸引着全世界的目光，敦煌历史文化的研究遂成为一百多年来的国际显学。这就有了一百多年来一代又一代的专家学者们承前启后的探索和追求。石小英作为后来者，也作为在敦煌所在的甘肃这块土地上生长的青年学子，满腔热情地投入敦煌研究的队伍之中，从硕士到博士，一直作敦煌方面的研究；工作以后到了大西南，在客观上基本不具备任何研究条件的情况下，继续从事敦煌研究工作，一方面是因为敦煌的魅力，另一方面也体现了小英同志的执著。

十年前，我作为西北师范大学的兼职教师，为石小英和她所在的该校敦煌研究所的硕士研究生们讲授《敦煌研究方法论》。从事敦煌研究和其他方面的研究不太一样的地方，就是首先需要一份对敦煌的感情，并由此而产生出一种强烈的历史使命感。这是因为，我们的列祖列宗创造了辉煌灿烂的敦煌文化，研究敦煌就是中华民族的先民们留给我们和我们的子孙们的一项神圣的历史使命。小英同志也就是在这种历史使命感的驱使下，认认真真地读书，踏踏实实地研究，勤于思考，善于分析，不断虚心听取他人的意见，展示出在人文科学研究方面的能力和潜质。《八至十世纪敦煌尼僧研究》是石小英的博士学位论文。这在敦煌研究领域内是一个很少有人注意的专题，可参照的前人研究成果较少。本论文从一个新的视角，专门就这一特殊的社会群体进行系统研究：先是归纳和总结了本研究领域的学术发展及最新成果，在翻阅大量敦煌文献与传世史籍的基础上，就公元八至十世纪时的敦煌尼僧、尼寺（尼僧团）的各个方面，如尼僧组织与管理、尼僧的佛事活动、尼僧的经济收入、尼僧与家庭及社会的关系、尼僧的财产处理、政府与尼僧团的管理等方面作了深入、细致地研究；在尼僧与世俗家庭的关系及家庭地位、尼寺经济、政府对尼僧在管理方面的特殊政策等方面提出一些新的见解；特别是她以女性学人特有的细腻和感悟，对尼僧不同于男性僧人的宗教心理特点作了入微的分析。作为第一部系统研究敦煌尼僧的专著，小英同志的贡献应该是开创性的。

当然，同任何学术成果一样，《八至十世纪敦煌尼僧研究》还存在这样那样的问题。从2005年开始写作时，小英就不断征求我的意见；2008年作为博士学位论文脱稿后，我参与了评审和答辩；这是第三次看到这份稿件，其中已经大量吸收了来自各方面的修改意见，补充了许多新资料。但也有些问题可能限于条件还没来得及修改，或者是作者有自己的想法；这一点在学术研究方面来讲是很正常的。我一直认为，谁作某一专题的研究，谁就是那个专题的最权威的专家；别人，包括导师们，都只是站在外围，以旁观者的角度提供一些参考性的意见和建议，完全可以由作者定夺取舍。通过独立思考得出独到的见解，也是学术研究的基本要求。这一方面，我们不能苛求于任何人，当然也包括小英同志。书稿的出版，只是这一研究专题的一个阶段性的总结和新的起点。我相信小英同志今后会继续关注这一自己已经研究多年的课题，继续不断地听取师友们的意见，使敦煌尼僧的研究成果更加完善，同时促进自己所从事的其他各领域研究工作的深入开展。

马　德

2012 年 12 月 25 日于兰州

目　录

绪　论

第一节　选题缘起

尼僧，包括沙弥尼、式叉尼和比丘尼。八至十世纪敦煌佛教兴盛，寺院林立，形成了庞大的尼僧阶层。

一方面，这些尼僧作为出家女性，宗教身份赋予了她们独立的社会地位和追求自我存在价值乃至宗教理想的权利。与世俗女性相比，尼僧无论在生活上，还是在信仰上都有很大的不同。这种不同使得她们享有更大的活动空间和更多的自由，使其生活与世俗女性的生活相比更丰富多彩。再加上女性不同于男性的身心特征，又使她们与男性僧人有很大的区别，故研究她们的生活状况，具有一定的典型性，有着特殊的意义。

另一方面，由于自古以来中国女性的社会地位低下，女性没有被给予太多的关注，同时也长期在研究领域中处于弱势。八至十世纪的敦煌尼僧作为地方性的出家女性更是如此，尽管郝春文先生有大著《唐后期五代宋初敦煌僧尼社会生活》，但书中仍以男僧为主对唐后期五代宋初敦煌僧尼的社会生活作了描述，尼僧仅作为涉及对象作了简要论述，故目前为止，很少有论著从社会史角度对尼僧的社会生活状况作专门性的研究。笔者出于这些考虑，选择此方向作为研究题目，以期对了解八至十世纪敦煌尼僧社会生活的真情实况有所裨益。

第二节　研究范围界定

研究的时间范围是八至十世纪。将时间范围限定在这一阶段的主要原因如下：

八至十世纪的敦煌处于唐、吐蕃、归义军统治时期，相当于中原的唐五代宋初这一历史时期。佛教自西汉末年经西域传入内地，位于西域到内地咽喉处的敦煌，遂成为最早接触佛教的地区之一。佛教传入敦煌及内地后，历经两汉、魏晋时期的传播和发展，在这一时段达到鼎盛。故选择这一时段作为研究的时间范围，有利于全面了解此时期敦煌佛教的发展盛况。

其次，就史料来源来说，主要是敦煌文献。而敦煌文献中保存的大量佛教典籍以及有关寺院各方面活动的文献资料，主要集中在八至十世纪即唐、吐蕃、归义军统治时期，故而选择这一历史时期作为研究的时间范围，有利于选取详实的文献资料对研究对象进行探讨，从而增加论述的正确性、可靠性和可信性。

将地域范围主要限定在敦煌。在传世文献中，与研究对象相关的文献资料较少，而敦煌文献中却保存了一大批反映这一时期与研究对象直接相关的各方面的资料，在许多方面可以弥补传世文献的缺失。数年来，学者们对其中有些资料作过探讨，但尚未从整体上对这批材料进行全面搜集、深入分析和系统研究。以此地区为研究地域范围，意在通过对敦煌地区尼僧的探讨，来了解中国整个社会范围内尼僧生活的真情实况。

另外，源于印度的佛教，经过两汉、魏晋和本研究时段的传播和发展，不断的调整自身以适应中国人的伦理道德观念，逐步中国化和世俗化，再加上当时敦煌特殊的人文社会环境，佛教又经历了一个本土化的过程，形成了中国地方特色的佛教。这种佛教形态与中国整个范围的佛教形态相比较，既有共性，又有个性。本课题以此为研究地域范围，可以达到一举两得的效果，也就是说，既了解了尼僧在整个社会范围内的普遍性，又探讨了尼僧在敦煌的特殊性。

尼僧，是指专门从事佛教活动的出家女性，包括沙弥尼、式叉尼和比丘尼。关于"尼僧"这个概念的应用，历时已久，编号为 S. 5820 + S. 5826 的敦煌文献中，我们可清楚地看到有"牛主尼僧明相年五十五"、"保人尼僧净情年十八"的记载，唐耕耦、陆宏基先生据此将该文书定名为《未年尼僧明相卖牛契》。编号为 S. 4622v 的敦煌文献中，亦可清楚地看到有"尼僧菩提心菩提严状"的记载，"尼僧"二字清晰可见，唐耕耦、陆宏基先生亦据此将该文书定名为《尼僧菩提心菩提严请亡僧舍地状稿》，又编号为 S. 1604 的敦煌文献中有"尼僧寺燃一盏灯"。① 编号为 P. 3175 背的敦煌文献中有"雠法律面贰斗，转经时屈尼僧用"。② 编号为 P. 2058 的敦煌文献中有"尼僧乃幼怀俊德，负艺怀能"。③其中的"尼僧"两字亦清晰可见。这些事实说明将出家女称为"尼僧"的情形，早在八至十世纪时的敦煌就已经存在，且已被时人所用，唐耕耦、陆宏基等先生也已接受并沿用了此概念。在此之后，这个称呼逐渐得到了学术界的公认。如德吉卓玛在其著作《藏族出家女性研究》④、张子开在其论文《〈比丘尼传〉所见蜀地尼僧传记及其语言学价值》⑤、秦闳韬在其论文《探访尼僧生活》⑥、慈学在其论文《两岸尼僧首次在汉相逢记》⑦、周晶在其论文《寺庙里的女人——20 世纪民主改革前西藏尼僧的生存状态研究》⑧、徐建国在其论文《徐州竹林寺与中国第一尼僧》⑨、刘夏蓓在其论

---

① 唐耕耦等：《敦煌社会经济文献真迹释录》第 4 辑，全国图书馆文献缩微复制中心 1990 年版，第 126—127 页。

② 《法藏敦煌西域文献》第 22 卷，上海古籍出版社 2002 年版，第 88 页。

③ 黄征等：《敦煌愿文集》，岳麓书社 1995 版，第 249 页。

④ 德吉卓玛：《藏族出家女性研究》，社会科学文献出版社 2003 年版。

⑤ 张子开：《〈比丘尼传〉所见蜀地尼僧传记及其语言学价值》，《宗教学研究》1999 年第 2 期。

⑥ 秦闳韬：《探访尼僧生活》，《中州今古》2003 年增刊。

⑦ 慈学：《两岸尼僧首次在汉相逢记》，《武汉文史资料》2004 年第 3 期。

⑧ 周晶：《寺庙里的女人——20 世纪民主改革前西藏尼僧的生存状态研究》，《青海社会科学》2005 年第 2 期。

⑨ 徐建国：《徐州竹林寺与中国第一尼僧》，《江苏地方志》2005 年第 6 期。

文《从生活所迫到自愿选择——甘南夏河尼僧出家原因的人类学调查》[①]
和杨梅在其论文《唐代尼僧与世俗家庭的关系》[②] 中都曾利用了"尼僧"
这个概念,并将她们作为研究对象进行了相应的研究。本研究沿用这个
概念,其中所指尼僧从理论上讲,包括八至十世纪这一时期所有的沙弥
尼、式叉尼、比丘尼。因此只要是敦煌地区在八至十世纪曾经出家为尼
的女性,都是本研究的探讨范围。

由于佛教对出家女性的定义与中国传统价值观念中对妇女的角色定
位截然相反,妇女的出家使得妇女摆脱了传统角色的约束,而成为妇女
中的特殊阶层。本研究以这个群体为研究对象,意在了解这一特殊阶层
的概况。其次,目前,在国外,佛学之女性研究已成为佛学研究中一个
重要领域,并与其他女性研究互相呼应。在国内,对她们的研究无论是
在理论层面还是宗教实践层面都显得太过单薄,尚未形成专门研究,只
是作为妇女史研究中一个不太重要的环节略加提及。因此,选择这个群
体作为研究对象,对弥补这方面的不足,了解此群体生活的实况,具有
重要的意义。

第三节 国内外研究史回顾

佛教中的女性研究开始于 19 世纪末 20 世纪初的英国,当时所作的
工作是对佛教女性形象的还原,所研究的经典,以巴利文经典为主。其
代表作品,首推翻译收录亚洲宗教重要典籍的《东方圣典》,这部圣典中
有 H. B. Honer 翻译的比丘尼戒律。

随着 20 世纪初女性主义运动的兴起,女性主义研究方法和目标扩大

---

① 刘夏蓓:《从生活所迫到自愿选择——甘南夏河尼僧出家原因的人类学调查》,《民族研究》
2007 年第 2 期。

② 杨梅:《唐代尼僧与世俗家庭的关系》,《首都师范大学学报》2004 年第 5 期。

了佛教性别研究的视界，对传统的佛教研究造成了冲击，佛教性别研究范围从印度早期佛教、南传佛教扩展到藏传佛教以及其他佛教系统，研究领域也从经典的还原扩展到运用宗教社会学、宗教心理学、宗教伦理学的方法展开对佛教女性的研究，研究的问题涉及教团史、比丘尼身份的取得等许多不同层面。特别 20 世纪 80 年代以来，英语世界已经出版了相当多的佛教女性研究著作。如 1985 年黛安娜·保尔（Diana Y. Paul）的《大乘佛教的女性形象》中在小乘佛教与大乘佛教的对比中探讨了佛教两性平等的议题，发现佛教经典对女性有全盘否定和高度理想化的两元性，向西方世界揭示佛教并非全然两性平等。凯伦·朗（Karen C. Lang），沿着 Diana 的研究脉络，开始将性别的观点引入巴利文经典的研究，探讨以男性为主的僧团如何将女性物化为情欲的激发者和对象，遂成为佛教性别研究的重要主题。南西·福克（Nancy A. Falk）对照比丘尼僧团在南亚和中国的兴灭，不仅将历史和社会的因素加入佛教妇女史的研究范畴，并且点出僧俗之别存在的性别位阶关系。1987 年古正美的博士论文《大乘佛教的女性观》（The Mahayana view of Women），以女性能否成佛的不同观点，论述不同部派的教义和表达方式，并且推论比丘尼传承于南传佛教消失，即源于部派戒律负面的女性观。

20 世纪 90 年代以来，学者们开始从藏传和其他佛教传统比较角度进行佛教妇女研究，并且随着女性主义妇女史在宗教学领域的奠定基础，全球各区域的女性宗教生活研究受到重视。如田青的《〈阿央白〉与佛教密宗的女性观》、刘婉俐《智慧的女性：藏传佛教女性上师传记与佛教女性的身份认同议题》、堪布卡塔仁波切《证悟的女性》、珊蒂·宝雀尔的《法轮常转——女性灵修之路》等。随之，佛教妇女的研究不再局限于经典典范，而偏向研究女性的宗教经验和集体制度化的宗教生活。以释慧空为代表的学者，致力于这方面的研究，成绩斐然。日本学界佛教研究起步较早，在佛教女性研究这一课题上也有专门的著作出版。如冢本善隆《中国佛教通史》第六章第五节《尼僧教团的成立与发展》[①]、佐

---

① 《中国佛教通史》，东京，春秋社 1979 年版。

藤达玄《中国初期佛教中的比丘尼教团》① 等。中国台湾地区在战后几十年中比丘尼教团力量成长迅速，学界和教内都展开了对尼僧史的研究。其研究方向主要有三个：第一，比丘尼的性别角色与社会价值系统之交涉，代表人物为卢蕙馨、李玉珍、黄倩玉、陈美华、于君方、黄敏枝②。第二，比丘尼僧团的制度改革与现代佛教的发展，代表人物为姚丽香、丁敏、江灿腾、戴爱莲、陈美华。第三，从佛教史的脉络，始自印度的中国传承，以及日据以来台湾两部分，探讨法脉传承，代表人物为释惠敏③、李玉珍、江灿腾。此外，对这一研究领域作出贡献者，还有一大批比丘尼学者，如释恒清、释永明、释慧严、释见晔、释昭慧、释悟因、释依法、释若学等，她们研究主要集中在比丘尼的法脉传承上。而且可分为比丘尼僧团史和戒律两类。星云法师《比丘尼僧团的发展》④、释永明《佛教的女性观》、释恒清《菩提道上的善女人》、释见晔《走过台湾佛教转型期的比丘尼——释天乙》、释慧严《从台闽佛教的互动看尼僧在台湾的发展》，以及释依法收集中国历代比丘尼的网站，都尝试把比丘尼僧团的发展放入佛教史⑤。戒律方面的研究有：释昭慧《律学今诠》、《佛教伦理学》和释能融《律制、清规及其现代意义之探究》等。

相比之下，大陆学界对比丘尼研究较少，相关论文专著屈指可数。

著作方面：蔡鸿生的《尼姑谭》，从文化史和社会史方面考察了中国尼姑的命运。赵红勃的《从民间信仰考察唐代僧尼的社会角色》，从民间信仰方面对唐代僧尼的社会角色进行初步探讨，认为僧尼在民间可作医疗者、预言者、驱邪者，并在社会交往中扮演着重要的角色。洪丕谟的《中国名尼》、李哲良的《中国女尼》，分别对中国见载于史籍的尼僧情况进行了探讨。德吉卓玛的《藏传佛教出家女性研究》，首次对藏族出家

---

① （日）饭田利行博士《古稀记念东洋学论丛》，东京，1981 年。

② 著有《宋代妇女的另一侧面——关于宋代的比丘尼》，载《唐宋女性与社会》，邓小南主编，上海辞书出版社 2003 年版。

③ 著有《中土比丘尼传承与西藏比丘尼僧团之重建》，《佛学研究中心学报》1998 年第 3 期，"国立"台湾大学文学院佛学研究中心印行。

④ 《普门学报》2002 年 5 月第 9 期，佛光山文教基金会印行。

⑤ 见李玉珍：《比较近二十年来中英文的佛教妇女研究》，发表于《人间佛教与当代对话——第三届印顺导师思想之理论与实践》学术研讨会。

女性问题作了全景式的研究。白文固、赵春娥《中国僧尼名籍制度》，从僧尼公贯、僧尼公度、卖度、僧尼身份证件管理、寺院管理制度、寺院僧尼的赋役等方面，讨论了古代政府对入寺人口的口籍管理制度。

论文方面：第一，杨梅《唐代出家女性因缘考》①，黄清发《唐代僧尼的出家方式与世俗化的倾向》②，宋仁桃《浅议魏晋南北朝时期女性出家之现象》③，许智银《论北魏女性出家为尼现象》④等，对各个具体历史时期世俗女性出家为尼之因缘作了具体的分析，指出女性出家的原因和动机是多方面的，既有社会及家庭的因素，又有主观心理因素，具体到每个女性身上，又各有其特殊原因。

第二，周玉茹《印度佛教最早的比丘尼》⑤，徐建国、黄景坤《徐州竹林寺与中国第一尼僧》⑥，非文《中国佛教第一尼》⑦，就尼僧的溯源作了简要论述，说明了"比丘尼之兴源于爱道"，净检尼是中国第一个比丘尼。

第三，曹大为《中国古代的庵观女子教育》⑧，对出家女性的修习教育状况进行了分析说明，指出佛道女子教育自成体系，颇有特色，这种教育对中国正统教育乃至整个社会教化产生了深远影响。

第四，杨孝容《从〈比丘尼传〉看刘宋时期尼僧概况》⑨、《中国历代比丘尼》⑩，徐晓丽《唐五代敦煌大族出家女性初探》⑪，秦闳韬《探访尼僧生活》⑫，王小明《"尼传"与"尼史"》⑬，陈怀宇《中古时代后妃

---

① 《历史教学》2005 年第 12 期。
② 《南通师范学院学报》2002 年第 1 期。
③ 《江南社会学院学报》2002 年第 3 期。
④ 《许昌师专学报》2001 年第 6 期。
⑤ 《世界宗教文化》2004 年第 1 期。
⑥ 《江苏地方志》2005 年第 6 期。
⑦ 《中国宗教》1999 年第 1 期。
⑧ 《中国史研究》1995 年第 3 期。
⑨ 《宗教学研究》（成都）1997 年第 2 期。
⑩ 《法音》1998 年第 4 期
⑪ 花平宁主编《麦积山石窟艺术论文集》（下），兰州大学出版社 2004 年版。
⑫ 《中州古今》2003 年第 1 期。
⑬ 《法音》1997 年第 5 期。

为尼史事考》①，王孺童《尼众秉承大爱道精勤持戒证菩提——〈比丘尼传〉述评》②，雷若欣《中国古代尼姑世俗心态分析》③，张煜《〈续比丘尼传〉初探》④，张煜《佛教故事群中的女性——以〈经律异相〉之记载为中心》⑤，李传军《从比丘尼律看两晋南北朝时期比丘尼的信仰与生活——以梁释宝唱撰〈比丘尼传〉为中心》⑥，黄霞《浅谈晚唐五代敦煌"女人社"的形态及特点》⑦，马洪良、周海燕《魏晋南北朝时期的比丘尼》⑧，严春花《墓碑文中的中唐比丘尼初探》⑨，庄圆《东晋南朝时期尼僧社会生活的历史考察——以〈比丘尼传〉为中心》⑩，鲁统彦《隋唐时期僧尼角色研究》⑪，周玉茹《中国早期比丘尼研究》⑫，吴艳《两晋南北朝与唐代比丘尼僧团比较研究》⑬，等等，分别以史籍及《比丘尼传》中所记载的尼僧为主要研究对象，对她们的宗教生活和社会生活进行了系列研究。杨宝玉《唐五代宋初敦煌尼僧史初探》⑭，对敦煌文书中保存的尼僧史料的基本情况进行了归纳探讨，并结合史料勾勒了敦煌尼僧的宗教修习与生活情况；江岚《晚唐五代宋初敦煌尼寺研究》⑮、《试论吐蕃归义军时期敦煌尼寺常住财产的收入》⑯、《吐蕃归义军时期敦煌尼寺财产的支出》⑰，对吐蕃归义军时期敦煌尼寺常住财产的收入与支出、尼寺的社会功能以及比丘尼的经济状况进行了分析与研究；陈大为《唐后期

---

① 《华林》第 2 卷，中华书局 2002 年版。
② 《佛教文化》2007 年第 3 期。
③ 《南都学坛》2006 年第 1 期
④ 《法音》2005 年第 2 期。
⑤ 《新疆大学学报》2004 年第 1 期。
⑥ 《徐州师范大学学报》2006 年第 1 期。
⑦ 《北京图书馆刊》1997 年第 4 期。
⑧ 《平顶山学院学报》2005 年第 6 期。
⑨ 《西安文理学院学报》，2005 年第 1 期。
⑩ 华东师范大学，硕士学位论文，人文学院历史学系，2007 年。
⑪ 首都师范大学，博士学位论文，2005 年。
⑫ 中国人民大学，硕士学位论文，人文学院哲学系，2005 年。
⑬ 西北大学，硕士学位论文，2003 年。
⑭ 《五台山研究》2009 年第 2 期。
⑮ 首都师范大学，硕士论文，2008 年。
⑯ 《敦煌学辑刊》2008 年第 1 期。
⑰ 《首都师范大学学报》2007 年增刊。

五代宋初敦煌僧寺研究》①、《唐后期五代宋初敦煌僧寺/僧与尼寺/尼贫富状况的比较》②、《敦煌僧寺与尼寺之间的往来关系》③，对敦煌净土寺和龙兴寺两个僧寺，以及敦煌寺院的建筑、僧寺与尼寺的比较和敦煌寺院的福田事业进行了系统探讨。

第五，李小敏《隋唐时期的出家人与家庭》④，杨梅《唐代尼僧与世俗家庭的关系》⑤，对尼僧与世俗家庭的关系作了分析探讨，说明了佛教传入中国后，开始中国化、本土化和世俗化，尼僧的生活贴近世俗大众，与家庭关系比较紧密。

第六，德吉卓玛《萨加尼僧研究》⑥、《藏族尼僧》⑦、《格鲁派尼众僧团初探》⑧、《藏传佛教息解派尼僧与尼僧组织》⑨，尕藏才旦《走进尼姑世界》⑩，妮玛娜姆《浅析佛教的女性成佛观》⑪、《藏传佛教尼众寺院考》⑫ 等，对藏族尼僧及佛教中的女性生活，进行了比较系统的说明。

第七，杨小敏《唐代妇女与佛教》⑬，严耀中《佛教戒律与唐代妇女家庭生活》⑭，佛光裕《古代印度佛教中的杰出女性》⑮，刘文明《传统佛教文化中的佛教女性》⑯，释大智《佛教的妇女观》⑰，杨孝荣《佛教女性观源流辨析》⑱ 等等，对佛教中的女性的信仰和生活情况作了论述。

---

① 上海师范大学，博士论文，人文与传播学院，2008 年。
② 《中国社会经济史研究》2009 年第 4 期。
③ 《敦煌研究》2010 年第 3 期。
④ 《河南社会科学》2005 年第 2 期。
⑤ 《首都师范大学学报》2004 年第 5 期。
⑥ 《西藏研究》2003 年第 2 期。
⑦ 《法音》1998 年第 2 期。
⑧ 《西藏研究》2004 年第 1 期。
⑨ 《戒幢佛学》第 3 卷，2005 年。
⑩ 《西藏人文地理》2004 年第 1 期。
⑪ 《西南民族大学学报》2004 年第 5 期。
⑫ 《四川大学学报》1999 年第 4 期。
⑬ 《沈阳师范大学学报》（社会科学版）2003 年第 3 期。
⑭ 《学术月刊》2004 年第 8 期。
⑮ 《佛教文化》2004 年第 1 期。
⑯ 《湘潭师范学院学报》2003 年第 6 期。
⑰ 《中国宗教》2002 年第 3 期。
⑱ 四川大学，博士学位论文，2004 年。

以上的学者们从不同的角度对佛教中的女性进行了研究，总的来说，主要是对《比丘尼传》文本本身的考订和史料的辨析，以及对尼僧的宗教及社会生活的某个具体方面进行了阐述，很少有对尼僧进行系统研究，本研究在前辈研究基础上，试图利用丰富的敦煌文献，主要对八至十世纪敦煌尼僧进行系统研究，以期对了解中国古代整个尼僧的宗教和社会生活有所裨益。

第四节　基本材料与研究方法

八至十世纪即唐五代宋初时期的敦煌佛教是一种中国化、民族化、世俗化的佛教，同佛学家所描绘的正统佛教亦即传统观念中的佛教大相径庭、别具典型。本研究以敦煌尼僧为选题对象，以八至十世纪为选择时段，基本研究思路是通过对敦煌文献中保留下来的相关文献进行整理归纳总结考证，还原生活在这一时期敦煌佛教中的尼僧别具一格的生活情况。同时也基于敦煌是当时中原正统王朝统治下的一个地方行政区域，尼僧生活又与内地有相似地方的考虑，以期研究这一问题能对了解全国的尼僧在这一时期生活状况有所裨益。

本研究的材料来源有以下几个方面：

第一，由于本研究以尼僧群体为研究对象，因此以佛教史为记载内容的佛教文献，就成为最为重要和最为基本的材料。包括《大正藏》、《比丘尼传》、《比丘尼传校注》、《高僧传》、《佛祖统纪》、《法苑珠林》、《弘明集》、《广弘明集》等。

第二，基本古籍。研究中利用了历史研究中的各种基本史料，如《仪礼注疏》、《魏书》、《宋书》、《南齐书》、《弘明集》、《广弘明集》、《北齐书》、《通典》、《唐律疏议》、《唐六典》、《南史》、《北史》、《旧唐书》、《新唐书》、《资治通鉴》、《太平广记》、《唐会要》、《佛祖统纪》、

《全唐文》、《入唐求法巡礼行记》等。这些基本古籍是本研究中不可缺少的史料来源之一。

第三，敦煌文献。包括敦煌文献中的僧传、邈真赞，及写经题记等，如《英藏敦煌文献》、《法藏敦煌西域文献》、《俄藏敦煌文献》、《敦煌宝藏》、《敦煌丛刊初集》、《英藏敦煌社会历史文献释录》、《敦煌社会经济文献真迹释录》、《敦煌石室写经题记》、《敦煌发愿文》、《敦煌邈真赞校录并研究》，等等，这是本研究参考的最重要的资料。

第四，石窟资料。石窟和壁画等形象资料亦是本研究的主要资料来源，本研究力图将敦煌文献与石窟资料相结合，对研究对象进行探讨。

第五，借助了墓志、碑铭等各种石刻文献资料，以及与尼僧相关记载的研究，并注意参考融摄前辈的研究成果。

由于本研究对尼僧的探讨，仍然属于传统的历史学科学研究的范畴，因此在研究方法上，仍然沿用传统的分析、归纳的方法，对有关的文献资料进行梳理和分析探讨。

除历史考察外，研究中还试图采用社会学的理论，分析尼僧的社会生活。与此同时，还运用宗教心理学、宗教社会学的方法来解读当时敦煌女性出家为尼的原因、与世俗家庭的关系以及尼僧团与社会的互动关系。

另外，尼僧是整个僧伽的一个群体，尼僧的历史是整个佛教史的一部分，因此，本研究在叙述尼史的发展变迁过程时，力图将其置入整个佛教史的大背景下考察这一社会群体活动，以便对她们进行大范围内的准确定位和分析。

第五节　创新点

本研究的创新点主要体现在以下几个方面：

首先，对很少有人注意的敦煌尼僧进行了系统的专题研究，这是以往学者未曾做过的工作。

其次，根据当时敦煌佛教的特点，对敦煌尼僧生活的方方面面，特别是尼僧与世俗家庭的关系及家庭地位进行了探讨，关于这方面的探讨是全新的，在一定程度可以说是笔者对敦煌尼僧的一点独到见解。

再次，对敦煌尼寺经济的专题研究、尼僧不同于男性僧人的宗教心理特点以及政府对尼僧在管理方面的特殊政策的探讨，也是本研究的创新点。

第一章 佛教在敦煌的传播和发展概况

敦煌地区位于河西走廊西端，南枕气势雄伟的祁连山，西接浩瀚无垠的塔克拉玛干大沙漠，北靠嶙峋蛇曲的北塞山，东峙峰岩突兀的三危山，地处青藏高原北部边缘地带。自汉代开始，为了避开正西方的塔克拉玛干大沙漠，我国通往西域的路沿着沙漠分南北两道。据《汉书·西域传》载：南道经楼兰、于阗、皮山、莎车，越葱岭到大月氏、安息，西达今阿拉伯半岛的条支和地中海的大秦，北道经车师前王庭、龟兹、姑墨、疏勒越葱岭到大宛、康居，亦可达安息、大秦。无论南道，还是北道，其起点皆为敦煌。据史载，当时为防御匈奴侵扰，汉朝廷在敦煌郡北部修筑了长城，与酒泉郡的长城相接。郡西部则建有玉门关和阳关，出关可通西域。两关之间也有长城和烽燧相连。汉武帝取匈奴河西后，敦煌为所建最早的四郡之一，成为中原通西域的门户和边防军事重镇，为汉唐时代中西交通道路上一大都会。

敦煌作为紧邻西域的门户，成为东西方文明的荟萃之地。早在西汉末东汉初，佛教便沿着丝绸之路经由西域向祖国内地传播，敦煌遂成为佛教传入我国内地的较早落脚点，最先受到佛教的影响。

佛教自东汉时期在敦煌落脚之后，于西晋末年、十六国时期开始在敦煌民间流行。敦煌佛教的扎根、演进受到来自国内外政治经济与文化交流的直接或间接影响，敦煌地区的豪族、民众生活与信仰亦不时遭遇磨难。

西晋时期，被称为"敦煌菩萨"的竺法护，自晋武帝时便游历西域诸国，通晓36国语言，世居敦煌，在敦煌组织了自己的译场。据《开元录》载，其共译经175部354卷，《高僧传》称他为"佛教入中华以来，译经最多"的人。

东晋十六国时期，河西战火烽起。从公元317至437年，敦煌先后属前凉、前秦、后凉、北凉等割据政权统辖。割据征战使河西社会陷入苦海，公元421年，一向护持佛教的沮渠蒙逊灭西凉时，以水灌敦煌城，又屠其城，安定祥和数百年的敦煌顿显破败景象，佛教信徒在面对人间灾祸、人生痛苦时对佛教深信不疑。他们从西域名僧学经、坐禅、建寺、供僧，西行求法、东来传教的僧人不断往来于敦煌，译经和讲经活动非常盛行。鸠摩罗什与昙无谶即是这一时期著名的译经大师。

鸠摩罗什（344—413年），龟兹（今新疆库车）人，前秦建元二十年（384年）苻坚派大将吕光进攻西域得胜东归时，带鸠摩罗什到达凉州，据传鸠摩罗什一行途经敦煌时，所乘白马病死，遂葬马并在其上建塔，今敦煌仍遗留白马塔胜迹。鸠摩罗什在凉州从事译经多年，此后又入长安，继续译经。后人将他和唐玄奘、义净并称为古代的三大佛经翻译家。

北凉时的昙无谶，天竺人，自西而东，"先至敦煌，停止数载"。并在此地熟悉了汉语，先后译出《大般涅槃经》、《方等大集经》、《方等王虚门藏经》、《方等大云经》、《金光明经》、《悲华经》、《海龙王经》、《菩萨地持经》、《菩萨戒本》、《优婆塞戒》等佛经①，共十一部一百多卷。他在其所翻译的《大般涅槃经》中，不仅承认"一切众生皆有佛性"，而且还进一步提出断灭一切善根的"一阐提"（缺乏信心者）也都有佛性，皆可成佛。这一提法，突破了佛教的原有思想，在中国佛教史和思想史上具有重要意义。

这些译经活动对河西佛教的发展起过很大的推动作用，据史载，《菩萨戒本》刚译出，"沙门道进，驰住施煌，躬自接受，凉州道朗，西土之望，感到有梦瑞，亦屈年受戒，于是受者有三千人"②，可见其影响之大。这一时期，石窟寺的兴建之风大盛。众所周知，河西地区现存的石窟寺

---

① 慧皎：《高僧传》卷1《昙无谶传》，第76页。
② 《法苑珠林》卷98，《高僧传》卷2，参见王永曾《公元四、五世纪的河西佛教及与中原佛教之关系》，《敦煌学研究》、《西北师院学报》增刊，第5期。

之多，在全国是十分罕见的，而这些石窟寺许多始建于十六国时期，尤其是著名的莫高窟，就是在十六国时期开凿的。

北魏时期，敦煌石窟与寺塔继续兴建。《魏书·释老志》言："敦煌地接西域，道俗交得其旧式，村坞相属，多有塔寺。"[①] 反映了敦煌石窟寺修建的兴盛。北魏后期，元荣任瓜州（敦煌时称瓜州）刺史期间大兴佛事，出资造经两百多部，并在莫高窟掀起了造窟高潮。莫高窟现存北魏末年至西魏时期佛窟十个，都与元荣有直接关系。北周时期瓜州刺史建平公于义，也是一个虔诚的佛教徒。他在任期间也进行了大规模的开窟造像活动。其中北周修建的最大石窟第428窟，就是于义所建。

图1-1 莫高窟第428窟 中心柱洞窟形制（北周）

公元589年，隋朝统一南北，又击败西北的突厥和吐谷浑侵扰，保持了丝绸之路的畅通，东西商贸交往日趋繁盛，中外商人往来频繁，路经敦煌者日渐其多。尤其是隋文帝杨坚把佛教尊为国教，并于仁寿年间（601—604年）遣使到敦煌莫高窟，监造舍利塔，亦住崇教寺（莫高窟）起塔。这对敦煌正在蓬勃发展的佛教来说，犹如于烈火之上加薪助燃。

---

① 《魏书》卷114《释老志》，中华书局1974年版，第3032页。

到隋炀帝杨广时，又派韦节、杜行满为使节，经敦煌西去，求取佛经；随后又有裴矩在武威、张掖、敦煌之间往来招引胡商；其后杨广竟亲自出马，率大队扈从，沿河西走廊商道南巡抵敦煌，引西域诸国"朝觐"。这些事件对敦煌佛教的兴盛、传播及佛窟的凿修起了积极的推动作用。

　　敦煌遗书中保存了一些由都城和其他地区送去敦煌"流通供养"的隋宗室成员的写经，反映出敦煌地区的佛教在全国已占有重要地位。受内地的影响，大乘佛教思想亦开始在敦煌流行。从隋代写经题记来看，此时出资写经者多为戍卒、商人和普通百姓，表明在敦煌佛教思想盛行，佛教信仰已深入到一般民众之中。

　　与佛教的迅速发展相适应，莫高窟的修窟造像活动也十分兴盛。隋代敦煌石窟艺术进一步接受中原佛教艺术的影响，为以后新的艺术繁荣时期的到来奠定了基础。

图1-2　莫高窟第427窟　彩塑（隋）

唐朝初期，在河西设肃、瓜、沙三州，河西全部归唐所属。贞观十四年（640 年），唐太宗李世民一举铲除东西大道上以西突厥为主的障碍，在西域设立安西都护和安西四镇。为加强军事防卫，在敦煌和河西走廊设立豆卢军、墨离军、玉门军、赤水军、建康军等河西十军，使敦煌经济得到稳步发展，丝绸之路全线畅通，"伊吾之西，波斯以东，朝贡不绝，商旅相继"。中西经济文化交流频繁。唐代的敦煌同全国一样，经济文化高度繁荣，社会的繁荣与昌盛，将佛教推向了辉煌发展的顶峰。

在唐朝时期，敦煌佛教兴盛，文化发达，佛教信仰更加深入人心，佛教已渗透到上自敦煌最高统治者节度使、各级官员、僧官、僧尼，下至农工兵商、奴婢佣作、男女老少，对佛教都趋之若鹜。如 P. 3720《唐大中五年至咸通十年（851—869 年）赐僧洪辩、悟真等告身及赠悟真诗》中，归义军节度使张淮深给唐朝的奏文中写道："切以河西风俗，人皆臻敬空王，僧徒累阡（千），大行经教。"① 从中可见，佛教信仰确已深深扎根于敦煌各阶层民众的心灵之中，佛教信徒遍布敦煌社会的上上下下各个阶层的历史风貌。此时，不但佛教信徒遍布各个阶层，而且崇佛活动非常盛行。关于这一点，在莫高窟供养人题记和敦煌遗书写经题记中均有记载。

从莫高窟供养人题记和敦煌遗书写经题记来看，唐前期出资开窟，写经的人既有僧官、僧尼，也有当地达官贵人、文武官僚，还有工匠、社人、行客、侍从、奴婢等平民百姓。写经活动被作为一种功德行为在信众中广为流行。大量宫廷写经不断从长安、洛阳传入敦煌，不少高僧从内地前来弘法，使这座唐代著名的佛教城市继续不断受到内地佛教文化的影响。东来弘道和西行求法返回路经敦煌僧人的增多，又使敦煌得以不断汲取西域、印度佛教文化的营养。在这样的背景下，敦煌的佛教和石窟艺术发展到了全盛时期。

---

① 唐耕耦等：《敦煌社会经济文献真迹释录》第 4 辑，全国图书馆文献缩微复印中心 1990 年版，第 32 页。

图1-3 莫高窟第45窟 彩塑（盛唐）

唐朝兴起的时候，我国西南部的吐蕃王朝日益强盛。"安史之乱"以后，唐王朝由鼎盛开始走向衰落，从此一蹶不振。吐蕃乘虚进攻河西，攻陷了凉州、甘州、肃州等地。沙州将士百姓坚持了长达11年的抵抗，终因弹尽粮绝，以城降蕃。自此，吐蕃统治了全部河西，长达70多年。

贞元二年（786年），敦煌进入吐蕃管辖时期。当时统治者为了稳定局势，大力扶持佛教。首先，提高僧人的政治地位和社会地位，并不断向寺院布施财物、田产及依附人口等。如S.1438背《书仪》中《蕃占初期汉人沙州某官状》载："……其贼七人，不漏天网。并对大德摩诃衍推问，具申衔帐，并报瓜州。"[①]从文中记载可知，"大德摩诃衍"即敦煌著名高僧昙旷曾出庭审问犯人，这说明了当时高级僧侣可以参与政事。又P.2583《申年沙州诸人施舍疏》载："……二月五日，宰相上乞心儿福田，入僧金拾伍两，金花□□拾两，银瓶壹，上锦一张。"文中记载宰相上乞心儿向寺院布施，包括田地、金银等财物。其次，任用敦煌旧官望族担任佛教界的要职。P.4610《释门文范》载："仰唯索教授等，并阐精不二，戒净明珠；或巧用时机，或

---

① 李正宇：《8至11世纪敦煌僧人从政从军——敦煌世俗佛教系列研究之七》，《敦煌研究》2008年第1期，第39页。

研穷奥典，或论新讲古。"文中敦煌世家大族索氏成员崇恩担任佛教教团最高领袖都教授一职，这种方式赢得了敦煌世家大族对佛教和新生政权的支持，既推动了佛教的发展，又缓和了民族矛盾，稳定了社会局势。

在吐蕃统治者的倡导下，当地民众信仰佛教者日益增多，使沙州佛教势力迅速膨胀。寺院由 13 所增加到 17 所，僧尼由 310 人增加到近千人。寺院的经济势力日益强大，拥有田地、果园、粮仓、油坊、牲畜、车辆及寺户。兰若数量也猛增。兰若是一种小型寺院，一般都很简陋，或由家庭兴建，或由众人集资兴建；用于举行施舍，上供、作法事、设斋会、举办各种民间集会、庆典、家族集会、祭祀等宗教活动。当时敦煌兰若很多。如 S. 5136、S. 705、S. 6614 中所载的多宝兰若，S. 1053、P. 378 中所载的神角兰若，S. 2894、P. 5003、P. 3434 中所载的军门兰若、官楼兰若，P. 2085 中所载的东山兰若、S. 4660 中所载的敦煌兰若，P. 2867 中所载的□□长太兰若、S. 2738 中所载的安子清兰若、S. 6538 中所载的宋家兰若、S. 8611 中所载的索家兰若、S. 80 中所载的马家兰若、P. 1261 中所载的唐家兰若、P. 3707 中所载的孔阇梨兰若，S. 475 中所载的节加兰若、P. 2738 中所载的当坊兰若、P. 5020 中所载的新兰若。① 这些兰若满足了不同阶层民众的宗教要求。

图 1 - 4　莫高窟第 159 窟　吐蕃赞普礼佛图（中唐）

---

① 土肥义和：《敦煌的兰若》，《讲座敦煌》第三《敦煌的社会》，大东出版社 1980 年版，第 364 页。

不仅如此，各地僧人还不断地往来敦煌修学、著述。如昙旷约于公元764年西入敦煌，著《大乘百法明门论开宗义决》等，敦煌僧侣抄写其著述，听其讲义。后继者法成成长于吐蕃统治下的敦煌，熟悉其语言，成年后将藏语《楞伽阿跋多罗宝经》等及西域语种的佛典《心经》等译为汉语，还编著多种佛教书籍。各寺多少不等地藏有汉语大小乘经、律、论佛典，据方广锠博士研究，吐蕃统治时的敦煌地区汉文大藏经据P.3432写卷著录114部经，109部同于《大唐内典录·入藏录》的编排①，可证这期间敦煌佛教仍在继续发展。

与此同时，与中原地区相比，敦煌落蕃躲过了唐朝的"会昌灭法"（845年），即唐武宗灭佛事件，使得敦煌佛教持续发展。

吐蕃统治一直到唐大中二年（848年）张议潮起义。会昌二年（842年），吐蕃内乱，势力大衰。张议潮乘机率兵起义，陆续收复伊、西、瓜、肃、甘、凉等十一州，并遣使奉表归唐，被唐王朝册封为归义军节度使，从此开始了归义军长达180多年的统治时期。

张氏归义军统治敦煌时期，恢复唐制，推行汉化，稳定政局，大力发展佛教。一方面大兴石窟，当时兴建的石窟就有六七十个之多。如张议潮兴建的大型功德窟第156窟。另一方面，采取一系列措施整顿佛教教团的工作，确立了以都僧统为首的僧官制度。张议潮与都僧统洪辩一起调查了管内十六所寺院和三所禅窟的僧尼、常住百姓和常住物，制成各种名籍、账簿，宣布保护寺院所有的常住百姓、不得侵夺常住物，等等。此外，张议潮还派高僧出使中原，与长安的佛教界建立联系，并且向唐朝请求沙州所缺经本，增进了敦煌佛教的活力。

公元914年，曹议金（名仁贵）取代张氏，控制了归义军政权，敦煌开始了进入曹氏归义军统治时期。在曹氏家族统治敦煌的一百多年中，由于一直保持着中原的制度和文化，并与回鹘、于阗联姻结盟，从而使河西地区出现了一度的繁荣和稳定。曹氏政权为了巩固统治，亦大力提倡佛教。曹氏历任节度使都对佛教采取支持和尊崇的态度。曹议金曾视

---

① 《佛教大藏经史》，中国社会科学出版社1991年版，第96页。

佛教为"圣力",认为社会要安定,就必须"虔诚佛教,仰仗慈门",曹氏一门曾"舍珍财于万像之间,炳金灯于千龛之内"。当时,他们不仅把发展佛教、争取佛教势力的支持作为稳定社会、巩固政权的重要措施,还试图凭借高度发达的佛教文化来提高归义军政权在西北少数民族政权中的地位。在这样的背景下,敦煌的佛教继续保持着强大的势力。

公元 1036 年,西夏占领敦煌后,大力发展佛教,广建佛塔寺院,贮存经藏,延请各族僧人演绎经文,广为刊行。在统治者的提倡下,西夏佛教十分兴盛,作为佛教圣地的敦煌莫高窟、榆林窟是所有西夏石窟群中洞窟数量最多,佛像最为集中,并具有较强系统性的代表。

公元 1227 年,蒙古占领沙州后,在敦煌既宣扬佛教,又重视儒家思想、道教,同时还对伊斯兰教、基督教、犹太教也加以扶持。在佛教中对喇嘛教特别尊崇。元朝统治者还将西藏名僧八思巴请来,封为国师,赐给玉印,让他掌管全国的佛教,因此萨迦派密宗在全国十分流行,河西也不例外,在莫高窟元代洞窟中就出现了引人注目的西藏式密教艺术。萨加派是藏传佛教的重要宗派之一。萨加派的宗派之名,源于萨加寺之名。"萨加"即"灰白土",由于寺院驻地质呈灰白色而得名。萨加派曾在藏族历史上产生过很大影响,从公元 13 世纪中叶到 14 世纪中叶,统治西藏地方近百年,掌握西藏地方政教大权,在西藏地方占据统治地位。

元代以后,由于海上丝绸之路的繁盛渐渐取代陆上丝绸之路原有的作用,敦煌逐渐失去了在中西文化交往上的重要地位。莫高窟的营建逐渐告停。明代的莫高窟孤悬关外,长期陷入无人管理的境地,佛像屡遭毁坏,有的佛龛也被黄沙掩埋。清康熙五十七年(1718 年)平定新疆,雍正元年(1723 年)在敦煌设沙州所,雍正三年(1725 年)改沙州卫,并从甘肃各州移民敦煌屯田,重修沙州城。乾隆二十五年(1760 年)改沙州卫为敦煌县,敦煌经济开始恢复。莫高窟开始被人们注意。

以上是敦煌佛教的传播和发展情况。从总体来说,佛教自西汉末年东汉初,经由西域传入中国内地,敦煌成为最早接触佛教的地区之一。敦煌最早接触佛教以来,历经西晋、东晋十六国、隋唐、吐蕃、归义军、西夏、元、明、清的传承,得到了不同程度的发展,尤其是在西晋、东晋十六国、隋唐、吐蕃、归义军、西夏、元统治期间，得到了统治者的大力支持，佛教尤为盛行，发展迅速。在当时寺院林立，僧尼数目大增，寺院经济发达，石窟建筑增多，佛教发展显现出一种欣欣向荣的局面。元代以后，特别是明清时期，由于海上丝绸之路的盛行，陆上丝绸之路交通开始衰落，敦煌作为陆上丝绸之路的必经之地，逐渐失去了往日的辉煌，佛教也因此遭受冷遇，没有了以往蓬勃发展的势头。

第二章　敦煌尼僧的形成及其僧团组织

佛教的发展，使得佛教信仰逐渐成为人们的一种精神追求。在八至十世纪的敦煌，无论是物质生活比较富裕的世家大族，还是衣食简单的普通平民百姓，大都将佛教作为一种精神支柱，去信仰，去尊崇。在这大量的信众中，有很多出家专门供养佛法僧三宝者，而在这些出家专门从事佛教活动的人中间，女性又占了相当的比例。据藤枝晃在《敦煌の僧尼籍》中统计，敦煌在吐蕃管辖之初，即辰年（788 年）时，有出家女性 171 人；在吐蕃管辖的初期或中期，即约公元 800 年前后，有出家女性 209 人；到张氏归义军统治时期，即公元 895 年，有出家女性 693 人；曹氏归义军时期，即公元 936 年，有出家女性 450 人。[①] 郝春文先生又依据大量的敦煌文献记载考证发现，藤枝晃先生所统计的上述出家女性的数量只是所有尼僧的一部分，并非全部。[②] 由此可以看出，敦煌出家女性数量是相当多的。

这些出家女性在梵语中，一般叫做比丘尼。"比丘"意为"乞士"，尼是阴性词尾，合成之意就是"乞士女"。在印度佛教中出家僧尼都以乞食为生，以乞法为事，故将出家的女性称为比丘尼。比丘尼在汉语中有很多别称：尼、阿尼、尼师、尼僧、女僧、尼众、尼姑、师姑、姑子等。

比丘尼之始，可追溯到释尊听许其姨母摩诃波阇婆提出家。摩诃波阇婆提，译作大爱道。摩诃波阇婆提是古代印度天臂城善觉王之女，即佛母摩诃摩耶之妹。释尊出生七天后，其母摩耶夫人即谢世，由姨母代

---

① 《东方学报》（京都）第 29 册，第 285—338 页。

② 郝春文：《唐后期五代宋初敦煌僧尼社会生活》，中国社会科学文献出版社 1998 年版，第 98—101 页。

为养育。释迦成道五年后，其父净饭王命终，大爱道率耶输陀罗及释迦族女，请求随释尊出家，为比丘尼之始。是故释宝唱在《比丘尼传》中写道："比丘尼之兴，发源于爱道。"

西汉末年，佛教传入中国后，其思想得到了广泛传播。受佛教思想的熏染，首先出度的一般是男性，到后来逐渐才有女性的加入。中国第一个出家女性即比丘尼源于何时，从现在可考的文献记载看，说法不一。

一般认为，净检是中国第一位比丘尼。释宝唱在《比丘尼传序》中云："像法东流，净检为首。"① 《比丘尼传》卷二《宝贤尼传》中曰："初晋升平中净检尼，是比丘尼之始。"赞宁在《大宋僧略史》中云："晋代有尼净检，此方女人得戒之上首也。"② 清初张彝尊《杂事》二十首之一曰"至晋始有尼，入梁俗莫挽。"当代学者陈士强在《佛典精解》中云："佛教传入中国后，在相当长的时间里，只有比丘而没有比丘尼，一直到西晋末年武威太守之女仲令仪（即净检）从罽宾国沙门出家，汉地始有比丘尼。"③ 蔡鸿生在《尼姑谭》中写道："仲令仪出家，法名净检，始有汉族妇女受戒为尼。"④

图 2-1　莫高窟第 138 窟　尼（晚唐）

---

① 《比丘尼传全集》，（台湾）佛教出版社 1983 年版，第 1 页。
② 《大宋僧史略》卷下，《大正藏》卷 54，第 253 页中栏。
③ 陈士强：《佛典精解》，上海古籍出版社 1992 年版，第 359 页。
④ 蔡鸿生：《尼姑谭》，中山大学出版社 1998 年版，第 316 页。

还有一种说法，认为中国比丘尼之初，始于东汉洛阳妇女阿潘。《续文献通考》卷253《仙释考名释》上曰："（东汉）刘峻女，明帝听其出家，此为中国人为尼之始。"宋赞宁《大宋僧史略》卷上"东夏出家"门载："汉明帝听阳城侯刘峻等出家，僧之始也。洛阳妇女阿潘等出家，此尼之始也。"①《记纂渊海》卷183引《事物纪原》载："《僧史略》曰：汉明帝既听刘峻出家，又听洛阳妇女阿潘等出家，此盖中国尼之始也。"

第三种说法认为，中国第一个比丘尼是汉明帝的母亲阴夫人。《法苑珠林》卷18引《汉法内传》载："法兰法师为众说法，开化未闻。时司空刘峻、京师富庶、后宫阴夫人、五岳诸山道士吕惠通等一千余人并求出家，帝然可之。遂立十寺，七寺城外安僧，三寺城内安尼。"《广弘明集》卷一"归正篇"《汉显宗开佛化法本内传》载："皆绕法兰听说法要。……司空阳城侯刘峻与诸官人、士庶等千余人出家，四岳诸山道士吕惠通等六百二十人出家，阴夫人、王婕好等与诸宫人、妇女二百三十人出家，便立十所寺，七所城外安僧，三所城内安尼。"

这三种说法虽然各不相同，但从时代上来说，有一个共同点，那就是这些说法中所涉及的人物都生活在东汉时期。所以，我们依此可以得知这样一个史实，即早在东汉时，中国的比丘尼就出现了。

至于敦煌地区的女性正式剃度为尼是在何时，史书没有记载。最早见于史籍的是两晋时期的法相尼。《比丘尼传》载："法相，本姓侯，敦煌人也。履操清贞，才识英拔。笃志好学，不以屡空废业，清安贫穷，不以荣大移心。"其次，见于敦煌文献的有海觉、无边花、明相、定忍、了空、坚进、德胜、念定、最胜喜、知惠性、巧相、证信、惠性、贤胜、灵真等人，较著名的还留有邈真赞，如清净戒、张戒珠、曹法律等。她们当中既有平民之女，也有富家之闺，更有名门之秀。这些在青灯古佛下度过悠悠岁月的特殊女性群体，为什么要选择出家为尼这样的生活方式？其原因何在呢？

---

① 赞宁：《大宋僧史略》卷上，"东夏出家门"条，《大正藏》卷54，第237页下栏。

第一节　世俗女性出家原因

从文献记载看，上述女性的出家，或是出于内在信仰，包括自身领悟和家庭影响两种因素；或由于各种外界因素，如灾祸、婚变等。概言之，既有个人、家庭的因素，又有历史的、宗教的、经济的因素。以下分述之。

一、个人对佛、法、僧三宝的信仰

八至十世纪的敦煌处于唐、吐蕃、归义军统治时期，相当于中原的唐五代宋初时期。在这一历史时期，统治者大力推行佛教，佛教风靡整个敦煌社会，崇佛迷佛成为当时人们的重要生活理念之一。许多女性在这种理念的引导下，怀着对佛、法、僧三宝的无比信仰，出家为尼，虔心修行，研修经典。

如 S.1563《甲戌年（914 年）西汉敦煌国圣文神武王准邓传嗣女出家敕》云："随军参谋邓传嗣女自意，姿容顺丽，窈窕柔仪，思慕空门，如蜂念蜜。"① 文中邓传嗣女自意就是受佛教的熏染，因"思慕空门"，而出家为尼的。S.4291《后唐清泰五年（938 年）敕归义军节度使任从张留子女胜莲出家牒》亦云："洪润乡百姓张留子女胜莲，年十一，……生之乐善，闻佛声而五体俱欢，长慕幽宗，听梵音而六情顿喜。……既愿出家，任从剃削者。"② 文中张留子女胜莲，也是在当时社会背景及观念的影响下，因"长慕幽宗"，而遁入空门。P.3320《乾德二年（964

---

① 唐耕耦等：《敦煌社会经济文献真迹释录》第 4 辑，全国图书馆文献缩微复制中心 1990 年版，第 64 页。

② 唐耕耦等：《敦煌社会经济文献真迹释录》第 4 辑，全国图书馆文献缩微复制中心 1990 年版，第 65 页。

年）九月十五日沙州三界寺授娘子张氏五戒牒》载："前件弟子，白月垂光，人寒潭而是幻；红莲出水，悟生死之无余。今则方驾牛车，将辞火宅。……尘世出而坐宝华。"[①] 牒中张氏受佛教影响，"悟生死之无余"，"辞火宅"，而出家为尼。又 S. 5313《乙丑年（965 年）九月沙州三界寺授李氏五戒牒》载："女弟子李氏，……久慕良缘，夙怀善意。求出尘之捷径，祈入圣之广途，遂乃离火宅之苦空，向无涯之觉路。"[②] 牒中李氏同样也是在佛教文化的影响下，"久慕良缘"，带着"求出尘之捷径，祈入圣之广途"的理想，出家为尼。

无论是"思慕空门"、"长慕幽宗"而出家，还是悟生死之道而出家，都体现了在当时佛教盛行的社会历史背景下，女性个人产生了对佛、法、僧三宝的无比敬仰，从而有出家的想法，并决心将终生献给佛教事业，以达到梦寐以求的理想彼岸，实现自身的社会价值。

另外，还有些女性受佛教思想的熏染，向往佛国净土，带着来世脱离女身的意愿而出家为尼。佛教教义劝化人们将一切希望寄托于来世，来世说的主要思想是无苦无忧的净土生活，大乘教义更是宣扬众生皆能成佛，女性可以通过修行在来世脱离女身，得到幸福。这种教义对于在今生因身为女性而有诸多烦恼和受众多歧视，社会地位总体低于男性的女性来说，给予了很大的希望。许多女性在这种光明前景的激励下，削发为尼。

如 S. 516 载："庆州慕容长史夫人并女，志在大乘，举家大小并相随，来礼拜和上。和上问：'夫人从何处来？'答：'弟子远闻和上有大慈悲，故来礼拜。'和上即为说种种法要。其女闻说，合掌踟跪。启和上：'弟子女人，三障五难，不在自身。今故投和上，拟截生死源，伏愿和上指示法要。'和上语云：'若能如此，即是大丈夫儿。云何是女？'和上为说法要：'无念即无男，无念即无女，无念即无障，无念即无碍，无念即

① 唐耕耦等：《敦煌社会经济文献真迹释录》第 4 辑，全国图书馆文献缩微复制中心 1990 年版，第 76 页。

② 唐耕耦等：《敦煌社会经济文献真迹释录》第 4 辑，全国图书馆文献缩微复制中心 1990 年版，第 81 页。

无生，……即是截生死源。'女人闻说，目不瞬动，立不移处，食顷间，和上知此女人有决定心，与法号常精进，母号正遍知，落发修行，尼僧中为道首。后引表妹，姓韦，……来礼拜和上。和上见有刚骨志操，即为说法：'……正无念之时，无念不自。'女人闻说，合掌白和上：'弟子女人，罪障深重，今闻法已，垢障消除。'语已悲泣语泪，便请法号名了见性。得号已，自落发披衣，尼师中为首。"① 可见，文中两位女性都因向往佛国净土，并想借此祈来世脱离女身，而出家为尼。

北图 1276《入楞伽经建晖题记》云：

> 是以比丘［尼］建晖，既集因殖，禀形女秽，婴缠病疾，抱难当今。仰惟此苦，无由可拔。遂即减割衣资，为七世父母、先死后亡，敬写《入楞伽》一部、《方广》一部、《药［师］》二部。因此微善，使得虽女身后成男子；法界众生，一时成佛②。

日本东京书道博物馆藏卷《大般涅槃经建晖题记》的内容与之相似：

> 是以比丘尼建晖，为七世师长父母敬写《涅槃》一部、《法华》二部、《胜鬘》一部、《无量寿》一部、《方广》一部、《仁王》一部、《药师》一部，因此微福，使得虽女身后成男子；法界众生，一时成佛③。

从以上记载可知，比丘尼建晖亦因向往佛国净土，出家为尼，并在为尼期间，积善行德，以期来世脱离女身成男身，以达到成佛的目的。

二、经济原因

八至十世纪的敦煌寺院林立，其中尼寺主要有五个，即圣光寺、大乘寺、灵修寺、安国寺、普光寺。据李正宇先生考证，这些尼寺中有田园、砲课、油梁课、仓储利、布施、羊群、利贷等收入，经济发达。而且尼寺中除了拥有众多的尼僧外，还蓄养了大批的奴役。④ 主要从事守

① 郝春文：《英藏敦煌社会历史文献释录》第 2 卷，社会科学文献出版社 2003 年版。第 509—510 页。

② 黄征等：《敦煌愿文集》，岳麓书社 1995 年版，第 809 页。

③ 黄征等：《敦煌愿文集》，岳麓书社 1995 年版，第 824 页。

④ 敦煌遗书 S.0542《戊年（818 年）六月沙州诸寺丁口车牛役簿》，载唐耕耦等：《敦煌社会经济文献真迹释录》第 2 辑，全国图书馆文献缩微复制中心 1990 年版，第 381—393 页。

仓、看砲、看园、除草、放羊、放驼、泥匠、木匠、纸匠、皮匠、修佛、打钟、扫洒、公差、收囚等包括农业、畜牧业和其他各种副业在内的劳动。这为尼寺经济的发展提供了人力保障，更进一步促进了尼寺经济的发展。

在这些经济发达的尼寺中有许多出身于贵族家庭的女性。如敦煌莫高窟第108窟敦煌节度使曹议金功德窟题名中有"故姊普光寺法律尼念定一心供养"；"故女普光寺法律尼最胜喜一心供养"。[①] 这两位法律尼分别是敦煌节度使曹议金的姐姐和女儿，出身显赫。第144窟敦煌大族索氏家族功德窟题名中有"姑灵修寺法律尼妙明一心供养；亡妹灵修寺……性一心供养；妹尼普光寺律师巧相一心供养；妹尼普光寺都维证信一心供养"。[②] 她们分别是大族索龙藏的姑姑和妹妹，出身高贵。这些贵族妇女出家后，积极参与开窟造像等宗教活动。敦煌莫高窟第53窟的"法律尼临坛大德□□一心供养，故姨安国寺法律尼临坛大德沙门性□真……"的题记[③]，第85窟的"□师普光寺尼坚进，侄尼普光寺尼……□智"的题记，以及敦煌文献P.4640《住三窟禅师伯沙门法心赞》[④] 所载的普光寺尼妙施，与她的哥哥金光明寺比丘僧潜建同修张氏窟，均为其例证。

开窟造像等宗教活动的开展往往需要一定的经济支持。上述这些家富于财的高门出家女性，往往得到本家的支持，得到大量的捐赠和赏赐。大族的捐赠和赏赐，以及她们本身在社会上的举足轻重的地位，进一步加强了大族尼僧的宗教地位。许多大族出家女性因此而在尼寺担任重要的寺职，如张议潮的孙女清静戒为普光寺法律；[⑤] 张淮庆（曹议金之妹

① 敦煌研究院编：《敦煌莫高窟供养人题记》，文物出版社1986年版，第52页
② 敦煌研究院编：《敦煌莫高窟供养人题记》，文物出版社1986年版，第64页
③ 敦煌研究院编：《敦煌莫高窟供养人题记》，文物出版社1986年版，第16页
④ 唐耕耦等：《敦煌社会经济文献真迹释录》第5辑，全国图书馆文献缩微复制中心1990年版，第104页。
⑤ P.3556《后周故普光寺法律尼清净戒邈真赞》，载唐耕耦等：《敦煌社会经济文献真迹释录》第5辑，全国图书馆文献缩微复制中心1990年版，第178—179页。

夫）之姐姐曾为普光寺法律；① 曹元忠之姨性真为安国寺法律；② 索龙藏的姑姑及妹妹也曾任灵修寺法律。③ 充任这些寺职，使得大族女性掌握了尼寺的经济和宗教大权，从而拓宽了她们参与政治事务和处理经济事务的渠道。

由于尼寺经济发达，大族尼僧在寺中地位又高，养尊处优，可以享受在世俗无法实现的荣誉感和成就感，广泛受到社会的尊重。故许多大族女性因此而很愿意出家为尼，在寺院度过自己辉煌的一生。这是大族女性选择出家的重要因素。

对于平民出家女性而言，减免赋役和获得宗教收入是其出家的根本动因。据郝春文先生研究，在一定的时期内，敦煌僧尼享受全部或部分免役的待遇。而且也可以凭借僧尼身份不定期在僧团领得一份宗教收入——儭利，同时还可以通过为他人作法事赚取财物，以宗教的身份获得额外收入。这对来自于贫困家庭的女性来说，吸引力是可想而知的。正是基于这种经济原因，许多平民女性纷纷舍弃世俗生活，出家为尼。

三、婚姻家庭变革中的自我解脱

婚姻是人类生活的重要内容，是人们赖以生存和繁衍生息的唯一途径，而家庭是人们最基本、最重要的生活领域。婚姻家庭的幸福是人们所追求和向往的生活目标之一。古代"男主外，女主内"的社会分工，使得绝大多数女性将人生的希望全部寄托在婚姻的美满和家庭的幸福上。故婚姻家庭的变化通常会使人们尤其是女性身心受到极大的影响或伤害。在这种情况下，一些女性为了摆脱现实生活中的失意和不满，以求得心理上的安慰而出家为尼。《比丘尼传》载，敦煌"尼法相……出适傅氏，

---

① 见莫高窟第 108 窟东壁北侧南向第二身、第四身供养人题名，载《敦煌莫高窟供养人题记》，文物出版社 1986 年版，第 52 页。

② 见莫高窟第 61 窟东壁门北侧南向第三身、第 55 窟东壁门北侧底层第一身、第 53 窟南壁列西向第一身供养人题名，《敦煌莫高窟供养人题记》，文物出版社 1986 年版，第 23、19、16 页。

③ 见莫高窟第 144 窟西壁龛下供养女像题名。《敦煌莫高窟供养人题记》，文物出版社 1986 年版，第 64 页。

家道多故。……眷属散亡。出家持戒，信解弥深。"① 从中可见，敦煌尼僧法相因"家道多变，眷属散亡"而出家。P. 3730《吐蕃占领敦煌时期尼海觉牒》载："牒海觉不幸薄福，二亲俱亡，孤介累年，兢兢刻剔，□沐教授和尚重德，……妹尼海觉，僧寺潜居，……"② 文中尼海觉，因父母双亡，无依无靠而出家为尼。

另外，在八至十世纪的敦煌，婚姻注重门第观念。谭蝉雪先生在其大著《敦煌婚姻文化》中证明了这一点。据她统计，和曹氏发生姻亲关系的共有十一姓：宋、索、翟、阴、邓、陈、张、阎、李、范、罗，这些姓氏在唐代的《姓望氏族谱》均在三百九十八姓之内。他们和其他的二千一百杂姓绝不通婚：其三百九十八姓之外，又二千一百杂姓，非史籍所戴（载），虽预三百九十八姓之限，而或媵官混杂，或从贱入良，营门杂户，摹容商贾之类，虽有谱，亦不通，如有犯者，剔除藉（北8418卷）。③ 从中可见敦煌婚姻之重门第观念。正因为婚姻上重视门第观念，而使得敦煌女性尤其是大族女性自主选择范围十分有限，特别是那些守寡的大族女性，她们再嫁的可能性小，因此，对于这些大族女性而言，选择出家或许是她们较合适的生活方式之一。在八至十世纪的敦煌大族女性出家者很多，至于这些女性出家是否因婚姻不幸而出家，敦煌遗书没有详细记载，但依理可以推断因婚姻不幸出家者不在少数。

四、家庭对个人信仰形成的引导作用

家庭是敦煌女性宗教信仰形成的重要渠道。在八至十世纪，敦煌佛教兴盛，全家共同信仰佛教者比比皆是。S. 2136 "惟大唐景龙二年（708年）岁次戊申五月壬辰朔廿六日丁巳，弟子潮议朗成州同谷县令上柱国薛崇徽写，夫人阴氏卢舍那供养。弟雍州永乐府左果毅上柱国崇暕供养。弟妻令狐氏大法供养。孙男上柱国英彦供养。英彦妻令狐氏成实相供养。

---

① 《比丘尼传》，《大正藏》卷50，新文丰出版社股份有限公司1998年版，第940页上栏。

② 唐耕耦等：《敦煌社会经济文献真迹释录》第4辑，全国图书馆文献缩微复制中心1990年版，第110页。

③ 谭蝉雪：《敦煌婚姻文化》，甘肃人民出版社1993年版，第86—87页。

孙女明正信供养。孙男英谅供养。孙男为正供养。孙女小王供养。孙女母娘供养。孙女明尚智供养。孙男鸿鹤供养等。"S. 4553《大通方广经卷上》题记中,由一女性带头的一家四人造经,分别是清信女令狐妃人、清信女任是是、妃仁息男己胜遵、息女阿谔。更有甚者,一些人尤其是世家大族常常把佛教的信仰与家庙结合在一起。P. 3490《于当居创造佛刹功德记》① 称,天成三年(928年),押衙当府都宅务、知乐营使张某乙,"割舍家产,钦慕良公,谨于所居西南之隅,建立佛刹一所"。据杨际平先生考证,这种于当居所建的宝刹,应属于家寺。又 S. 6583《社司转帖》② 提到的宋家兰若,大中六年(852年)僧张月光与吕智通博地契③田亩四至提到"索进晟庙","范荣□庙",也应分别是宋家与索进晟、范荣□的家寺。④

这种家寺的开凿,给家庭成员产生宗教信仰提供了心理氛围和基本心态。佛教信仰出现一种家族化的状况。如张淮深所开的莫高窟第94窟甬道北壁底层供养人像列第一身题明:"叔前河西一十一州节度管内观察处置等使金紫光禄大夫检校吏部尚书兼御史大夫河西万户侯赐紫金鱼袋右神武将军南阳郡开国公食邑二千户实封二百户司徒讳议□(潮)";主室南壁中段供养人像列第一身题名:"母□(武)□(威)郡太夫人巨鹿索氏一心□□";北壁中段供养人像列第一身题名:"叔母宋国郡太夫人宋氏";同列第四身题名:"叔母范阳卢氏";西壁下端底层供养人像列南向第一身题名:"妹师登坛大德尼德胜一心供养";同列第二身题名:"妹师威仪尼花……一心供养";同列第三身题名:"□师□□临坛□□□□(一)□(心)□□"。⑤ 从中可以看出,当时敦煌家族佛教信仰的盛况。莫高窟第144窟索氏功德窟有"亡父前沙州……索留南供

① 唐耕耦等:《敦煌社会经济文献真迹释录》第5辑,全国图书馆文献缩微复制中心1990年版,第236页。

② 唐耕耦等:《敦煌社会经济文献真迹释录》第1辑,书目文献出版社1986年版,第350页。

③ 唐耕耦等:《敦煌社会经济文献真迹释录》第2辑,全国图书馆文献缩微复制中心1990年版,第2页。

④ 杨际平:《五——十世纪敦煌的家庭与家族关系》,岳麓书社1996年版,第167页。

⑤ 敦煌研究院编:《敦煌莫高窟供养人题记》,文物出版社1986年版,第31页。

养";"亡母清河张氏供养"；"妹灵修寺主比丘善……"；"孙子女圆……","……姑灵修寺法律尼妙明一心供养"；"亡妹灵修寺……性一心供养"；"妹尼普光寺律师巧相一心供养"；"妹尼普光寺都维证信一心供养"①，等等。从中亦看出其家族崇佛的实况。在这种佛教信仰氛围厚重的家庭中，家庭成员之间相互影响，有些成员出家为尼。如上引第94窟的大德尼德胜、尼花……；第144窟尼比丘善、法律尼妙明、尼……性、尼巧相、尼证信很明显都是受家庭其他佛教徒成员的影响，而出家为尼的。

图2-2　莫高窟第144窟　索家供养人（晚唐）

另外，在受佛教熏陶的同一家族中，先出家女性对后出家女性的出家也有一定的影响，即会带动家族其他女性信佛出家。如上面提到的法律尼妙明与尼比丘善为姑侄关系，却出家于同一尼寺灵修寺。尼巧相与尼都维证信是姊妹关系，却出家于同一尼寺普光寺。如此亲近的亲情关系却出家于同一寺院，其中作为出家长辈对晚辈的深刻影响，以及平辈之间先出家者对后出家者的重大影响是可想而知的。这种影响在一定的程度上可能是导致一些尼僧出家的主要因素。

综上所述可知，八至十世纪敦煌女性剃度出家，修持佛法，其原因

① 敦煌研究院编：《敦煌莫高窟供养人题记》，文物出版社1986年版，第66页。

和动机是多方面的，既有社会及家庭的因素，又有主观心理因素。具体到每个女性身上，又各有其特殊原因，但无论什么原因，其动机都是她们将自己身、语、意都奉献给佛法，反映了她们对生活的态度和个人的价值取向。

第二节　从俗人到尼

当出家的主观条件具备后，女性要成为真正的出家之人，还必须满足一些其他的条件，并经过一定的传戒受戒程序才能实现。

一、出家资格的取得

在八至十世纪的敦煌得到度牒是出家的首要条件。

上引 S. 1563《甲戌年（914 年）西汉敦煌国圣文神武王准邓传嗣女出家勅》：

1. 西汉敦煌国圣文神武王勅。
2. 押衙知随军参谋邓传嗣女自意
3. 勅：随军参谋邓传嗣女
4. 自意，姿容顺丽，窃
5. 窕柔仪，思慕空
6. 门，如蜂念蜜。今因
7. 大会斋次，准奏，宜许
8. 出家，可依前件。
9. 甲戌年五月十四日。①

---

① 唐耕耦等：《敦煌社会经济文献真迹释录》第 4 辑，全国图书馆文献缩微复制中心 1990 年版，第 64 页。

上引 S. 4291《后唐清泰五年（938 年）勒归义军节度使任从张留子女胜莲出家牒》：

1. 勒归义军节度使　牒。

2. 洪润乡百姓张留子

3. 女胜莲年十一。

4. 牒得前件人状称，有女胜

5. 莲，生之乐善，闻 佛声

6. 而五体俱欢，长慕幽宗，

7. 听梵音而六情顿喜，

8. 今为

9. 父王忌日，广会斋筵，既愿出

10. 家，任从剃削者，故牒。

11. 清泰五年二月十日牒。

12. 使检校司空兼御史大夫曹示。①

　　从形式看，这两件文书应是归义军时期批准百姓出家的实用文书，是当时敦煌证明出家者身份的凭证——度牒。在文书中，分别钤有"敦煌国天王印"和"归义军印"②，这说明在八至十世纪的敦煌，欲出家者，须预先向政府上状申请，得到批准并获得这种凭证后，才有资格在指定的寺院剃度。

　　关于度牒制度，早在北魏时期即五世纪中期就有。据记载，北魏时僧人赴各地求学教化，按规定须持有各地方政府的证明文书。《魏书·释老志》记孝文帝延兴二年（472 年）的诏书曰："若为三宝巡民教化者，在外赍州镇维那文移，在台者赍都维那等印牒，然后听行。违者加罪。"这里所谓"文移"、"印牒"，虽是僧徒的临时性证明文件，但已具有度牒的实际效用。到唐朝时，度牒形成一种制度。赞宁在《大宋僧史略》

---

　　① 唐耕耦等：《敦煌社会经济文献真迹释录》第 4 辑，全国图书馆文献缩微复制中心 1990 年版，第 65 页。

　　② 季羡林主编：《敦煌学大辞典》沙知撰 "敦煌国天王印" "归义军印" 条，上海辞书出版社1998 年版，第 289、292 页。

中载："案续会要，天宝六年五月，制僧尼，依前两街功德使收管，不要更隶主客，其所度僧尼仍令祠部给牒，给牒自玄宗朝始也。"① 文中敕令祠部给合法出家者颁发度牒，作为僧尼身份的证明和免除徭役的凭证，从而便于管理。凡未取得度牒而出家的僧尼，皆非正度，被视为伪滥僧，国家法律对此处理极严。对于私度之人，按唐律明确规定："诸私入道及度之者，杖一百；若由家长，家长当罪，已除贯者，徒一年。"对于私度僧监临之官，私度僧人者，"一人杖一百，二人加一等，罪止流三千里"②。不但私度者本人要受到严惩，即使作为私度者的父母，所住寺院三纲、所属州县的官吏都要受到牵连。

度牒制度在实行初期，执行的比较严格，宗教性比较明显。天宝十四年（755 年），安史之乱爆发，不久两京相继陷落，形势危急。朝廷接受裴冕的建议，"卖官，度僧、道士，收赀济军兴"③，乃于"大府各置戒坛度僧，僧税（百）缗，谓之香水钱，聚是以助军须。"④ 唐肃宗乾元元年（758 年），规定纳钱百缗可请牒剃度。⑤ 中唐以后，也有地方节度使自行卖牒以取厚利。如徐州节度使王智兴为邀厚利，以敬宗诞月请于泗州置僧坛度僧，"凡僧徒到者，人纳二缗，给牒即回，别无法事"⑥。度牒逐渐开始商品化，纳钱买度牒成为司空见惯的现象。

在八至十世纪的敦煌，也基本承袭了这一制度。从敦煌文献看，在当时欲出家，不仅必须有度牒，而且要获取度牒，也需付出一定的经济代价。如 P.3774《丑年（821 年）十二月沙州僧龙藏牒》称："大兄度女平娘，于安都督处买度印，用驴一头，牸牛一头。""度印"即度牒，文中僧龙藏的哥哥为女儿出家，花费了牛驴各一头，才换取了度牒。牛驴是当时自给自足的封建经济的主要生产工具，用牛和驴各一头换取一份度牒，可见当时获取度牒的代价是相当大的。

---

① 《大宋僧史略》卷中，《大正藏》卷 54，第 246 页中栏。
② 《唐律疏议》卷 12，中华书局 1996 年版，第 931 页。
③ 《新唐书·裴冕传》，参见《裴冕传》，《旧唐书》卷 113，中华书局 1975 年版，第 3354 页。
④ 《宋高僧传》卷 8《神会传》，中华书局 1987 年版，第 180 页。
⑤ 《释氏通鉴》卷 9。
⑥ 《旧唐书》卷 174《李德裕传》，中华书局 1975 年版，第 4514 页。

获取度牒，除了要付出一些的经济代价外，还需要满足一定条件。
P. 3167《乾宁二年三月安国寺道场司常秘等牒》：

1. 安国寺道场司常秘等　状。

2. 普安营田女巧惠、都衙安再诚女戒圆、押衙翟善友女□□□、押衙

3. 阴清儿伭女圣修、押衙唐荣德女□□□、阴安宁女妙力、押衙

4. 张进达女□惠、李太平女启胜、吕像像女善因、安槌子女□□□、
李丑儿女镜行、

5. 史六子女□□□、令狐子英女胜心、范贤德女□□□、索加和女
□□□、安海盈女善意

6. 曹文君女胜智、王骨骨女慈相、押衙张安仵女戒惠、范文文
女□□□、

7. 索昌员女善施、张留子妹胜戒、程文威女善护、索提伽女镜果

8. 大乘寺索赞赞女善信、刘奴子伭女戒惠、令狐文进女戒定、王安六女

9. 真意、邓加兴女妙惠、兵马使曹女女女能□、李丑儿女镜行

10. 修李奴子女妙福、阴宜宜女胜因、押衙陈明明女妙智、程再宜女
严□

11. 樊曹仵胜真、定真妹胜惠、延春伭女灵满、国张教教女镜因、张
孟子女□□□、

12. 尹天德胜会、齐苟儿女念德、刘文瑞女胜觉、

13. 圣张贤君女胜果、吴福惠女信果、王富德女镜养。

14. 右前件五尼寺沙弥戒惠等，父娘并言爱

15. 乐受戒。一则年小，二乃不依　圣教，三违

16. 王格条流处分。常秘等恐有怨咎，今将

17. 逞过本身，验知皂白，不敢不申。伏望

18. 长史司马仁明详察，伏乞裁下　处分。

19. 牒　件状如前，谨牒。

20. 乾宁二年三月日道场司常秘等谨牒。①

---

①　唐耕耦等：《敦煌社会经济文献释录》第4辑，全国图书馆文献缩微复制中心1990年版，第66—67页。

此状记载了敦煌五尼寺安国寺、普光寺、大乘寺、灵修寺和圣光寺要求出家受沙弥尼戒的名单。从状中内容"右前件五尼寺沙弥戒惠等，父娘并言爱乐受戒"看，女性欲出家，一般要征得家人特别是父母的同意。又从"一则年小，二乃不依 圣教，三违王格条流处分。常秘等恐有愆咎，今将逞过本身，验知皂白，不敢不申。伏望长史司马仁明详察，伏乞裁下 处分"的记载看，当时女性出家还受年龄的限制。如若不限制，道场司是不会因为欲出家受戒的女性年龄偏小，无法做主，而向长史司马上状，请求裁决的。然而，规定年龄到底是多少，由于文献没有确切记载，无法准确判定。但从上引 S. 4291《后唐清泰五年（938 年）勅归义军节度使任从张留子女胜莲出家勅》、S. 1563《甲戌年（914 年）西汉敦煌国圣文神武王准邓传嗣女出家勅》中，张留子女胜莲和邓传嗣女自意出家时，年龄都是十一岁可以推测，当时的出家年龄应该在十一岁或以上。

满足了上述这些条件，获取度牒后，出家者就可到指定的寺院出家。

二、出家程序

从文献记载看，在八至十世纪的敦煌，欲出家女性取得出家资格持度牒到寺院后，还要经过一定的程序和传戒受戒过程，才能实现自己出家的愿望。

她们在寺院进行的第一道出家程序是剃度。剃度，俗称"削发"，是出家人与居士、俗人最为不同的显著标志。一般来说，剃度标志着出家人告别红尘，遁入空门之始；剃度意味着使人得以超度，由此岸渡往彼岸，也意味着一个人已被僧团所接受。经过剃度后，才可以接受三坛之戒。

据文献记载，敦煌女性出家的剃度场景庄严、肃穆、隆重。如上面提到的张留子女胜莲、邓传嗣女自意等都选择在大型的佛教斋会或当地的官僚和百姓为父母忌日，广延斋会时剃度的。不仅如此，从文献看，当时敦煌的剃度规模也很宏大，在剃度时往往不是出度一人，而是出度一批人。P. 2704《后唐长兴四至五年（933—934 年）曹议金回向疏四件》：

图 2-3 莫高窟第 445 窟剃度图（盛唐）

（一） 1. 请大众转经一七日，设斋一千五百人供，度僧尼一七人，紫盘
　　　　　龙绫袄子

　　　 2. 一领，红宫锦暖子一领，大紫绫半臂一领，白独窠绫

　　　 3. 袴一腰，已上施入大众。布一十六匹，施入一十六寺。细绌一
　　　　　匹，充经懒。绌一匹，充法事。

　　　 4. 右件设斋转经度僧舍施，所申意者，先奉为

　　　 5. 龙天八部，调瑞气于五凉；梵释四王，发祥风于

　　　 6. 一郡。当今

　　　 7. 圣主，帝业长隆。三京息战而投臻，五府

　　　 8. 轮诚而向化。

　　　 9. 大王受宠，台星永曜而长春。功播日新，福

　　　10. 寿共延于海岳。天公主抱喜，日陈忠直

　　　11. 之谋。夫人陈欢，永阐高风之训；司空助治，

　　　12. 绍倅职于龙沙，诸幼郎君，负良才而奉国；

　　　13. 小娘子姊妹，恒保宠荣。合宅宫人，同沾余庆。

　　　14. 然后敦煌境内，千祥并降于王庭；莲府域中，

15. 万瑞咸来而自现。东朝奉使，早拜天颜；于阗使人，

16. 往来无滞。今日大众，亲诣道场，渴仰

17. 慈门，幸希回向。

18. 长兴四年十月九日弟子河西归义等军节度使检校令公大王曹议
　　金谨疏。

（四）1. 请大众转经一七日，设斋一千六百人供，度僧尼二七人，紫花
　　罗衫一领，

2. 紫锦暖子一领，紫绫半臂一领，白独窠绫袴一腰，已上施入大
　　众。布一

3. 十六匹，麦粟豆共三十硕，黄麻三硕二斗已上施入一十六寺。
　　细绁一匹，充经儭。

4. 布一匹，充法事。

5. 右件转经设斋度僧舍施所申意者，先奉为

6. 龙天八部，降瑞气，克伏五凉；梵释四王，逼妖邪，廓

7. 清七郡。中天

8. 圣帝，泽润无私，遐迩辐辏于仁明，戎虏钦风而仰

9. 赖。

10. 大王福祚，寿海无群。宠禄俱臻，福山转茂。天公主

11. 播美，日隆王母之颜；夫人温和，月阐仙娥之貌。司空俊

12. 杰，怀三令之奇能；诸幼郎君，负五伸之美德。小娘子姊

13. 妹，承训范于宫门；合宅枝罗，匡轨仪于王室。然后河

14. 隍晏谧，烽燧帖静于四邻；社稷恒昌，戈甲不兴于一

15. 境。西成稼穑，三秋转茂而丰登；东作秀苗，九夏

16. 殷盈于垅亩。朝庭贡使，沿路不阻于烟尘；还

17. 驾无虞，喜音速降于旬日。疠疾消散，疫

18. 障蠲除。远近征遥，早还桑梓。今因大会，诣就道

19. 场，渴仰三尊，请申回向。

20. 长兴五年五月十四日弟子河西归义等军节度使检校令公大王曹

议金谨疏。①

从文书中的记载可知，在长兴四年和长兴五年，归义军节度使曹议金特设了两次比较大的斋会。在这两次斋会上广度僧尼，所度僧尼达十七、二十七人不等。这些出度的僧尼中到底包括了多少尼僧，不得而知。但从中可以看出，其规模是宏大的。

在这种庄严、肃穆、隆重、规模宏大的剃度场面上，当时敦煌的最高统治者节度使通常要举行一定的仪式，首先是念诵度僧尼文，如P.3781《度僧尼文文范》：

1. 厥今霞开玉殿，敷备琼宫，龛金容以（与）日月争晖，建幢幡以（与）祥云竞彩。

2. 四部会臻于莲宇，官僚虔敬于三尊，请千佛之能仁，邀摩梨

3. 之首座。经转如来之教，玉轴环周；炉焚龙宝之香，徘徊暖礴。舍珍财

4. 求长延宠位，度僧尼助佐缁伦；设广会祈百岁余粮，启洪愿则禳

5. 灾却难者。为谁施作？时则有我使主尚书先奉为龙天八部云云。

6. 尚书德后（厚）云。加以信珠顶捧，惠境居怀，凭释教以定八方，望圣

7. 贤而安社稷。故得年尝（常）轸虑，大阐玄宫；每载春秋，弘施两会。更能

8. 降十方净土，隐影来端于众中；小界声闻，竞凑云奔于此供。真流

9. 修定，俗辈炼心。合境虔恭，倾城恳赖。供延大会，谤法界而召净人。

10. 馔献七珍，位烈香积之瑞异；乐音前引，铃梵后从，幡花迫迎而盈

11. 场，钹赞鸿鸣而满域。度僧尼如同鹿苑，不乏三宝之名。设珍帛溥施洪基，倾心善愿。今者星台掩户，玉轴罢而还宫；宝藏停开，金

12. 字收光，止羼半满之教。琉璃匣内，不舒大小中乘；玛瑙函中，无现十

---

① 唐耕耦等：《敦煌社会经济文献真迹释录》第3辑，全国图书馆文献缩微复制中心1990年版，第85—88页。

13. 方，诸大菩萨，施愿竟而归莲；三世应供如来，乞随大愿育物。

14. 是时也，寒云已降，牧童喜延燕之声；佳雪才飞，野老叹迎

15. 春之端。总斯多善云云。自后庄严取稳便行，更不重述。①

此文献是敦煌节度使在剃度仪式上所念的度僧尼文的范本。所谓范本，就是指适合一切剃度仪式的规范文本。这种范本文献的存在，说明了在当时的敦煌，无论是度僧还是度尼都要举行这种仪式。

度僧尼文念诵完之后，由主持戒师出场祝颂道，欲出家者随戒师常念佛号。唱念之后，即可由戒师进行剃度。关于这一点在敦煌壁画中有所反映。如榆林窟第25窟北壁中央下部弥勒经变中，有女剃度图描绘了新出家剃度情景，在这幅壁画上中，有一佛案，佛案前，侧坐有手执剃刀的女性戒师，正在认真操作，为妇女落发，被剃度者双手合十，念念有词，神态十分虔诚。剃度者前，有侍女捧筐接发，后有眷属侍立身后，有的佛前参拜受戒袈裟；有的结跏坐花毯，捧香炉供养。新受戒比丘尼列坐听法，显得局促不安。新尼座前置盆，双手扶盆，头栽盆内，侍婢以净水冲头，这是佛教出家礼仪的一部分，称为灌顶洗礼。女性剃度之后，即可正式登坛受戒了。

所谓戒是菩提之根本。大千世界内佛是法王，律是佛敕。一切佛法不出三学，众生迷心为惑，动虑成业，由业感报，生死无穷。要脱离苦果必先要先除苦因。故先以戒治其业，次以定慧澄清其惑。即所谓"依戒资定，依定发慧，依慧断除妄惑，显发真理"②。戒具有防非止恶的功能，约束出家人以佛敕戒律为准则而潜心修道。正如《四十二章经》中说："佛子离吾数千里，忆念吾戒，必证道果；在吾左右，虽常见吾，不顺吾戒，终不得道。"佛教初传中国时，并无传戒仪式，只用三皈、五戒、十戒迭相传授而已。东晋时，出家僧尼渐多，道安提倡严肃戒律，他制定有僧尼规范。晋穆帝升平元年（357年），僧建请摩羯多于洛阳，依《僧祇尼羯磨》及戒本建立戒坛传戒。在此以后直到唐代，受戒体制日臻完善，出家人不受戒便不能再算作僧人，只有受戒之后才能过正常

---

① 《法藏敦煌西域文献》第28册，上海古籍出版社2004年版，第38页。

② 方立天：《佛教哲学》，中国人民大学出版社1986年版，第3页。

图 2 - 4　榆林窟第 25 窟　女剃度图（中唐）

的僧团生活，出家受戒最终成了成为僧人的必由之路。

从敦煌文献看，八至十世纪寺院为女性传戒基本可分为五戒、八戒、菩萨戒、沙弥尼十戒、式叉摩尼戒、比丘尼戒。其中五戒、八戒、菩萨戒为居士戒，是寺院为在家修行的信众举行的传戒仪式。沙弥尼十戒、式叉摩尼戒、比丘尼戒是为出家女性所授的三坛之戒。

五戒是佛教一切戒律的基本。包括不杀生、不偷盗、不邪淫、不妄语、不饮酒。在八至十世纪的敦煌，在家修行的女性信众受五戒的很多。如 S. 5313《乙丑年（965 年）九月沙州三界寺授李氏五戒牒》载：

1. 南澹部州①，娑诃世界沙州三界寺授五戒牒。

2. 　　　授戒女弟子李氏。

3. 牒得前件弟子，久慕良缘，凤怀善

4. 意。求出尘之捷径，祈入圣之广

5. 途。遂乃离火宅之苦空，向无涯之觉

6. 路。吾今睹斯真意，方施戒条。仍

7. 牒之者，故牒。

① 按：即传说中佛教四大部洲之"南赡部洲"。

8.　　　　　乙丑年九月　日授戒女弟子　牒。

9. 奉请阿弥陀佛为坛头和尚。

10. 奉请释迦牟尼佛为教授阿阇梨。

11. 奉请弥勒菩萨为揭摩阿阇梨。

12. 奉请十方诸佛为证戒师。

13. 奉请诸大菩萨摩诃萨为同学伴侣。

14.　　　　　授戒师主释门僧政赐紫沙门道真。①

文中女弟子李氏即受五戒。又据 P.3320《乾德二年（964 年）九月十五日沙州三界寺授娘子张氏五戒牒》中载，女弟子张氏在三界寺在 964 年受了五戒。S.532《乾德三年（965 年）正月十五日沙州三界寺授女弟子张氏五戒牒》中载，女弟子张氏在 965 年受了五戒。S.4844《乾德四年（966 年）正月十五日沙州三界寺授菩提最五戒牒》中载，女弟子菩提最在 966 年受了五戒。

另外，从这些内容基本相同的牒状中可以看出，当时敦煌女性授五戒，程序较简单，仪式比较简捷，通常只要本人愿意受戒，便可选择一名戒师传戒。受戒者一般没有法名。

"八戒"又名"八戒斋"或八关斋戒。内容包括不杀生、不偷盗、不淫欲、不妄语、不饮酒、不着香花鬘，不香油涂身、不歌舞娼伎故往观听、不座高广大床、不非时食（过午不食）。共九条，其中最后一条是"斋"类。故又称为八关斋戒。八关斋戒仅于六斋日的一日一夜受持，不须终身受持。通常以阴历每月的初八、十四、十五、二十三及月底最后两天，通称为六斋日。在此六天之中，就受此戒，可持一昼夜，一昼夜后，要再持又可再受。

在八至十世纪的敦煌文献中，有许多受八戒的戒牒。如 S.4115《雍熙二年（985 年）五月十五日沙州三界寺授法清八戒牒》：

1. 南澹部州②娑诃世界沙州三界寺授八戒　牒。

---

① 唐耕耦等：《敦煌社会经济文献真迹释录》第 4 辑，全国图书馆文献缩微复制中心 1990 年版，第 81 页。

② 按：即传说中佛教四大部洲之"南赡部洲。"

2.　　　授戒女弟子法清。

3. 牒得前件弟子，白月垂光，入寒谭

4. 而是幻。红莲出水，悟生死之无余。

5. 今则方驾牛车，将辞火宅，欲网

6. 烈而须坚固，尘世出而坐宝华。

7. 吾今睹斯真意，方施戒牒。（更若练行真心，菩提上路不远）仍牒

8. 知者，故牒。

9.　　　雍熙二年五月十五日牒。

10. 奉请阿弥陀佛为坛头和尚。

11. 奉请释迦牟尼佛阿阇梨。

12. 奉请弥勒菩萨为揭磨阿阇梨。

13. 奉请十方诸佛为证戒师。

14. 奉请诸大菩萨摩诃萨为同学伴侣。

15.　　　授戒师主沙门道真（牒内有"阿弥陀佛"印二方）①

上述戒牒记载了女弟子法清受了八关斋戒的情况。查阅丰富的敦煌文献，我们可以发现受八关戒牒的女性很多，现将其统计列表如下：

姓名	性别	戒名	授戒师	时间	地点	卷号
菩提最	女	八戒	道真	甲子年（964年）（正月廿八日）	三界寺	S. 3392
小娘子	女	八戒	道真	乾德三年（965年）正月二十八日	三界寺	S. 352
程氏	女	八戒	道真	太平兴国七年（982年）正月八日	三界寺	S. 330
□氏	女	八戒	道真	太平兴国七年（982年）正月八日	三界寺	S. 2448
程氏	女	八戒	道真	太平兴国七年（982年）正月十四日	三界寺	S. 330
程氏	女	八戒	道真	太平兴国七年（982年）十月十五日	三界寺	S. 330
张氏	女	八戒	道真	雍熙二年（985年）正月十五日	三界寺	S. 3483
惠奇	女	八戒	道真	雍熙二年（985年）正月十四日	三界寺	S. 4115

---

① 唐耕耦等：《敦煌社会经济文献真迹释录》第4辑，全国图书馆文献缩微复制中心1990年版，第99页。

从敦煌文献看，受八戒法需举行一定的仪式。

P. 2849《受八戒法》载："凡受戒法，先须教受戒人脱去巾帽腰带及靴鞋等，偏露右膊，胡跪合掌，右膝着地，若是女人须去金银钏钗垫钾镊等，若有重衣，唯可去右臂上一重衣巾等，不可全露，身体若先有脂粉严身者，即须洗却，亦如法胡跪。一心忏悔作受戒意，其教授师须依经教敬三宝法，劝化前人使发深重心忏悔，作上品心受戒。夫欲受戒先教礼佛。……忏悔讫，次受三归。……归依佛竟，归依法竟，归依僧竟。受三归竟，次受八戒。"① 可见，受八戒前，受戒者一般要礼佛、忏悔、皈依三宝。

不仅如此，受戒时，戒师还要宣问八戒戒相：

佛子如诸佛，尽形受不杀生，佛子等一日一夜不杀生，是优婆塞优婆夷戒、能持不（受戒人答能持）。

佛子如诸佛，尽形受不偷盗，佛子等一日一夜不偷盗，是优婆塞优婆夷戒、能持不（答言能）。

佛子如诸佛，尽形受不淫欲，佛子等一日一夜不淫欲，是优婆塞优婆夷戒、能持不（答言能）。

佛子如诸佛，尽形受不妄语，佛子等一日一夜不妄语，是优婆塞优婆夷戒、能持不（答言能）。

佛子如诸佛，尽形受不饮酒，佛子等一日一夜不饮酒，是优婆塞优婆夷戒、能持不（答言能）。

佛子如诸佛，尽形受不著香薰衣华幔及香油涂身，佛子等一日一夜不著香熏衣华幔及香油涂身，是优婆塞优婆夷戒、能持不（答言能持）。

佛子如诸佛，尽形受不得歌舞唱伎及往观听，佛子等一日一夜不歌舞唱伎及往观听，是优婆塞优婆夷戒、能持不（答言能）。

佛子如诸佛，尽形受不坐卧高广大床，佛子等一日一夜不坐卧高广大床，是优婆塞优婆夷戒、能持不（答言能）。

佛子如诸佛，尽形受不过中食，佛子等一日一夜不过中食，是优婆

---

① 《法藏敦煌西域文献》第19册，上海古籍出版社2003年版，第101页。

塞优婆夷戒、能持不（答言能持）。

受戒讫，须教发愿：

十方三世诸佛，当证知弟子某甲等，以此礼佛，善根忏悔，善根回向，善根随喜，善根归三宝，善根受戒，善根发愿，善根已集当集现集，一切善根，愿一切众生，生生之处，戒身具足，永离十恶四重五逆，诽谤正法，毁此言贤圣。又以此善根，愿令一切众生悉得离苦解脱，舍邪归正，发菩提心，永除三障，常见一切诸佛菩萨及善知识，恒闻正法，福智具足，一时作佛。[①]

发愿后即可得戒。

值得注意的是，在敦煌文书中，有同一人多次授同一戒——八戒的现象，如上述列表中的程氏分别在982年、984年、985年不同的时间内三次授了同一戒八戒，并在984年一年中，接着两次授了八戒。

关于这种现象，王书庆先生认为，在敦煌受戒次数越多可以增加受戒者的福德，每多授一次戒，可增长一次福德智慧的机会，多次授同一戒，反映了敦煌民间佛教信仰的民俗性。[②] 这种看法有一定的道理。但笔者同时也认为，这在一定的程度上说明了八戒对修持者的约束比较宽松，要求较低，即一般情况下受戒后可遵守也可不遵守戒律，受戒后自己认为必要时也可要求再受此戒，或受戒后因为特殊原因而舍戒之后，也可再申请重受此戒这一事实。

菩萨戒内容包罗万象，不能以多少条文的死板的形式罗列，一般简单来说，十善业道是其一切菩萨戒的实质，十善业即放生、布施、梵行、诚实语、和净语、爱软语、质直语、不净观、慈悲观、因缘观。其中放生、布施、梵行三者构成身三业，身三业的作用是离杀生、离偷盗、离邪行，对应五戒中的不杀生、不偷盗、不邪淫；诚实语、和净语、爱软语、质直语四者合称语四业，语四业的作用是离妄语、离两舌、离恶口、离绮语，对应五戒中的不妄语；不净观、慈悲观、因缘观三者合称意三业，意三业的作用是离贪欲、离瞋恚、离邪见，对应五戒中的不饮酒。

---

① 王书庆：《敦煌佛学·佛事篇》，甘肃民族出版社1995年版，第90页。
② 王书庆：《敦煌文献中五代宋初戒牒研究》，《敦煌研究》1997年第3期，第33页。

"业"是佛教因果论中的核心概念，指"行为"到必然的"结果"（报应）。这种戒，在家和出家修行的人都能授。

从敦煌文献看，在八至十世纪的敦煌，在家修行女性授菩萨戒的相对要多一些。如 S. 3798《雍熙四年（987 年）五月廿六日沙州灵图寺授清净意菩萨戒牒》①：

1. 南赡部洲大宋国沙州灵图寺授菩萨戒牒。

2.　　　授菩萨戒女弟子清净意。

3. 牒前件弟子，久慕胜因，志闻妙法。欲悟无

4. 为之教，先持有想之心。是故六根净而

5. 烦恼尘消，一性真如，轮回路息。伏恐幽

6. 关有阻，执此为凭。事须给牒知者，故牒。

7.　　　雍熙四年五月廿六日授菩萨戒女弟子清净意牒。

8. 奉请阿弥陀佛为坛头和尚。

9. 奉请释迦牟尼佛为羯磨阿阇梨。

10. 奉请弥勒尊佛为校授师。

11. 奉请十方诸佛为证戒师。

12. 奉请诸大菩萨摩诃萨为同学伴侣。

（后缺）

牒中女弟子清净意授了菩萨戒。依此牒内容授菩萨戒的还有：S. 4915《雍熙四年（987 年）五月沙州三界寺授智惠花菩萨戒》授菩萨戒女弟子智惠花。

关于授菩萨戒的程序，根据敦煌文献记载，不同的时期戒法各异。S. 2851《菩萨十无尽戒牒》：

1. 菩萨十无尽戒

2. 奉请释迦牟尼佛为和尚；奉请文殊师利菩萨为羯磨阿舍梨；

3. 奉请弥勒菩萨为教授师；奉请十方诸佛为证戒师；

4. 奉请十方诸大菩萨为同学伴侣。发四弘誓愿；

---

① 唐耕耦等：《敦煌社会经济文献真迹释录》第 4 辑，全国图书馆文献缩微复制中心 1990 年版，第 102 页。

5. 众生无边誓愿度，烦恼无尽誓愿断，法门无量誓愿学，

6. 无上菩提誓愿成。若有人所须乞者，不得违逆；若无财物施，但诵此偈。

7. 我今初发，善根未成熟，待彼成熟时须比当施与。

8. 第一不得故煞有情命根，二不得偷盗他人财物，三不得淫□（欲），

9. 四不得妄语，五不得自沽酒教他沽酒，六不得说出家在家

10. 菩萨过失，七不得自赞□□（毁他），八不得悭吝财法，九不得

11. 自嗔、教人嗔，十不得自谤三宝、教他谤三宝。

12. 右以前十戒，仰人各写一本令诵持。如斋日试不通，罚一七人供。

13. 大历十五年正月三十日女弟子妙德于沙州灵图寺受戒

14. 传戒法师智广①

又 Дх.02888《周德十七年二月一日女弟子深性于沙州灵图寺受菩萨戒牒》：

（前缺）

1. □□□□方说□□□

2. 　　众生无边誓愿度，□□无边□□□

3. 　　法门无边誓愿兴，□无上菩提誓□□

4. 若有人所须，乞者，不得违逆。如无物施，但诵此□

5. 我今初发心，善根未成熟，待彼成熟时，后必当施与。

6. 第一不得故煞有情命根，二不得偷盗他人财物，三不得淫欲，

7. 四不得妄语，五不得沽酒教人沽酒，六不得说出家在家菩萨过失，

8. 七不得自赞毁他人，八不得悭惜财法，九不得自嗔教人嗔，

9. 十不得自谤三宝，教人谤三宝。

10. 右以前十戒各写一本，诵持如斋日，试不通罚无人供。

11. 周德十七年二月一日女弟子深性，于沙州灵图寺受菩萨戒，

---

① 黄永武：《敦煌宝藏》第24册，新文丰出版公司1982年版，第80页。

12. 　　　　　　传戒法师智广。①

两戒牒从样式上看，十分相似，故应属于同一时期的一类文书，又依据湛如法师对敦煌文献 S. 2851《菩萨十无尽戒牒》所处年代的相关考证可以推知②，两戒牒应该属于归义军统治时期以前的牒状文书。根据这一推理和文中所记，我们可以知道，在这一时期，授菩萨十无尽戒的内容和程序主要有：奉请三师七证、发四弘誓愿、戒相、戒师署名。从戒牒的结构看，这一时期菩萨戒的传授法会是由敦煌教团主办，选择寺院承办的。所奉请的三师七证，以释迦牟尼佛为和尚，文殊师利菩萨为羯磨阿舍梨，弥勒菩萨为教授师，十方诸大菩萨为同学伴侣，并有指定的传戒师。

据敦煌文献记载，菩萨戒的传戒师一般由严谨毗尼的大德耆宿担任。如上述的传戒法师智广，据《辰年牌子历》及 Дx. 1330A《申年大云寺牒》、P. 3396《大云寺诸僧田土历》记载，智广俗姓罗，系大云寺僧，曾任大云寺寺主。依据湛如法师在《敦煌的寺院组织》③ 一节中对寺院三纲的考证，寺主多为戒德冰霜的大德耆宿担任，尤其在律仪上能严谨毗尼，堪为众师者。由大云寺的寺主任菩萨戒师，直接反映了智广在敦煌佛教教团中所享有的声誉。

归义军统治时期，敦煌佛教教团在僧官体系等方面作了调整，这一时期的菩萨戒法也相应发生了变化。如 S. 4915《雍熙四年（987 年）五月沙州三界寺授智惠花菩萨戒牒》载：

1. 南赡部州④大宋国沙州三界寺授菩萨戒牒。

2. 授菩萨戒女弟子智惠花。

3. 牒前件弟子，久慕胜因，志闻妙法。欲悟

4. 无为之教，先持有想之心。是故六根净而烦

5. 恼尘消。一性真如，轮回路息。伏恐幽关有阻，

---

① 《俄藏敦煌文献》第 10 册，上海古籍出版社 1995 年版，第 113 页。
② 湛如：《敦煌佛教律仪制度研究》，中华书局 2003 年版，第 163 页。
③ 湛如：《敦煌佛教律仪制度研究》，中华书局 2003 年版，第 42—45 页。
④ 按：即传说中佛教四大部州之"南赡部州。"

6. 执此为凭，事须给牒知者，故牒。

7. 雍熙四年五月 日授菩萨戒智惠花牒。

8. 奉请阿弥陀佛为坛头和尚。

9. 奉请释迦年尼佛为羯磨阿阇梨。

10. 奉请弥勒尊佛为校授师

11. 奉请十方诸佛为证戒师。

12. 奉请诸大菩萨摩诃萨为同学伴侣。

13. 传戒师主都僧录大师赐紫沙门道真牒。①

另外，S.4482《雍熙四年（987年）沙州三界寺授惠圆菩萨戒牒》、S.3798《雍熙四年（987年）五月二十六日沙州云图寺授清净意菩萨戒牒》也有完全相同的内容。

从这些牒状的内容看，在归义军时期，与以往近事女受菩萨戒的程序相比，戒牒之首增加了戒牒文，重点说明求戒者的受戒原因，并指出授予戒牒的主要目的。即"伏恐幽关有阻，执此为凭"。四弘誓愿及十重戒的戒相已经不存在了，三师七证的名字及顺序发生了变化。在S.2851中，释迦牟尼佛为得戒和尚，文殊师利菩萨为羯磨师，弥勒菩萨为教授师。而在S.4915、S.4482、S.3798中，阿弥陀佛为坛头和尚，释迦牟尼佛为羯磨阿舍梨，弥勒尊佛为教授师。突出了阿弥陀佛的地位，而常在归义军以前戒牒中任羯磨阿舍梨的文殊师利菩萨的名字已被阿弥陀佛所取代。

综上述可知，在八至十世纪的敦煌，不同时期授菩萨戒的戒法各不相同。

授菩萨戒的戒法虽然因时各异，但从敦煌文献保存的四件女弟子受菩萨戒的戒牒看，其受戒的地点却是相同的，即皆在僧寺传授。如上引S.2851《大历十五年（780）正月卅日女弟子妙德于沙州灵图寺受菩萨十无尽戒牒》、上引S.3798《雍熙四年（987）五月廿六日沙州灵图寺授清净意菩萨戒牒》、上引 Дx.02888《周德十七年二月一日女弟子深性於沙

---

① 唐耕耦等：《敦煌社会经济文献真迹释录》第4辑，全国图书馆文献缩微复制中心1990年版，第101页。

州灵图寺受菩萨戒牒》中，女弟子妙德、清净意、深性皆在僧寺灵图寺受了菩萨戒。上引 S. 4915《雍熙四年（987）五月沙州三界寺授智惠花菩萨戒牒》中，女弟子智惠花在僧寺三界寺受了菩萨戒。灵图寺、三界寺为当时敦煌的僧寺，故可以推知，无论在哪一时期授菩萨戒，受戒地点皆在僧寺进行。

图 2 - 5 莫高窟第 454 窟 授戒图（宋）

上述这些戒律属于居士戒，是在家修行的人所受的戒律，从表面上看，这种戒律与剃度出家之人所受的戒律没有什么关系，但事实上，受这种戒往往为欲出家者彻底走上菩提之路，为进一步受出家戒奠定了基础。如上引 S. 5313《乙丑年（965 年）九月沙州三界寺授李氏五戒牒》中记载的内容比上引 S. 4115《雍熙二年（985 年）五月十五日沙州三界寺授法清八戒牒》中的内容多加了一句话："更若练行真心，菩提上路不远"。这一定程度上说明了授了五戒，仅靠不杀生、不偷盗、不邪淫、不妄语、不饮酒是不能上菩提之路，授五戒仅是刚入菩提之门，若真正入菩提路还需修炼心身，授完八戒、菩萨戒才能走上菩提道路。又

Дх. 02881 + Дх. 02882《开元廿九年二月九日授得菩萨戒牒》提到："有众多善男子善女人等，今十八戒所求受菩萨戒，谓摄律仪戒。誓断一切恶，摄善法戒，誓求无上菩提。饶益有情戒，誓度法戒众生，是诸佛三聚净戒。过去诸佛菩萨已受、已学、已成佛竟，未来菩萨当受、当学、当作，现今菩萨。今□□□时学即拟行当来作佛。"从中亦可以看出，受菩萨戒对信众走上菩提之路的重要作用。由此，我们不难理解：受在家戒对一个人真正走上出家之路会起到积极促进作用，同时也会为其出家后受出家戒起到铺垫作用。

三、受戒程序、过程及相关问题

剃度后的女性，一般先受沙弥尼十戒。十戒包括：第一，杀戒。第二，盗戒。第三，淫戒。第四，妄语戒。第五，不饮酒戒。第六，不着香花鬘，不香油涂身戒。第七，不歌舞娼伎故往观听戒。第八，不座高广大床戒。第九，不非时食戒。第十，不捉钱生像金银宝物戒（不贪金银宝物钱财）。一般来说，沙弥尼十戒包括的内容与沙弥十戒基本上是一致的。只是因为男女有别，在威仪规范即生活细节上的规定有所不同。例如：入浴条：不得与优婆夷共洗；不得与婢使共洗；不得与小儿共洗；不得自视形体隐处。睡卧条：不得裸保自露；不得手近不净处；止檀越家；不得与婢私语；不得与优婆夷相看形体大笑；不得独至舍后；无犯夜行。这种有关生活细节上的"威仪"养成教育，贴近出家人的具体生活，比十戒等禁止性规范更重要。

受沙弥尼十戒是女性出家在寺院举行的第二道程序，也就是三坛传戒中的第一戒——初坛传戒。敦煌出家女性受沙弥尼戒的仪式，多在寺院设立道场举行。如 S. 2851 号卷子，就是敦煌俗姓为范氏的女子，于公元 780 年三月十一日。正式接受"十戒"的"牒"文残余，其中有文曰："大历十五年正月三十日，女弟子妙德，于沙州灵图寺受戒。传戒法师智广。"从中可见，女弟子妙德在敦煌僧寺灵图寺设坛受十戒，传戒师为智广。

从敦煌文献看，传十戒要经过一定的程序。开始时，首先集合众受戒者到场，再由新戒者请师开示，为其讲解受十戒的意义，然后迎请十方三宝一切菩萨及护法龙神，此为请圣。请圣完毕，即令新戒者进行忏悔。忏悔后，先皈依佛、法、僧三宝，然后受戒。受戒前，由羯磨师或戒师向新戒者问"遮难"。佛教认为俗世有十三重难，十六轻遮，所谓十三重难，十六轻遮的具体内容，不同的寺院，不同的教派有不同说法。当时敦煌的十三重难，十六轻遮主要内容是：

> 汝等不盗现前僧物不？
>
> 于六亲、比丘、比丘尼所行不净行不？
>
> 汝父母师长有病不弃去不？
>
> 汝然发菩提心众生不？
>
> ……

在传戒时，戒师依次向传戒者询问，新戒者长跪在地，双手合十，答以是或否。经过问遮难，下一项是先受五戒，次受十戒。受十戒时，戒师向新戒者宣读十戒戒相：

> 尽形寿不煞生，能持不？
>
> 尽形寿不偷盗，能持不？
>
> 尽形寿不淫欲，能持不？
>
> 尽形寿不妄语，能持不？
>
> 尽形寿不饮酒，能持不？
>
> 尽形寿不着华鬘香油涂身，能持不？
>
> 尽形寿不歌舞倡伎及故往观听，能持不？
>
> 尽形寿不得高大床上坐，能持不？
>
> 尽形寿不得非时食，能持不？
>
> 尽形寿不得捉生像金银宝物，能持不？[①]

"尽形寿"即终生的意思。每当戒师宣读完一条戒相，新戒者亦须应声回答"能持"。

待十戒宣毕，沙弥尼十戒即初坛传戒圆满结束。受沙弥尼戒者，大

---

① S.1824《受十戒文》，载《敦煌宝藏》第13册，新文丰出版公司1982年版，第638—640页。

都年龄在 7 岁以上、20 岁以下。她们受十戒后，被编入尼籍，即成为某寺的沙弥尼了。从敦煌文献记载看，在敦煌五尼寺中都有相当数量的沙弥尼。S. 2614v《唐年代未详（895 年？）沙州诸寺僧尼名籍》① 载：

（普光寺）沙弥尼：

善净 善进 善护 妙言 性福 善持

妙进 妙善 妙德 性修 性戒 性忍

善意 善施 善忍 善惠 政智 启胜

镜相 巧惠 慈相 镜相 妙坚 性满

善因 善妙 庆喜。

计沙弥尼二十七人

（中略）

（大乘寺）沙弥尼：巧智 政意

妙信 妙觉 庆悟 妙果 敬信 如妙

新沙弥尼：妙喜 妙惠 妙智 妙戒

善信 善愿 性意 性善 明觉 明念

善胜 喜信 妙福 妙建

计新旧沙弥尼二十二人

（中略）

（安国寺）沙弥尼：

启理 喜圆 相妙 启真 明进 政信

政念 善证 性慈 性寂 政因 性智

性真 善护 慈济 妙真

沙弥尼一十六人

（中略）

（灵修寺）旧沙弥尼：政思 敬戒

新沙弥尼 敬福 性勲 性净

性喜 善智 了心 妙福 严净 善戒

---

① 唐耕耦等：《敦煌社会经济文献真迹释录》第 4 辑，全国图书馆文献缩微复制中心 1990 年版，第 229 页。

性如 性真 性德

计沙弥尼一十四人

（圣光寺）沙弥尼：圆意 圆智 圆行 圆胜

修因

计沙弥尼五人

据郝春文先生考证，这些沙弥尼在编入尼籍时，往往要收取一定的费用，但费用到底是多少，由于文献没有统一记载，现已无从考证。

二坛传戒对于女性来说，即是传比丘尼戒，也称具足戒。

据记载，中国尼众之受具足戒始于晋代。晋穆帝升平元年（357年），僧建请昙摩羯多于洛阳，依《僧祇尼羯磨》及《戒本》建立戒坛传戒。当时沙门道场以《戒因缘经》为难，认为他传戒结界不合法。昙摩羯多遂浮舟于泗河结坛，洛阳竹林寺净检尼等四人同于此坛从大僧受具足戒，这是中国尼众受戒之始，称为船上受戒。[1]

其后南朝刘宋元嘉六年（429 年），有狮子国（今斯里兰卡）比丘尼八人至宋东京。当时景福寺尼慧果、净音等以先所受戒不如法，戒品不全；适罽宾沙门求那跋摩经南海至宋，于南林寺建立戒坛，因请求重受。求那跋摩引证佛姨母波阇波提最初为尼因缘，谓戒本本从大僧而发，虽无僧尼二众，无妨比丘尼的得戒。又以当时狮子国八尼年腊未登，不满十人，且令学宋语；求那跋摩另托西域船主难提于元嘉十年（433 年）复载狮子国比丘尼铁萨罗等十一人至，而先来诸尼已通达宋语；但这时求那跋摩已经去世，同年僧伽跋摩到达宋京，慧果尼等始在二众俱备的形式下，于元嘉十一年（434 年）在南林寺戒坛，重受具足戒。这时次第受尼戒者达三百余人[2]。这次正统的授戒仪式在佛教史上具有深远意义，标志着中国比丘尼制度的正式确立。中国比丘尼僧团通过此次受戒，解决了长期以来困扰中国佛教的尼戒问题，中国的比丘尼戒由此开始通过比丘尼谱系与大爱道相连，又经大爱道与佛陀本身联系起来。这无疑增加了本土比丘尼僧团的正统性。世传汉代妇女阿潘出家但受三皈，晋

---

① 释宝唱：《比丘尼传》卷 1《净检》，《大正藏》卷 50，第 935 页下栏。
② 释宝唱：《比丘尼传》卷 2、3，《大正藏》卷 50，第 941 页上栏。

时净检尼只在一众边得戒，都未为全戒；故中国尼众于二众边受具足戒的，以慧果、净音等为始。[①]

经过二坛传戒的尼僧，就可取得比丘尼的资格。较之初坛受戒，二坛传戒要更为隆重正式，程序也更加严格。

从敦煌文献记载看，敦煌出家女性的二坛传戒，一般在尼寺中设立方等戒坛举行。S.2575《后唐天成四年（929年）三月六日应管内外都僧统置方等戒坛牓》载：

1. 应管内外都僧统　　　牓。

2. 　　　普光寺方等道场司。

3. 　右奉　处分，令置方等戒坛。

4. 　窃闻龙沙境域，凭　佛法以

5. 　为基；玉塞遐关，仗

6. 　王条而为本。况且香坛净法，

7. 　自古历代难逢。若不值

8. 　国泰民安，戒场无期制作。今遇

9. 　令公鸿化，八方无炉火之危；每

10. 　　阐福门，四部有康宁之庆。斯

11. 　　乃青春告谢，朱夏才迎，奉

12. 　　格置于道场。今乃正当时矣。

13. 　　准依律式，不可改移。圣教

14. 　　按然，凭文施设。

15. 一释迦诞世，设教无边，为度尼人，

16. 真风陷半。戒条五百，一一分明。若

17. 不从依，释仪顿绝。如来上妙之

18. 服，不过青黑墨兰，剃削持盂，

19. 极甚端严表正。虽乃

20. 国丰家富，僧俗格令有殊。戒条

———————

① 《僧史略》上，《大正藏》卷54，第238页中栏。

21. 切制嚣华，律中不佩锦绣。今缘

22. 香坛逼迹，获晨同跻道场，俱

23. 不许串绮彩之裳，锦绣覆其

24. 身体。锦腰锦襟，当便弃于胸

25. 前。杂边绣口纳鞋，即目捐于足

26. 下。银匙银箸，辄不得将入众

27. 行面上，夜后添妆，莫推本来

28. 红白，或若有此之辈，正是释中

29. 大魔。消息卧具之资，又罢持

30. 毡锦被。更有高宗自在，不许引

31. 礼乱仪。古云，君子入于学中，须共

32. 庶民同例。边方法事，取此难成

33. 即时。若不制之，自后教仪似

34. 灭。辄有不尊（遵）律禁，固犯　如来

35. 大由，便仰道场司申来。锦衣收

36. 入库内，银匙银箸，打碎莫惜

37. 功夫。或有恃势之徒，陈

38. 官别取　严令。各仰览悉，莫

39. 云不知。尤咎及身，后悔无益。

40. 一投缁习业，必须恳苦为先；

41. 礼敬无乖，感得戒神早就。家

42. 家怜男爱女，诸

43. 官剃削归真，必藉审练因

44. 由，助佐　国家福事。香坛

45. 具戒，取次难逢，衣钵之途，不

46. 是容易。身入道场之内，便须

47. 密护鹅珠。或若邪视轻非，必

48. 定有其重责。戒仪微细，律式

49. 难更，忽追耻辱依身，律无捨法。

50. 一浮危採宝，必美舟航，欲度

51. 人天，先凭戒律。

52. 令公洪慈，方等只为荐 国资

53. 君，举郡殷诚，并总为男为女。

54. 但依 圣条行下，是乃不失

55. 旧规。若也违背教文，此令交

56. 容不得。甘汤美药，各任于时供

57. 承，非食醇醪，切断不令入寺。前

58. 门后户，关锁须牢；外界院墙，周

59. 回兰（栏）塞，或有非人逃蔓，交下无

60. 此之仪，便须推度知由，具状申于

61. 衙内。检校大德不令暗顺他情。必

62. 须昼夜丁宁，怨及无人替代。

63. 一求真进戒，缘会方临，本行斋

64. 延，岂劳分外。释迦成道，衣钵

65. 随求无余，应病药中，不假贪

66. 荣广废（费）。应管受戒式叉沙弥

67. 尼等，逐日斋时准依总数几人。

68. 共造一日小食者，依团便只。一朝

69. 尽暮煮药香汤，以备净戒沐浴。

70. 斋时，新戒食料，人各馒饼两事，

71. 饦饼一翻，胡饼一枚，馂馅一个。盏

72. 检校大德未可以（与）新戒斋眉，礼法

73. 之间，固令加色，准依新戒食外，更

74. 添馅饼一枚，馓饺蒸饼乳馅

75. 菜蔬荠酪，巡行均行。羹饦粥

76. 流，随宜进饱。切缘一坛戒品众平

77. 雅断低昂，伏缘贫富有殊，轮

78. 次互生高下，或有父娘住世，兄弟

79. 推梨，额外更觅名闻，食上重增

80. 色数，如此之事，切令不行。若有固

81. 违之流，道场司便须申纠。如或

82. 同欲嗜味，曲允他情，斯事透

83. 露之时，司人须招重罚，新戒逐

84. 出坛内，父娘申

85. 官别科。恰值面色失光，互看致

86. 甚不便。

87. 右件律令，依律戒仪，晓众知知，各令

88. 遵守者，故牓。

89. 天成肆年三月六日牓。

90. 应管内外僧统龙辩。

91. 应管内外都僧统海晏。①

从文中记载可以看出，在天成四年即 929 年普光尼寺设置的方等戒坛，为沙州地区已出家的式叉尼和沙弥尼授具足戒。又 S. 25756v《己丑年（929 年）五月廿六日应管内外都僧统为道场纳色目牓》：云："右奉处分，令置受戒道场，应管得戒式叉沙弥尼等，沿法事，准往例合有所税"。② 这表明在己丑年即 929 年曾设置戒坛，为沙弥尼、式叉尼受具足戒。P. 3167v《乾宁二年（895 年）三月安国寺道场司常秘等牒》云："右前件五尼寺沙弥戒惠等，父娘并言爱乐受戒。"③ 说明乾宁二年即 895 年在安国尼寺设置的方等戒坛的授戒对象亦为已出家的沙弥尼，沙弥尼再受戒法自应是具足戒。

关于方等道场，赞宁在《大宋僧史略》中作了说明："所言方等戒坛者，盖以坛法本出于诸律，律即小乘教也。小乘教中，须一一如法，片

---

① 唐耕耦等：《敦煌社会经济文献真迹释录》第 4 辑，全国图书馆文献缩微复制中心 1990 年版，第 134 页。

② 唐耕耦等：《敦煌社会经济文献真迹释录》第 4 辑，全国图书馆文献缩微复制中心 1990 年版，第 145 页。

③ 唐耕耦等：《敦煌社会经济文献真迹释录》第 4 辑，全国图书馆文献缩微复制中心 1990 年版，第 66 页。

有乖违，则令受者不得戒。临坛人犯罪，故谓之律教也。若大乘方等教，即不拘根缺缘差，并皆得受。但令发大心而领纳之耳。方等者，即周遍义也。《止观》论曰：方等者或言广平，今谓方者法也。如般若有四种方法：即四门入清凉池，故此方也，所契之理，即平等大慧，故云等也。禀顺方等之文而立戒坛，故名方等坛也。即不细拘禁忌，广大而平等，又可谓之广平也。"① 在文中赞宁强调方等道场的最大特点是周遍包容，同时依据大乘佛教诸法平等精神，说明只要发菩提心，就可纳受戒品。

中国最早的方等道场的设立，始于唐代宗永泰元年（765 年）。据《佛祖统纪》② 载："（代宗）永泰元年（765 年）九月……敕大兴善寺建方等戒坛，立临坛大德十人。""穆宗长庆四年（824 年），中书令王智兴，请于泗州建方等戒坛，遇圣诞之日，许以度僧，制可。""敬宗宝历元年（825 年），敕两街建方等戒坛，左街安国寺，右街兴福寺。以中护军刘规，充左右街功德使，择戒行者为大德。""文宗太和二年（828 年），江西观察使沈傅师请于洪州建方等道场，以圣诞度僧。""宣宗大中二年（848 年），敕上都、东都、荆、扬、汴、益等州建寺，立方等戒坛，为僧尼再度者重受戒法。"从文献记载看，敦煌戒坛的设立时间早于中原内地。敦煌戒坛在 5 世纪初已出现。S. 797《十诵比丘戒本比丘德佑题记》："建初元年（405 年）岁在乙巳十二月五日戌时，比丘德佑，于敦煌城南受具戒。和上僧法性，戒师宝惠，教师惠颖。时同戒场者，道辅、惠御等十二人。到夏安居，写到戒讽之趣，成具拙字而已，手拙用愧（丑），见者但念其义，莫笑其字也，故记之。"③ 这是敦煌文献中发现的最早的设坛受戒的资料，而设坛受戒时间在 405 年，这说明在公元 5 世纪敦煌就有戒坛用于受戒。

敦煌戒坛的设置，往往需要一定的物品。S. 25276V《己丑年（929年）五月廿六日应管内外都僧统为道场纳色目牓》④ 记载：

---

① 《大宋僧略史》卷下，《大正藏》卷 54，第 250 页中栏至下栏。
② 《佛祖统纪》卷 41—42，《大正藏》卷 49，第 378 页上栏—387 页上栏。
③ （日）池田温：《中国古代写本识语集录》1990 年版，第 80 页。
④ 唐耕耦等：《敦煌社会经济文献真迹释录》第 4 辑，全国图书馆文献缩微复制中心 1990 年版，第 145 页。

1. 应管内外都僧统　牓

2. 普光寺方等道场纳色目等印三科。

3. 右奉　处分，令置受戒道场，应

4. 管得戒式叉沙弥尼等，沿法事，准往

5. 例合有所税，人各麦油一升，掘（橛）两笙，诃梨

6. 勒两颗，麻十两，石灰一升，青灰一升，苴其两

7. 束。诸余沿道场杂要数具，仍仰

8. 道场司校量差发，不得偏并，妄有

9. 加减。仍仰准此条流，不在违越者。

10. 己丑年五月廿六日　牓。

此件所征物品是为了布置方等道场中之受戒道场。这些物品一般由新戒者提供。S. 25756V – 7V《天成四年三月四日普光寺道场司差发牓》[①] 云：

1. 普光寺道场司差发　牓

2. 沿道场所要什物等著何色目名数标于脚下：

3. 要幡一百五十口

4. 花毡拾领

5. 白毡十领

6. 石香廿口

7. 床四十玖张　东树十五　灯笼蒲席□□□

8. 右件所着物色，准依名目，限今

9. 月六日在夜，并须纳足。如有不来者，

10. 必当重罚，的无容免。三月四日帖。

11. 道场法律

12. 法律

13. 检校僧政。

此件未注明所征物品的交纳者，但上引文书中有"诸余沿道场杂要

---

① 唐耕耦等：《敦煌社会经济文献真迹释录》第4辑，全国图书馆文献缩微复制中心1990年版，第146页。

敷具，仍仰道场司校量差发"。据此，布置方等道场所需物品似亦应由新受戒者负担。

戒坛内部组织律例以《四分律》为准绳。S.2575《普光寺置方等道场牓》云："此时法事，不比别段之仪，须凭四分要门，弥罕练穷本典，仍仰都检校大德等不违佛敕，依律施行。"① 前引 S.2575《都僧统置方等戒坛牓》② 强调了王格条流与内典律教两个权威来源，故云："奉格置于道场，今乃正当时矣。准依律式，不可改移。"普光寺方等道场是为度尼而设的道场，"为度尼人，真风陷半，戒条五百，一一分明"。"国丰家富，僧俗格令有殊。戒条切制嚣华，律中不佩锦绣"。"不许引礼乱仪。古云，君子入于学中，须共庶民同例"。"辄有不遵律禁，固犯如来大由，便仰道场司申来"。又云："或有恃势之徒，陈官别取严令。各仰览悉，莫云不知。尤咎及身，后悔无益。"这就是说即使以官府严令将受戒者保护起来，尼寺方面仍以坚持戒律为重。因此，牓文强调："香坛具戒，取次难逢。""戒仪微细，律式难更，忽追耻辱依身，律无捨法。""欲度人天，先凭戒律。令公洪慈，方等只为荐国资君，举郡殷诚，并总为男为女。但依圣条行下，是乃不失旧规。若也违背教文，此令交容不得。""若有固违之流，道场司便须申纠。如或同欲嗜昧，曲允他情，斯事透露之时，司人须招重罚，新戒逐出坛内，父娘申官别科。"

戒坛设立之后，就可传戒。传戒时，须有尼僧主持戒坛事宜，而且这些尼僧必须有临坛大德之称，才可有资格登坛授戒。P.3556《后周故普光寺法律尼临坛大德沙门清净戒邈真赞》云："法律阇梨者，即前河西一十一州张太保之贵孙也。""秉义临坛，教迷徒而透众"，"坚持戒学"，"登历戒坛"。③ P.3556《后周故敦煌郡灵修寺阇梨尼临坛大德沙门香号戒珠邈真赞并序》云："阇梨者，即前河西陇右一十一州张太保之贵侄

---

① 唐耕耦等：《敦煌社会经济文献真迹释录》第4辑，全国图书馆文献缩微复制中心1990年版，第141页。

② 唐耕耦等：《敦煌社会经济文献真迹释录》第4辑，全国图书馆文献缩微复制中心1990年版，第134页。

③ 录文参唐耕耦等：《敦煌社会经济文献真迹释录》第5辑，全国图书馆文献缩微复制中心1990年版，第178页。

也。""迁秉义大德之高科，授教诫临坛之上位"。① P. 3556《后周故大乘寺法律尼临坛赐紫大德沙门曹法律厶尼邈真赞并序》有云："法律阇梨者，即河西一十州节度使曹大王之侄女也。""登坛秉义，词辩与海口争驰。""临坛秉义，每播高踪。"② 莫高窟第 156 窟主室西龛下南向第四身供养人题名："姊师登坛大德尼法律了空"。③ 从中可见，普光寺法律尼清净戒、灵修寺阇梨尼戒珠、大乘寺法律尼沙门曹法律、法律尼了空都主持过戒坛，而她们都有临坛大德的称号。

临坛大德设置，始于唐代宗时期④，《大宋僧史略》下《临坛法》记，唐代宗永泰中（765—766 年），敕京师立僧尼临坛大德各十人，永为通式，遇缺即补，临坛大德之设始此也。敦煌文献中的临坛大德名号，最早见于记载的为 P. 3720《唐大中五年（851 年）赐洪辩、悟真告身》，其中有文曰："假内外临坛之石（名）锡中华大德之号，仍荣紫服，以耀戎缁，洪辩可京城内外临坛供奉大德。悟真可京城临坛大德，仍并赐紫，余各如故"⑤。其后，有临坛大德名号的僧尼日渐增多，到张氏及曹氏归义军时期，临坛大德的称号，屡见于敦煌文书。

临坛大德的职责是主持戒坛，为授戒，说戒。按律藏规定，比丘尼的受戒须有二部僧授戒才能成立授戒羯磨，即需要比丘僧大德十人，比丘尼大德十人进行分别授受。如果在边地须有十人，即比丘五人，比丘尼五人方得授戒。当时，敦煌尼僧也严格遵守这一规定。从资料记载看，当时在尼寺主持尼僧受戒的不仅有僧大德，还有尼大德。关于这一点下文有详细说明，在此不再赘述。尼大德的出现说明了在八至十世纪的敦煌，尼僧与男僧一样在释门及社会中享有崇高的地位和威望。

除此之外，传戒时需要有"十师"在场，即所谓"三师七证"。

① 录文参唐耕耦等：《敦煌社会经济文献真迹释录》第 5 辑，全国图书馆文献缩微复制中心1990 年版，第 180 页。

② 录文参唐耕耦等：《敦煌社会经济文献真迹释录》第 5 辑，全国图书馆文献缩微复制中心1990 年版，第 170 页。

③ 饶宗颐主编：《敦煌邈真赞校录并研究》，台北新文丰出版公司 1995 年版，第 345 页。

④ 藤枝晃、托马斯编：《德藏吐鲁番佛经目录》图 20、第 92 页有录文。

⑤ 唐耕耦等：《敦煌社会经济文献真迹释录》第 4 辑，全国图书馆文献缩微复制中心 1990 年版，第 29 页。

Дх. 2151v + Дх. 1329v《道场司请诸司勾当分配牓稿》①载：

1. ［右］［奉］处分，令置方等道场。□□□。

2. □□都付一人。前坛摄受师主，近来一半者，□□□

3. □□不□□□，三师七证，教界有□□□

4. □□严、法安、大行，干元法律广信、法界、□□□

5. □□金道锐，净土法律愿济，报恩□□□

6. □□员戒，安国□□，普光庆果、刘圆、圣光无垢，□□□

三师即戒师，教授师，和尚；七证指七位作证人的和尚。其中戒师的职责是为受具足戒时，主持白四羯磨，又称为羯磨师。教授则协助羯磨师对受戒者进行十遮十三难资格审查。羯磨师根据教授师的审查结果报告，次第进行受戒仪式。和尚是受戒人身份的保证人，是受戒者进入僧团之时的师长，并为受戒者准备衣钵等及恳请羯磨师等为受戒者举行受戒仪式。七证则指出席授戒仪式，对授戒程序进行监督，证明授戒仪式是否按规定举行，并有对授戒仪式提出异议的义务。

各种职能僧准备工作就绪后，即可受戒。受戒时，有严格的程序。S. 2575《后唐天成四年（929 年）三月九日普光寺置方等道场牓》载：

1. 普光寺置方等道场　牓

2. 谨取三月十二日首净入道场。十三十四日停。十五日请

3. 令公祈愿。十六日停。十七日请禅律诸寺大

4. 德荣发，其夜发露。十八日停。十九日问

5. 想。廿日停。廿一日祈光。廿二日停。廿三日甄别。

6. 廿四日停。廿五日过状兼　判。廿六日停。廿七日

7. 受戒。廿八日别置登坛道场，限至

8. 四月五日式叉须了。六日就僧寺求戒。

9. 右如来教式，历代兴焉；八藏玄文，今自

10. 见在。此时法事，不比别段之仪。须凭

11. 四分要门，弥罕练穷本典，仍仰都

① 《俄藏敦煌文献》第 8 册，上海古籍出版社 1997 年版，第 97 页。

12. 检校大德等不违　佛勅，依律施行。

13. 稍有不旋，必当释罪者。天成四年

14. 三月九日　牓。①

此文书记载了沙弥尼、式叉尼入道场受比丘尼戒的仪程。从文中记载可以看出，在八至十世纪的敦煌，比丘尼传戒时，首先由都僧统发布置方等戒坛的告示，宣布受戒地点、受戒对象以及注意事项等。准备就绪后，受戒者进入道场，传戒正式开始。传戒时，先请令公祈愿，再请禅律诸寺大德策发、发露、问想、祈光、甄别后，方可在尼寺登坛受戒，之后，再到僧寺求戒。得戒后，整个比丘尼戒的传戒程序便宣告结束。

所谓请令公祈愿，是指请当时的最高统治者节度使为传戒发愿；请禅律诸寺大德策发，即是指禅律和诸师大德分别劝诱受戒者发上品戒心。同时"劝化前人使发深重心忏悔"；发露，是在佛像前当着大众显露表白自己所犯之过失而无所隐覆；问想，在佛经中，"想"可以作为"观想"的略称。在"观想"的过程中，如有所见，称之为"想见"，亦称"思惟见"；祈光，是指祈求诸佛圣前来道场"密放神光"。甄别，就是根据受戒者自入道场以来的表现，将他们分为上中下三品。这七项受戒程序，以及尼僧受比丘尼戒的过程，郝春文先生已经作了详细的论证。②

从敦煌文献记载看，尼僧通过此种严格受戒程序而成为比丘尼的很多。如 Дx. 998《梁保全女善惠等名录》③ 云：

1. ▢▢▢女善明 梁保全女善惠▢▢▢

2. ▢▢▢德女善藏 唐章▢▢▢

3. ▢▢▢善妙 索信任女善思▢▢▢

4. ▢▢▢女善修 王富庆女慈行▢▢▢

5. ▢▢▢宋守真女慈念 押牙李▢▢▢

---

① 唐耕耦等：《敦煌社会经济文献真迹释录》第 4 辑，全国图书馆文献缩微复制中心 1990 年版，第 141 页。

② 郝春文：《唐后期五代宋初敦煌僧尼的社会生活》，中国社会科学出版社 1998 年版，第 36—61 页。

③ 唐耕耦等：《敦煌社会经济文献真迹释录》第 4 辑，全国图书馆文献缩微复制中心 1990 年版，第 256—257 页。

6. ☐☐阳育文女慈智 阴？☐☐☐

7. ☐☐宋？盈女慈果 押牙？☐☐

8. ☐☐令狐章平女愿行 范弘？☐☐

9. ☐☐张荣田女信愿 范善？☐☐

10. ☐☐清梁庆住女信清 阁？庆☐

11. ☐☐信德龙清儿女信因范☐☐

12. ☐☐？迁女信定 索周☐☐

13. ☐☐女信妙 张怀胜女信口☐

14. ☐☐？流住女善敬都头安员？☐☐

15. ☐☐？儿女智定☐☐

此件文书前后残缺，据唐耕耦先生考证，其残剩内容与上引 P. 3167v《乾宁二年三月道场司常秘等牒》中的内容相似，故推测此文书可能是受戒者名单。[①] 按照这个推理可知，当时通过上述严格程序一次受比丘尼戒的尼僧至少有二十七人之多。

又据上引 S. 2614v《唐年代未详（895 年？）沙州诸寺僧尼名籍》载可知，在敦煌五尼寺中，此种比丘尼在尼僧中占相当比重，为明显起见，以下列表说明：

尼寺名称	大戒尼	式叉尼	沙弥尼	总计
普光寺	104	59	27	190
大乘寺	115	36	22（旧 8·新 14）	173
安国寺	100	23	16	139
灵修寺	99	29	14（旧 2·新 12）	142
圣光寺	34	10	5	49

从表中所列可以看出，此种大戒尼即比丘尼在当时的敦煌五尼寺中，占有相当的比例，仅普光寺有这种比丘尼 104 人，约占该寺尼僧总数的

---

① 唐耕耦等：《敦煌社会经济文献真迹释录》第 4 辑，全国图书馆文献缩微复制中心 1990 年版，第 257 页。

50%；大乘寺有 115 人，约占该寺尼僧总数的 66%；安国寺有 100 人，约占该寺尼僧总数的 72%；灵修寺有 99 人，约占该寺尼僧总数的 70%；圣光寺有 34 人，约占该寺尼僧总数的 69%。从中可以看出，在当时的每个尼寺中，比丘尼的数量占有很大的优势，几乎都占尼僧总数量的一半甚至更高。这说明在当时的敦煌，尼僧接受比丘尼戒而成为真正的比丘尼，已经成为普通尼僧所追求的一种修养目标，此种受戒因此而显得尤为盛行。

值得一提的是，一般情况下，由于男女有别，女性有不同于男性的身心特征，女性受戒又有不同于男性的特点。

其一，欲受具足戒的出家女性，受沙弥尼十戒之后，待年满十八周岁，还要与二岁羯磨受六法，受一种有别于男性的戒——式叉摩那戒。如《资持记》上一之二曰："式叉摩那，此云学法女。由尼报弱，就小学中，别提六行，为具方便。二年则验胎有无，六法则显行贞固；十诵所谓练身、练心，即是义也。"《羯磨疏·诸戒受法篇》云："初净心者，以女人志弱，愚教者多，随缘造过，特由学浅。故特圣制，增位劝学。男子不尔，多堪苦缘，虽为难阻，不即陵坏。故僧位中，不曲制多。二净身者，由曾出适，言归事人，后丧从道，怀胎受戒，诞育怀挟，讥过由生，故限二年，可知染净。是知学法为净心本，文列'尽形者'是也，约制有期，为净胎本，文列'二岁者'是也。两设共致，各有源矣。"[1]这就是说，由于女性的特殊的生理结构特点，在受比丘尼戒之前，先有二年的时间，一方面检验是否有孕，以免造成尼僧团的困扰；另一方面跟随尼僧学习部分比丘尼戒律，即六法以检验是否能堪受比丘尼戒。

从敦煌文献记载看，八至十世纪的沙弥尼受这种有别于男性僧人的式叉摩那戒的人较多。上引 S. 2614V《唐年代未详（895 年?）沙州诸寺僧尼名簿》[2]，对各寺的僧尼作了统计，文中提到：

（普光寺）式叉尼：圆意

---

① 《业疏记》卷 17322。
② 唐耕耦等：《敦煌社会经济文献真迹释录》第 4 辑，全国图书馆文献缩微复制中心 1990 年版，第 229 页。

圆真　喜舍　慈妙　妙会　念戒　念定

念惠　胜行　妙意　善恩　灵会　灵忍

精进　启行　启相　启果　圆喜　明惠

明智　政戒　政定　政念　政定　无忘

巧明　巧意　善恩　皈信　花严　福满

法意　慈济　慈光　了信　严忍　妙力

喜集　觉因　相好　福进　体真　明行

灵智　明证　灵进　启净　秀严

妙积　真意　证性　证信　觉悟　明意

明真　镜忍　庆果　镜意　启恩

（中略）

计式叉尼五十九人

（大乘寺）式叉尼：胜妙　妙言　真性　修果　善住

灵进　最行　明心　政意　巧能　巧德

巧信　明戒　明了　菩萨藏　乘因　妙福

殊胜惠　殊胜果　善政　严性　妙光

妙启　妙音　政修　善修　胜心　严意

花藏　戒清　戒忍　敬行　庆相　胜

行　证性　妙信

（中略）

计式叉尼三十六人

（安国寺）式叉尼：巧圣　　慈藏

慈惠　政性　照惠　妙力　真顶　妙行　政信

善清　政思　真行　殊胜果　戒香

启圆　殊胜智　殊胜戒　皈满　皈因

宝济　如意　明了德　妙严（言）

（中略）

式叉尼二十三人。

（灵修寺）式叉尼：菩提凝　修因

密行　启如　启因　等持　明律　政惠

无言　无思　无念　慈眼　最行　殊胜定

明戒　明心　皈心　皈忍　了因　了慈

了寂　敬信　证净　心真　皈妙　了真

明惠　明意　皈性

（中略）

式叉尼二十九人。

圣光寺式叉尼：因胜　普光　坚性

严忍花　普明　无垢　灵意　明空　□□

明信

（中略）

式叉尼十人。

普光寺、大乘寺、安国寺、灵修寺、圣光寺是八至十世纪敦煌的主要尼寺，这些尼寺中有如此多的式叉尼存在，说明当时敦煌有很多受有别于男性僧人的式叉摩尼戒的出家女性沙弥尼。故女性受这种戒是女性僧人相对于男性僧人来说，比较独特的特点之一。

其二，出家女性和出家男性在受具足戒时，仪程上又有所区别。出家男性受比丘大戒，一般采用的是白四羯磨法，即受戒时，必须在有十位比丘僧组成的僧团会议上，三师之一的羯磨师向僧众告知某某将受具足戒（一白），然后连问三次（三羯磨），若僧众没有异议，则准予新戒者受比丘戒。而出家女性受比丘尼戒虽然也采用白四羯磨法，但在程序上比男众受比丘戒多了一层，即从二部僧受戒：先在女众比丘尼中受白四羯磨，通过后还要在男众比丘僧团中再受白四羯磨一次。

从敦煌文献看，在八至十世纪的敦煌，上述二部僧受戒现象普遍存在。

上引S.2575《后唐天成四年（929年）三月九日普光寺置方等道场牓》提到："廿七日受戒。廿八日别置登坛道场，限至四月五日式叉须了。六日就僧寺求戒。"说明当时敦煌尼僧受二部僧戒，即先在尼寺受戒，然后往僧寺求戒。（二部僧和合受戒，戒牒由僧寺颁发。）

又敦煌文献中有许多尼道场的记载。前引 S. 2575《后唐天成四年（929 年）三月六日应管内外都僧统置方等戒坛牓》、S. 25754V《普光寺道场司僧政惠云法律乐寂等为下品尼流去住上都僧统状稿》、S. 25756V《己丑年（929 年）五月廿六日应管内外都僧统为道场纳色目牓》、S. 25756V——7V《三月四日普光寺道场司差发牓》都记载了普光寺设置道场的情况。① 众所周知，普光寺是敦煌著名的尼寺，故这些在普光寺设置的道场即为尼僧受具足戒所设的道场，而从这些文书的记载内容看，该寺为尼僧主持受戒的不但有尼大德，而且有僧大德。这种史实充分地说明了在当时的敦煌，尼僧须在僧尼二众面前受具足戒这一客观事实。

其三，出家女性受具足戒程序和过程较之男性僧人又有所不同。

首先，在出家女性受具足戒程序和过程中，其相关规定较之男性出家人受此戒要严厉得多。关于这一点，在都僧统为尼寺举行方等戒坛而发布的告示中可以得到印证。如上引 S. 2575《天成四年（929）三月六日应管内外都僧统置方等戒坛牓》载："为度尼人，真风陷半"，"戒条五百，一一分明"，并规定服饰一律"青黑墨兰"且"不佩锦绣"，若违反戒条，而出现"绮彩之裳"、"锦腰锦襻"、"杂边绣口纳鞋"、"银匙银箸"、"夜后添妆"的现象，必将受到相应的惩罚，即锦衣收入库内，银器当众打碎。就目前所掌握的敦煌文献看，这种对出家女性受戒时的特殊规定，为僧寺方等戒坛所没有，这说明了出家女性在受戒过程中，其要求较之同类男性出家人来说，要严厉得多。

其次，在尼寺举办的方等道场中，担任负责人除了女性僧人外，还有男性僧人，而在僧寺举办的方等道场中，担任负责人的仅为男性僧人。

如日本东京都井上书店的出版物《释门教授帖》：

1. 释门教授　帖

2. 大乘寺检校道场律师　照法师　海辩律师　惠琬（琬）

3. 神弁　海清　尼坚戒律师　圆性律师　普惠律师

4. 法喜律师　真意律师　明顺律师　妙惠律师　坚信律师

---

① 唐耕耦等：《敦煌社会经济文献真迹释录》第 4 辑，全国图书馆文献缩微复制中心 1990 年版，第 134、143、145、146 页。

5. 真惠律师　坚志律师　宝明　光明藏　惠明　明了　觉证

6. 坚法　宝净　觉了　妙观　普坚　明贤　启悟

7. 安国寺检校道场律师　惠英律师　洪弁律师　弁惠法师

8. 海德律师　圆满律师　尼修广律师　正严律师　普舡（船）律师（后缺）①

文中用"尼"字作为标识，将尼与僧相区别，说明大乘寺、安国寺检校律师中分别排在坚戒、修广之前的僧人皆来自僧寺，这一史实说明了尼寺举办的道场上，有男性僧人担任负责人，帮助和指导尼僧。

Дx. 02151 背 + Дx. 01329B《道场司请诸司勾当分配牓稿》中，所指派的方等道场司负责人既有龙兴、乾元、净土、报恩等寺的僧人，又有安国、普光、圣光等寺的女尼。

上引 S. 2575《天成四年三月九日普光寺置方等道场牓》中有"十七日请禅律诸寺大德策发，其夜发露"。所谓"禅律诸寺大德"，据陈大为博士研究，当指敦煌诸寺禅师、律师等大德高僧②。既然礼请诸寺大德，那么自然除尼寺之外也应包括僧寺，故可知，在敦煌尼寺普光寺举办的方等道场中，亦既有女性僧人担任负责人，又有男性僧人担任负责人。

又据 P. 3167 背《乾宁二年（895 年）三月安国寺道场司常秘等状》载，在敦煌尼寺安国寺所设的方等道场中，道场司的负责人为常秘。"常秘"，据陈大为博士考证，是敦煌僧寺开元寺的僧人，这说明在尼寺安国寺举办的方等道场中，同样也有男性僧人担任负责人。

而在僧寺举办的方等道场中，并未见到女性僧人担任负责人的现象。如从 S. 520 + S. 8583《天福八年（943 年）二月十九日河西都僧统龙辩牓》记载看，在报恩寺设置的方等道场，负责人均为报恩、灵图、龙兴、乾元、开元、永安、金光明、三界、大云、莲台、净土等寺僧人。这说明在僧寺举行的方等道场中，担任负责人的仅为男性僧人。关于这一点，

①　此文书图版刊登在 1995 年仲夏井上书店出版的《人文系综合古书目录》第 57 号附古典籍特辑，第 1 页；此据杨森录文，见杨森《跋〈子年三月五日计料海济受戒衣钵具色——如后〉账及卷背〈释门教授帖〉文书》，《敦煌研究》1998 年第 4 期，101 页。

②　陈大为：《唐后期五代宋初敦煌僧寺研究》，博士学位论文，上海师范大学人文与传播学院，2008 年，第 183 页。

陈大为博士已做过探讨，在此不再多论。

以上三点是敦煌出家女性受戒时不同于男性出家人的特点。

除了和男性出家人相比有不同的特点外，敦煌作为传播佛教的圣地，女性受戒又有其地方特色。

律制规定，式叉尼是沙弥尼到比丘尼的必经阶段，女众出家，若全不受六法，或学有缺（犯），或受持不满两载，均不得与授比丘尼戒。如《羯磨疏·诸戒受法篇》："六法女中，若全不受，若受有缺，或年不满。诸同一科，还如不受，不合进戒，缺尼一位。何有沙弥尼径受具也？若尔，沙弥不受，得受戒者？"答："不同也。一、无文开尼受已得具；二、男气刚正，有秉持故；三、为女弱，不能持戒，故生一位以为行本，今无本行，何得后受；四者男无可试身胎，故不限于时月，女则后前，故须具学。"①

但从敦煌文献看，在八至十世纪的敦煌沙弥尼中，除了上文提到的存在严格遵守佛教律例规定受式叉尼戒的史实之外，似乎还有些沙弥尼可以不经过式叉尼阶段直接成为比丘尼。S. 2575v《甄别求戒政学、沙弥尼为上中下三品判稿》中提到："弘之在令置香坛，二众进具于斯晨，一期方等于此日。八万细行，承瞻礼于人寰；三千威仪，渥火宅之烟焰者，则道场也。"② 甄别是受具足戒时的仪程之一，从文中记载内容看，此次甄别对象是欲受具足戒的尼僧，尼僧受具足戒又提到"二众"，很明显这二众是指政学女（式叉尼）和沙弥尼。S. 25754v《普光寺道场司僧政惠云法律乐寂等为下品尼去住上都僧统状稿》亦载："式叉妙德、沙弥尼保定因□五尼寺等额管数人，入纲本满；受具恳诚，渴仰弃积垢而冰清。"③这表明普光尼寺设立戒坛，同时为已出家的沙弥尼和式叉尼授具足戒。为沙弥尼、式叉尼二众同时受戒，在一定程度上说明了敦煌的有些沙弥尼可以不通过式叉尼阶段直接成为比丘尼。

---

① 《四分律删繁补阙行事钞》，《大正藏》卷40，第499页上栏。

② 黄永武：《敦煌宝藏》第21册，新文丰出版公司1982年版，第210页。

③ 唐耕耦等：《敦煌社会经济文献真迹释录》第4辑，全国图书馆文献缩微复制中心1990年版，第143页。

成为真正的比丘尼后，其身份有所提高，经济收入增加，待遇改善。据郝春文先生考证，相对于沙弥尼和式叉尼来说，其经济收入增加了一倍，劳役明显减少，在僧团中的地位明显提高。

图 2 - 6　莫高窟第 17 窟　比丘尼（晚唐）

第三节　尼僧团的形成过程

一、五尼寺的形成

尼寺是佛教祀神、举行宗教仪式及出家女性所住之处，又称尼庵、比丘尼寺。印度很早就有比丘尼寺。据《婆薮盘豆法师传》载："干阿输阗国起三寺，一比丘尼寺，二萨婆多部寺，三大乘寺。"①

印度比丘尼寺建立起来后，比丘尼制度也随着佛教的对外传播向周边传播开来，在北部，沿着古老的商道传到了西域，进一步传到了中国内地。中国比丘尼寺开始形成。关于中国比丘尼寺之始，说法不一。《比丘尼传》卷一载："检即剃落从和上受十戒。同其志者二十四人。于宫城西门共立竹林寺。"② 此为一说。《记纂渊海》卷184引《事物纪原》载："东晋何充始舍宅安尼，盖尼寺之起也。"③ 此为又一说。《汉法本内传》记，汉明帝于永平十四年正月十五日，听许后宫阴夫人、王婕好及京都阿潘等出家，十六日共大臣文武数百人与出家者剃发；至三十日，即立十寺，城外七寺安僧，城内三寺安尼，则中国尼寺当始于汉明帝时④。此为第三种说法。学界一致认为，最早见于史籍记载的晋代的比丘尼净检的出家修行之地——竹林寺是中国最早的比丘尼教团。如蔡鸿生在《尼姑谭》中说："到种令仪出家，法名净检，始有汉族妇女出家，同道二十四人，共立竹林寺，组成中国第一个比丘尼教团。"⑤

自净检以后，历代比丘尼立寺造像者很多，刘宋时道媛"大造形象，处处安置"，业首尼"元嘉二年，王景深母范氏，以王坦之故祠堂地施首，起立寺舍，名曰'青园'……以元嘉十五年，为首更广寺西，创立佛殿，复拓寺北，造立僧房……"⑥ 慧琼尼先修了南安寺，后又"造菩提寺，堂殿坊宇，皆悉严丽"⑦。僧述尼"不蓄私财，随得随散，或赈济四众，或放生乞施。造金像五躯，并皆壮丽。"⑧ 招明寺法宣尼"修饰寺宇，造构精华，状若神工，写经铸像"⑨。

这些寺院大部分是帝王、官宦所施，以其舍宅或别宅为寺。舍宅为

---

① 《大正藏》卷50，第190页中栏。
② 《比丘尼传》卷1《净检》，《大正藏》卷50，第935页下栏。
③ 潘自牧：《记纂渊海》卷184《事物纪原》，中华书局，1988年，第2918页。
④ 《法苑珠林》卷18《汉法本内传记》，第277页。
⑤ 蔡鸿生：《尼姑谭》附"中国尼姑大事记"中山大学出版社，1998年，第316页。
⑥ 《比丘尼传》卷2，《大正藏》卷50，第940页中栏。
⑦ 《比丘尼传》卷2，《大正藏》卷50，第938页中栏。
⑧ 《比丘尼传》卷4，《大正藏》卷50，第947页中栏。
⑨ 《比丘尼传》卷4，《大正藏》卷50，第948页中栏。

寺起源于晋。如《比丘尼传》卷一"明感尼传"载:"晋建元元年(348年)春,(明感)与慧湛等十人济江,诣司空公何充。充一见甚敬重。于时京师未有尼寺,充以别宅为之立寺。"① 从而开创了宦官帝王舍宅立寺之先河。宋赞宁《大宋僧略史》卷中载:"东晋何充始舍宅为寺,安尼其间。"②《比丘尼传》卷三"德乐尼传"载:"齐永明五年(487年),陈留阮俭笃信士也,舍所居宅,立齐兴精舍。乐纲纪,大小悦服,远近钦风,皆愿依止,徒众二百余人。"③ 由于历代尼寺大多是舍宅为寺,所以尼寺大多是院落式的建筑。

敦煌之有佛寺甚早。敦煌遗书载西晋索靖为莫高窟佛寺题额曰"仙严寺"④,其时当在晋武帝(265—290年)时期。自此佛寺之名多见。最早见于敦煌文献的尼寺为大乘寺,始建于北周时期。唐朝建立后,社会的繁荣与昌盛,将佛教推向了辉煌发展的顶峰。尼寺由此不断增加,在天授二年(691年),新出现了尼寺灵修寺。吐蕃统治敦煌初期,吐蕃人把敦煌看作一个佛教的中心,大力弘扬佛教,并给佛教的发展以很大支持,沙州寺院因此相应增多,尼寺数量相对增加。S.2729《吐蕃辰年(788年)沙州僧尼部落米净辩牒》⑤ 记载了吐蕃占领初期沙州寺院和僧尼数字。据牒载,当时沙州有十三所僧尼寺,其中有尼寺四所,为灵修寺、普光寺、大乘寺、潘原堡寺,灵修寺有尼 67 人,普光寺有尼 47 人,大乘寺有尼 44 人,潘原堡有尼 12 人,四所尼寺人数加起来共有尼 171人。在此之后尼寺数目有所变化。如 S.542v《吐蕃戊年六月沙州诸寺丁口车牛役簿》中,出现的尼寺比上引 S.2729《吐蕃辰年(788年)僧尼部落米净辩牒》多了安国寺,少了潘原堡寺。关于潘原堡寺,在吐蕃占领沙州中后期诸文书中再未出现过,是废弃了,还是改了新名,因

---

① 《比丘尼传》卷1,《大正藏》卷50,第935页。
② 《大宋僧史略》,《大正藏》卷54,第245页。
③ 《比丘尼传》卷3,《大正藏》卷50,第944页下栏。
④ 贺世哲:《从供养人题记看莫高窟部分洞窟的营建年代》,见敦煌研究院编《敦煌莫高窟供养人题记》,文物出版社1986年版,第196页。
⑤ (日)池田温:《中国古代籍帐研究·录文》,第502—506页。原件纪年已佚,今从池田温说,推定为九世纪末期。

材料缺乏考证，而众说不一，李正宇先生推测认为，可能新增安国寺为潘原堡寺所改①。谢重光先生认为，可能是废弃了，也可能是改了新名。②由于没有可靠的史料印证，笔者难以下定论，故尊重两位前贤的看法。吐蕃统治末期，敦煌的寺院增加，僧尼猛增到数千人，著名的寺院号称有"十七大寺"。具体包括 12 所僧寺和五所尼寺，12 所僧寺为龙兴寺、永安寺、大云寺、灵图寺、开元寺、乾元寺、显德寺、报恩寺、金光明寺、莲台寺、净土寺、三界寺；五所尼寺为大乘寺、普光寺、灵修寺、安国寺、圣光寺。这些寺院并不是单纯的在原有寺院的基础上新建寺院，而是有兴有废，其中的尼寺有的被废弃了，有的被改了名，也有的是新建的。依据上引 S. 2614v《唐年代未详（895 年）沙州诸寺僧尼名簿》残件③记载，这一时期新出现了尼寺圣光寺。随着新的尼寺的出现，尼僧数量不断增加。据 S. 5676《沙州诸寺僧尼数》④ 载，灵修寺有尼 55 人，大乘寺有尼 61 人，普光寺有尼 57 人，安国寺有尼 29 人，圣光寺有尼 7 人。上引 S. 2614《唐年代未详（895 年）沙州诸寺僧尼名簿》载，灵修寺有尼 142 人，大乘寺有尼 173 人，普光寺有尼 189 人，安国寺有尼 139 人，圣光寺有尼 49 人。又据 S. 2669《敦煌诸寺僧尼姓名年龄籍贯表册》记，大乘寺尼增至 209 人，圣光寺增至 79 人，其余各寺人数基本保持原样，变化幅度不大。这种状况的出现，大抵与当时的社会背景有关。有关这一点将有专章讨论，在此不再详细论证。

关于这些寺院的建筑结构，敦煌文献中没有确切的记载，但在形象资料壁画中却多有反映。从敦煌经变画观无量寿经变、阿弥陀经变、东方药师变、弥勒上生经变等大宗壁画建筑资料看，八至十世纪的敦煌寺院主要以院落式布局为主。这些院落依其组合又可分为三种类型：即单

①　季羡林主编：《敦煌学大辞典》李正宇"潘原堡寺条"，上海辞书出版社 1998 年版，第 630 页。

②　谢重光：《关于唐后期至五代间沙州寺院经济的几个问题》，载韩国磐主编《敦煌吐鲁番出土经济文书研究》，厦门大学出版社 1986 年版，第 453 页。

③　唐耕耦等：《敦煌社会经济文献真迹释录》第 4 辑，全国图书馆文献缩微复制中心 1990 年版，第 229 页。

④　唐耕耦等：《敦煌社会经济文献真迹释录》第 4 辑，全国图书馆文献缩微复制中心 1990 年版，第 249 页。

院、前后纵列的二院和左右横连的三院。①

单院佛寺的形制在盛唐第 172 窟经变画中的反映最为具体。在壁画中，佛寺系一方形大院，院落后部沿纵轴顺置三座大殿：前后单层，单檐庑殿顶，面阔五间，进深三间；中殿是两层阁楼，亦单檐庑殿，面阔较窄；后殿单层，面阔最宽，顶同前。横轴在前殿以前，东西两端各置单层单檐歇山顶五开间配殿一所，配殿南北又各峙立一座二层楼阁，亦五间，歇山顶。后殿左右接廊庑，东西行至角折向南与侧翼建筑相接，在廊庑转角处于廊顶突起角楼。角楼歇山顶，以山面向前。廊庑深两间，沿中柱设墙，开直棂窗，每隔两间敞开一间，可互通内外。该窟的经变画原本当出自盛唐，故画中寺像反映了当时的情况。

图 2-7 敦煌莫高窟第 172 窟《无量寿经变》（唐）

前后纵置的双院式寺院形制，相当于在上述单院后又接出一进后院。后院宽度同于前院，深度则比前院小。前院情形和单院式佛寺差不多。后院中路的布置因被前院建筑遮挡，大都不详。晚唐第 85 窟的壁画佛寺后院正中局部被挡，由所露出部分看来，似乎是并列的三座二层楼阁，上层以飞桥联系。在后院的左右部，又各立一六角形双层楼阁，布置较

---

① 萧默：《敦煌建筑研究》，文物出版社 1989 年版，第 48—63 页。

为复杂。五代第146窟的后院也有许多建筑。

横列三院式是比较特殊的形制，这种形制有两种方式：一种横列三院互不连接各自独立成单院。中院最大，建筑南向；东西两院较小，方向各朝向中院，并与中院相对开门以往来。也有左右二院为是园林，院中各有一六角亭。如晚唐第85窟的中院是一城，左右二院面向中院，又各分为前后两院。另一种方式是三院接连，以盛唐第148窟所绘最完整。此图中院最大，左右二院的南北向宽度小于中院的进深，故中院的佛殿恰好座落在一个凹形空间里，并使侧院向中院的立面完整显露。在这个立面上，正中设侧院的正门，南北端设角楼。三院全部由回廊围绕，总体布置十分妥帖。

图2-8　莫高窟第148窟《弥勒下生经变》(盛唐)

这些寺院布局，华丽雄伟，所依据的实物，当以敦煌特别是两京和内地繁华地区的佛寺为主，故可以肯定当时敦煌尼寺的布局，应该与上述布局有类同的地方，只是规模上没有壁画所反映的佛寺蓝本那么大，布局没有那么复杂而已。

图2-9　寺院之一角　莫高窟第446窟（盛唐）

图2-10　莫高窟第61窟　寺院与城郭（五代）

二、五尼寺的发展概况

上述这些尼寺就其性质来说与僧寺没有多大的区别，但由于僧、尼性别差异，清规戒律各异，而造成尼寺较僧寺而言有许多独特的特点。

以下对八至十世纪敦煌诸尼寺规模、特点、经济情况及其相关情况进行考察说明。

大乘寺在敦煌遗书中又简称为"乘"。寺址在沙州城内，据李正宇先生考证，该寺约建于北周时期，即公元六世纪左右，至宋天禧三年（1019年）犹存。蕃占初期辰年（788年）有尼34人，寺户19户，且有田园、仓储、羊群、毡匠；蕃占后期有尼62人，晚唐增至105人，五代猛增至209人，是当时敦煌规模最大的尼寺。[①]

据敦煌文献载，归义军节度使曹议金侄女就在此寺出家。P.3556《后周敦煌大乘寺法律尼厶乙邈真赞并序》："大周故大乘寺法律尼临坛赐紫大德沙门某乙邈真赞并序。法律阇梨者，即前河西一十州节度使曹大王之侄女也。"[②] 正由于有此类大族女性出家于该寺，从而使该寺受到归义军政权和其家族的支持，在这种支持下，尼众热衷于开窟造像活动。莫高窟第103窟有"大乘寺尼启注奉为先亡爷□下及法界苍生敬造观音白衣各一躯一心供养。"[③] 莫高窟第468窟主室西壁下晚唐供养人像列北向第一身题名："乘□（寺）法律□□（光）慈善□……"[④] 敦煌绢画Ch. xliv. 004有"大乘寺如真手执……香一心供养佛。"[⑤] 绘有十一面观音并菩萨像的敦煌绢画Ch. lvi. 0013亦为大乘寺尼供养。[⑥] 这些活动的开展进一步加强了大乘寺在民众中的影响。P.3192《唐大中十二年（858年）社司转帖》载："右缘少事商量，幸请诸公等，并限今月生三日卯时于大乘寺门取齐"[⑦]，社活动在当时是规模较大的集体活动。将大乘寺作为集会的地点，在一定程度上可以看出此地为当时人所熟知，同时也印证了其在当时民众中具有一定影响力的论断。

普光寺规模上稍次于大乘寺。在敦煌文书中简称为"普"。据李正宇

① 李正宇：《敦煌地区古代祠庙寺观简志》，《敦煌学辑刊》1988年第1、2期，第76页。
② 唐耕耦等：《敦煌社会经济文献真迹释录》第5辑，全国图书馆文献缩微复制中心1990年版，第170页。
③ 敦煌研究院编：《敦煌莫高窟供养人题记》，文物出版社1986年版，第50页。
④ 敦煌研究院编：《敦煌莫高窟供养人题记》，文物出版社1986年版，第177页。
⑤ 《西域美术》，stein painting12，vol. 1，pl. 8，Figs. 18—24
⑥ 《西域美术》，stein painting65，vol. 2，Figs. 23，24
⑦ 唐耕耦等：《敦煌社会经济文献真迹释录》第1辑，书目文献出版社1986年版，第306页。

先生考证,其寺址应在宜秋渠西枝渠地段,而此渠灌溉龙勒、洪润、平康三乡境,故具体位置应在州城西北。蕃占辰年(788 年)初见其名,至北宋太平兴国四年(979 年)犹存。蕃占辰年有尼 47 人,次年增至 57 人,戌年(794 年),寺卿索岫□申报该寺尼众,列名 127 人,晚唐增至 190 人。[①]

在敦煌文书中有关普光寺的记载很多。S. 329₆v《年代未详[唐末]社司转帖》[②]中,通知社人的聚居点在普光寺门前,P. 3875、P. 3875 v、S. 7931、S. 214v、S. 5631、S. 6124 等社邑文书中,亦有类似记载。普光寺能作为社邑集会之地,说明它在当时是众所周知的较有名气的佛教寺院,同时亦和上述大乘寺一样在敦煌当地的民众中具有一定的影响力,这种影响力的形成一定程度上源于世家大族的支持。从敦煌文书和莫高窟供养人题记中看,有很多大族女性出家于普光寺。P. 3556《张法律尼清净戒邈真赞并序》中,张议潮的孙女就出家于普光寺,并在寺任法律职务。莫高窟第 85 窟翟僧统窟[③]东壁门南侧晚唐供养人像列北向第一身题名:"师故普……"同列第二身题名:"□师普光寺尼坚进"。同列第四身题名:"师……普光寺尼智□。"同列第五身题名:"侄尼普光寺尼……□(智)。"莫高窟第 108 张淮庆功德窟[④]中,东壁门北侧供养人像列第二身题名:"故姊普光寺法律尼念定一心供养。"同列第四身题名:"故女普光寺法律尼最胜喜"。莫高窟第 144 窟索氏功德窟[⑤]中,西壁龛下五代供养人像列南向第三身题名:"妹尼普光寺律师巧相一心供养。"同列第四身题名:"妹尼普光寺都维证信一心供养。"张氏、翟氏、索氏均是当时敦煌的世家大族,这些家族的女性出家于普光寺,无疑增强了此寺在敦煌的影响和威望,同时也使此寺得到了当时统治者的支持,从而更进一步有利于其规模的扩大和实力的增加。

---

① 李正宇:《唐宋时代敦煌县河渠泉泽简志》,载《敦煌史地新论》,新文丰出版公司 1997 年版,第 113—114 页。

② 唐耕耦等:《敦煌社会经济文献真迹释录》第 1 辑,书目文献出版社 1986 年版,第 315 页。

③ 敦煌研究院编:《敦煌莫高窟供养人题记》,文物出版社 1986 年版,第 30 页。

④ 敦煌研究院编:《敦煌莫高窟供养人题记》,文物出版社 1986 年版,第 52 页。

⑤ 敦煌研究院编:《敦煌莫高窟供养人题记》,文物出版社 1986 年版,第 66 页。

灵修寺在敦煌遗书中简称"修",约建于武周时期,天授二年初见其名,宋太平兴国(979 年)犹存。吐蕃辰年(788 年)有尼 67 人,有寺户 15 户。晚唐有尼 142 人。[①] 其寺址因缺乏记载,现无法考证。敦煌大族女性在此寺出家的很多。P. 3556《后周敦煌郡灵修寺阇梨尼张氏戒珠邈真赞并序》载:"周故敦煌郡灵修寺阇梨尼临坛大德沙门张氏香号戒珠邈真赞并序。阇梨者,即前河西陇右一十一州张太保之贵侄也。"[②] 戒珠为张议潭之女,就出家于灵修寺。上引莫高窟第 144 窟大族索氏家族窟中,东壁门北侧供养人像列南向第一身题名:"妹灵修寺主比丘善……。"西壁龛下五代供养人像列南向第一身题名:"……姑灵修寺法律尼妙明一心供养。"同列第二身题名:"亡妹灵修寺……性一心供养。"莫高窟第 159 窟亦为敦煌大族功德窟中,此窟中也有出家于灵修寺的女性,如"侄尼灵修寺法律惠性。孙尼灵修寺法律贤胜。孙灵修寺尼灵真"。[③] 她们的出家以及上述论及的出家后开窟造像活动的开展,提高了本寺院的声誉影响和社会地位,为该寺的进一步发展奠定了一定的基础。

安国寺在敦煌遗书中简称为"国"。其寺址乜小红先生依据Дx. 01421《某年三月四日安国寺阇梨法律分付放羊人羊凭》的记载"安国寺阇梨、法律、徒众就平河口拔毛:现过白……叁口,落悉无羔子二十口,分付牧羊(人)。"推断,应在平河口。[④] 据李正宇先生考证,平河口即为敦煌东河之分水口,在沙州州城东南三里平河堰南侧、甘泉水东岸。[⑤] 此寺在蕃占巳年(789 年)初见其名,存在于吐蕃统治敦煌时期及张、曹氏归义军时期。吐蕃巳年有尼 29 人,戌年(794 年)有寺户六户为其供役。晚唐时,寺中尼数量增至 139 人。设有藏经室,收藏佛典,供尼众读诵。[⑥]

---

① 李正宇:《敦煌地区古代祠庙寺观简志》,《敦煌学辑刊》1988 年第 1、2 期,第 77 页

② 唐耕耦等:《敦煌社会经济文献真迹释录》第 5 辑,全国图书馆文献缩微复制中心 1990 年版,第 180 页。

③ 敦煌研究院编:《敦煌莫高窟供养人题记》,文物出版社 1986 年版,第 75 页。

④ 乜小红:《俄藏敦煌契约文书研究》,上海古籍出版社 2009 年版,第 11 页。

⑤ 季羡林主编:《敦煌学大辞典》,上海辞书出版社 1999 年版,第 316 页。

⑥ 李正宇:《敦煌地区古代祠庙寺观简志》,《敦煌学辑刊》1988 年第 1、2 期,第 79 页

在敦煌莫高窟中有很多关于安国寺的记载。莫高窟第 61 窟[①]有"故姨安国寺法律尼临坛大德沙门性真供养。"莫高窟第 138 窟[②]东壁门上方供养人题名:"女尼安国寺法律智惠性供养。"北壁供养人像列西向第一身题名:"……□(国)(寺)……尼……"莫高窟第 201 窟有"妹安国寺法律尼妙海一心供养,妹安国寺律师尼正慈一心供养。"从这些记载中可以看出,在八至十世纪的敦煌,将安国寺作为出家之地的女性很多,这些尼众亦同其他尼寺的尼众一样热衷于开窟造像活动等宗教活动,关于这一点在上述引证材料中已有所体现。所有这些都说明此寺在当时规模上虽不如上述各尼寺,但却不失为一个具有一定影响的尼寺,在当时人心目中有一定的地位。

圣光寺在敦煌遗书中简称为"圣"。寺址在沙州城内。为公元九世纪吐蕃集宰相、将军、敦煌第一任行政长官于一身的热心佛教徒尚乞心儿所建。据 S.2765v 记,此寺以"圣主(赞普)统三光之明,无幽不照","率滨咸服,观国之光"而得名。至北宋天禧三年(1019 年)犹存。依据 S.2614、S.2669 记载,圣光寺中唐末有大戒尼、式叉尼、沙弥尼 49 人,五代增至 79 人[③],是八至十世纪敦煌五尼寺中规模最小的尼寺。虽然规模较小,但从敦煌文献看,此寺却是当时富有资财的佛教寺院之一。如 S.4760《太平兴国六年(981)圣光寺尼修善等请戒慈等法律等职牒并判》第 4 至 6 行载:"况且圣光尼寺,相承古迹,鸿基净室,金田继踵,未尝坠陷。而乃常住糟粕,切藉有功之人,帑库珍财,贵要英灵之众。"[④] 依据"鸿基净室"、"帑库珍财"的记载可知,圣光寺是当时比较富有的佛教寺院之一。正因为如此,圣光寺并未受到时人的轻视,故在莫高窟及敦煌文献中留下许多关于此寺的记载。莫高窟第 148 窟供养人题记中有"窟禅圣光寺释门法律……"[⑤] 莫高窟第 206 窟中有"故施主圣光寺院主

① 敦煌研究院编:《敦煌莫高窟供养人题记》,文物出版社 1986 年版,第 20 页。
② 敦煌研究院编:《敦煌莫高窟供养人题记》,文物出版社 1986 年版,第 63—64 页。
③ 李正宇:《敦煌地区古代祠庙寺观简志》,《敦煌学辑刊》1988 年第 1、2 期,第 80 页
④ 郝春文:《唐后期五代宋初敦煌僧尼的社会生活》,中国社会科学出版社 1998 年版,第 95 页。
⑤ 敦煌研究院编:《敦煌莫高窟供养人题记》,文物出版社 1986 年版,第 71 页。

僧张和……"①。榆林窟第 35 窟曹延禄功德窟中，有"故婆圣光寺尼众法律宝真一心供养"的题记，又在敦煌文献关于各寺付经情况记载的文书WB32（3）1《诸经付经历》② 中载："圣第廿袟第九袟付妙贤。""圣十四卷"，"圣两袟欠一卷。"从这些记载可以看出，圣光寺作为规模最小的尼寺，并没有被忽视，而且在此寺中，依然有大族女性出家于此。

依据上述对敦煌五尼寺的介绍，结合敦煌文献中有关僧寺的记载可以发现，尼寺相对于僧寺来说，具有不同的特点。以下依据相关文献记载和前人的成果，列表进行说明：

寺院类别	寺院名称	寺址	僧（尼）人数
僧寺	大云寺	城内	16—38
僧寺	永安寺	寿昌城	11—38
僧寺	灵图寺	城西八里	17—37
僧寺	开元寺	城内	13—48
僧寺	报恩寺	城内	9—47
僧寺	龙兴寺	城内	28—100
僧寺	金光明寺	城西北	16—62
僧寺	莲台寺	城内	10—27
僧寺	乾元寺	待考	19—44
僧寺	净土寺	城内	23
僧寺	三界寺	待考	
僧寺	开元寺	瓜州	
尼寺	灵修寺	待考	67—142
尼寺	大乘寺	城内	32—209
尼寺	普光寺	城内	47—190
尼寺	安国寺	城东南	29—139
尼寺	圣光寺	城内	49—79

---

① 敦煌研究院编：《敦煌莫高窟供养人题记》，文物出版社 1986 年版，第 96 页。
② 施萍婷：《日本国立国会图书馆藏敦煌文书》，《敦煌研究》1996 年第 1 期，第 86 页。

从表中所列的内容可以看出，在八至十世纪历时几百年的历史变迁中，敦煌文献中有详细记载的 17 所寺院中，各个寺院的人数不尽相同，其中僧寺的人数一般有 10 人至 100 人左右，每所僧寺平均有僧人 9 人，而尼寺的人数一般有 50 至 200 人左右。每所尼寺平均有尼众约 50 人。从每所寺院僧尼统计人数的概况及其平均人数的数量可以看出，就单个尼寺来说，尼的数量要远远多于僧的数量，规模也要比僧寺大得多。关于造成这种现象的原因，据陈大为博士考证[①]，主要有四点：首先是由于吐蕃及归义军时期对妇女出家控制比较宽松，而对男子出家控制相对严格所致；其次，尼僧的发展乃至膨胀是有其历史传统的，8—9 世纪的吐蕃藏地尼僧享有吐蕃王朝很高的优待，从而得到迅速发展，吐蕃占据敦煌以后，这种传统也被继承下来；再次，从全国的情形来看，唐代佛教中女信徒的人数也是多于男信徒的；最后，吐蕃到归义军时期，战乱频仍，敦煌地区长期以来人口比例严重失调，女性人口远远超过男性。

从敦煌文献看，在这些尼僧数量较多、规模较大尼寺中，讲经、译经、写经活动盛行，尤其是写经规模尤为宏大。据文献记载，早在唐时，唐政府就对敦煌僧团的管理与组织建设非常关心，敦煌寺院写经活动就很频繁。吐蕃占领敦煌时期，译经活动频繁进行。他们不断向唐朝廷求取佛经，进行翻译。敦煌写经和讲经活动亦较过去兴盛，每所寺院都有专事抄写经书的"经坊"，开展大规模的写经活动。各寺都定期开展讲经活动向当地僧俗宣讲佛法。寺院学校也有了很大发展，尤其是加强了世俗学问的内容，吸引了不少世俗子弟到寺院求学，成为兼收僧俗弟子，并授佛学和儒家典籍的新型专院学校。这对于延续中原文化在敦煌的流传起到了重要作用。

① 陈大为：《唐后期五代宋初敦煌僧寺研究》博士学位论文，上海师大人文与传播学院，2008年，第 206 页。

图 2 – 11　榆林窟第 25 窟　写经（中唐）

当时吐蕃文的佛教经典被译成汉文正在敦煌推行，于是吐蕃赞普下令，大量抄写《无量寿宗要经》、《大般若经》等，在沙州的写经坊，一部六百卷的《大般若经》写了若干部，一部《无量寿宗要经》甚至写了数千部。此时敦煌的各大寺院，都在扩充着自己的藏经，在各寺的经坊中，经常有数个甚至是数十个僧俗写经生在紧张地抄写经书，通常是刚刚完成一项写经的任务，一项新的抄写任务就接踵而来。后来为了给安国、圣光等新寺准备藏经，敦煌诸寺写经坊中，更是繁忙不堪。

归义军统治敦煌时期，以洪辩为首的沙州僧侣在驱逐吐蕃之役中发挥了重要作用。统治者对佛教愈加支持，僧尼人数不断增长，诸寺僧尼数量破天荒地竟达一千多，寺院规模包括尼寺进一步扩大，写经活动更加兴盛，写经者复杂多样。从敦煌文献看，五尼寺的比丘尼也积极加入此活动的行列。为了便于说明，列表如下：

比丘尼写经题记年

年　代	出处	名号	写经原因、愿望	佛　经	卷号
大足一年（701年）三月十五日		慧昌	亡母索氏/获福无量	《妙法莲华经》卷七	北羽031
开元九年（722年）五月一日		玄□	受持	《妙法莲华经》卷五	S.3510
寅年（786年）七月十五日		胜藏	受持	《律部略钞本》	北宿039
申年（792年）十月七日		贤智	受持	《戒本》	北大D168
			三校竟	《妙法莲华经》卷九	S.0258
				《四分尼戒本》	S.1167
		正因		《大般若波罗蜜多经》卷四百四十	S.1587
	甘露寺	真行		《金刚般若波罗蜜多经》	S.2190
	安国寺	患尼妙福	尽心供养	《佛说阎罗王授记四众逆修身七斋功德经》一七卷	S.2489、北字045
		梵守	供养	《摩诃般若波罗蜜放光经》卷十七	S.3552
		僧豫	供养	《尼律》	S.3758
		觉如		《略钞本》一卷	S.4167v
		慧智	供养	《大般涅槃经》卷二十	S.6563
		智行	受持	《摩诃般若波罗蜜放光经》卷十、《大般涅槃经》卷十三	P.2239、国立中央图书馆藏敦煌卷子83号
		庄严	受持	《妙法莲华经》卷六	北雨042
乙丑年二月十六日	瓜州	智清	宿业罪因，愿皆消灭，见世速登正觉	《佛说回向轮经》	北丽074

（续表）

年　　代	出处	名号	写经原因、愿望	佛　　经	卷号
	大乘寺	首严		《大般若波罗蜜多经》卷一百二十七	浙敦031
		佛弟子何三娘号名四德		《长爪梵志请问经》	P.2428

从表中所列内容可见，当时有很多尼僧加入了写经行列，其写经活动的动机主要以受持供养和为全体生灵发愿求福为主，还有些为医治自己及家人的疾病而写经造福。并非随便抄抄，而是一项庄严的功德行为。

由于是功德行为，因此抄经活动得到了民众的很大重视，开始普遍流行，有些文墨不通，不能胜任抄经工作，或公务繁忙，无暇亲自抄经者，甚至付相应的报酬雇人抄写。如北图潜字十五号《大涅槃经》末尾题曰：

夫理深难契，非音教不传；妙果常寂，非积行不阶。是以佛弟子清信女令狐陀咒自惟秽业可招，早罹孤苦，思慕所天，情无已已。遂即资财，仰为亡夫敬写大涅槃经一部，三十吊；法华经一部，十吊；大方广经一部，三吊；药师经一部，一吊。冀因此福，愿亡夫神游净乡，历侍众圣，餐教悟玄，万感摧碎。……

文中佛弟子清信女令狐氏分别以三十吊、十吊、三吊、一吊不等的价格报酬，雇人写经。而这种以上述比丘尼为首的各种写经活动的盛行，为尼寺及其他寺院藏经的填充，以及佛教的传播和发展起了积极的作用。

第三章　敦煌尼僧的佛事活动

女性受戒出家，成为真正的出家人后，她们的佛教生活便开始了。敦煌尼僧的佛教生活主要包括营建石窟和修习活动等。

第一节　营建石窟

石窟寺是印度佛教的产物，是进行宗教活动的场所，因此，营建石窟成为主要的宗教活动之一。佛教自东传至中国后，此传统也影响了中国佛教及信众，随之在中国也出现了石窟营建活动。

据敦煌文献记载，敦煌最早的石窟营建活动始于前秦建元二年（366年）。唐代武周圣历元年（698 年）李怀让重修莫高窟佛龛的碑文中记载：

莫高窟者，厥初秦建元二年（366 年），有沙门乐僔，戒行清虚，执心恬静，尝仗锡林野，行至此山（指当地三危山——作者注），忽见金光，状有千佛，遂架空凿□，造窟一龛。次有法良禅师，从东届此，又于僔师窟侧，更即营建。伽蓝之起，滥觞于二僧。……复有刺史建平公、东阳王等各修一大窟，而后合州黎庶，造作相仍，实神秀之幽岩，灵奇之净域也。……乐僔、法良发其宗，建平、东阳弘其迹，推甲子四百他岁，计窟室一千余龛。①

在编号为156号石窟中有一段唐代人的题识，内容也是叙述莫高窟建窟肇始及由来，文中云：

右在州东南廿五里三危山上。秦建元之世，有沙门乐僔，仗锡西游至此，巡礼其山，见金光如千佛之状，遂架空□（镌）岩，大造龛像。次有法良禅师东来，多诸神异，复于僔师龛侧，又造一龛。伽蓝之□（建），肇于二僧。……从初□□窟，至大历三年戊申，□四百四年。又至今大唐庚午，即四百九十六年。□□□□□□通六年正月十五日记。②

从文中的记载可知，敦煌石窟的开凿源于一位名为乐僔的和尚，他于前秦苻坚建元二年，即公元366年开凿了敦煌第一个佛教石窟，此后又有一位法良禅师在乐僔的洞窟之侧开凿了第二个石窟。自乐僔、法良开凿石窟以来，历经了前秦、北凉、西魏、北周、隋、唐、五代、宋、西夏、元等时代的连续修凿，渐成规模。莫高窟、西千佛洞和榆林窟三处被后世总称为敦煌石窟。

敦煌莫高窟是中国石窟中开凿最早，延续时间最长，规模最大，内容最丰富的一处。据统计，在砾岩峭壁上，大小洞龛密如繁星，有洞穴七千余处。莫高窟现存石窟有七百多个，其中，壁画有四万五千多平方米，画面如按两米高排列，可构成长达二十多千米长的画廊；彩塑有两千四百多尊，莲花柱石和铺地花砖有数千块，唐宋木构建筑有五座，石窟形制有禅窟与中心柱式、方形佛殿式和覆斗式。真可谓是一处由建筑、绘画、雕塑等组成的博大精深、绚丽夺目的综合性佛教艺术殿堂。窟内金碧辉煌，绚丽夺目。内容丰富，有佛像、飞天、伎乐、仙女等。有佛经的故事画，经变画和佛教史迹画，也有神怪画和供养人像画，还有各式各样细致精美的装饰图案等，是佛徒修行、观像、礼拜的处所。

---

① 《李君莫高窟佛龛碑》，转引《敦煌莫高窟供养人题记》，文物出版社1986年版，第196、197页。

② 见敦煌莫高窟第156窟前室北壁《莫高窟记》，《敦煌莫高窟供养人题记》，文物出版社1986年版，第72页。

与此同时，更为难得的是画中还有许多表现当时社会生活的画面，比如有狩猎、耕作、捕鱼、收割、推磨、舂米、盖房等劳动图景，有婚丧、旅游、作战、行医、剃度、洒扫等社会生活画面，有学校、酒肆、屠宰房、旅栈等场所的活动场面，有车船、犁杖、连枷、纺车、织机等交通和生产工具的形象写生，有亭台楼阁、塔刹、宫殿、庭院、桥梁等古建筑，还有音乐、舞蹈、杂技、戏剧等艺术活动的写照。这些历时长久的画卷上，展现了不同时代的风貌，从效仿西域式样到逐渐汉化，从颜面体态到服饰装束，都又复归汉民族的鲜明特色。不仅展示了十个朝代壁画艺术发展的脉络，而且蕴含着历史、风情、民俗、神话、山川、建筑等十分丰富的形象资料，堪称我国现存规模最大、内容最丰富的古代文化艺术宝库和举世闻名的佛教文化艺术中心。

在这些石窟的营建活动中，尼僧起了相当重要的作用。关于这一点在敦煌文献资料和石窟壁画中多有反映。

P. 4640《潜建、妙施兄妹功德赞并序》载：

1. 盖闻荡荡三身，影视婆娑之界；明明四智，炳六趣之重惛。沃法

2. 雨而火灾温清，拔樊笼而波停苦海，至尊十力，难思者哉，厥此

3. 龛也。则有金光明寺比丘僧，俗姓张，法号潜建，与普光寺妹尼

4. 妙施共镌饰也。其大德乃应法披缁，精修不倦，护鹅珠而

5. 无玷，守章继之高踪。无为之理聿修，有为之功莫驻；妹尼

6. 妙施，习莲花之行，慕爱道之风；遮性皎而无暇；寂照穗而

7. 疑悟。兄唱妹顺，罄舍房资。妹说兄随，贸工兴役。既专心而透

8. 石，誓志感而随通。不逾数稔，良工斯就，内素并毕。

9. 若乃相好千尊，苑然虚洞；十万大士，方丈重臻；朱轩映重

10. 阁而焜煌，旭日对金乌而争晶。使福兹于考妣，远证无生，

11. 动植沾恩，咸登彼岸。慷无文记，竭表殊功；略述片言，用旌

12. 胜事。其词曰：大圣雄尊，化迹多门，高明四智，下晼重惛；

13. 慈云叆叇，法雨霏霏，三乘方便，舟济沉沦。比丘潜建，量

14. 达超群，白珪无玷，玉洁贞淳；妹尼妙施，轨范严身，

15. 埃尘不染，克意修真。兄随妹顺，思报四恩，罄舍真财，贸

16. 招工人；镌龛因素，磬没云阵。宗亲考妣，福荐明魂；回兹

17. 片善，沾洒无垠；宣毫藏事，万岁千春。劫石佛而有

18. 尽，兹福海而长存①

从文中记载可知，张氏窟是金光明寺比丘僧潜建和其妹尼妙施，请能工巧匠共同修建而成。

中唐第159窟因为东壁门上有男女对坐供养像，因此当为某家族洞窟无疑，供养人画像中男像全为吐蕃装，集中反映了这一时期的社会历史背景②，在西龛下北侧有比丘尼七身，作为整个洞窟男妇供养群像的引导僧，其中尼像第一身题名"□（沙）州普光寺尼坚□供养"，普光寺是吐蕃时期新创立的著名尼寺。说明以此普光寺尼为首的家族僧人们，积极地参与了家族洞窟营建活动。

莫高窟第98窟曹氏大窟内，供养人画像除了本家族及其姻亲外，还有200多名幕僚和中上层僧尼。③ 马德先生认为，这些供养人作为施主被绘在窟内，一方面是曹议金为了巩固新生政权而实行笼络人心政策的具体体现，另一方面说明了这些施主确实参与了石窟的营建活动。④ 依据此推断可知，窟中所绘中上层尼僧是参与了该窟的营建活动。

莫高窟晚唐第138窟为阴氏大窟，其中以窟主之出家"安国寺"为法律的尼僧智惠性为重要人物线索。其供养人图像位于洞窟主室东壁门上位置，画男女供养人三身，分坐题记碑框的南北两侧。北侧供养人第一身为床榻上坐一比丘尼像，有题记："女尼安国寺法律智惠性供养。"

马德先生指出，洞窟东壁门上尼智惠性供养像应是窟主位置，因此对洞窟的年代应重新考虑⑤。马德先生又在另文中研究认为，第138窟有可能就是阴季丰发心营建的，但由于阴季丰长期在凉州为官，因此实际窟主应是他的儿子阴海晏和尚，后来阴海晏为都僧统时，重修洞窟作为

① 马德：《敦煌莫高窟史研究》甘肃教育出版社1996年版，第103页。

② 沙武田：《吐蕃统治时期敦煌石窟供养人画像考察》，《中国藏学》2003年第2期，第80页。

③ 敦煌研究院编：《敦煌莫高窟供养人题记》，文物出版社1986年版，第32—48页。

④ 马德：《敦煌莫高窟史研究》甘肃教育出版社1996年版，第162页。

⑤ 马德：《敦煌阴氏与莫高窟阴家窟》，《敦煌学辑刊》1997年第1期，第93页。

自己真正的功德窟，前室第 139 窟即为他的禅窟影堂。[①]

张景峰近来研究认为，第 138 窟东壁门上与智惠性对坐的男供养人画像应为阴季丰，虽然阴海晏和尚为实际的洞窟窟主，但由于他当时的僧职并不高，无法和父亲阴季丰的像并列对坐，而选择了智惠性，因此洞窟窟主为阴季丰和智惠性。[②]

沙武田先生研究认为，供养人画像的这种布局关系，智惠性可以认为是引导僧，对面的男像与身后的女像可能是与智惠性同一家族的人，或为夫妇、或为兄妹关系。她们的身份地位或与智惠性相当，至少是同辈人，或更低一些。按莫高窟洞窟画中供养人画像的方位和组合关系，东壁门上这个位置女供养人像，或为窟主夫妇，或为窟主已亡父母等。

以智惠性为中心考察的结果，虽然仍没有完全解决诸如洞窟窟主、营建年代等问题，但不管怎样，智惠性与可能窟主夫妇被单独画在了洞窟主室东壁门上这样一处极富特色的位置，表明了她们与洞窟供养人中的特殊关系。也表明了有可能第 138 窟营建过程中智惠性负责了具体的事务。在敦煌石窟营建史上，家族僧人总是负责族人功德窟的营建工作。这样，洞窟前室现被认为是阴海晏的禅窟影堂第 139 窟，极有可能是此安国寺法律尼智惠性初创时为自己禅修所建禅窟。[③]

莫高窟第 454、53、55、61 窟，榆林窟第 16、19、25、31、32、33、34、35、36 窟等大量五代宋初时期张氏和曹氏营建的诸多洞窟中，甬道两壁分别画的是张氏和曹氏归义军诸多重要人物，窟内女供养人前均画有一比丘尼像，作为引导尼出现，同样可以说明尼僧积极营建石窟的事实。因为在归义军统治时期，世俗政权的力量已经大大超过了宗教神权，僧人社会地位下降，故在石窟画像上，无论在上面提到的石窟甬道供养人画像前，还是在窟内供养人画像前，均都不画引导僧像。但在上述所列的这一时期石窟画像中却出现了引导比丘尼像，这无疑一方面说明了

---

① 马德：《都僧统之家窟及其营建》，《敦煌研究》1998 年第 4 期，第 56—57 页。

② 张景峰：《莫高窟第 138 窟及其影窟的几个问题》，载《2004 石窟研究国际讨论会论文提要集》，2004 年敦煌莫高窟。

③ 沙武田：《莫高窟第 138 窟智惠性供养像及相关问题研究》，《敦煌学辑刊》2006 年第 3 期，第 83 页。

这些比丘尼与归义军政权的关系非同一般，与窟主有着十分密切的关系。另一方面表明了她们对石窟营建起了不可替代的作用，极力地参与了营建活动。

据马德先生考证，在敦煌莫高窟营造史上，以俗人为窟主和以僧人为施主的洞窟很多。典型代表是莫高窟第 231 窟阴家窟，此窟是吐蕃时期由阴嘉政主持营造的，他的弟弟离缠、妹妹智惠性等僧尼也作为施主参与营造。[①]

从敦煌文献记载看，类似的石窟如敦煌莫高窟第 53、55、61、85、94、108、144、156、159、191、197、201、359、468 窟，分别是曹元忠、翟僧统、张淮深、张淮庆、索氏、张议潮等大族俗人主持修建的功德窟，但这些窟中均有尼僧性真、坚进、德胜、念定、最胜喜、比丘善、妙明、巧相、证信、了空、惠性、贤胜、灵真、妙海、正慈等的供养人题名。故可以推测这些尼僧可能同上述智惠性一样以施主的身份参与了洞窟的营建。

总之，从上述这些文献资料和石窟资料中可以看出，尼僧作为专门从事佛教活动的女性群体，将石窟营建活动作为佛教生活的一部分，直接参与甚至主持了石窟的修建。这种活动为敦煌佛教的发展作出了一定的贡献。

第二节　修习佛法

尼僧作为出家人，修习活动是其最重要的宗教活动，在她们的生活中显得尤为重要。从敦煌文献记载看，敦煌尼僧的修习活动主要包括六时礼忏、讲经、安居、布萨、春秋官斋、转经、水陆道场、佛教节日、

---

① 马德：《敦煌莫高窟史研究》，甘肃教育出版社 1996 年版，第 166 页。

观想、持戒等活动，以下分述之。

一、六时礼忏

六时是指昼夜六时。在印度将一昼夜分为六等，即晨朝、日中、日没（以上为昼三时）、初夜、中夜、后夜（以上为夜三时）。六时合为一昼夜，故经论之中多有六时之说。礼忏是礼拜、忏悔之略称，即礼拜三宝、忏悔罪过的仪式。六时礼忏是指在昼夜六时之中，礼佛忏悔，消除罪障。

从敦煌文献看，礼忏是佛教重要的行事活动之一。P. 6005《释门帖诸寺纲管》："诸寺僧尼，夏中各须进业，三时礼忏，不得间断。如有故违，重招科罚"①。上引 S. 1604《天复二年（902 年）四月廿八日都僧统贤照帖诸僧尼寺纲管徒众等》："都僧统帖诸僧尼寺纲管徒众等。奉尚书处分，令诸寺礼忏不绝，每夜礼大佛名经壹卷，僧尼夏中则令勤加事业。懈怠慢烂，故令使主嗔责，僧徒尽皆受耻。大家总有心识，从今已后，不得取次。若有故违，先罚所由纲管，后科本身，一一点检，每夜燃灯壹盏，准式，僧尼每夜不得欠少一人，仰判官等每夜巡检，判官若有怠慢公事，亦招科罚。其帖，仰诸寺昼时盼咐，不得违时者。天复二年四月廿八日帖。都僧统贤照。"② 从上述两个文书记载内容可以看出，敦煌佛教不但坚持礼忏活动，而且派诸寺纲管对此项活动进行监督，如有违反规定者，必当进行科罚。由此可见，礼忏活动在当时敦煌执行比较严格。

敦煌尼僧作为专门从事佛教活动的出家女性，礼忏活动是她们日常宗教活动的重要组成部分。据汪娟博士考证，其礼忏活动的仪轨主要有十二项③：请佛，从敦煌礼忏文中的记载看，敦煌的请佛是以庄重虔敬的

① 唐耕耦等：《敦煌社会经济文献真迹释录》第 4 辑，全国图书馆文献缩微复制中心 1990 年版，第 120—122 页。

② 唐耕耦等：《敦煌社会经济文献真迹释录》第 4 辑，全国图书馆文献缩微复制中心 1990 年版，第 126—127 页。

③ 汪娟：《敦煌礼忏文研究》，台北法鼓文化事业公司 1998 年版，第 29 页。

跪拜仪式来迎请圣众，并且手持香华，口唱偈颂，意作观想，供养一切诸佛菩萨；叹佛，就是指赞叹如来种种功德，通常是以偈颂来赞佛，但也有使用赞文的情形；礼佛，就是拜佛；五悔，即指忏悔、劝请、随喜、回向、发愿等五种修道方法。五悔的程序，通常是以"至心……"为领句，加上一首偈颂，接着以"……已，归命礼三宝"进行礼拜；念佛，是指忆念佛的种种功德或名号，意义仍是叹佛；三皈依、和南，三皈依通常是以三首偈颂来皈依佛、法、僧三宝。或在偈颂之前加上"一切恭敬"领句，或在三首偈颂之后分别加上和声。和南也是稽首、敬礼的意思，目的在劝导大众三业清净，奉持佛教，礼敬僧宝。和南的形式一般是在七佛通诫偈之后，接着"和南一切贤圣"；说偈发愿，是以偈颂来发愿，实则兼具了发愿与回向的双重功能；六时偈颂，是将一日分为昼三时、夜三时，依据举行礼忏的时段不同，分别择取适当的偈颂来搭配。一般在早晨使用清净偈，例如："寅朝清净偈"，外加六念。在中午以后使用无常偈，包含"午时无常偈"、"黄昏无常偈"、"初夜无常偈"、"中夜无常偈"、"后夜无常偈"，警醒信众精勤修道；无常偈，一般置于礼忏文的收尾，带有警惕信众世间无常的意义，一面对世间法表示否定，一面对于出世间法表示肯定；密咒，在敦煌礼忏文中的密咒并不常见，比较具有特色的是《上生礼》，分别在请佛、叹佛、礼佛、念佛的仪节之后出现了密咒，或许是受到密教流行的影响；和声，礼忏文的和声大多是以二句的组合出现，并以五言居多，一般出现于礼佛和三皈依等仪节中。由和声的内容也可以看出礼忏文的目的。

另外，从上引文书 P. 6005《释门帖诸寺纲管》和上引 S. 1604《天复二年（902 年）四月廿八日都僧统贤照帖诸僧尼寺纲管徒众等》两文献的记载内容看，敦煌佛教礼忏由佛教律例规定的六时礼忏改为三时礼忏。敦煌尼僧礼忏通常因此而与其他地区的尼僧有所区别，即坚持三时礼忏。关于敦煌尼僧由佛制规定的六时礼忏改为三时礼忏原因，据郝春文先生考证，主要是因为在八至十世纪的敦煌，佛教教团对僧尼平常是否住寺并没有严格要求，而僧尼大多直接住在家中，很难每日到寺院集中进行礼忏活动，故只能以个人为单位分散进行。这样一来，僧团对僧尼的礼忏活动就无法进行有效的监督，僧尼能否坚持这项修习活动，全凭个人对佛教的态度自觉进行。敦煌有不少尼僧及其他僧众没有很好的坚持这项活动，六时忏念、礼敬三尊等礼忏活动常常被忽略。如 P. 3730《寅年八月沙弥尼法相牒》载："每阙礼敬三尊"。僧团对此问题大伤脑筋，绞尽脑汁寻求解决办法，最后，以简化礼忏程序，缩短礼忏时间的方式，将六时礼忏改为三时礼忏，加以解决。① 于是，三时礼忏便成了敦煌尼僧的日常佛事活动之一。这种礼忏活动的目的主要是为六根三业，皈依断疑，忏悔解冤，为六道四生，礼佛报德，回向发愿。以露缠结罪，涤过去之恶因，增发菩提善心，植当来之种智。

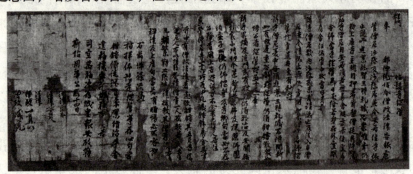

图 3-1　P. 6005《释门帖诸寺纲管》

二、讲经

举行讲经活动是尼僧修习的重要方式之一。敦煌讲经活动分为僧讲和俗讲两种，僧讲是指以讲论具有知识性佛教著作为主的讲经活动。俗讲就是将佛经改编为通俗的故事体裁，配以通俗音乐进行吟唱。其底本称为讲经文，讲经文是用来讲解佛经教义的，讲解方式有说有唱。讲经人为了吸引听众，又尽量发挥其想象力，穿插丰富瑰丽的描摹和生动形象的譬喻。同时大量增加故事性、世俗性成分，形式上注重通俗化，以达到吸引听众、增强宣传效果的目的。

---

① 郝春文：《唐后期五代宋初敦煌僧尼的社会生活》，中国社会科学出版社 1998 年版，第 192 页。

敦煌尼僧作为出家女性，大多不识字或识字不多，难以逾越文字障碍，一般不具备阅读佛经的基本条件，只能通过别人的讲述，耳食一二，间接、部分地接触佛教，而僧讲又以艰深的佛教理论著作为蓝本，高深难懂。故其参加的讲经活动以俗讲为主。

从敦煌文献看，八至十世纪敦煌尼僧俗讲同男性僧人一样，通常有一定的仪式。P. 3849v 载：

夫为俗讲：（1）先作梵了，次念菩萨两声，说"押座"了（素旧《温室经》）；（2）法师唱释经题了，念佛一声了，便说"开经"了，便说"庄严"了，念佛一声，便一一说其经题字了，便说经本文了，便说"十波罗蜜"等了；（3）便念"佛赞"了，便"发愿"了，便又念佛一会了，回（向）、发愿、取散，云云。①

从此文书记载看，俗讲大致程序如下：作梵；念菩萨（佛）；说押座文；唱经；法师唱释经题；念佛；开经；说庄严；念佛；说经题；说经文；说十波罗蜜；回向发愿；散座。开经也即开赞经文或佛力。正讲时，先须科分经文（序分、正宗、流通），后随文释义，也即"入经说缘喻"，其中当联系眼前切身之事来附会、譬喻。俗讲结束时，法师代表众人发愿，或众人随法师同声发愿。

S. 2073《庐山远公话》中，在言及道安于福光寺对众宣讲《涅槃经》仪式提到：作梵；法师登座；焚香；唱经题；开赞、发愿；开释经题……这应是当时俗讲仪式的反映，与上面大同小异。S. 6551《佛说阿弥陀讲经文》开卷云："升坐已了，先念偈，焚香，称诸佛菩萨名。"②继之以七言诗赞佛安众，次为君主臣僚、座中听众发愿。

综上述记载可知，正规之俗讲的基本程序，一般都包括定座致礼、发愿；正讲；回向发愿、散座三部分，有法师、都讲、香火、维那、梵呗（呗匿）参与。法师主讲释与吟偈，都讲主唱经或发问。

俗讲一般在寺舍中进行。其处所或可称作"讲院"。俗讲的主要内容

---

① 录文参向达：《唐俗讲考》，《唐代长安与西域文明》，三联书店 1987 年版，第 303—305 页；图版见《法藏敦煌西域文献》第 28 册，上海古籍出版社 2003 年版，第 372 页。

② 黄征等：《敦煌变文校注》，中华书局 1997 年版，第 679 页。

为佛教经文，从敦煌遗书中看，敦煌讲经文的一般结构为：开篇多为"说押座"，"押"可通"压"，所谓押座，就是一种开场前安定听众，使其专心听讲的方式，此段文字称之为押座文。接着唱出所讲佛经的题目，并对经名逐字逐句加以诠释。然后都讲诵出一段经文，法师对其阐释解说，如此递相往复，将经文一段一段讲完。解经时允许都讲或其他听众就疑难之处发问，法师据其诘问给以解答。俗讲结束时，一般有一段"解座文"，以敦劝和吸引听众下次继续前来听讲。

俗讲开讲时须有多人配合，由"都讲"吟唱经文，"法师"解释经义，寺中三纲之一的维那也要到场，鸣钟集众。另有梵呗、香火，各司其职。所谓吟唱，不仅仅是一般性地谈说，还要讲求声调。当时要求俗讲僧既要精通佛典教义，又要具备"声、辩、才、博"之学，还要根据现场的具体情况随机应变。

以上述俗讲为主的讲经活动，其讲经时间分固定时间讲经和临时讲经两种。

据郝春文先生考证，固定时间的讲经活动，一般由都司统一组织，各寺轮流承办，每隔一段时间讲一次，参加者有尼有僧，还有世俗信众，讲经内容包括戒律等佛教知识，敦煌僧寺净土寺、乾元寺和报恩寺都曾经举行过这种讲经活动。[①] 依此结论进一步推测，敦煌五尼寺亦应该举行过讲经活动。关于在这些尼寺讲经活动的情况，尼僧在讲经活动中，是以讲经者的身份出现，还是以听众的角色参与，由于没有直接的文献记载，无法直接得知。但是从正史记载看，尼僧历来有讲说经典的先例。《佛祖统纪》卷三六《法运通塞志》载："（废帝）三年，洛阳东寺尼道馨，为众说法华经、维摩，听者如市。"[②]《比丘尼传》卷一"道仪尼传"载："道仪，……诵《法华经》，讲《维摩》、《小品》。"[③]《比丘尼传》卷三"昙彻尼传"载："昙彻尼，……具足已后，遍习毗尼。才堪机务，

---

① 郝春文：《唐后期五代宋初敦煌僧尼的社会生活》，中国社会科学出版社 1998 年版，第 212 页。

② 《佛祖统纪》卷 36，《大正藏》卷 49，第 340 页上栏。

③ 《比丘尼传》卷 1，《大正藏》卷 50，第 937 页上栏。

尤能讲说，剖毫析滞，探赜幽隐。"① 同卷"妙智尼传"载："齐武皇帝勒请妙智讲《胜鬘》、《净名》，开题及讲，帝数亲临，诏问无方，智连环剖析，初无遗滞，帝屡称善，四众雅服。"② 同卷"智胜尼传"载："智胜，……听受《大涅槃经》，一闻能持。后研律藏，功不再受，总持之誉，金然改目。自制数十卷《义疏》，辞约而旨远，义隐而理妙。……齐文惠帝闻风，雅相接召，每延入宫，讲说众经。"③ 同卷"法全尼传"载："法全，……大乘奥典，皆能宣讲。"④ 同卷"净晖尼传"载："净晖，……永明八年（490 年），竟陵王请于第讲《维摩经》。"⑤ 《比丘尼传》卷四"慧胜尼传"载："慧胜，具戒以后，讲《法华经》。"⑥ 同卷"净行尼传"载："净行，……僧宗、宝亮二法师，雅相赏异。及请讲说，听众数百人。"⑦ 同卷"妙祎尼传"载："妙祎，……讲《大涅槃经》、《法华》、《十地》，并三十余遍。《十诵》、《毗尼》每经敷说，随方导物，利益弘多。"⑧ 同卷"惠晖尼传"载："惠晖，……于是法筵频建，四远云集，讲说不休，禅诵无辍。"⑨ 可见自从道馨以后，比丘尼讲经日益频繁，而且不但善于讲经，水平也在逐步提高，有的甚至被帝王、比丘所重而邀请讲经。其中智胜尼除讲经之外，还能"自制数十卷义疏"。

从敦煌文献看，在八至十世纪的敦煌，曾经出现过在佛学上有高深造诣的高尼大德，如上面提到的大德尼戒珠、清净戒、曹法律、德胜等，这些尼僧亦例也有能登台讲解经律者。如 P. 3556《张清净戒邈真赞》记载："普光寺内，……芳名远播，懿行杰出终流；训习经文，才气超过于群辈。"P. 3556《曹阇梨邈真赞》记载："大乘寺内，广竖立于鸿基；中外重修，并完全而葺理。训门从之子弟，大习玄风；诱时辈之缁流，尽

① 《比丘尼传》卷 3，《大正藏》卷 50，第 942 页上栏。
② 《比丘尼传》卷 3，《大正藏》卷 50，第 942 页下栏。
③ 《比丘尼传》卷 3，《大正藏》卷 50，第 942 页下栏—943 页上栏。
④ 《比丘尼传》卷 3，《大正藏》卷 50，第 943 页中栏。
⑤ 《比丘尼传》卷 3，《大正藏》卷 50，第 943 页中栏。
⑥ 《比丘尼传》卷 4，《大正藏》卷 50，第 946 页中栏。
⑦ 《比丘尼传》卷 4，《大正藏》卷 50，第 947 页上栏。
⑧ 《比丘尼传》卷 4，《大正藏》卷 50，第 947 页中栏—下栏。
⑨ 《比丘尼传》卷 4，《大正藏》卷 50，第 947 页下栏。

怀高操。"又上引 Дx. 02881 + Дx. 02882《开元廿九年二月九日授得菩萨戒牒》①载：

（前缺）

1.   □□菩萨戒□□□

2.   □□□焉，波斯迦伍□□□

3.   □□□不发出离之心，恐还□□□

4. 阎浮□□□唐国沙州敦煌县大云寺，僧伽□□□

5. 大安国寺法师讲　御注金刚经、法华、梵纲经，清净道场

6. 听法，二七□然后□每四重、五逆、十恶谤、方等经。

（后略）

从文中记载"安国寺法师讲御注金刚经、法华、梵网经，清净道场听法"之语可知，敦煌尼寺安国寺曾有一尼法师讲过御注金刚经、法华、梵网经等经。这些尼僧既然能讲经，则就有主持本寺讲经活动的可能。

不过，从敦煌文献看，上面提到的这样的高尼大德为数并不多，就大多数尼僧来说，文化水平还是很低，佛学修养不及男性僧人。故依常理可知，大多数尼僧由于文化水平所限，在讲经活动中，多以听经者的身份参与讲经活动。

然而，不管尼僧在讲经中的身份如何，有一点可以肯定，那就是她们在讲经活动中，佛学知识得到了不同程度的提高，修养得到了提升。

除了固定讲经活动外，还有临时讲经活动。临时讲经根据具体情况做临时的安排，如若有内地或西域高僧来敦煌，临时具体安排通知进行讲经。这种讲经活动，尼僧也参加。她们在讲经活动中，聆听高僧、大德的开示和演讲，扩大视野，接受新知识，同时藉此机会，与其他僧众相互联谊交流，沟通观念，达成共识。这种参与，扩大了讲经参与者的范围，加强了自身的佛教修养，增长了宗教知识，故对尼僧来说是一种绝好的研修学习活动。

---

① 《俄藏敦煌文献》第 10 册，上海古籍出版社 1995 年版，第 109 页。

图 3 - 2　榆林窟第 25 窟《高僧授经图》（中唐）

三、安居

安居的梵文为 Vārs ika 或 Vars a，巴利文 Vassa，意译即雨季。英文翻译为 the rains，或 rain - retreat。《四分律行事钞资持记》将"安居"的字义解释为"形心摄静曰安，要期在住曰居"，意指在一定的时间与地方，将外在的身与内在的心收摄专注。因印度夏季多雨，故又有"雨安居"之称，意思是雨季时安居，汉译则将安居译为坐夏、坐夏安居或结夏安居、夏安居、雨安居、夏坐、结夏、一夏九旬、九旬禁足、结制安居、结制等。

安居之制最早行于古印度婆罗门教，婆罗门教的出家者，每年中的八个月以云游的方式行脚于各地，其余四个月的时间，由于雨季的影响，在固定的场所安住。① 后为佛教所吸纳。在《长阿含经》卷二、《佛本行集经》卷二十九等中，记载了释尊与弟子安居修行之事迹。《巴利律藏大品入雨安居犍度》等中，规定出家人等若不行安居，则堕恶作之罪。

汉地佛教教团的结夏安居，与流行于迦湿弥罗的萨婆多部的《十诵律》及昙无德部的《四分律》等广律传译有关。《出三藏记集》卷三载有秦司隶校尉姚爽欲请耶舍于寺中安居的记录。② 《广弘明集》卷二十四中的《帝令诸州众僧安居讲说诏》，是汉地国家皇帝最早以诏令的形式来参与僧团安居的执行，并以僧粟供备之文件。③

据敦煌文献记载，在八至十世纪的敦煌，佛教僧团每年举行安居活动，安居有夏安居和冬安居两种。关于安居，湛如法师在《敦煌佛教夏安居与冬安居》一文中作过系统研究，竺沙雅章先生在《敦煌僧官制度》中作过一些探讨。谢重光先生在《中国僧官制度史》一书中，对此作过论述④，此外，中村元先生的《原始佛教成立》⑤、竺沙雅章先生在《敦煌汉文文献》⑥ 等著作中，亦对此问题有过涉及与讨论。以下在此基础上，仅对敦煌尼僧的安居活动作一探讨。

律藏中规定，尼僧亦须安居。《十诵律》卷二十四载："长老优波离问佛，谁应安居？佛言：五众应安居。何等五？一者比丘、二者比丘尼、三者式叉摩尼、四者沙弥、五者沙弥尼。……若不安居，得突吉罗罪。"⑦ 依此律规定可见，出家五众必须进行安居活动。而尼僧的代表沙弥尼、式叉尼、比丘尼又是出家五众的重要组成部分，故而定期安居应该是必需的宗教活动。从敦煌文献看，八至十世纪的敦煌尼僧不仅举行夏安居，还有冬安居的惯例。如 P. 3556《张法律尼清净戒邈真赞并序》有"普光

---

① Arunikaupaniład, II

② 《出三藏记集》卷3，苏晋仁、萧炼子点校本，中华书局，1995年，第117页。

③ 《广弘明集》卷24，《大正藏》卷52，第272页下栏。

④ （日）竺沙雅章：《敦煌の僧官制度》，《东方学报》第三十一册，京都，1961年。谢重光、白文固《中国僧官制度史》，青海人民出版社，1992年，第138—140页。

⑤ （日）中村元：《原始佛教の成立》，春秋社，1992年，第443—447页。

⑥ （日）竺沙雅章：《寺院文书》，载《敦煌讲座5、敦煌汉文文献》，大东出版社，第625页。

⑦ 《十诵律》卷24，《大正藏》卷23，第173页中栏至下栏。

寺内，广展鸿资，冬夏不失于安居，春秋无亏于旧积"。① 从文中记载可以看出，安居不仅成为尼僧日常重要的宗教活动，而且亦将对此活动的参与作为评判尼僧优良与否的标准之一。

从敦煌文献记载看，敦煌尼僧夏安居的时间是从每年四月十六日到七月十五日；冬安居是从十月十五日到次年的正月十五日。

关于夏安居，敦煌文献中有相关记载。P. 6005《释门帖诸寺纲管》② 载：

1. 释门 帖诸寺纲管。

2. 奉都僧统帖，令僧政、法律告报应

3. 管僧尼沙弥及沙弥尼，并令安居，住寺依

4. 止，从师进业修习，三时礼忏，恐众难齐，仍

5. 勒上座寺主亲自押署，齐整僧徒，具件如后。

6. 诸寺僧尼，自安居后，若无房舍，现无居住空房

7. 舍，仰当寺纲管，即日支给。若身在外，空闲

8. 房舍，但依官申状，当日支与。

9. 诸寺僧尼数内沙弥，或未有请依止，及后入名僧

10. 尼，并令请依止，无使宽闲，如不□师者，仰纲

11. 管于官通名，重有科罚。

12. 诸寺僧尼，夏中各须进业，三时礼忏，不得间断。

13. 如有故违，重招科罚。纲管仍须钳辖散众，如

14. 慢公者，纲管罚五十人一席。

15. 诸寺界墙及后门，或有破坏，仍须修治及关锁。

16. 私家小门，切令禁断，然修饰及扫洒，仰团

17. 头堂子所供，仍仰纲管及寺卿句当。如不存

18. 公务者，同上告罚。诸寺不令异色杂人居住。

---

① 唐耕耦等：《敦煌社会经济文献真迹释录》第5辑，全国图书馆文献缩微复制中心1990年版，第178页。

② 唐耕耦等：《敦煌社会经济文献真迹释录》第4辑，全国图书馆文献缩微复制中心1990年版，第120页。

19. 应管僧尼寺一十六所，夏中礼忏，修饰房舍等事，

20. 寺中有僧政、法律者，逐便钳辖。其五尼寺，缘

21. 是尼人，本以性弱，各请僧官一人检教。若人多事

22. 即频繁，勒二张法律检教。其僧寺，仰本寺

23. 禅律及上座句当。若有晡慢，必不容恕。

24. 右前件条流通

25. 指挥，仰诸寺纲管存心句当，

26. 钳辖僧徒，修习学业，缉治寺舍，

27. 建福攘灾，礼忏福事。上为

28. 司空万福，次为城皇报安。故勒

29. 斯帖，用凭公验。十四日

30. 法律威则

31. 法律辩政

32. 法律

33. 僧政一真

34. 僧政威觉

此文书是安居前夕发布的文告，文告中重申了佛教教团关于安居期间的规定。从文书记载内容可以看出，敦煌尼僧夏安居的真实情况：在八至十世纪的敦煌，尼僧进行夏安居时，在安居前夕，由都僧统发帖通知相关事宜，僧政、法律等将具体事宜落实到具体寺院的纲管。由于尼寺中尼众来源复杂、管理困难，平常因为散居，故寺内纲管都由尼众自己担任。纲管在安居期间，须秉公行事，否则罚五十人一席。此外，更为重要的是，敦煌教团根据尼僧自身的特点"本以性弱"，派僧官一人检校尼僧的日常问题，如人数多者则令二张法律检校。其主要职责为，指导尼众在安居中的各种事宜。这种尼寺僧官管理的办法在其他地区很少见到，很可能是敦煌地区尼寺安居的特点之一，同时也是尼寺安居时不同于僧寺的主要表现。

在安居期间，首先要进行的活动是安排安居的场所，即分房及修缮破旧房舍。八至十世纪的敦煌尼僧安居的场所，一般是在尼寺。据郝春

文先生考证，这一时期，大多数尼僧虽都在寺院挂籍，但却不住寺，而是散居在寺外，只是在寺院有集体宗教活动时，通过转帖的方式通知散居尼众返回寺院。这些散居尼众在寺内一般没有住处，故安居时分房和修缮旧房舍便成为安居的主要内容之一。①

其次要依止律大德学律、三时礼忏。在八至十世纪的敦煌，尼僧有相当一部分平时并不住寺，师徒关系平常不是十分明确，甚至不请师依止，而是住在俗家，过着俗世的家庭生活，参加世俗经营，所以，一般在夏安居时才确定师从关系，从师进业修习，这样，夏安居便成为敦煌官督察尼僧修学进业、维护团结的重要手段，也成为尼僧们集体进行宗教活动，增进师徒、同学感情的主要机会。在安居期间，尼众通常在禅律大德的指导下，研究毗尼、精修律仪，三时礼忏。据湛如法师考证，敦煌尼众礼忏主要内容是《佛名经》，即广本《佛名经》中抄出的略本，内容以佛名与忏悔文为主。敦煌本《佛名忏悔文》的标题，在各种写卷中也不一样。S. 345 为《大佛略忏》、S. 398v《略忏》、P. 3706《略忏》、北图羽字 34《大佛名略忏》、S. 2141、S. 678v、P. 2042v《大佛名忏悔》、P. 2376《大佛名要略忏悔文》、S. 2792《大佛名忏悔略文》、北图冬字 95《大佛名略出忏悔》、P. 2042v《大佛名经内略出忏悔》、P. 2042《大佛名十六卷略出忏悔》等。尼僧每夜要礼忏《佛名经》一卷，并在纲管的监督下进行，其功德回向官府与城隍等。

敦煌尼僧除了年中举行夏安居外，还有冬安居的惯例。据史料记载，关于冬安居的习俗，较早出现并流行于西域。其安居原因，与当地的气候情况有关。《大唐西域记》卷一中的睹货逻国故地条说："冬末春初，霖雨相继，故此境已南，滥波已北，其国风土并多温疾。而诸僧徒，以十二月十六日入安居，三月十五日解安居，斯乃据其多雨，亦是设教随时也"。② 从中可见，西域僧徒的冬安居，与冬末春初的霖雨相继、疾病流行有关。敦煌尼众的冬安居，受了西域的直接影响。且又与敦煌冬季

① 郝春文：《唐后期五代宋初敦煌僧尼的社会生活》，中国社会科学出版社 1998 年版，第 205 页。

② 季羡林等：《大唐西域记校注》卷 1，中华书局 1985 年版，第 100 页。

漫长、干燥、寒冷有关。

至于尼僧冬安居的情况，敦煌文献中记载较少，无法进行详细讨论。据湛如法师考证，敦煌冬安居应属僧团中少数人所实行。冬安居行事，在教团允许的情况下，进行个人克期取证的修学。所谓克期取证即指修行者为求在短期内得到较佳之修行成果。[①]

四、布　萨

"布萨"意译为长净、长养、增长、善宿、净住、长住、近住、共住、断、舍，等等，或称说戒，是佛教出家人定期举行的诵戒经与忏悔的集体仪式。一般每半月举行一次，或会集在布萨堂，亦称说戒堂，请精熟律法之比丘说波罗提木叉戒本，以反省过去半月内之行为是否合乎戒本。比丘及比丘尼在这半个月里，若有犯戒者，即于众前忏悔，僧团中不得再私下议论是非。从而使比丘均能长住于净戒中，长养善法，增长功德。

在八至十世纪的敦煌，每半月都要举行"布萨"传戒活动。S. 2146所载的《布萨文》即可印证。其中一件文中曰：

1. 布萨文　夫法王应现，威振大千。法教兴崇，弘通是务。况宣传戒藏，每

2. 月二时。精守不逾，福资家国。于是撞钟召众，奏梵延僧。香腾五云，

3. 幡晖众䌽。总斯多善，无限良缘。即用庄严上界天仙、龙神八部：

4. 惟愿威灵潜卫，圣德冥加，使日月贞明，阴阳克序，和风应阳，甘雨

5. 顺时，四人（民）有乐于安边，万里无虞于永岁。即愿法［□］永扇，释教弘敷，

6. 一切含灵，俱登觉道。[②]

---

① 湛如：《敦煌结夏安居考察》，载《佛学研究》1998年，第336页。
② 录文参黄征等：《敦煌愿文集》，岳麓书社1995年版，第559页，图版见《英藏敦煌文献》，第4册，四川人民出版社1991年版，第32页。

从文中记载"宣传戒藏，每月二时"可以看出，在当时的敦煌，每月举行两次布萨活动成为僧团的主要宗教活动之一。其具体时间在S.543v《大乘布萨维那文》中有记载。其文曰："此一住处，一布萨，出家菩萨若干人，在家菩萨若干人，都合若干人，各于佛法中，清净出家，和合布萨，上顺佛教，中报四恩，下为含识各念阿弥陀佛。一切普诵持坐具。至上座前，白云：今白月十五日（如月尽即云黑月），众僧合和布萨，请上座为众诵戒。"从文中的记载可知，半月布萨在每月的十五日满月日（白月）及月末月尽时（黑月）举行。

据敦煌文献记载，八至十世纪的敦煌布萨羯磨内容有大乘布萨和声闻布萨两种。

大乘布萨的内容，据湛如法师考证，与《梵网经》第三十七条的"布萨日，新学菩萨半月布萨，诵十重四十八轻戒时，于诸菩萨形象前，一人布萨，即一人诵。若二人、三人至百千人，亦一人诵。诵者高座，听者下座"的规定相符。其参与者通常包括所有受大乘菩萨戒的信徒。[①]

发菩提心的尼僧，在布萨时，通常有一定的行事过程：按列本1351《大乘布萨文》记载，一者行香水净手，二者行香供养三宝，三者行筹确认人数，四者诵戒识是非，五者唱戒竟梵音唱讫，大众欢喜，作三礼而去。布萨法会一般由本寺维那主持，主要活动为诵戒，诵戒内容主要是菩萨戒。其次，也举行讲经。如S.6551中有"升坐已了"、"先念偈"、"梵香"、"称诸菩萨名"，并将三归、忏悔、受五戒作法写入讲经文。敦煌变文P.2931正文中亦有解说"净持戒""僧伽"的经文。

关于这些布萨仪轨，与男性僧人区别不大，所不同的是，由于尼僧戒法与男性僧人戒法不同，其布萨一般在不同于男性僧人的地点举行。郝春文先生依据S.543题记"戌年四月三十日，次于灵图寺布萨，写《十戒文》记"推断，敦煌尼僧的布萨场所一般在尼寺。

关于声闻布萨，根据郝春文先生的研究，参与者只有出家二众。其内容是"持座具至上座前白云：今白月十五日（月黑云黑月），众僧和合

---

① 湛如：《敦煌布萨与布萨次第新探》，《敦煌研究》1999年第1期，第122页。

布萨，请上座为众诵戒。次座亦如是白。鸣槌。大德僧听：众请律师某乙为众诵戒，比丘某乙梵音，戒师升高座"。①

从敦煌文献记载看，尼僧中的沙弥尼和比丘尼皆可参加声闻布萨，但沙弥尼不能参加布萨的全过程，通常在戒师向尼众"演大毗尼"，即僧尼大戒时退出。所剩的比丘尼则集体念诵《布萨后叹文》。如 P.2807《布萨后叹文》就是布萨时所念诵的后叹文，其文曰：

1. 布萨后叹文　不思力（议）也，大矣哉！卷之入毫端，廓之弥宇宙。有念必应，

2. 无愿不谐者欤。况说戒宣传，事资末劫，弘通至理，流化将来，是以

3. 自春忌（继）夏，俞（逾）益精修，缓及穷秋，转加勤恳。所愿佛日朗、道树荣、

4. 国界安、法门盛。每以虔虔意志，萧萧千僧，礼念增昼夜之精诚，行道

5. 播祯祥之福庆。由是边秋暮景，黄叶初飞，廓落禅庭，暝色

6. 方晦。总斯殊胜，无上良缘，上界天仙，龙天八部，惟愿

7. 威灵不昧，神化无穷，拥军国以安人，流多庆于方域，我圣神赞

8. 普，赞道光万劫，德备镇千秋，二教授建法幢于南国，悬佛日于西山，道俗

9. 知归，释门安泰。然后三边静，万里宁，蠢动含灵，俱沾乐果。②

后叹文念完后，布萨活动宣告结束。

据郝春文先生考证，在整个声闻布萨中，尼僧与男性僧人最大的区别有两点：第一，举行布萨的地点不同。尼僧举行布萨的场所通常是尼寺，而男性僧人的布萨地点一般在僧寺。第二，由于比丘尼与比丘戒法不同，比丘尼的布萨所诵戒本有所不同，比丘尼所诵戒本为《四分尼戒本》，而比丘之布萨所诵应为比丘戒本。

---

① 郝春文：《唐后期五代宋初僧尼社会生活》，中国社会科学出版社 1998 年版。第 198 页。

② 录文参王书庆：《敦煌佛学·佛事篇》，甘肃民族出版社 1995 年版，第 81 页，图版见《法藏敦煌西域文献》第 18 册，上海古籍出版社 2001 年版，第 329 页。

五、春秋官斋

"斋"按佛教戒律意思是不过中食，即正午以前所作之食也。斋法以过中不食为礼。佛教对于食分为正时与非时，正午以前为正时，以后为非时；正时者宜食，非时者不宜食，时中之食为斋食，所谓持斋就是食不过午。这是持斋的本义，后来随着大乘佛教的兴盛，持斋之意才变作禁肉食。"官斋"即每年的一定时间内，由官方举办的一种斋僧行为。在佛教信仰盛行的敦煌，这种行为也是对佛教和寺院布施的一种形式。

从敦煌文献看，敦煌官斋一年三次。S. 8720："官斋得麦两斗"；S. 1600《辛酉年（公元 961 年）灵修寺诸色斛斗入历》第 4 行"麦四石二斗，麻四斗，春佛食人"；第 5 至 6 行"麦四石二斗，麻四斗，秋佛食人"；S. 1625《后晋天福三年（公元 938 年）十二月六日大乘寺徒众诸色斛斗入破历算会牒残卷》第 1 行"……四斗，春秋二季佛食人"。P. 2049vb："油一胜，春官斋看乡官用"，"油两胜，秋料官斋看乡官用"；P. 2049va："油一胜，冬料官斋看乡官用"。从这几条材料看，"官斋"每年举办的次数是固定的，即春、秋、冬三个季节各举办一次。即每年的正月、五月、九月举行。正月有频繁的佛事及祭祀活动，正月初一衙府举行岁祭拜，月中祭风伯、耕籍田、燃灯、结坛设道场等一系列祭祀及佛事活动，需持斋。大祀散斋四日，致斋三日；中祀散斋三日，致斋二日；小祀散斋两日，致斋一日。五月、九月常以该月的望晦之日持斋，望晦二日在一年中交错安排，即五月用望日，则九月为晦日，反之亦然。以五月望日为多。每次官斋由官府出资，在各乡进行，官斋斋料由官府提供，斋中所需食品全由该乡制作。斋食为素食，各样食品由专人分工包干，发给粮油，做好后，按定量交到持斋处，不足量者注明所欠数。与此同时，在官斋期间，还向寺院作布施。

在春秋官斋中，尼寺同其他寺院一样通过官府施舍得到大量的麦、粟、麻、布等物品，作为官斋的食料。S. 286《大乘寺麦粟油黄麻等人历》："粟九斗，秋官斋施入"[①]；S.1574₁v《己未年（959年）四月某寺诸色斛斗入破历》："粟两硕贰斗，五月官斋施入"[②]；S.6981《辛未——壬申年（971－972年?）某寺某某领得历》[③]："五月官斋𩜹粟壹硕柒斗"，"五月十六日，领得官斋𩜹粟一硕七斗"；S.5952₂v《某寺粟入历》："粟一硕七斗，春官斋𩜹入"[④]；S.1574《某寺麦粟入历》："官斋领得麦二斗，粟一硕八斗"[⑤]。可见，每次官斋各寺都得到数量不等的麦粟等物品。

尼僧在官斋期间，主要任务是转经，转经一般延续十七日。如上引P.2704《长兴四年（933年）曹议金施舍回向疏》："请大众转经一七日，设斋一千五百人供"；P.2704《长兴五年（934年）曹议金施舍回向疏》："请大众转经一七日，设斋一千六百人供。"[⑥] 所谓大众转经，即指包括沙弥尼、式叉尼、比丘尼在内的出家五众的转经，归义军节度使曹议金设斋请她们和其他僧众一起转经，这无疑说明了转经是官斋期间的一项主要任务，也是尼僧的一项重要任务。

尼僧在转经期间的饮食，一般由官府和各乡百姓承担，斋时所需要的粮油等食料通常官府命令百姓直接交纳于官斋管理机构，然后统一调拨给各乡，由各乡百姓制作饭食，以保证转经的顺利完成。关于这一点，郝春文先生已作过考证，他指出，从敦煌文书P.3231卷中保存下来的癸酉年至丙子年（974—976年）的七件敦煌平康乡官斋籍看，每次设斋都是由官府按斋会人数拨出麦、麻，指定专人加工为面、油，分于某些家户制作蒸饼、糊饼、软饼、𫗦饼、浆水粥等成品食物交到斋会上，另外

---

① 郝春文：《英藏敦煌社会历史文献释录》第一卷，社会科学文献出版社2001年版，第428页。

② 唐耕耦等：《敦煌社会经济文献真迹释录》第3辑，全国图书馆文献缩微复制中心1990年版，第124页。

③ 唐耕耦等：《敦煌社会经济文献真迹释录》第3辑，全国图书馆文献缩微复制中心1990年版，第138页。

④ 唐耕耦等：《敦煌社会经济文献真迹释录》第3辑，全国图书馆文献缩微复制中心1990年版，第119页。

⑤ 黄永武：《敦煌宝藏》第11册，新文丰出版公司1982年版，第671页。

⑥ 唐耕耦等：《敦煌社会经济文献真迹释录》第3辑，全国图书馆文献缩微复制中心1990年版，第88页。

还安排有专人充当煮菜头、净草头等，以保证转经僧的每顿饮食有干有稀。[1]

图 3 – 3　莫高窟第 159 窟　斋僧食品（中唐）

六、转经

转经指转读佛经，是八至十世纪敦煌地区经常性的佛事活动，几乎佛教教团举办的各种道场法会都有转经内容。转经的时间，有定期和不定期之分，定期的是每天、月初、月半，即日常转经，不定期的是为举办道场或作法事，前者称为转经，后者称为念诵。

关于八至十世纪敦煌转经活动，袁德领先生在《归义军时期敦煌佛教的转经活动》[2] 一文中，对归义军时期敦煌佛教转经活动作了详细考证。据袁德领先生考证，在八至十世纪，敦煌转经的内容在各个时期，各有不同。在唐统治敦煌时期，转经内容主要以汉文佛经为主。吐蕃统

---

　　① 郝春文：《唐后期五代宋初敦煌僧尼的社会生活》，中国社会科学出版社 1998 年版，第 219 页。

　　② 袁德领：《归义军时期敦煌佛教的转经活动》，载《2000 年敦煌学国际学术讨论会论文集》，甘肃民族出版社 2003 年版，第 187 页。

治时期，增加了吐蕃文藏经，有"汉藏"和"蕃藏"之分，转经的对象和形式发生了变化，转经的祈福者变为吐蕃统治者。归义军统治时期，转经名目繁多，活动频繁，内容包罗万象，经、律、论说俱全。转经形式大多是集体行为，同时也有个人轮流转念和寺院轮流转念。个人轮流转念是指寺院上至最高僧官都僧政和尚到僧政，下至一般的僧众轮流转念一部经，或者转念多部经，在通常情况下，每人每天转念多少，都有具体的规定。寺院轮流转经是指以寺院为单位轮流转念，往往是比较大的佛事活动，由道场司或直接由都僧统司来组织实施，所念经文由寺藏和官藏两藏提供，各寺由各寺的维那负责转念、领取、归还。

从敦煌文献看，八至十世纪的敦煌尼僧亦如上述袁德领先生所说的，在不同的时期，开展各种内容、形式的转经活动。即在唐统治敦煌时期，转经内容主要以汉文佛经为主。吐蕃统治时期，增加了吐蕃文藏经。归义军统治时期，内容包罗万象，经、律、论说俱全。转经形式主要包括不定期的念诵活动、寺院集体转经活动、尼僧个人轮流转念活动。以下依据敦煌文献分述之。

P. 2049《后唐长兴二年（931 年）正月沙州净土寺直岁愿达手下诸色入破历计会》载："粟一硕五斗，安国寺程法律念诵入。"这种念诵是指不定期的转念佛经的活动。随机性是这类念诵突出的特点，这种随机主要指念诵时间的不定时性，以及念诵内容的应时应事性。不同的时间，针对不同的事件所念诵的内容不同。如为某人祈福祛病念诵，为官府念诵，为某人开窟造像念诵等。

日本滨田德海旧藏 115 号《诸寺付经历》记载了敦煌僧尼寺十七所寺院集体转经的情况，其文中曰"午年七月十日赞普转经付般若经……修第十一十二二十三十四……国第廿廿一廿二 乘第廿三廿四廿五廿六廿七……国第八袟第廿四袟第十一袟付妙善 乘第廿七袟 第卅一袟第廿八袟第十六袟第五十一袟付了空 又付第十四袟十二袟 圣第廿袟第九袟付妙贤普第四十三袟第廿三袟第三袟第卅袟 第卅三袟付摩尼藏又付廿卷……安国三袟 付乘定 圣十四卷付□□ 普新第五十四袟 五十七 卅九 十八 廿六廿二 四十九……乘新十九 卅八 五十一 卅四 廿……乘欠一袟……普五袟

付智净 修六袟欠五卷 付遍定……乘新八袟付德定又四十五四十一欠一卷 修新五十一袟十九袟……国欠二卷二袟新第五 新第四十九 付□□圣两袟 付净法 欠一卷 又付第三十一 欠一卷 普新两袟第卅五第六袟付智净 欠两卷 又付□□□……"① 此文书的年代，据土肥义和先生和马德先生考证，是吐蕃统治中期即 813 年至 817 年的文书，该文书记载了诸寺转经付经情况。文书中的修是灵修寺的简称，乘是大乘寺的简称，国是安国寺的简称，普是普光寺的简称，圣是圣光寺的简称，这些寺院是当时的主要尼寺。从文书内容可以看出，敦煌尼寺灵修寺、大乘寺、安国寺、普光寺、圣光寺和僧寺集体转付佛经《大般若经》的实况，说明了在八至十世纪的敦煌尼僧亦参加集体转经活动。

类似的文书据马德先生考证，还有 P. 3205、P. 3336、S. 3071 等。如 P. 3205v《诸寺付经历》中，其中有曰："修 十二 七 四 廿六 廿 廿九 四十六 卅二 和尚 国 十七 十九 付修□ 乘 五十一 四十三 廿四 廿七 五十四 廿八 付那 卅九 普 卅六 四十一 卅五 廿二 廿五 廿一 廿三 付悟性。"② P. 3336《丑年至寅年诸寺付经历》中有文曰："丑年九月卅日赞普新加福田转大般若经分付诸寺 维那如后 图凝德古经六十卷 普遍空胜明古经一百卷……安国寺付性净第古经廿卷……寅年正月瓜州节度转经付维那如后 国付严德四十卷足 乘付海意五十卷 普付妙灯义空四十卷 ……乘付自在妙八十卷。"③ S. 3071《诸寺付经历》中亦有文曰："大乘六人 大灌顶经一部十二卷 大树紧那罗经三部十卷并付善智 又付放光般若经廿卷付善智 大般若经四十卷 又付新般若经第四十七袟 第十七袟 第三袟 第卅九袟 第二袟 普光八人 劝佛三昧经一部十卷 五千五百佛名经一部八卷 阿□越智遮经等三部九卷付胜觉 大般若五十卷付胜觉 又般若廿卷 又付新般若第五十一袟 四十三袟付胜觉 又付新般若第十二袟 第廿二袟欠一卷 第十四袟 第十一袟 卅一袟 五十二袟 修十二人 法集经等两部十卷 大集贤护

---

① 《诸寺付经历》藏日本国立国会图书馆，录文见马德：《敦煌莫高窟史研究》，甘肃教育出版社 1996 年版，第 205 页—208 页。

② 转引马德：《敦煌文书〈诸寺付经历〉刍议》，《敦煌学辑刊》1999 年第 1 期，第 47 页。

③ 转引马德：《敦煌文书〈诸寺付经历〉刍议》，《敦煌学辑刊》1999 年第 1 期，第 46 页。

经一部五卷 大乘方便经等四部十二卷并付觉胜 大般若五十卷付觉胜 又般若廿卷欠一袟 又新般若第廿一袟 第七袟 第十九袟 第卅三袟 第四袟欠一卷。"① 就转经方式来说，这几类文书皆与上引日本滨田德海旧藏115号转经方式相同，故其内容都反映了尼寺尼僧同僧寺一同进行集体转经的历史事实。

除了念诵和寺院集体转经活动外，敦煌尼僧还参加个人轮流转念活动。S. 3654《十二月廿三日赞普转付经历》载："十二月十三日赞普冬季福田转经安国寺维那遍觉欠般若第卅一袟内欠第四……普维那悲愿花廿四袟内欠第九卷第廿袟内欠第六卷 二月十八日瓜州节度娘子转经其时大乘寺维那□智欠第卅八袟失第九卷……尼胜念欠四十五袟内欠第九 十一袟欠第六 四十四内欠二 第一袟内欠第三 十四袟内欠第三 。"② 从文中的记载可见，从尼寺的僧官维那到一般的尼众轮流转念一部经，而且每人都有自己的转经任务。

上述这些不同方式和不同内容的转经活动，说明了在八至十世纪的敦煌，尼僧作为出家女性，其转经活动非常普遍，转念的经文内容包罗万象，转经形式复杂多样。

这些转经活动所得经傔是佛教教团主要收入的来源，转经规定亦十分严格，在通常情况下，尼僧要求免于转经必须事先上状都僧统本人。P. 310lb《大中五年（851年）尼智灯苑状并离烦判词》记载其因病不能参加寺院转经活动，怕"缘鸣尼病疾，恐减应管福田寺□减通名数，格令罚责严难，恐司所由亏□□"③。尼智灯苑直接向都僧统上状请求免于转经，经都僧统同意后才能免于格令科罚。不但如此，对转经活动的每个环节都有严格的要求。P. 2842《转帖》载："（前缺）香花佛食毡褥供养具一，仰法通。佛印伍，从上各一。其香花、佛食，佛印不到者，准上科罚。其帖火急，递相吩咐，不德（得）停滞。如滞帖者，准前罚。

---

① 转录马德：《敦煌文书〈诸寺付经历〉刍议》，《敦煌学辑刊》1999年第1期，第47页。
② 转录马德：《敦煌文书〈诸寺付经历〉刍议》，《敦煌学辑刊》1999年第1期，第46页。
③ 唐耕耦等：《敦煌社会经济文献真迹释录》第4辑，全国图书馆文献缩微复制中心1990年版，第118页。

帖周付集所。今月七日录事福□帖。社官（印）、僧统（印）、神赞（印）、洪泽（印）、胜证（印）、海□、福信、福灯、道寿、福客、法通、吕文贤。"① 从这件转帖看，举办道场提供各种供养具，不能按时提供，通常要受到严格的处罚，从而加强了对转经过程的监督检查。另外，在转经之后，还要进行试经，而且试经过程限定的非常严格，每月两度读诵经律论，由僧首看轻重科罚，集中时后到及全不来都要科罚。这种办法有效防止了转经走过场，有利于尼僧专心修习。故这种佛事活动的开展，有利于尼僧修习佛法，提高自身的佛学修养。

七、水陆道场

水陆道场，又称水陆法会，全名"法界圣凡水陆普度大斋胜会"，简称水陆会、悲济会等，用以追荐、普度"法界圣凡"。"法会"是佛教仪式，又作法事、佛事、斋会、法要，为讲说佛法及供佛施僧等所举行的集会。水陆法会是佛教最隆重的一种仪式。

中国最早的水陆道场起源于南朝梁天监四年至七年（505—508 年），宋宗鉴《释门正统》卷四曰："所谓水陆者，因梁武帝梦一神僧告曰：'六道四生，受苦无量，何不作水陆（大斋）普济群灵?'帝因志公之劝，搜寻贝叶，早夜披览；及详阿难遇面然鬼王建立平等斛食之意，用制仪文，遂于润州（今镇江）金山寺修设。帝躬临地席，命僧佑禅师宣文。"其法会内容以诵经、礼忏、说戒、奉浴、斋僧、放生、放焰口等活动为主。

水陆道场主要是超度亡灵的法会，最初主要是战争之后超度死难者，后来则包括地方上的孤魂野鬼和自己的已故亲友。富者独办称"独姓水陆"，贫者合办称"众姓水陆"。水陆法会一般为七日。前两天洒扫、建幡、奉浴。第三日请赦，第四日说戒，第五日诵经，第六日放生，第七日送圣。法会期间，自第一夜起，每夜于瑜伽坛各放焰口一台，至第六夜则放五方焰口。内坛水陆法师及诸坛僧众均参与法事，为水陆法会仪

---

① 唐耕耦等：《敦煌社会经济文献真迹释录》第 1 辑，书目文献出版社 1986 年版，第 360 页。

式的顶点。以后即仪式结束法会时，道场内要悬挂佛教系统的诸神和道教系统的神灵，分内坛和外坛，内坛献供施法，外坛供佛诵经。七天中，施主每天都要斋僧，无论内坛外坛，每天都有不同的佛事活动，内容极其复杂繁琐，主要表现为诵经设斋、礼佛拜忏、追荐亡灵。

水陆道场在八至十世纪的敦煌地区非常流行。从敦煌文献看，敦煌水陆道场设置的月份和日期很不固定，举办水陆道场的寺院及参与的人员也在不断变化。据 P.4765《都僧录帖》是在六月，P.2727《永康龙兴报恩三寺缺经目》在二月十三日；P.2058v《水则道场帖》在九月廿日，P.3578《癸酉年（913 年）正月沙州梁户史范山沿寺诸处使用油历》在四月十三日。据郝春文先生考证，敦煌的水陆道场由各寺轮流参与，由都司负责安排寺院的先后次序，道场的设置，僧人分番等。

从敦煌文献看，敦煌尼寺曾设水陆道场。P.4765《都僧录为水则道场帖》记载得到证实："都僧录帖：水则道场，次至报恩寺，敷设庄严，仍须殊妙。若故违者，罚当所由。于中失脱，仰当翻僧祇当，前旬六月八日圣光寺竟，次旬九日为始。"① 表明前旬的水陆道场设在圣光寺，而且当时发帖还尚未结束。P.2727《酉年二月十三日水则道场转经付经点检历》载："酉年二月十三日缘，国家建福，水则道场转经，次至永康。昨对阴法律阇梨及诸寺上座尼法律等对面于普光寺打撰算会先年官《大般若》一部，诸帙内欠数及无头尾者一一抄录名目，遂便分付永康、龙兴、报恩所由及维那一一合印为凭。"② 从文中记载可知，敦煌尼寺普光寺在永康寺之前曾轮次设过水陆道场。

无论是尼寺举行的水陆法会，还是僧寺举行的水陆道场，尼僧都积极参与，但是，在每次举行的道场法会中，并非所有的尼僧都参加，各尼寺的尼僧分番参加。北京图书馆藏敦煌文书 D.187 中，有文曰：

（上缺）

1. 从十七日为始。

---

① 唐耕耦等：《敦煌社会经济文献真迹释录》第 4 辑，全国图书馆文献缩微复制中心 1990 年版，第 148 页。

② 黄永武：《敦煌宝藏》第 123 册，新文丰出版公司 1986 年版，第 503 页。

2. 第一翻（番）坚妙 坚悟 坚法 德意 能妙 能戒 启圆 宝意

3. 第二翻（番）启理 严会 妙意 妙行 善护 戒忍

（下缺）①

据郝春文先生考证，此文书为《水则道场帖》所存部分分番名单，其中的"妙意、德意、坚悟、能戒、妙行、启圆、启理、坚妙、能妙"均属安国寺分番参与水则道场的尼僧。安国寺是敦煌尼寺之一，寺内尼僧数量很多，而在这次水陆道场中，参与者只有九人，可见在水陆道场法会中，每次参与尼僧只是其中的一部分。

敦煌水陆道场的主要活动内容是转经，尼僧在法会中，积极参与转经活动。P. 3947《亥年八月龙兴寺转经僧分蕃牒》中，第二蕃参与者有僧尼四十多人。马德先生依据敦煌文书记载考证，其中有尼僧数人②：

了然护（3 行）　　　　大乘寺尼

妙善（15 行）　　　　安国寺尼

了空（16 行）　　　　大乘寺尼

妙贤（17 行）　　　　圣光寺尼

摩尼藏（18 行）　　　普光寺尼

乘定（22 行）　　　　安国寺尼

戒香（23 行）　　　　灵修寺尼

智净（34、37 行）　　普光寺尼

遍定（34 行）　　　　灵修寺尼

德定（35 行）　　　　大乘寺尼

净法（37 行）　　　　圣光寺尼

这些转经尼僧分属不同尼寺的历史事实，说明了各尼寺皆参与道场转经活动，寺内部分尼僧分番参与。

不仅如此，道场内尼僧的转经数量有严格的规定，并由专门的机构都司进行监督。P. 3849《光化四年（901 年）三月都僧录帖》载：

---

① 转引郝春文：《唐后期五代宋初敦煌僧尼的社会生活》，中国社会科学出版社 1998 年版，第 227—228 页。

② 转引马德：《敦煌文书〈诸寺付经历〉刍议》，《敦煌学辑刊》1999 年第 1 期，第 36 页。

（上缺）

1. 每日人各转诵《大般若经》两卷，

2. 不得怠慢。每番令遣福田判官

3. 检幸若也。当番僧不在，各罚布

4. 半匹，的无宽恕。恐众不知，将

5. 帖晓示。光化四年三月。

6. 都僧录[①]

从文中记载内容可知，道场日每个尼僧每日转经两卷，不得怠慢，如有怠慢，或随意缺席，一经查出，罚布半匹。

道场日所转经卷一般是官经，主要目的是为官府祈福作功德。如上引 P. 2727《酉年二月十三日水则道场转经付经点检历》就有记载曰："缘国家建福"，意即为国家祈福、建福。

八、佛教节日

在佛教节日期间，尼僧及其他僧众也从事佛事活动。敦煌尼僧从事的主要宗教活动有正月燃灯、二月行像、七月盂兰盆节等。

1. 燃灯

灯，又称灯明，是佛教六种供具之一，表示六波罗蜜中的智波罗蜜。佛经中多以灯明喻法、智慧，即以光明照破愚痴暗障之意。燃灯作为一种仪式，同涂香、散花、焚香、饮食一样都是对佛的供养，是僧侣、信徒积累功德的重要方法。《无量寿经》下曰："悬缯燃灯，散花烧香。"佛经中专有《佛说施灯功德经》一卷，讲述施灯供佛的诸种好处[②]。此经自北齐那连提耶舍译出之后，在我国广为流传。不仅寺院佛事活动中要举行燃灯仪式，就是普通信徒在家中供佛也一定有燃灯之举。

燃灯之俗亦出于印度。西晋白法祖译《佛般泥洹经》即说："烧香然

① 转引郝春文：《唐后期五代宋初敦煌僧尼的社会生活》，中国社会科学出版社1998年版，第226页。

② 《中华大藏经》第22册，中华书局，1986年，第915页。

灯，净扫散华，十二部乐，朝夕供养。"《历代三宝纪》卷四又谓："孝灵帝光和三年（180年），遣中大夫于洛阳佛塔寺中，饭诸沙门，悬缯烧香散华燃灯。"此即为汉地燃灯的最早记载。

敦煌的燃灯是由剜身燃灯供养佛以表至诚演变而来，其中尤以正月的建福燃灯、上元燃灯和腊月的腊八燃灯最为重要。莫高窟第192窟主窟东壁唐咸通八年（867年）书《发愿功德文》："又年岁至正月十五、□七日、腊八日悉燃灯，年年供养不绝。"[1] P. 2049v《长兴二年净土寺直岁愿达牒》："麦一斗，卧酒正月十五日窟上燃灯顿定用。""粟二斗，正月十五日卧酒，窟上燃灯看和尚顿用。""面二斗五升，正月十五日上窟燃灯僧食用。"从中可见，敦煌每年正月十五、腊八等节日固定在莫高窟举行遍窟燃灯活动。

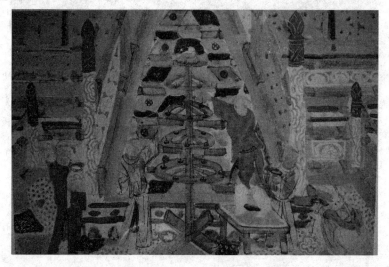

图3-4 莫高窟第146窟 燃灯（五代）

从敦煌文献看，灯节的主要行事是在寺窟燃灯，有专设燃灯僧，寺主、僧官都上窟来贺节。如 P. 2049vb 长兴二年（931年）的账目中记载："粟四斗，正月十五日路上迎上窟僧官顿用。""粟一斗，正月十五日上窟寺主纳官用。"P. 3763v："粟三斗五升，卧酒，正月十五日纳官用……粟一斗，正月十五寺主纳官用。"由此可见，燃灯节在敦煌成了一种全民性

---

① 贺世哲：《莫高窟192窟发愿文重录及有关问题》，《敦煌研究》1993年第3期。

的节日。

图 3 - 5 莫高窟第 159 窟 燃灯斋僧（中唐）

敦煌的灯节筹备，一般是运用传统的民间社邑形式，组成燃灯社，由社众捐助，支援灯节。如 Дх. 1008《社邑燃灯文》[①] 载：

1. ⬚⬚⬚夫仰启莲花，藏

2. ⬚⬚⬚法身百益（亿），如来衡

3. ⬚⬚⬚佛。清凉山顶，大圣文

4. ⬚⬚⬚严中得道，罗汉

5. 龙宫秘曲（典），就（鹫）岭微言，道

6. 服他心。一切贤圣惟愿发神

7. 悲心，降临道场。登□

8. ⬚⬚⬚赫弈难名，倾哉，罕测

9. ⬚⬚⬚厥今则有三官诸社

10. ⬚⬚⬚乃于新年上律，肇

11. 启嘉晨，建净轮于宝坊，

12. 燃惠灯于金地者，则有三官

---

① 《俄藏敦煌文献》第 7 册，上海古籍出版社 1998 年版，第 258 页。

13. ⬜⬜平安诸福会也。惟三

14. ⬜⬜天生俊骨，神假英灵，

15. ⬜⬜谦（兼）备，须

16. ⬜⬜觉之书，

17. ⬜⬜以清岁推（摧）人，白驹过隙，

18. 未免三途之苦。宏开月殿，

19. 竖晓灯转（轮），建慈力之誓

20. ⬜⬜四弘之满愿，其灯乃神

21. □□暗，宝焰除皆（昏），诸佛

22. 为□□身，菩萨上（尚）自燃臂。

23. 遂使千灯普照，万焰俱

24. □，贤圣遥观，随灯而集

25. ⬜⬜光照，黑

26. ⬜⬜照，是以三万

（后缺）

这篇文书就是社邑在举行燃灯活动时，所念诵的燃灯文，文书中记载了此社邑的燃灯情况。此类社邑在燃灯时，所需物品即由社众支援捐助。如 S.5828 社条中规定："本社条件：每年正月十四日，各令纳油半升，于普光寺上灯"。S.527 后周显德六年（959 年）社条："社内正月建福一日，人各税粟一斗、灯油一盏"。P.4525 宋太平兴国七年（982年）社条："新年建福一日，人各炉饼壹双，粟一斗，燃灯一盏"。社司转贴："右缘年支正月燃灯，人各油半升，幸请诸公等，帖至限今月廿一日卯时，于官楼兰若门前取齐"。

燃灯均在白天，于寺庙、兰若内进行。燃灯的仪式相当隆重，上自最高官员、下至僧俗士庶，皆奔赴莫高窟设供焚香、燃灯诵佛，振钟设乐。如 P.2341《燃灯文》①：

我当今圣神赞普，集沐（休）征于宇宙，藻佳气于环瀛。……赞普

___

① 黄征等：《敦煌愿文集》，岳麓书社 1995 年版，第 509 页，图版见《法藏敦煌西域文献》，第 12 册，上海古籍出版社 2000 年版，第 158 页。

曜齐北极，寿方南山；镇□开解之仁慈，长□结绳之正化，皇太子前星丽景，少海澄清；诸王式固维城，业隆磐石；公卿辅相，资（滋）法雨于身田；蕃汉节儿、诸官寮寀，润提湖（醍醐）于法海；颙颙化庶。

此文书是吐蕃时期的燃灯文，从文中记载看，此次燃灯活动的参加者包括赞普、蕃汉节儿、诸官僚僧俗士庶各个阶层，并以燃灯功德祈求福佑。燃灯时有专门的行文对燃灯事宜作具体的规定。如敦煌文献《腊八燃灯分配窟龛名数》就是唐代敦煌佛教界担任僧政职务的道真和尚在腊八节前一天发布的榜文，主要内容为莫高窟腊八之夜遍窟燃灯的区域划分及燃灯数量，文末申明社人的责任及未能尽职责时的处罚规定。

燃灯活动的主要目的是供养佛以作功德，尼僧在正月燃灯和腊八燃灯期间，通过僧俗施舍获得大量的燃灯用的灯油及其他燃灯所用的必需品。P.4674 寺院残帐："乙酉年正月十八日大众窟上燃灯，沽油麦四斗、粟二斗，买灯心布麦三一斗。"燃灯时，一般在政府的统一监督下，上窟在每个佛像前上供燃灯，举行设供、焚香、诵经等法事活动。

社邑内部举行的燃灯，参与者以社众为主，并在社邑三官的领导下合资共办，每人交一份粟、一盏灯油，社众通过建福燃灯活动表达自己对于佛祖的虔诚信仰，祈求得到佛祖的庇护。社众平安，为社众建福。P.2058《燃灯文》[①] 载：

> ……厥今座前社众等，乃于新年上律，肇启嘉晨，［建］净轮于宝□（坊），□（燃）复灯与金地者……为合邑人等无诸灾障（瘴）之福会也。……况于四序初晨，三春首朔，同增上愿，建福燃灯等……

从文中记载亦可以看出，此社邑燃灯主要目的是"为合邑人等无诸灾障"。

从敦煌文献记载看，社邑内部举行的燃灯仪式，有的在寺院里举行，有的则在某人家中举行。据谭蝉雪先生研究，在社邑燃灯活动中，信徒不但以个人的名义为家中的亡人设粥陈供，而且还可以以个人的名义进行各种布施祈愿活动，主要目的是祈佑家人平安，亦可为亡人荐福。这

---

① 录文参谭蝉雪：《敦煌岁时文化导论》，新文丰出版公司 1998 年版，第 23 页。图版见《法藏敦煌西域文献》，第 3 册，上海古籍出版社 1994 年版，第 367 页。

些活动一般在设立的专门的道场中举行。①

众所周知，道场是一种专门从事宗教活动的场所，其活动的承担者通常是出家人，而尼僧作为专门从事宗教活动的出家女性，自然也是这种活动的主要承担者之一。从敦煌文献看，尼僧在所参加的社邑燃灯活动中，常常主持一些与燃灯密切相关的宗教活动，诸如设供、焚香、念诵燃灯文，祈求佛佑地方安靖，众人平安等。

2. 行像

"行像"就是高抬佛像，或车载，或人抬，在城中游行。正如《僧史略》卷上所载："庄严佛像，载以车辇，谓之行像"。亦可称行城、巡城，"今夏台灵武，每年二月八日，僧载夹苎佛像，侍从围绕，幡盖歌乐引导，谓之巡城"②。关于"行像"的起源，宋赞宁在《大宋僧史略》中曰："行像者，自佛泥洹，王臣多恨不亲睹佛，由是立佛降生相，或作太子巡城相。"③ 此即为佛教行像之由来。行像作为佛教节日，最早起源于印度，后经西域、敦煌传入中国内地。

从敦煌文献看，敦煌的行像礼佛仪式，一般在二月八日和四月八日举行。

敦煌二月八日行像记载，最早为吐蕃时期的 S. 2146《行城文》④：

夫应化无方，神用不倦，思霈劝植，福洽生灵。天中之天，独擅其务，至于妙事，岂足繁词，此瑞之兴，抑有由矣。今则三春中律，四序初分；絮坼南枝，冰开北岸。广法王之化迹，冀珍千殃，扬大圣之辞荣，希臻万善。于是不扃月殿，夜击霜钟，爰集缁徒，竞持幡盖，列四门之胜会，延一郡之都城，像设金容，云飞鹫岭，眉开毫月，花步莲宫，倾市倾城，摇山荡谷；迦维厌欲，岂用年哉。所冀四王护世，百福潜加，挽枪扫于天门，疫厉（疠）藏于地户。庆云布野，喜色凝空，倒载干戈，

---

① 谭蝉雪：《敦煌岁时文化导论》，新文丰出版公司 1998 年版，第 25 页。
② 《大宋僧史略》卷上《行像者》，《大正藏》卷 54，第 237 页中栏。
③ 《大正藏》卷 54，第 237 页上栏。
④ 录文参谭蝉雪：《敦煌岁时文化导论》，新文丰出版公司 1998 年版，第 83 页，图版见《英藏敦煌文献》第 4 册，四川人民出版社 1991 年版，第 32 页。

修文偃武，惣斯功德，回奉龙天八部，惟愿威光恒赫，神力无涯，灾害不生，祸乱不作。又持胜福，上资圣神赞普，唯愿万国纳贡，四海来庭，宝历恒昌，金石比寿。又持胜福，庄严节儿都督，唯愿寿命愈远，禄极万钟，部落使官僚，门传九载。然后散沾法界，普及有情，赖此胜因，咸登乐界。

据谭蝉雪先生研究，这篇文书是吐蕃时期行像行城的佛事斋文，其行像的目的主要是祈福禳灾。据她统计，在敦煌文献中类似的行像斋文有三十件之多，这些文书皆反映了唐宋时沙州行像、行城之盛况：佛像灿然、乐声铿锵、舞姿蹁跹、梵呗盈空，官僚僧俗，倾城出游，持花旋城。①

二月八日的行像活动，主要由行像司和行像社专门组织主持。规模较宏大，大致分三个阶段进行：准备阶段、行像阶段和善后阶段。

从正月中下旬起即进入准备阶段。在这个阶段，敦煌都僧统司下辖的营设司和诸寺包括尼寺，都忙于修治佛的塑像和画像，造作菩萨头冠、缝制伞幢。民众也积极进行各种准备工作，组织“行像社”，选定担像、拽像、擎像的人夫等。二月六日各寺燃灯，揭开节日序幕，二月七日僧官巡行道场，营设司造帖通告各界，准备行像。次日天明，环城竖幡幢，行像僧俗，各悉索幡花，竞持幡盖，在乐队的伴奏下，仿照释迦生前出游四门的经历，“出佛像于四门，绕重城而一匝”②。从遗书愿文中的记载可知，所行之像大致是释迦牟尼诞生像、出游四门巡城像、成道像等。行像的队伍，幡花溢路，宝盖旋空，笙歌赞奏，法曲争陈。“八音竞奏，声谣兜率之宫；五乐琼箫，响俨精轮之界。”③合城人众，倾城出迎，士女云集，奔腾临路，“列四门之胜会，诞一郡之都城，像设金容，云飞鹫岭，眉开毫月，花步莲宫，倾市倾城，摇山荡谷。”④在行像所过的四门，

---

① 谭蝉雪：《敦煌岁时文化导论》，新文丰出版公司，1998 年，第 84 页。
② S.6172《行城文》，载《英藏敦煌文献》第 10 册，四川人民出版社 1994 年版，第 137 页。
③ S.1441《二月八日文》，载《英藏敦煌文献》第 3 册，四川人民出版社 1991 年版，第 42 页。
④ S.2146《行城文》载《英藏敦煌文献》第 4 册，四川人民出版社 1991 年版，第 32 页。

各"建随求之场"①。僧侣缁众会集于此，诵念佛经，"转金刚光明之部"，行像仪式声势浩大，场面壮观。行城活动结束后，在事先选定的地点结集，举行祈愿活动。延请诸佛菩萨、梵释四王、龙天八部护持，向佛奉献鲜花，供养物品；在音乐的伴奏下，念诵佛经，转读愿文。二月九日起进入善后阶段，收拾佛像和道具，赏劳师僧和诸色侍佛人，历时半个多月的行像活动宣告结束。二月八日的行像活动，从敦煌文献中的记载看，不仅用来纪念佛诞日，也是纪念佛逾城出家之日，如S.4413号《二月八日文》就是行像当天用于祈福的发愿文，文中即提到"菩萨逾城之日，天王捧足之辰"。

四月八日的行像活动，一般在前三日即四月五日至七日，由官府和都司组织所有出家五众举行转经大会。四月七日晚击钟召集僧俗众人，准备行像之事。次日天明，环城竖满了经幡，气象庄严，场面华丽。行像的僧俗队伍，在乐队的伴奏下浩浩荡荡出游四门，仿照释迦牟尼生前出游四方的故事，"出佛像于四门，绕重城而一匝"。行像的队伍走到哪里，哪里就幡花溢路、宝盖施空、笙歌赞奏、法曲争陈，场面之宏大，无可比拟。行像的日子，合城人众，倾城出迎。行像所经过的地方，信教群众欢呼雀跃，纷纷向前，争睹佛像的恢弘。行像结束后，行像的队伍在选定好的地点结集，举行大型祈愿活动，由主持高僧延请诸佛菩萨、梵释四王、天龙八部护持，参会僧俗向佛奉献鲜花，供给物品。僧尼在音乐伴奏下，念诵佛经，转读愿文。愿文内容，从信仰佛教出发，缅怀和纪念佛祖释迦牟尼；祈求多子多福、福禄高照、消灾避难等，整个行像仪式声势浩大、场面壮观。

八至十世纪敦煌各寺都举行佛教行像活动，尼寺亦不例外。如P.2838（1）《唐中和四年（公元884年）正月上座比丘尼体圆等诸色斛斗入破历算会牒残卷附悟真判》第三十九至四十一行"油一斗，打幡杆索价用。麦二斗、油一胜、粟一硕四斗，县（悬）幡打索日用"。可见，尼寺自己出资为行像活动准备器具，说明了该寺将举行行像这一宗教

①　S.69233《四门转经文》，载《英藏敦煌文献》第11册，四川人民出版社1994年版，第226页。

活动。

在尼寺举行的行像活动中，尼僧基本全权负责主持与行像活动有关的佛教事宜。主要表现为：

修治佛的塑像和画像，造作菩萨头冠、缝制伞幢。P. 3234《癸卯年（943 年）正月一日已后净土寺直岁沙弥广进麦面破》："麦面五升二月一日，撩治佛塑师吃用。麦面二斗，三日木匠画人兼弘建撩治佛炎二时食。"①

收聚散施。S. 1625《后晋天福三年（938 年）十二月六日大乘寺徒众诸色斛斗入破历算会牒残卷》："麦四斗，自年二月八日设料入，黄麻一硕五升，自年二月八日设料入。"②

设立行像堂。P. 3234 卷："油一升，二月七日、八日燃登（灯）用。"③

造饭设斋，供行像社人及众僧食用。齐集道场行法事，组织侍佛人抬释迦佛像和菩萨像，擎举绢画佛像，巡行街衢，至道场散施祈福，举行转经大会，念诵经文。P. 2837v《辰年支刚刚等施入疏十四件》④ 中，有很多施舍是在二月八日进行的，并每件都有"今投道场，请为念诵"记载，二月八日道场，应属行像道场无疑，其中的念诵，当指念诵经文。

收拾佛像和道具，赏劳师僧和诸色侍佛人。

这些相关事宜完成后，尼寺行像活动即宣告结束。

从敦煌文献看，尼僧不但对尼寺举行的行像活动全权负责，而且在除尼寺之外的其他诸寺举行的行像活动时，也踊跃参与，从中发挥积极的作用。

在行像活动前的准备阶段，尼僧常常首先要修补行像及有关用品，

---

① 唐耕耦等：《敦煌社会经济文献真迹释录》第 3 辑，全国图书馆文献缩微复制中心 1990 年版，第 446 页。

② 唐耕耦等：《敦煌社会经济文献真迹释录》第 3 辑，全国图书馆文献缩微复制中心 1990 年版，第 398 页。

③ 唐耕耦等：《敦煌社会经济文献真迹释录》第 3 辑，全国图书馆文献缩微复制中心 1990 年版，第 445 页。

④ 唐耕耦等：《敦煌社会经济文献真迹释录》第 3 辑，全国图书馆文献缩微复制中心 1990 年版，第 59 页。

从事一些适合于女性担当的工作，诸如造作菩萨头冠、缝制伞幢及造作食物等手工活动。P. 2049 卷载："粟七斗，二月二日至六日中间，供缝伞尼阇梨酤酒用。粟五斗，再缝伞两日酤酒用。""油四升两抄，二月二日至六日中间，缝伞尼阇梨三时食用。"① P. 2032v 载："面七硕六斗五升，油三斗七升，苏二升，粟六硕三斗，粗面三斗，起钟楼时，看官造盘及屈诸和尚工匠施主及当寺徒众等及荣食尼阇梨及村方及当寺女人等用。"② 其次作大量的施舍。P. 2583 卷载："黄绁绢二丈五尺，施入灵图寺行像。……十二月比丘尼修德谨疏。白绣袜一量，施入龙兴，修行像。……十二月廿日比丘尼真意谨疏。"③ 在行像的过程中，还在行像道场参与诵经活动。

3. 盂兰盆节

盂兰盆节，亦称"盂兰盆斋"、"盂兰盆供"，别称"中元节"，俗称"鬼节"。是每逢农历七月十五日，佛教徒追荐祖先而举行的佛教节日。盂兰盆，据《玄感音义》卷三十："盂兰盆此译云倒悬，按西国法，至于众僧自恣之日，盛设供具，奉时佛僧，以救先王倒悬之苦。""盂兰"梵语，即倒悬者，言苦之极也。"盂兰盆"即救倒悬盆。

盂兰盆节起源于目连救母。P. 3671、P. 2721、S. 5658 记载："七月十四、十五日何谓？为大目干连母青提夫人，缘将儿功德之物，避儿广买鸡肫（豚），造诸恶业，堕在十六重地狱中，既至饿鬼狱中，受种种苦。目连出家，与禅定观之，遂告诸佛，蹄泣教母。今七月十五日造盂兰盆供养，自此一切七代先亡父母，普皆得食吃。自余时日，谓罪重贪食，故令作猛火，水压亦复燃。"此即是目连救母之故事及盂兰盆节的缘起。

我国最早行盂兰盆会者，传为梁武帝，据《佛祖统纪》卷三十七载："大同四年（538 年），帝幸同泰寺设盂兰盆斋。"义楚在《释氏六帖》卷

---

① 唐耕耦等：《敦煌社会经济文献真迹释录》第 3 辑，全国图书馆文献缩微复制中心 1990 年版，第 378—381 页。

② 唐耕耦等：《敦煌社会经济文献真迹释录》第 3 辑，全国图书馆文献缩微复制中心 1990 年版，第 466 页。

③ 唐耕耦等：《敦煌社会经济文献真迹释录》第 3 辑，全国图书馆文献缩微复制中心 1990 年版，第 64 页。

四十五云："《宏明》云：梁武每于七月十五日普寺送盆供养，以车日送，继目连等。"自此以后，蔚成风气，历代帝王臣民多遵佛制，兴盂兰盆会，以报父母、祖先恩德。唐道世《法苑珠林》卷六十二《祭祠篇》云："国家大寺，如长安西明、慈恩等寺，……每年送盆献供种种杂物及舆盆音乐人等，并有送盆官人，来者非一。"又云："外有施主献盆献供种种杂事。"《佛祖统纪》卷五十一云："代宗诏建盂兰盆会，设七庙神座，迎行衢道"。"德宗幸安国寺，设盂兰盆供"。《释氏通鉴》卷九亦有类似的记载，并云岁以为常。宋赞宁《大宋僧史略》卷中《内道场》条中也记此事云，"造盂兰盆，饰以金翠"。盂兰盆节逐渐会成寺院中每年重要行事之一。

从敦煌文献看，八至十世纪的敦煌各寺院在盂兰盆节时要进行一系列的佛事活动。关于这些活动，谭蝉雪先生在其大著《敦煌岁时文化导论》中作了详细探讨。她指出，敦煌盂兰盆节的主要活动包括：整修、粉刷佛堂、寺院，以迎接节日的到来；设盂兰盆道场；造盆破盆；宴饮解夏；户内祭拜；造花树；图像写经；节日设乐八项活动。[①] 张弓先生在《敦煌秋冬节俗初探》[②] 一文中对其渊源、活动内容、过程等作过详尽的考察。

在敦煌文献中，有关敦煌尼僧在盂兰盆节的活动，文献记载很少，从仅有的文献资料，以及张弓先生的考证可知，八至十世纪的敦煌，盂兰盆节通常七月十五日开始，十八日结束。尼僧在盂兰盆节里的主要工作包括：

配借幢伞，庄严道场。S. 2575 写本是天成三年（928 年）七月十二日都僧统海晏为七月十五日庄严道场向诸寺配借幢文的一通帖文。此帖写道："安国大银幡二十口，经巾一条，额两片。……乘额一条，幡三十口。灵修银幡二十口，经巾一条，额一条，伞一副，大绣像二。经巾一条，……安国寺幡二十口，额一条，经巾一条，普青裙额一条，灵修、

---

① 谭蝉雪：《敦煌岁时文化导论》，新文丰出版公司 1998 年版，第 252—271 页。

② 张弓：《敦煌秋冬节俗初探》，载《1990 年敦煌学国际研讨会论文集·石窟、史地、语文集》，辽宁美术出版社 1995 年版，第 586—600 页。

莲、安国官幡各七口。……灵修伞一幅，大乘一幅，乘额一条，经布一条，……右上件所配幡伞，便须准此支付，不得妄有交互者。天成三年七月十二日帖 应管内外都僧统海晏。"① 安国寺、灵修寺、大乘寺是敦煌主要的尼寺，从文中的记载可见，每逢盂兰盆节，由都司统一分配各寺配借幢伞，庄严道场。尼寺即是此项任务的主要承担者之一，而尼僧作为尼寺的主要成员，无疑成为此项任务的具体承担者。

制作各种佛僧盆，献盆供养。所谓佛盆，即供养佛祖的盂兰盆，破盆即供养僧的盂兰盆。敦煌尼寺与其他僧寺一样，每年须拿出白面和麻油来造佛盆，如 P. 2838（1）《唐中和四年（公元 884 年）正月上座比丘尼体圆等诸色斛斗入破历算会牒残卷附悟真判》第十五至十八行"麦两硕四斗、油一斗五升，十五日佛盆用。麦一硕五斗，油一斗五胜，粟（□）硕二斗，破盆日用"。可见，比丘尼体圆所在尼寺从事了造佛盆造破盆等活动。关于每年各寺拿出的造佛盆油面的数量，据张弓先生考证，每寺用造佛盆的油面数量，每年大致相同，多是白面两石三斗配以麻油二斗一升（或二斗三升）。

负责制作盆供的一般是造佛盆僧。破盆制作者一般是供养僧众。食料主要是粟、面、豆、油，制成的破盆食品种类有煮饆、抄䭔、炉饼、菜饼、瓜果等。尼僧作为女性，又作为尼寺的主要成员，相对于男性来说，理应是制作佛盆供品的主要的造作者。关于这一点，限于资料无法考证，只能按常规进行推测。众所周知，古代"男外女内"的家庭角色常规，常常将女性活动局限于家庭内部，从事缝衣做饭等带有服务性质的各种家庭具体事务劳动。这种自然分工的习惯，使得缝衣做饭为女性分内之事的状况，被人们所接受，并形成历代人心目中约定俗成的规范。由此，烹饪、缝制技艺为女性普遍擅长。正是基于这一点，可以推知，寺院在举行盂兰盆节期间的饭食的烹调工作应由尼僧来承担。

讲唱《盂兰盆经》和《目连救母变》或作为听众参与这两种法事活动。八至十世纪属于封建社会时期，尼僧作为女性，受教育的机会相对

---

① 唐耕耦等《敦煌社会经济文献真迹释录》第 4 辑，全国图书馆文献缩微复制中心 1990 年版，第 131 页。

较少，大多数尼僧不识字或识字不多，因而在盂兰盆节的讲唱活动中，一般以听众的身份参加，倾听学养较高的上座僧等讲经，进行修习活动。

4. 浴佛节

浴佛节，又名四月八、佛诞节、龙华会、灌佛会等，是佛教传入中国后兴起的宗教节日。据敦煌文献记载，四月八浴佛节在敦煌非常盛行。

敦煌四月八最盛行的风俗主要还是行像和浴佛活动。行像就是用装饰华丽的宝车载着释迦牟尼佛像在敦煌街头巡行的一种礼佛仪式，以上已作了介绍。浴佛仪式是佛教徒纪念佛陀诞生和供养佛陀的仪式，通常在农历四月八举行。

有关浴佛的程序，宝思维翻译的《浴像功德经》载："若欲浴像，应以牛头旃檀、紫檀、多摩罗香、甘松、芎藭、白檀、郁金、龙脑、沉香、麝香、丁香，以如是种种妙香，随所得者以为汤水，置净器中，先作方坛，敷妙床座，于上置佛。以诸香水次第浴之。用诸香水周遍讫已，复以净水于上淋洗。其浴像者，各取少许洗像之水置自头上，烧种种香以为供养。初于像上下水之时，应诵以偈：'我今灌沐诸如来，净智功德庄严聚；五浊众生令离垢，愿证如来净法身'"①。从文中记载看，敦煌浴佛通常是在一净器中注入旃檀、紫檀、郁金、龙脑、沉香、麝香、丁香等配制成的香汤，将佛像置于床座上，浴像者一边念诵偈语，一边用拿小勺舀汤浴佛，并烧香供养。浴完佛像后再用一点香汤点浴自己，表示洗心革面，消灾除难。整个仪式庄严隆重，洋溢着一片吉祥喜庆的气氛。

从敦煌文献看，在敦煌举行的浴佛节，尼僧首先参加由僧人组成的僧众大会，大会的日程安排是：五日集中，六、七、八日三天转经念诵，期间，要求所有尼僧除重病卧床者外，一律参加，并要仪容整洁，列队前往，秩序井然。同时所有寺院打扫一新，殿堂佛像搽拭一净，干干净净过佛节。与此同时，朗诵"发愿文"是尼僧和与会者必不可少的一个主要项目。浴佛愿文一般把对释氏的赞颂、浴佛法会的盛况、一心向佛的愿望以及求佛佑护福禄的愿心，都表达得一览无余。如 P.3103《浴佛

---

① 《大正藏》卷16，第779页。

节愿文》中有文曰：

　　方今三冬季序，八叶初辰；飞烟布而休气浮，日重轮而月抱戴。欲令国家延久，阴阳不愆；冀佛日而恒明，愿法轮而常转。彰仁王以无为而化物，示黎庶凭福智以修身。宣传不绝于龙沙，传授无亏于奈苑。所乃效未生怨之盛作，袭祇域王之芳踪。爰当浴佛佳辰，洗僧良节。而乃澄清神思，仰百法以翘诚；除涤筐烦。趣大乘而恳功，繇是求僧侧陋。置席莲宫；导之以阇境玄黄，率之以倾城士庶，幢幡晃炳，梵赞訇锵，论鼓击而会喧填，法旌树而场骈塞。而以法施无竭，唯直出于人天；财舍有穷，能资持于福禄。是即捧金炉而香添五分，披诉情诚；合玉掌而花散四莲，献陈珍异。美矣胜矣，休□□□（哉善哉）！尘沙易算于垠（下残）[①]

　　从文中记载可知，敦煌浴佛仪式场面宏伟，规模盛大。浴佛活动的目的，以报佛恩和荐国资君为主。希望家国延久，佛日恒明。而尼僧在此活动中主要是打扫卫生、转经念诵。

九、观想

　　观想即禅想。观即看的意思，有观内、观外之分。观外是眼睛睁着向外看；观内是眼睛闭着用意内看，古称"内视"。想是意想，即意念、意识、思维的意思。观想是在"内视"的同时加上意念、意识、思维活动，是精神修炼不可缺少的组成部分。《观无量寿佛经释论》中对观想有这样的描述："观，是观察想象，以心缘之。像，为所观；心，为能观。不假眼之根、尘、识三和合。而自能成办。"又《密教通关》云："密宗观法，不外因字、因事、因法、因人四种，即四种曼荼罗也。"梵语曼荼罗之义为道场、坛场、图像及附于图像上的咒语。因字起观者，如观一切文字；因事起观者，如观月轮、莲花等；因法起观者，如观慈悲喜舍，三平等观等；因人起观者，如现本尊形像等。

---

　　① 黄征等：《敦煌愿文集》，岳麓书社 1995 年版，第 379 页，图版见《法藏敦煌西域文献》第 2 册，上海古籍出版社 2002 年版，第 313—314 页。

图 3-6　莫高窟第 431 窟　像观（初唐）

坐禅观想是佛教尼僧从事的一种修习活动，同时也是八至十世纪敦煌尼僧的宗教活动之一。在敦煌文献中，保留了许多尼众禅想的记载，如 P. 3556v 载：

（前缺）

1. 　　中

2. 最胜智　于道场内思惟，见一和尚与一碗香水。

3. 　　下

4. 戒信　于道场内思惟，见二回鹘入道场来。又不见。

5. 莲花光　不见。下　不见。

6. 如宝　一物不见。下。又不见。

7. 永定安　亦不见。　下。　又不见。

8. 元□福　不见。　下。

9. 永定满　一物不见。下。不见。

10. 最胜因　亦不见。下。又不见。

11. 永定因　一物不见。下。

12. 最胜念　不见。下。又不见。

13. 莲花□　一物不见。下。

14. 最胜妙　不见。

15. 　　　上

16. 乘圆戒　于道场思惟，次见一和尚与员戒一串珍珠。

17. 　　　上

18. 　妙达　于道场内思惟，见范僧统索一香炉焚香。又不见。

19. 　　　上

20. 胜恩　于道场内思惟，次见索僧录与胜恩经尘。又不见。

21. 　　　上

22. 政意　于道场内思惟，次见索僧录与一香查。

23. 　　　上

24. 　敬信　一物不见。又见金幢在道场。

25. 　　　中

26. 　妙信　于道场内思　　　又不见

27. 　　　中

28. 　妙惠　于道场内思惟，次见一瓷瓶子。又不见。

29. 　　　下

30. 性善　不见　又不见。

31. 　　　中

32. 真意　于道场内思惟，次见一女人与二银碗，却收将去。又不见。

33. 　　　中

34. 修戒　于道场思惟，次见王法师与一水瓶洒地。又不见。

35. 　　　中

36. 　戒定　于曹法律院内见阴僧政上忏悔。又不见。

37. 　　　上

38. 　沙弥愿因　于道场思惟，见一和尚□□一钵□。又不见。

39. 保仙　亦不见。下　　又不见。

40. 　　　　中

41. 政圆　于道场内思惟，次见陈和尚令政员牵一骆驼至大乘寺殿上

42. 　　又不见

43. 定最　不见。下。又不见。

44. 　　　　中

45. 戒定　见一金香炉

46. 妙喜　一物不见。下。

47. 　　　　上

48. 祥妙　一物不见。又见白狗入道场。

49. 　　　　　下

50. 严秀　一物不见。又不见。

51. 　　　　中

52. 性贤　于道场思惟，次见一和尚持一瓶水洒地。又更不见。

53. 　　　　　下

54. 　严护　不见。又亦不见。

55. 　　　　　　上

56. 定威　一物不见。见一渔（鱼）来唅嗔怒。

57. 　　　　　　上

58. 智严　于道场内思惟，次见一和尚将一银碗香水令智严洗净入道
场。

59. 不见

60. 　　　　　　中

61. 宝如　于道场思惟，次见二和尚唱经，床上见两个佛。二和尚
遣宝

62. 如北拜。又则不见。

63. 真心　一物不见。下。见个叶甚。

64. 智定　甚也不见。下。

65. 　　　　　下

66. 最胜音　无见。不见。

67. 　　下

68. 戒护　甚也不见。

69. 　　中

70. 宝净　于道场内思惟，次于南殿上见一和尚手把锡杖。又不见。

71. 戒严　一物不见。下。不见。

72. 　　中

73. 戒圆　于道场内思惟，次见一白鸟。不见。

74. 　　下

75. 修净　不见。亦不见。

76. 　　下

77. 戒慈　一物不见。又不见。

78. 　　上

79. 定学　不见。又见一着白衣老人至南殿将酪与吃。

80. 　　下

81. 惠学　一物不见。亦不见。

82. 　　下

83. 定意　甚也不见。又不见。

84. 　　下

85. 清净升　一物不见。又不见。

86. 　　中

87. 戒愿　甚也不见。又见一和尚与一盘子香□入佛帐。

88. 　　下

89. 慈宝　甚也不见。又亦不见。

90. 　　上

91. 永定行　于道场思惟。次见径西一两白土，一不当心有一佛子。亦不见。

92. 　　下

93. 永定果　一物不见。下。又不见。

94.　　　下

95. 保晏　甚也不见。下

96.　　　中

97. 慈因　不见　见个锡杖▭▭▭

98. 上

99. 胜善　于道场思惟，次见一和尚与▭▭▭

（后缺）①

此文书是敦煌诸尼寺尼众坐禅观想的录记与考绩档案。首先记录尼名，其次记录该尼与道场坐禅思惟之所见与所不见。最后由考评者签判考语。考语分别以上、中、下三字评其等次，判署于尼名之右下方或录记之中间或尾部，字体稍大于录记之文。这种观想是受戒者在方等道场内进行的修炼，磨练自己的心智，以求达到提高禅定境界的目的。

"坐禅"与"观想"的目的就是通过修炼把禅修者自己的思想高度集中在对佛的苦思冥想之中，从而使自己的精神进入虚幻的佛国世界，最终要求僧人们达到灭绝一切尘世间的杂念的境界。当时"观想"修行的主要方法程序是，在坐禅观想前，先进入佛塔，烧香散花，供养佛像，礼佛忏悔，然后静坐排除一切杂念，逐渐进入观想状态。静谧安然、芳香弥漫的环境和氛围，非常有助于修炼者集中思想、很快入定。

在八至十世纪的敦煌，尼僧除了在上述受戒过程中要进行观想活动外，在平时，也将此活动作为一项重要的功课，进行修习。这在敦煌石窟中多有反映，以下分述之：

首先，敦煌石窟壁画造型中有许多与尼僧及其他僧人的观想有关。

石窟壁画，一般都有一定的整体规划：洞窟的顶端画着装饰图案，如藻井、椽间的自由图案等；在四壁的腰部画佛像和主题性的故事画，下面画形体较小的供养人行列；四壁上端绕窟一圈，画天宫伎乐人物；四壁最下方画金刚力士；其余壁画则画有众多千佛像，组成一个庄严神圣的佛国世界。壁画中的佛像画，主要是以佛为主的说法图。故事画主

---

① 录文参郝春文：《唐后期五代宋初敦煌僧尼的社会生活》，中国社会科学出版社 1998 年版，第44—48 页，黄永武：《敦煌宝藏》第 129 册，新文丰出版公司 1983 年版，第 64 页。

图3-7　莫高窟第431窟　十六观（初唐）

要有宣扬释迦牟尼生平事迹的佛传故事，宣扬释迦牟尼前世各代教化众生、普行善事的本生故事，宣扬与佛有关的度化众生皈依佛教的因缘故事。这些都是有关修禅的经典里明文规定的禅僧们必须观想的内容，所以这些石窟壁画中的造型有许多与尼僧以及其他僧人们坐禅观想的生活密切相关。

其次，敦煌石窟的型制设置，与尼僧及其他僧人进行观想活动有着密切的关系。

目前中外专家都认为，莫高窟的中心柱是设在窟中心的塔，具有观想和礼拜佛像的意义。所谓"观像"就是先到佛像前观察佛的"三十二相"、"八十种好"，这些超人的体态特征，在头脑里留有深刻的影响，然后到僻静处（窟内禅窟或窟外禅房）闭目思维，系心在像，不令他念。

"是时便得心眼见佛像相光明，如眼所见无所异也。"① 这样一来，禅僧们的眼前就会浮现出佛的幻影。敦煌的中心塔柱窟，就具有这种使禅僧们在静修之前先谛观像的功能。中心塔柱把全窟分为前后两个空间，洞窟的前部可以聚集僧徒，后部专为僧徒们作围绕中心塔柱进行礼仪活动而设的。

敦煌莫高窟壁画中有白色袈裟的如来佛坐像，分别绘于莫高窟五个洞窟中，这些洞窟皆为中心柱窟，被千佛围绕。日本早稻田大学文学研究科博士滨田瑞美考证后发现，这个显著特征对理解白衣佛的意义具有重要作用。他认为探索白衣佛的意义，关键是白色。因为白衣佛除了袈裟以外，身体也是白色的。但据有关佛教经文记载，如来的身体是金色的。因而，白衣佛的白身会给观者留下鲜明而强烈的印象，也可以说是一个很突出的特征。先贤贺世哲先生指出，莫高窟白衣佛与禅观有关。禅观是南北朝时期盛行的修行法之一。禅观的"禅"是指集中意识后获得的心性统一和安定。"观"是"观想"，指禅的境地里详细地思念、念想的对象。如果这个对象是佛，称为"观佛"。白衣佛全部绘于中心柱窟内，这就表明白衣佛与观佛有密切关系。结合中国人深受佛教文化与儒家文化影响，追求圣洁，笔者认为白衣佛象征着佛圣洁、超凡脱俗、摆脱世俗杂念困扰的崇高洁白无瑕的心理境界。佛之所以着白衣，不仅能给观佛者留下很深的印象，而且能给他们一个心理预期的暗示，使他们在坐禅观想时，更易于摆脱杂念，集中思想，进入观想的状态。

另外，在敦煌的中心塔柱的正面龛内，都塑有一尊正在说法的塑像，侧面上层龛内多数绘交脚弥勒菩萨，少数塑思维菩萨像；下层龛多数塑佛的禅定像，少数塑佛的苦修像，中心塔柱还经常绘满了佛传、本生、因缘故事题材，这些也都是有关修禅经典里面明文规定的禅僧们必须观想的内容。更可以说明中心塔柱窟与坐禅观佛的密切关系。

在脱离尘世的虚幻的佛国世界里，要靠冥冥之中的一种神奇力量来统摄信众的思想和灵魂并对之笃信无疑，观想作为一种强化佛心、训练

---

① 《坐禅三昧经》卷上，《大正藏》卷15，第614页上栏。

心力的修炼方法，是不可或缺而非常重要的。同一对象多次重复对人的感官和意识的刺激后，其形象音容会牢固的生根于被刺激者的心田，这就是强化。强化的概念是近现代提出的心理学术语，但是在地处中国偏远的西北一隅的敦煌，早在八至十世纪或更早的时间，佛教就已在悄然应用着强化手段、进行着强化的实践。上述的尼众以及其他僧人的观想活动就是具体表现。

十、持戒

佛学主要是指戒、定、慧三学，其中戒学即戒律，是防止人们作恶业的。在佛教的戒、定、慧三学中，以戒律为主的戒学有着特殊重要的基础地位。所谓"依戒资定，依定发慧，依慧断除妄惑，显发真理"①，这是佛教修持者最主要的修学内容。佛法都是构建在戒律之上的。所谓："一切众律中，戒经为最上；佛法三藏教，毗奈耶为首。"不论出家或在家佛徒，对于戒律都是一样的需要。正如《四十二章经》中说："佛子离吾数千里，忆念吾戒，必证道果；在吾左右，虽常见吾，不顺吾戒，终不得道。"

戒律是对佛教修持者的宗教生活和日常行为的极为严格而细密的规定和约束，是佛教徒的基本行为准则。八至十世纪的敦煌尼僧作为佛教中的出家女性，同样受佛教戒律的约束。这主要表现在她们必须遵从以"八敬法"为中心的诸多戒条。其内容即指：

1. 不得骂詈比丘。

2. 不复举比丘过。（但）比丘得举尼过。

3. 应从大僧受具戒。

4. （若）犯僧残，半月在二部僧中行摩那埵。

5. （每）半月，当于僧中请教诫师。

6. 不应于无比丘处结夏安居。

7. 夏（安居）讫（完成），当往僧中求自恣。

---

① 方立天：《佛教哲学》，中国人民大学出版社 2006 年版，第 3 页。

8.（虽）百岁尼，礼初夏（新受戒）比丘足。①

从其内容很明显可以看出，"八敬法"是对出家女性的特殊规定，主要强调了出家女性与出家男性在持戒方面的差别，确定了男性僧团对于女性僧团所具有的管理权及女性僧团对于男性僧团的从属地位。具体表现为男女在所持戒律上的差异。《四分律》载，比丘戒 250 条，比丘尼戒 348 条；《五分律》载，比丘尼戒 251 条，比丘尼戒 370 条；《十诵律》载，比丘戒 263 条，比丘尼戒 358 条；《僧祇律》载，比丘戒 218 条，比丘尼戒 290 条。单从戒律数量的比较中可见，在所有条律中，对于比丘尼的约束相对比丘来说要多得多。②

在八至十世纪的敦煌，出家女性通常将以"八敬法"为中心的诸多戒条作为基本的行为准则之一，严格地持律守戒，这在敦煌文献中有很多记载：

S. 6417《亡尼》中记："惟阇梨乃素闻清节，操志灵谋；六亲仰仁惠之风，九族赖温和之德。加以违荣出俗，德（得）爱道之芳踪；奉戒餐禅，继《莲花》之轨躅。"③ P. 2358《亡式叉尼文》中载："然式叉尼乃柔衿雪映，淑质霜明，奉净戒则已于斅半珠；效□□（尸罗）乃全精止作。将冀高晖佛日，光润法流。"④ S. 343《亡尼文》中有文曰："惟亡尼乃内行八敬，外修四德。"⑤ P. 2044《愿文范本》记载尼："素积贞仪，冰结是性；柔和立忠（衷），节操为怀。律范之风，作一众之标准。"⑥ S. 4474《回向发愿文范本等》（五）记载尼："积诚雅素，谨品□□；行等莲花，清如爱道；安人琅玕，驻质金雪。为颜（唯愿）禄位日迁，荣

① 劳政武：《佛教戒律学》，宗教文化出版社 1999 年版，第 220 页。

② 《南传大藏经》第 5 册，（律部）末附有"诸部戒本条数对照表"详列比丘、比丘尼戒条数字，第 1—34 页。

③ 录文参黄征等：《敦煌愿文集》，岳麓书社 1995 年版，第 757 页，图版见《敦煌宝藏》第 46 册，新文丰出 版公司 1982 年版，第 275 页。

④ 录文参黄征等：《敦煌愿文集》，岳麓书社 1995 年版，第 768 页，图版见《法藏敦煌西域文献》第 12 册，上海古籍出版社 2000 年版，第 364 页。

⑤ 黄征等：《敦煌愿文集》，岳麓书社 1995 年版，第 9 页，图版见《英藏敦煌文献》第 1 册，四川人民出版社 1990 年版，第 141 页。

⑥ 黄征等：《敦煌愿文集》，岳麓书社 1995 年版，第 157 页，图版见《法藏敦煌西域文献》第 3 册，上海古籍出版社 1994 年版，第 129 页。

资转贵。"①上引 P. 2058《发愿文范本》载："尼僧乃幼怀俊德，负艺怀能；英才每阐于五篇，探颐不亏于七聚。谈经无服，蕴八敬而旦夕精持；进具修真，整三千而晨昏匪怠。"② P. 2341《僧尼追荐用语》记载尼时写到："惟尼师乃戒行清结（洁），已（以）守护浮囊、护昔（惜）威仪如（为）王（玉）宝。行同爱道，八敬无亏；七聚、五篇，持之无犯，已（以）谦下为体，忍辱为宗。"③S. 2832《愿文范本》写尼时曰："尘事不染，逍遥清居，踵爱道前踪，继莲花业心。随佛日而问合识，含智月以澄清；脱屣嚣鉴神。"④ S. 1441、P. 3825《尼德》为亡尼颂词，其中有文曰："觉花重影，戒月孤凝；七聚精知，五篇妙达。参耶轮之雅志，集爱道之贞风；利物为怀，哀伤在念云云。"⑤北图 8454（地子 17）《发愿文范本》提到尼时云："精进持净戒，由［犹］如护明珠；能持是《法华》，一心不解（懈）怠；优钵花之香，常从其口出；头面接足礼，生口（生）如佛相者，则某阇梨之谓也。"⑥ P. 3556《曹法律尼厶乙邈真赞并序》载，曹法律尼"披缁就业，八万之细行无亏；禁戒坚持，三千之威仪匪犯。六和清众，有贵而不服绮罗；四摄劝迷，居高而低心下意。" P. 3556《张法律尼清净戒邈真赞并序》载，张法律尼清净戒"三千细行，恪节而不犯于教门；八万律仪，谦和每遵而奉式。"

这些尼僧作为出家人，都严格地遵守了戒律，并以"大爱道"为楷

---

① 黄征等：《敦煌愿文集》，岳麓书社 1995 年版，第 180 页，图版见《英藏敦煌文献》第 6 册，四川人民出版社 1992 年版，第 100 页。

② 黄征等：《敦煌愿文集》，岳麓书社 1995 年版，第 249 页，图版见《法藏敦煌西域文献》第 3 册，上海古籍出版社 1994 年版，第 364 页。

③ 黄征等：《敦煌愿文集》，岳麓书社 1995 年版，第 253 页，图版见《法藏敦煌西域文献》第 12 册，上海古籍 出版社 2000 年版，第 160 页。

④ 黄征等：《敦煌愿文集》，岳麓书社 1995 年版，第 101 页，图版见《英藏敦煌文献》第 4 册，四川人民出版社 1991 年版，第 250 页。

⑤ 黄征等：《敦煌愿文集》，岳麓书社 1995 年版，第 60 页，图版见《法藏敦煌西域文献》第 28 册，上海古籍出版社 2004 年版，第 160 页。

⑥ 黄征等：《敦煌愿文集》，岳麓书社 1995 年版，第 266 页，图版见《敦煌宝藏》第 110 册，新文丰出版公司 1984 年版，第 364 页。

模①，以持戒修八敬法为荣，树立清修形象，体现了尼僧与世俗妇女的伦理差别，也反映了尼僧自身的文化仪态。

然而，在八至十世纪的敦煌，以内地出家人遵守的佛教戒律标准衡量，某些戒律有了不少变通，相对于中原出家人来说，尼僧持戒又不十分严格，这一点我们可从下面的例证得到说明。

佛教的戒律可分为出家戒和在家戒，也可分为大乘戒和小乘戒。但不管怎么分，一切戒律的根本就是五戒，也就是说，一切戒律都是依据五戒的。所谓五戒就是不杀生、不偷盗、不邪淫、不妄语、不饮酒。五戒中的前四戒，所禁戒的行为本质就是罪恶的，而不饮酒是佛教五戒的特色，酒的本质虽然不是邪恶的，但是饮酒容易使人神志不清，智慧不明，往往会因此而引起触犯其他的戒律。所以，佛教戒律明确规定，信徒不许饮酒。《出曜经》云："为优婆塞，尽其寿命不得饮酒，不得尝酒，不得教人饮酒。"②《佛说尸迦罗越六方礼经》告诫信徒不要"与喜酒人为伴"，不要"与嗜酒人想随"。对僧尼二众，要求更为严格。《根本说一切有部毗奈耶》卷十六载："佛告诸比丘、比丘尼：汝等若以我为师者，凡是诸酒，不应自饮，亦不与人……若故违者，得越法罪。"③"越法罪"属于当堕阿鼻地狱的重罪。可见此事非同一般。据李正宇先生考证，在敦煌，佛教信徒抄写的不少戒经、戒律、戒本，如《僧祇律》、《四分律》、《五分律》、《十诵律》、《四分律删繁补阙行事钞》、《六度集经》、《梵网经》、《贤愚经》等，其中都有戒酒的条文，此外，还编有不少戒酒的通俗辞曲，宣演传唱，一首名为《和菩萨戒文》的唱辞道："诸菩萨，莫沽酒，沽酒洋（烊）铜来灌口。足下火出焰连天，狱卒持斩两手。总为昏痴颠倒人，身作身当身自受。仍被驱将入阿鼻，铁壁千重无处走。"此辞，在敦煌遗书中发现有晚唐至宋不下15个抄本，可见在敦煌出家人中曾广为流传。

---

① 大爱道为第一位出家女性，佛陀特此为出家女性规定了"八敬法"见《大正藏》卷24，第945—949页。

② 《出曜经》卷12，《大正藏》卷4，第673页。

③ 《广弘明集》卷11，上海古籍出版社1989年版，第859页。

但与佛教内律形成对照的是，敦煌自吐蕃占领时期起，历经晚唐、五代、直至北宋曹氏归义军统治结束，不仅寺院有大量的酒类消费，就连僧尼个人都公开饮酒，毫无禁忌。从敦煌文献看，敦煌尼寺集体活动开支中就有酒。P. 2271《甲寅年（954 年）七月十五日就大乘寺纳设历》中记："甲寅年七月十五日就大乘寺纳设历：……修果食足；国酒一瓮；乘果食足；普果食足；圣果食足。"① 文中的"修"、"国"、"普"、"圣"分别是敦煌尼寺灵修寺、安国寺、普光寺、圣光寺的简称。从这条记载可知：吐蕃归义军统治时期敦煌的很多尼寺都为佛教节日提供酒类，如灵修寺、安国寺、普光寺、圣光寺等，这些酒主要用于慰劳僧众及供奉先亡、施食幽魂等。这说明酒在当时尼寺中普遍存在。与此同时，尼僧个人也普遍饮酒。S. 6452（2）《辛巳年（981 年）十二月十三日以后及壬午年（982 年）周僧正于常住库借贷油面物历》载："壬午年正月三日……同日酒壹瓮，大乘寺九日打棁局席［用］"；"（正月十四日）同日，酒贰斗，大乘寺用，取酒人会进"；"（四月）廿三日，酒壹瓮，阿师子东窟头吃用"；"（四月）廿三日，酒壹斗，［大］乘寺淘麦用"；"（四月）廿八日，酒五升，阿师子来吃用"；"（五月）十六日，大乘寺垒硙头吃用。"② "大乘寺"为敦煌五尼寺之一，"阿师子"是对尼阇梨的尊称。上引账目记载了敦煌大乘寺尼师、尼众饮酒的事实。又 P. 2838（2）《唐光启三年（886 年）安国寺上座胜净等诸色斛斗入破历算会牒残卷》载："面柒斗，油肆升，酒壹瓮，徒众、硙户商量打泻口用。""面陆斗，油贰升，酒半瓮，人功（工）食用。"③ 安国寺亦为敦煌五尼寺之一，表明安国寺尼众亦饮酒并用酒招待硙户及工匠；S. 1519（2）《辛亥年（951 年）十二月七日后某寺直岁法胜所破油面等历》载：壬子年十二月十二日

---

① 唐耕耦等：《敦煌社会经济文献真迹释录》第 4 辑，全国图书馆文献缩微复制中心 1990 年版，第 4 页。

② 唐耕耦等：《敦煌社会经济文献真迹释录》第 3 辑，全国图书馆文献缩微复制中心 1990 年版，第 185 页。

③ 唐耕耦等：《敦煌社会经济文献真迹释录》第 3 辑，全国图书馆文献缩微复制中心 1990 年版，第 328 页。

"又，面贰斗，油壹合，酒壹角，两日看造食尼阇梨用。"① P. 2049v《后唐长兴二年（931年）正月净土寺直岁愿达手下诸色入破历算牒》载："粟柒斗，二月二日至六日中间，供缝伞尼阇黎酤（沽）酒用"，"粟伍斗，［尼］再缝伞两日酤酒用。"② 从以上这些材料来看，不仅大乘寺、安国寺的尼众饮酒，其他尼寺亦同样不禁饮酒。

敦煌尼僧饮酒的原因，大致可以归结为三个方面：

第一，佛教自身的让步与前后矛盾。佛教经典虽有不允许出家人饮酒的禁戒，但同时也有饮酒无罪的经文。《根本说一切有部毗奈耶》"饮酒第七十九"条载："……若苾刍饮熟煮酒者，亦无犯。若是医人令含酒或涂身者无犯。"③《四分律》又言："不犯者，以酒为药，以酒涂疮。"④这表明佛教在禁酒问题上存在着不定和两可的矛盾。又出家人作为活生生的世人，原本就很难完全排除世俗的诱惑。P. 2690《大乘廿十二问》背面题诗云："我是沙门僧，本来无怨恶。口解如是理，心多烦恼作。"生动地刻画了处在绝欲与染欲矛盾焦点上的出家人内心世界的矛盾，而上述饮酒无罪的戒律条纹恰恰为消除这种矛盾提供了方便的借口，从而为尼僧及其他僧人饮酒打开了门径。

第二，可能是受了吐蕃的影响⑤。吐蕃占领敦煌数十年，而吐蕃地区的僧人有吃肉喝酒的习惯，这是藏传佛教和汉传佛教间的重要区别之一。吐蕃人把这种习惯带到敦煌并一直沿袭下来，自然会对敦煌汉族佛教界产生一定的影响，动摇了敦煌地区本来严格的酒戒，促使酒戒松弛、变异。这可能是敦煌佛教从禁止饮酒到不禁饮酒最为重要的背景和缘由。

第三，受粟特人的影响。据郑炳林先生考证，随着经商范围的扩大，世代生活在中亚地区的粟特人在唐代开始东迁，并于公元707年在敦煌建立了从

---

① 唐耕耦等：《敦煌社会经济文献真迹释录》第3辑，全国图书馆文献缩微复制中心1990年版，第178页。

② 唐耕耦等：《敦煌社会经济文献真迹释录》第3辑，全国图书馆文献缩微复制中心1990年版，第369页。

③ 《大正藏》卷40，第118页。

④ 《大正藏》卷12，第650页。

⑤ 李正宇：《晚唐至北宋敦煌僧尼普听饮酒——敦煌世俗佛教系列研究之二》，《敦煌研究》2005年第3期，第68页。

化乡。粟特人迁入敦煌后，不但导致敦煌地区民族结构发生变化，而且其原来信仰的袄教也随之传入，其中的一部分人还出家为僧，开始信仰佛教，他们的佛教信仰不像汉族人大乘信仰那样纯正，必然把粟特人的风俗习惯也带入到佛教信仰中。从而影响到了敦煌佛教的戒律和僧尼生活①。

第四，受西域的影响。古代西域地区僧尼有饮酒的传统。如尼雅等地出土的时属三至四世纪的佉卢文第 345 号文书中就记载僧人阿难陀先那向主瞿波借谷物 30 米里马之后，又向主瞿波借酒 15 希②。虽然文书中没有透露僧人喝酒的信息，但是夏雷鸣先生通过引证第 358 号文书中："汝处寺主正在挥霍和浪费自己领地的酒肉"③ 的记载断定：拥有土地和家庭的鄯善国僧人决不会放弃喝酒吃肉的享受④。由于敦煌地近西域，在习俗上受其影响也是不无可能的。

第五，敦煌地处西北边陲，冬天气候非常寒冷，酒能御寒，能帮助僧人增加几分温暖，顺利越冬。因为僧人修行时也要考虑实际情况，不可能只要求持戒而不顾客观现实条件，也算僧人修行中开的善巧之门，这种饮酒行为，可以说是敦煌僧侣修行中的不得已之法。

佛教戒律规定出家人不非时食。《戒归要集》载："非时食者，谓不过日中，啖嚼五谷瓜果等。若日过西一线，即名"非时"。经云：诸天，早食。佛，日中食。畜生，日西食。鬼神，夜食。今受八戒，断六道，因学佛中食，以表中道，离三边故。"⑤ 通过文中记载可知，不非食即过午不食。从敦煌文献看，这条戒律尼僧基本遵守。但例外的事也很多，这就是"解斋"。之所以有"解斋"，说明这条戒律仍在起作用。对于晚饭，敦煌文献中叫"夜饭"，在敦煌文献中，对尼僧有夜饭的情况通常要加以特别说明，这种说明正是遵守戒律的标志。然而，在请工匠和尼僧

---

① 郑炳林：《晚唐五代敦煌佛教教团的戒律和清规》，《敦煌学辑刊》2004 年第 2 期，第 34 页。

② T. Burrow，A Translation of the Kharosthi Documents from Chinese Turkestan，London 1940，PP65—66. 其中的米里马、希均为佉卢文文书重量单位，据考，1 米里马等于 20 希。见杨富学《佉卢文文书所见鄯善国之货币——兼论与回鹘货币之关系》，《敦煌学辑刊》1995 年第 2 期，第 88 页。

③ T. Burrow，A Translation of the Kharosthi Documents from Chinese Turkestan，London 1940，P. 70

④ 夏雷鸣：《从佉卢文书看鄯善国僧人的社会生活》，载郑炳林等主编：《丝绸之路民族古文字与文化学术讨论文集》（上），三秦出版社 2007 年版，第 207 页。

⑤ 弘赞：《戒归要集》，卍续藏 107 册，第 134 页。

做工时，仍然给她们每天以三餐的食物。如上引 P. 2049vb《后唐长兴二年（931 年）正月沙州净土寺直岁愿达手下诸色入破历算会牒》载："油四升，造菩萨头冠，从廿日至廿九日中间，金银匠及造伞骨令狐阇梨并钉鍱博士等三时食用"，"油四升两抄，二月二日至六日中间，缝伞尼阇梨三时食用"等。其他一些劳动场合，尼僧也有一日三餐的情况，对"过午不食"有突破。另外，文献还记载，一些尼僧在有些劳动场合，还要吃夜饭。这或许是由于劳动强度大，需要一日三餐或晚间加饭食。这说明，敦煌尼僧虽然遵守不非时而食的戒律，但在现实执行中因具体情况而有所变通，不像人们想象的那样严格，一成不变。

佛教戒律规定出家人不食肉。《楞伽经》曰："有无量因缘不应食肉。略有十种：一者、一切众生无始以来常为六亲，以亲想故，不应食肉；二者、狐狗人马、屠者杂卖故；三者、不净乞分所生长故；四者、众生闻悉生怖故；五者、令修行者慈心不生故；六者、凡愚所习，臭秽不净，无善名称故；七者、令咒术不成就故。八者、以食肉见形起识，以染味着故；九者、诸天所弃，多恶梦，虎狼闻香故；十者、食种种肉，遂啖人肉故。"《涅槃经》亦曰："从今日后不许弟子食肉，观察如子肉想，夫食肉者，断大慈种，水陆空行有命者怨，故不令食。"

八至十世纪的敦煌僧团组织也不允许出家人食肉。敦煌文献的粟特文书中，有一件卷号为 P. 3531 的《戒食肉经》。荣新江先生认为，这件文书"似是粟特人抄撮各种佛典中的有关戒食肉部分而成。"① 此经虽为粟特语，但将食肉作为一种戒律，搜集在一起，且出土于敦煌，亦说明了敦煌是禁止出家人食肉的。又 P. 2853《申年比丘尼修德等施舍疏》②：

1. 发一两，沙唐五两，入大众。

2. 右弟子薄福，离此本乡，小失翁母，处于大蕃，配充驿

3. 户，随缘信业，受诸辛苦，求死不得，乃贪生路。饥食

4. 众生血肉，破斋破戒，恶业无数。今投清净道场，请

---

① 《敦煌学大辞典》"粟特语戒食肉条"，第 506 页。

② 唐耕耦等：《敦煌社会经济文献真迹释录》第 3 辑，全国图书馆文献缩微复制中心 1990 年版，第 68 页。

5. 为念诵。

6. 　　　申年正月日女弟子张什二谨疏。

7. 沙唐一两，崇哲取，准三斗。

（后空）

从文中的记载"饥食众生血肉，破斋破戒，恶业无数"可以看出，当时戒律是不允许食肉的。但在敦煌文献中，又有尼僧及其他僧人破戒食肉的相关记载。S.4373《癸酉年（913 或 973 年）六月一日硙户董流达园硙所用钞录》[①]载有："请食（石）匠除硙，五人逐日三时用面三斗，十日中间条（调）饭羊一口，逐日料酒一斗"，"羊一口，付石匠用"，"麦七斗，渣（榨）头赛神羊买用。羊一口，酒两瓮，细供四十分，去硙轮局席看木匠及众僧吃用"等。将敦煌寺院用肉及僧尼吃肉的记载公然入册，表明在八至十世纪敦煌僧尼吃肉至少不受非议。

从敦煌文献看，尼僧及其他僧人吃肉一般是在特殊的场合。P.4909《沙州某寺辛巳年（981 年）十二月十三日后诸色破用历》载："二日，解斋面七斗，炒臛油贰升。""八日……炒臛油一升。""三月五日……炒臛油两合。"[②] P.3490《辛巳年（981 年）沙州某寺油破历》载："油五胜（升）两炒，北院修造中间四日众僧及工匠斋时解斋夜饭炒臛、餢饦等用。""油半炒，驼（陀）淤日造餢饦、炒臛众僧斋时用。"[③]据张弓先生考证，"臛"是一种肉汤；李正宇先生认为，"臛"是一种肉羹，所谓"炒臛"即炒肉。由上引破历可见，敦煌寺院解斋食物是胡饼、肉制品（炒臛、调臛）等[④]。同时也表明了敦煌僧尼吃肉亦即平常事也[⑤]。另外，

① 唐耕耦等：《敦煌社会经济文献真迹释录》第 3 辑，全国图书馆文献缩微复制中心 1990 年版，第 183 页。
② 唐耕耦等：《敦煌社会经济文献真迹释录》第 3 辑，全国图书馆文献缩微复制中心 1990 年版，第 185 页。
③ 唐耕耦等：《敦煌社会经济文献真迹释录》第 3 辑，全国图书馆文献缩微复制中心 1990 年版，第 187 页。
④ 张弓：《敦煌秋冬节俗初探》，载《1990 年敦煌学国际研讨会论文集·石窟、史地、语文集》，辽宁美术出版社 1995 年版，第 586 页。
⑤ 李正宇：《唐宋时期敦煌的佛教》，载《敦煌佛教艺术文化国际研讨会论文集》，兰州大学出版社 2001 年版，第 378 页。

从文中的记载看，敦煌尼僧及其他僧人食肉通常是在解斋日。所谓解斋即解除常日斋忌，不限午食，不禁荤膻，以示贺节。此外，据高启安先生考证，敦煌尼僧及其他僧人还在佛教节日里食肉①。但无论是解斋日食肉，还是在佛教节日食肉，作为出家人而食肉终归是违犯了戒律。这说明在八至十世纪的敦煌，尼僧及其他僧人对这条戒律的守持并不严格。

禁食五辛是佛教戒律中的重要规定之一。《梵网经》中曰：若佛子，不得食五辛：大蒜、苔葱、慈葱、兰葱、兴渠，是五种，一切食中不得食。若故食者，犯轻垢罪。《楞严经》中云："是诸众生求三摩提，当断世间五种辛菜。是五种食，熟食发媱，生啖增恚，如是世界食辛之人，纵能宣说一二部经，十方天仙，嫌其臭秽，咸皆远离。诸饿鬼等因彼食次，舐其唇吻。常与鬼住，福德日销，长无利益。是食辛人，修三摩地，菩萨天仙，十方善神，不来守护，大力魔王，得其方便，现作佛身，本为说法，非毁禁戒，赞媱怒痴。命终自为魔王眷属，受魔福尽，堕无间狱。阿难，修菩提者，永断五辛，是则名为第一增进修行渐次。"② 食用五辛生媱增恚，善神远离，魔王引诱，生毁禁戒，死堕地狱。《楞伽经》亦云："一切肉与葱，及诸韭蒜等，种种放逸酒，修行常远离。饮食生放逸，放逸生邪觉，从觉生贪欲，贪令心迷醉。迷醉长爱欲，生死不解脱。酒肉葱韭蒜，悉为障圣道，及违圣表相，是故不应食。"③ 这将吃葱蒜的过失，与饮酒吃肉相提并论，原因是它们都能增长爱欲，障碍圣道，所以不能食用。

从敦煌文献的相关记载看，敦煌尼僧似乎也食用五辛中的葱、韭菜等。上引 P. 2838《唐中和四年（884 年）正月上座比丘尼体园等诸色斛斗入破历算会牒》载："麦三斗，油一升，城南园内种韭斋时用。" P. 4906《年代不明某寺诸色破用历》载："白面一斗，麸面二斗五升，油

---

① 高启安：《晚唐五代敦煌僧人饮食戒律初探——以"不食肉戒"为中心》，载《敦煌佛教艺术文化国际学术研讨会论文集》，兰州大学出版社 2001 年版，第 396 页。
② 《大正藏》卷 19，第 141 页下栏。
③ 《大正藏》卷 39，第 179 页上栏。

两合，众僧座葱食用。"① 可见，尼僧在寺院劳动时有种韭和座葱。她们不但种韭、座葱，而且也食用葱韭。P. 2629《年代不明归义军衙内酒破历》记载 "千渠射羊酒半瓮。" "支葱户史骨子等酒壹瓮。" 十二月九日 "酒壹瓮，支葱户纳葱酒壹瓮。"② 寺院向葱户支酒及葱户向寺院纳葱，表明当时平常尼僧及其他僧人是可以食葱的。尼僧及其他僧人食韭菜等在敦煌文书中也有相关记载。S. 6275《丙午年（946 年）十一月就库纳油付都师历》载："就库纳油一升，付都师造精（菁）霍（膔）用。"③ S. 5008《年代不明（十世纪中期）某寺诸色入破历算会牒残卷》载："油半升，付慧智抄菁膔用。"④ 在这些资料中多次提到菁膔，所谓 "菁"，《说文解字》曰："韭华也。" 段玉裁注云："《周礼》菁菹；先郑曰：菁菹，韭华菹也。" ……《广雅曰》："韭其华谓之菁。" 这说明菁为韭菜花。又上面提到 "膔" 指肉汤，故菁膔顾名思义是指韭花肉汤。由此可见，敦煌尼僧及其他僧人还食用加了韭花的肉汤。

据高启安先生考证，敦煌僧尼食用韭葱等五辛，一般是在解斋日、佛教节日或者其他特殊场合⑤。这种现象在一定程度上说明了僧尼在食用葱韭等五辛主要集中在特殊的场合，平时食用并不多见。

然而，无论尼僧是平日吃肉、食用五辛，还是在特殊的场合食用，终归是犯了戒。据郑炳林先生考证，犯这种戒的主要原因，主要是受少数民族的影响。他指出 "敦煌地区居民有从焉耆、龟兹、疏勒前来的移民，如龟兹移民白姓和焉耆龙家。……敦煌佛教教团中也有很多龙姓僧官和一般出家民众，他们原来信仰小乘佛教，僧尼饮食上吃肉、葱和韭

① 唐耕耦等：《敦煌社会经济文献真迹释录》第 3 辑，全国图书馆文献缩微复制中心 1990 年版，第 235 页。

② 唐耕耦等：《敦煌社会经济文献真迹释录》第 3 辑，全国图书馆文献缩微复制中心 1990 年版，第 276 页。

③ 唐耕耦等：《敦煌社会经济文献真迹释录》第 3 辑，全国图书馆文献缩微复制中心 1990 年版，第 210 页。

④ 唐耕耦等：《敦煌社会经济文献真迹释录》第 3 辑，全国图书馆文献缩微复制中心 1990 年版，第 555 页。

⑤ 高启安：《晚唐五代敦煌僧人饮食戒律初探》，载《敦煌佛教艺术文化国际学术研讨会论文集》，兰州大学出版社 2001 年版，第 387—288 页。

菜等。"这些居民和僧人迁居后，将其原有的信仰与制度带到了敦煌地区，是故"虽然敦煌地区信仰大乘佛教，禁止食用三净之物，但是面对这样一种复杂的民族成分构成，也不得不对其原来的戒律进行部分改良，以适应当时的状况。"① 因此，尼僧吃肉及葱、韭菜等也不足为奇。除此之外，据他考证，敦煌还居住着大量的信仰祆教的粟特人，敦煌僧团中亦有大量的粟特僧人，这些粟特僧人往往即信奉祆教又信仰佛教，故而对佛教的信仰不像汉族人大乘信仰那么纯正，必然将粟特人的习惯也带入到佛教信仰中，这即是敦煌地区佛教教团杂食三净的根源。

佛教戒律对于僧人的衣着有统一严格的规定，出家僧尼必须改变自己的俗人形象，否则不允许出家受戒，"变俗形服，为入道之初门"②。这条规定历来为中国僧尼所遵守，中国僧尼一旦出家，皆以着紫黑色的衣装为主，故缁衣成为他们的代名词。从上引 S. 2575《后唐天成四年（929 年）三月六日应管内外都僧统置方等戒坛牓》中提到的规定及其规定的根据是"准依律式"等相关内容，可以断定，在八至十世纪的敦煌，寺院的这条清规规定，出家女众服饰为青黑墨兰之色，不得佩锦绣穿绮彩衣裳，甚至于锦腰锦襟、绣口纳鞋等，不得使用银器；不得当众夜后添妆；无论出身贫富一律同等；若有违反，锦衣收入库内，银器当众打碎。若有持势之徒，则申官严惩。但从上引文书 S. 2575《后唐天成四年（929 年）三月六日应管内外都僧统置方等戒坛牓》的相关内容可以看出，有些大族女出家后，仍然着"锦腰锦襟"、"绣口纳鞋"，并带"银匙银箸"，甚至有些还有"夜后添妆"的现象。

与此同时，佛教戒律规定，僧人不许蓄婢。但从敦煌文献记载看，许多出身于大族的僧尼往往拥有侍奉自己的奴婢和私属。尼僧亦不例外。S. 2199《咸通六年（865 年）沙州尼灵惠唯（遗）书》载："灵惠只有家生婢子一名威娘，留与侄女潘娘。"这说明尼僧灵惠生前有贴身奴婢侍奉。P. 2583《申年比丘尼修德等施舍历》载，尼僧慈心自谓"冲突师长，

---

① 郑炳林、魏迎春：《晚唐五代敦煌佛教教团的戒律和清规》，《敦煌学辑刊》2004 年第 2 期，第 34 页。
② 《释门章服仪》，《大正藏》卷 45，第 834 页。

呵斥家客"①。可见，尼僧慈心也有自己的私属家客。

P. 2803《唐景福二年（893年）二月押衙索大力状》又载：

押衙索大力。右大力故师在日，家女满子有女三人。二女诸处嫁，残小女一，近故尚书借与张使君娘子。其师姑亡化，万事并在大力，别人都不关心，万物被人使用，至甚受屈。伏望将军仁恩照察，特乞判命处分。牒件状如前，谨牒。

景福二年二月日押衙索大力灵府状。②

"师姑"是古代对尼僧的一种称呼。从文书内容看，文中所提到的已故尼僧生前亦有自己的贴身奴婢。

又佛教戒律规定，僧尼男女不得混杂，他们不许并坐、共语或共乘交通工具③。但在八至十世纪的敦煌，却存在尼僧潜居僧寺，与之相悖的现象。

P. 3730（3）《吐蕃时期沙州尼海觉牒》载："妹尼海觉，僧寺潜居，只房未有厨舍。"④从文中记载可知，尼僧海觉潜居僧寺。P. 2165 背《金刚般若波罗蜜经疏释》题记云："开元十二年（724）二月十日沙州寂法师下听，大云寺尼妙相抄。"⑤大云寺是敦煌著名僧寺，妙相隶属于此寺，说明其亦居住在僧寺。

按照佛教男女不得混杂的戒条，上述尼僧居住于僧寺很明显是一种有悖于戒律的现象，是一种违戒行为。为什么会存在这样的现象呢？究其原因，大抵有以下两点：

其一，是佛教戒律在特殊情况下的一种变通。佛法的思想、制度流行在世间，就不能不受"无常"演变法则的支配。佛教戒律自传入中国以后，亦经历了这样一个过程。如隋唐时，出现了"律宗"。唐中叶以

① 唐耕耦等：《敦煌社会经济文献真迹释录》第3辑，全国图书馆文献缩微复制中心1990年版，第67页。

② 录文参唐耕耦等：《敦煌社会经济文献真迹释录》第4辑，全国图书馆文献缩微复制中心1990年版，第491页。图版见《法藏敦煌西域文献》第18册，上海古籍出版社2001年版，第301页。

③ 印顺：《原始佛教圣典之集成》，正闻出版社1986年版，第401—412页。

④ 唐耕耦等：《敦煌社会经济文献真迹释录》第4辑，全国图书馆文献缩微复制中心1990年版，第110页。

⑤《法藏敦煌西域文献》第7卷，上海古籍出版社1998年版，第316页。

后，禅宗的"丛林"兴起，以"清规"取代印度传来的部派戒律，又出现了禅门的"百丈清规"，这种变化是佛教适应中国社会的过程。

在本书第二章第一节已经提到在八至十世纪的敦煌，女性出家为尼的很多，但是当时尼寺数量又十分有限，无法容纳如此大批量的出家女性，从敦煌文献记载看，解决这一问题的办法，一种是允许出家女性出家后仍居住在世俗家中。关于这一点，郝春文先生已做过相关论证。但这种办法只解决了世俗家庭有能力提供住宿的出家女性的住宿问题，而对于世俗家庭无力提供住宿的出家女性的住宿问题，解决的唯一办法可能就是允许她们暂住在僧寺，关于这一点在上述 P. 3730 (3)《吐蕃时期沙州尼海觉牒》记载中可以得到印证，P. 3730 (3)《吐蕃时期沙州尼海觉牒》，从内容看，是呈给教授和尚，要求解决尼僧海觉的厨舍问题的牒状，而前面叙述"妹尼海觉，僧寺潜居"已经是请求解决厨舍问题之前既成事实的事情。对于这种既成事实的事情，在官方公开的文书牒状中公然提到，说明了在当时的敦煌，僧团是允许尼僧居住在僧寺的。这种许可，更进一步说明了在当时的敦煌，对僧尼不混杂的戒律，依其具体情况有所变通。

其二，尼僧海觉、妙相之所以潜居僧寺是佛教以慈悲为怀教义的一种变相表现。佛教一贯主张以慈悲为怀，通常设立一些慈善机构对贫弱者加以救助。而上文提到的潜居在僧寺的尼僧皆是贫弱无法生活者，如尼海觉"不幸薄福，二亲俱亡，孤介累年，兢兢刻剔（惕）"。面对这些无依无靠的孤儿，如何解决她们的食宿是当时佛教教团十分关心的问题，而在当时条件十分有限，无力为其找到更好的去处，加之这些女性皆为出家女性，将其安排在慈善性质的机构似乎不太合理，在这种情况下，让其暂留在佛教团体僧寺确是没有办法中的万全之策。基于这一点，尼僧暂时留住在僧寺也就在情理之中了。

舍弃家庭生活，以修梵行，是出家人的志向。尼僧作为出家人，按律定应脱离俗家、栖身寺庙。而八至十世纪的敦煌尼僧只有少数住在寺中，大多数尼僧虽挂籍寺院，却常年住在俗家。只在夏安居及某些特殊的日子才暂时聚居于隶属寺院。关于这一特殊现象，郝春文先生在其大著《唐后期五代宋初敦煌僧尼的社会生活》中已经作过详细地论证，指出晚唐五代宋初敦煌的许多僧尼直接住在自己的世俗家中。①

不仅如此，在当时的敦煌，无论是长住寺中的尼僧，还是常住世俗家中的尼僧，都与家庭有密切的联系。这与佛教戒律规定的出家人应当断绝与世俗家庭的关系相违背。有关这一问题的具体情况，笔者将在第五章中有专门的论述。从敦煌文献记载看，这些与世俗家庭联系紧密的尼僧，有时还发生冲突，相互间言语粗蛮，闹得难解难分，只能去打官司解决。如 S. 542v《坚意请处分普光寺尼光显状》记载，尼僧光显因修房舍用水，与其他尼僧发生冲突，光显言语粗俗，行为粗暴，长幼不分，闹翻了天，作为一个尼僧，毫无半分清修自我的表现。其他僧众无法处理，只能请求上司出面解决。

总之，从以上论述可见，在八至十世纪的敦煌，尼僧持戒不十分严格，日常行为活动与戒律规定存在出入，诸如非时食、食肉及葱韭、饰金带银、蓄婢、出家不离家等。

然而，敦煌尼僧的这种不守戒律的现象，是有其特定的历史、社会背景及现实条件的原因。

首先，敦煌寺院虽多居"远离尘嚣"之地，但却无法脱离"人间烟火"。尼僧虽以追求出世为理想，但却无法摆脱作为人的最基本的生存条件。尼寺处于世俗世界的包围之中，不可避免要与外俗世界发生关联。又因敦煌地区自安史之乱后，孤悬治外，逐渐成为一个相对独立的地方政权，从而形成了一些有别于中原的僧尼制度，诸如尼寺中的尼僧大多直接住家而不住寺。住在寺外的尼僧并非孤身一人，而是与自己的家人、亲属生活在一起，与世俗家庭并无区别。同时，即使是住在寺内的尼僧也往往与别人结成"共活"关系，僧团与官府亦并不干涉尼僧与俗人共活住在寺外。尼僧与世俗社会的紧密关系，及其长住世俗家中，与家人同饮共食，影响了她们的持戒，尤其是长住家中，使得寺院无法监督尼僧的持戒，于是犯戒的事情因此而常有发生。

---

① 郝春文：《唐后期五代宋初敦煌僧尼的社会生活》，中国社会科学出版社 1998 年版，第 74—122 页。

其次，敦煌尼寺中有较多胡姓尼僧存在。S. 2669《年代未详（865—870 年）沙州诸寺尼籍》① 中载，仅大乘、圣光等三寺就有粟特尼 20 人。胡姓尼僧人数之多可见一斑。不但如此，粟特胡人还在敦煌教团僧官席位中占据着举足轻重的地位，如伯希和非汉文文献 1261《吐蕃占领敦煌时期斋儭历》中记载的僧官共十余人，而胡人僧官就占了八个。归义军统治时期，敦煌胡僧僧官地位日盛，任都僧统、都僧政者有曹法镜、康贤照、康维宥三位②。大量胡僧、僧官的存在，使得敦煌尼僧开始受粟特胡僧佛教习惯，饮食风气的渗透影响弥见深彻，思想变得较为自由，这种情况积年累月，促进了敦煌尼僧的胡化，使违戒也就成了自然之事。

再次，敦煌地区曾被吐蕃统治过一段时间，受到了吐蕃的影响。据李正宇先生考证，吐蕃宗教基本上处于"有信无戒"的状态。吐蕃占领敦煌后，派来的吐蕃官员掌管敦煌军政大权，又派来吐蕃僧人掌管敦煌佛教事务，他们把吐蕃本土佛教"有信无戒"的特点带到了敦煌，动摇了敦煌地区本来严格的戒律，使得一系列教戒都受到了冲击破坏③，尼僧的非时食、食肉及五辛中的葱韭、蓄奴等就是戒律在这一冲击下受到影响的具体表现。

最后，敦煌在八至十世纪，世俗政权的政治、经济措施逐渐介入敦煌寺院。政府为尼僧授田，尼僧同俗人一样拥有土地，并向政府交纳一定的赋税，这使得敦煌尼僧世俗化的色彩十分浓厚，佛教戒律的约束性因此而大打折扣。所以，这种世俗制度性约束的介入也导致戒律的松弛，促成了敦煌尼僧违戒。

但是，无论怎样，敦煌尼僧的这种不守戒律行为只是个案，并不影响当地佛教的发展，敦煌尼僧当中仍不乏高僧大德、有望名尼。

---

① 唐耕耦等：《敦煌社会经济文献真迹释录》第 4 辑，全国图书馆文献缩微复制中心 1990 年版，第 212 页。

② 郑炳林：《唐五代敦煌的粟特人与佛教》，载郑炳林主编《敦煌归义军史专题研究》，兰州大学出版社 1997 年版，第 435—436 页。

③ 李正宇：《晚唐至北宋敦煌僧尼普听饮酒》，《敦煌研究》2005 年第 3 期，第 78 页。

第三节　社会宗教活动及收入

　　尼僧从事佛教活动，一方面有利于加强自身的佛学修养，提高自己的佛学水平，另一方面，参加诸如转经、水陆道场等佛教活动，还可以得到相应的经济收入。而参与这些佛教活动所得的收入，又通过不同的途径分配给其参与者尼僧。以下分类进行说明。

一、僧俗施舍

　　官私僧俗施舍是僧尼宗教收入的主要经济来源。在敦煌文书中，保留有很多与施舍有关的《施舍疏》和《请僧疏》。郝春文先生对这些《施舍疏》和《请僧疏》进行了归类研究，指出施舍包括官施、私施和僧俗等各种施舍，施舍物品的种类非常广泛，有依附人口：家客。纺织品：绢、布、绵、绫、罗、锦、绸、绌、毡等。衣物：袈裟、裙衫、偏衫、衫子、孝衣、袄子、长袖、暖子、半臂、裆、裤子、披子、帔子、手巾、帽子、缚头、腰带、袜子、袜肚、履、靴子、靴底、靴带、被子等。粮食：麦、粟、米、黄麻、油、面、沙糖（砂糖）、葡萄等。用品：食床、绳床、坐具、碗、盘、碟、钵、瓶子、香炉、盆罐、箱、镜子、梳子、胡粉、纸、经床、经案、经帙、经巾、经布等。供养物：幡、佛经等。修造工料：木材、树木、白子、红花、黄丹、红蓝、菎篱、铁、铜、金、银、石灰等。药品：解毒药、诃梨勒、龙骨、杷斗、槟榔、芹子、油麻、酥、槐花、槐子、芍药、纻林子、狗气子、毕拔等。珍稀物品：珍珠、玛瑙、琥珀、琉璃瓶子、银器等。这些施舍物的去向主要有：施入大众或充大众、入修造、施入行像、充经帻、施入某寺院、施入三窟、施入大像或充大像、充乳药或充药、入法事或充法事、充见前僧帻或充僧帻等十项。在这些施舍物品的去向中，其中第一项施入大众或充大众用即可说明尼僧接受施舍。

从敦煌文献所存的官私僧俗《施舍疏》中看，施舍物品中，其中有相当一部分施入合城大众，用于充大众。

如上引 P. 2583《申年比丘尼修德等施舍疏十三件》载："□（官）绁檀七条袈裟并副博黄縠子头巾共一副，十综布七条袈裟并副博头巾□（共）一副，赤黄巾偏衫一，生绢八尺，八综布五十尺，七综半布一匹，于阗花毡十领，箭刀一具。以上物施入合城大众。……十二月十五日比丘尼修德谨疏。""十综布袈裟覆膊头巾一对，官绁裙衫一对，紫绢衫子一，白锦袜肚一，麹陈绢二丈，已上物施入合城大众。……十二月廿日比丘尼真意谨疏。""檀绁被一张，禄绁袴子一，黄绢裙衫一对，紫官绁襁裆一，紫绢衫子一，九综布袈裟褌覆一对，九综布裙衫一对，细布衫子一，针毡子一施入合城大众。……申年正月十五日比丘尼慈心谨疏。""红蓝披子一施入合城大众。…… 二月廿日弟子王氏谨疏。""发一两，沙唐五两入大众。……申年正月日女弟子张什二谨疏。""青绢裙一腰施入合城大众。……申年正月五日弟子朱进兴谨疏。""申年二月十三日尼明证念诵施入大众衣物数。单经故破七条一，单经故破裙衫一对，故破黄绁布里裆一，故布付博一，头巾二故。新坐具一。故单坐具一。又细布裙衫一对。黄布衫子一。又粗布裙一。袜一两。单经布丈一。新绵半两。裸布纳一果。故麻履一量。栲老子一，箱一。正勤。"S. 4470v《唐乾宁二年（895 年）三月归义军节度使张承奉副使李弘愿回向疏四件》载："细毡一匹、面二盘，麦二盘，绞林子二盘，狗气子一盘。已上施入大众。"[①] 上引P. 2704《后唐长兴四至五年（932—934 年）曹议金回向疏四件》："紫盘龙绫袄子一领，红宫锦暖子一领，大紫绫半臂一领，白独窠绫袴一腰，已上施入大众。""布四匹，绝四匹，施入大众"，"紫花罗衫一领，紫锦暖子一领，紫绫半臂一领，白独窠绫袴一腰已上施入大众。"S. 5973《宋开宝八年

---

① 唐耕耦等：《敦煌社会经济文献真迹释录》第 3 辑，全国图书馆文献缩微复制中心 1990 年版，第 84 页。

（975 年）正月归义军节度使曹延恭施入回向疏》载："庭子布两匹充大众。"① Ф·230v《某年二月十七日黄小霞施舍疏》载："小麦一石，施入大众。"② Дx. 887B 记："皂絁七条袈裟覆膊头巾一对，赤细布偏衫一，赤黄裆，坐具一，施入合城大众。"从以上记载可见，施舍可分为官施、私施和僧俗施舍等多种，施舍物品复杂多样，有衣物、粮食、用品、药物等，施舍去向是施入合城大众，用于充大众。

另外，敦煌各寺亦经常向"大众"纳粟面等。S. 6981《年代不明诸色斛斗破历》载："面三斗，油一升，粟三斗，图张判官亡纳大众用"；"面六斗，油二升半，粟五斗，三界寺王僧正亡纳大众用。"③ P. 2032《后晋时代净土寺诸色入破历算会稿》载："面四斗五升，纳大众赠副统用。"④ S. 1519《辛亥年十二月七日后某寺直岁法胜所破油面等历》载："粟三斗，纳大众迎和尚用。"⑤ S. 4642v《某寺诸色斛斗入破历算会牒》载："粟二斗五升，纳大众用。"⑥

在八至十世纪的敦煌，这些施主施入大众的诸多物品，以及各寺向大众所纳的实物，由都司的下属机构齤司和大众仓掌管，主要用于与大众有关的各项支出。而与大众有关的支出中，其中有一部分就是按人头定期分给出家五众。出家五众即指比丘、比丘尼、式叉尼、沙弥、沙弥尼出家五众。而尼僧主要包括沙弥尼、式叉尼、比丘尼。因此，显而易见，这部分收入也是尼僧经济来源的一个组成部分。

官私僧俗施舍虽然是尼僧宗教收入的重要组成部分，但这部分收入与同时期男性僧人所获得的该部分收入相比，数量上存在着很大的差别。

---

① 唐耕耦等：《敦煌社会经济文献真迹释录》第 3 辑，全国图书馆文献缩微复制中心 1990 年版，第 102 页。

② 《俄藏敦煌文献》第 3 册，上海古籍出版社 1993 年版，第 317 页。

③ 唐耕耦等：《敦煌社会经济文献真迹释录》第 3 辑，全国图书馆文献缩微复制中心 1990 年版，第 142 页。

④ 唐耕耦等：《敦煌社会经济文献真迹释录》第 3 辑，全国图书馆文献缩微复制中心 1990 年版，第 500 页。

⑤ 唐耕耦等：《敦煌社会经济文献真迹释录》第 3 辑，全国图书馆文献缩微复制中心 1990 年版，第 177 页。

⑥ 唐耕耦等：《敦煌社会经济文献真迹释录》第 3 辑，全国图书馆文献缩微复制中心 1990 年版，第 548 页。

关于这一点，郝春文先生依据敦煌文献中保存的《施舍疏》进行了论证①，指出从《施舍疏》看，尼寺和僧寺官施物品品种和数量没有差别，但私施却存在着很大的差别，尼寺获得私施的机会要远远少于僧寺，这种机会的不均等，使得尼寺获得施舍物品的总量大大少于僧寺，这种在总量上的劣势，导致了尼僧通过这种方式获得的收入远远少于同时期的男性僧人。

二、为他人作法事所得的收入

为他人作法事所得收入，是指僧尼参加为施主设斋、转经、燃灯等佛事活动所得收入。在八至十世纪的敦煌，佛教兴盛，宗教观念深入人心。在一些非常重要的场合，如遇家人患病或丧葬等事务，往往请僧人作法事活动。

僧人从事这些法事活动通常可以得到一些布施。上引 P. 2049《后唐长兴二年（931 年）正月沙州净土寺直岁愿达手下诸色入破历算会牒》："麦七斗，郭骨儿妻患念诵入。""麦三斗五升，高孔目母患时念诵入。麦五斗，高孔目患时念诵入。""粟四斗，高孔目母患时念诵入。"这些实物收入就是僧尼作法事活动后所得到的布施物品。

这些布施物品的处置办法，一般是在斋会结束后，分发给参加斋会的每一位僧人。这在敦煌文书中称为"充见前僧馈"、"充僧馈"、"充转经僧馈"或"充转经僧斋时"。如上引 P. 2583《申年比丘尼修德等施舍疏十三件》云："蒲桃一斗，解毒药五两已上勿（物）充转经僧馈"。上引 P. 2704《后唐长兴四至五年（933—934 年）曹议金回向疏四件》云："细紬一匹，充经馈。"P. 2697《后唐清泰二年（935 年）九月比丘僧绍宗为亡母转念设斋施舍疏》云："施细紬一匹，粗毡二匹，布一匹充见前僧馈。"② P. 2982《后唐显德四年（957 年）九月梁国夫人浔阳翟氏结坛供

---

① 郝春文：《唐后期五代宋初敦煌僧尼的社会生活》，中国社会科学出版社 1998 年版，第 242—252 页。

② 唐耕耦等：《敦煌社会经济文献真迹释录》第 3 辑，全国图书馆文献缩微复制中心 1990 年版，第 89 页。

僧舍施回向疏》云："结坛三日，供僧一七人，施小绫子一匹，_{充经巾}，土布三匹半，_{充见前僧巾}。"① P. 3576《宋端拱二年（989年）三月归义军节度使曹延禄设斋施舍回向疏》云："绢一匹_{充经巾}。袈裟带缘九十副，_{充见前僧巾}。"② 据郝春文先生考证，这类活动的分配原则是每次活动后结算，分配办法一般是按人数均分。但有时亦有例外，如设坛，坛主所得多于一般僧人，转经僧多于普通僧人。③

从敦煌文献记载看，在八至十世纪的敦煌，有尼僧参与这种佛事活动。如 S. 3180《请严护等僧尼为大宝国某百辰追念设供疏》中，有比丘尼灵智、明真、明戒④等的姓名。又 P. 4622《雍熙三年（986年）曹延瑞大云寺设会请僧疏》是瓜州团练使曹延恭向敦煌四部大众发出的邀请，既然是向四部大众发出的邀请，自然有比丘尼、式叉尼参加。

作为尼僧参与这种法事活动，从中亦可得到一些布施。

S. 8262《某老宿斋录见到僧名数》是一件分配为某老宿设斋所得紫罗袈裟的文书。其文曰：

1. □□□□□老宿斋录见到僧名数如后

　　　　付身　付□□　付身

2. □圣康僧统 梁法律 令狐老宿 张老宿 玄德 常照

　　广济勾付身 付身 付□□

3. □俊 顿觉 文晟 文清 智□ 法进 张判官 洪藏

　　付洪藏 叹付身 付□□ □□□ 付身

4. □□ 常秘 法海 喜思 龙威 龙赞 智登 付身 牟惠
付身

5. □惠 宝庆 宝通 □□ □怀 福圆 谈恩

付欠绁 付绁洪藏 油 粟付坚广

6. □□ 坚信 谈意 法晟 恩嵩 法照 法济

　粟　油付身 付身

7. □□ 庆道 戒月 慈力 神心 道崇 神秀

　绁五 唱 □□

8. □□ □宋 灵愍 广济 大牟 愿净 德子 宝贤

付梁法律

9. □□ □俊 沙弥戒拾 惠澄

　粟 粟 粟　　□付□□

10. 尼圣智 智胜 最胜思 性□□ 最胜戒 胜净

11. □法 真寂 妙贤 张□ 福意 严行 惠得

12. 妙行 佛圣僧尼并叹计七十一人。

13. 紫罗袈裟唱得布六百尺,七十一人各

14. 支布八尺四寸,余三尺六寸。廿九日算。①

从文中记载可见,参与这次斋僦分配的尼僧有"圣智、智胜、最胜思、性□□、最胜戒、胜净、□法、真寂、妙贤、张□、福意、严行、惠得、妙行",她们同其他僧人一样得到八尺四寸布作为从事法事活动的收入。

P.t.1261《僧人分配斋僦历》② 记录了十二次斋会的参加者名单和分配斋僦的情况,其中文中也涉及到了尼僧:

(前缺)

1. ＿＿＿惠满 归德 惠□＿＿＿＿

2. ＿＿＿法持 智弘 惠泉 法惠 道护 智顗□＿＿

3. ＿＿＿法清 法璨 昙向 昙持 昙真 法□□＿

4. ＿＿＿昙哲 悟空 昙颢 灵阐 道澄

① 录文郝春文:《唐后期五代宋初敦煌僧尼的社会生活》,中国社会科学出版社 1998 年版,第 333—334 页,图版见《英藏敦煌文献》第 12 册,四川人民出版社 1995 年版,第 98 页。

② 唐耕耦等:《敦煌社会经济文献真迹释录》第 3 辑,全国图书馆文献缩微复制中心 1990 年版,第 158—168 页。

5. ☐☐大乘十 修四 普光二 都计八十三人

6. 绢布五十八尺八十三人人支麦七升一寸

7. 唐兰若斋亲布六尺五斗五升 法向 又七尺

8. ☐☐斗 法忍

（中有藏文八行）

9. ☐☐

10. ☐☐张阇梨 史阇梨 杜阇梨 贞☐☐

11. 索阇梨 杜法师 泉寺主 薛寺主 法忍 惠☐ ☐☐

12. ☐☐ ☐☐ 智海 惠寂 海晏 智严 法云 福渐 ☐☐

13. 神寂 法清 广真 智藏 灯判官 ☐萨 贞秀 海☐

14. ☐☐ 神威 皈德 智颙 妙弁 灵俊 惠明

15. 大惠 惠光 法庆 ☐☐ 智捷☐☐

16. 尼明住 真净 修正 修志 德藏 戒☐☐☐

17. ☐☐ ☐☐ ☐☐福性　　　　计六十五人。

18. 僧法圆斋亲麻履一量，三石八斗 张阇梨 六十五人，各

19. 支六升，欠一斗不充。

（中空）

20. 佛圣叹 康阇梨 枢阇梨 孙上座 吴阇梨 图教授 东寺教授

21. 范阇梨 张阇梨 荆阇梨 通寺主 弁阇梨 道光 建法律 准律师

22. 心寺主 照法律 法缘 光泽 文照 惠云 法宝 镇国 惠德

23. 史判官 解脱 义泉 惠照 惠英 法英 洪辩 辩惠 惠朗

24. 绍宗 向秀 惠剑 无滞 惠水 明哲 静泰 离缠 神威 胜义

25. 灵秀 昙清 灵璨 道岌 崇英 灵振 法音 常润 悟超

26. 法灯 智刚 惠光 谈向 法律 智明 智通 能弁 法坚

27. 法印 绍安 道菀

28. 尼修广 觉证 凝惠 明空 德净 乘觉 明真 觉意

29. 觉惠 无证 圆净 胜定 德贤 觉胜 真净 无性

30. 　　　　计八十一人

31. 麻靴三石八斗 李教授 绢两石五斗 离缠 计六石三

32. 斗，人各七升，余六斗三升，入大众傔。

33. 阎部落使。

（中空）

34. 佛圣叹 宋教授阇梨 吴阇梨 张阇梨 杜阇梨 阴阇梨 康阇梨

35. 文照 惠照 惠英 崇圣 英达 惠莌 二头陀 师子音

36. 法谈 灵振 红道 法坚 归德 法惠 谈惠 乐寂 神威

37. 惠昙 法清 光璨 徽达 道贞 法原 智明 道兴

38. 灵阐 能辩 僧卅三

39. 尼 智林 妙忍 法满 妙海 坚智 智惠性 启缘 妙能

40. 了真 光智 普济 德藏 凝神 贤护 了忍 胜严

41. 妙贤 神智 胜会 灵相 贤智 坚持 坚真 莲花心

42. 真如灯 灵照 坚相 贤胜 花严 终念 妙花 妙乘

43. 妙义 妙慈 觉惠 觉意 沙圆 灵空 无言 卅九 都

44. 计七十二人，了因斋傔青绿绢裙一，五石一斗 神皎

45. 七十二人，各支七升，余六升。

（中空）

46. 佛圣 索阇梨 孙上座 李寺主 图教授 东寺教授 索上座

47. 阴阇梨荣 闰判官阇梨 杜阇梨 吴阇梨 张阇梨 俊寺主阇梨

48. 藏阇梨 归真阇梨 弁阇梨 涓寺主 道义 杜法律 索法律

49. 文照 心寺主 惠英 宋戒盈 达悟 行伦 行乘 智颙

50. 道英 道元 玄通 灯判官 惠水 常闰 义海 悟超 智明

51. 弘道 惟英 行音 金刚轮 文殊 惟达 法鸾 智盈

52. 光镜 智捷 行达 能辩 无尽藏 都计五十一人

53. 俗寺主斋施粟两驮和入大众准麦二石，五

54. 十一人，各支四升，欠一人分。

（中空）

55. 佛圣叹 康阇梨 曹上座 阴阇梨 宋校授 李教授

56. 吴阇梨 张上座 杨阇梨 史阇梨 杜法律 王寺主 惠寂 法建

57. 文哲 荣照 光泽 文照 法寂 义泉 惠照 惠英 惠宗

58. 镇国 常辩 解脱 义海 向秀 洪辩 法英 海宝 海寂

59. 戒藏 惠水 胜义 英达 玄通 法清 海德 灯判官

60. 广真 神辩 神威 薛寺主（通）法殷 绍见 无滞 弘济

61. 绍洪 智藏 义辩 法雨 灵觉 灵秀 道苑 悟超

62. 法印 法坚 惟英 乐寂 海觉 灵祭 伯明 智朗 谈清

63. 智颢 神寂 法显 绍安 谈测 金刚轮 谈琼 文殊 道欣

64. 惠意 惟达 谈远 张日通 灵宝 志坚

65. 尼戒性 圆柱 胜缘 无胜 普圆 妙法 照性 修智

66. 妙寂 真原 妙忍 坚志 如心 觉住 坚智 修念 灵照

67. 妙能 妙乘 妙义 凝神 遍觉 妙因 妙贤 圆觉 归寂

68. 乘智 贤智 胜会 灵相 妙意 福净 心惠 灵贤 归进

69. 乘惠 归贤 觉照 觉严 意严 乘定 智花 修正 光胜

70. 净相 法满 修广 正觉 觉海 普济 无比 妙真

71. 　　计一百卅五人。离缠斋施碧绢裙一，七石，□□□

72. 　　人各支五升，余二斗五升。

73. 佛圣叹 康阇梨 孙上座 吴阇梨 宋教授 张上座 张阇梨

74. 李寺主 阴阇梨 贺寺主 归真阇梨 杨阇梨 道惠 道义

75. 哲法师 心寺主 惠云 澄晏 惠英 惠照 惠超 智海

76. 先择 法缘 荣照阇梨 阴阇梨 杜法律 史阇梨 崇圣 惠□

77. 义海 海晏 向秀 洪辩 辩惠 法英 月灯 惠峰

78. 智义 道英 法云 海德 绍见 灯判官 无滞 惠水

79. 离缠 法坚 灵觉 灵秀 文粹 昙清 智朗 道斌

80. 灵藏 法义 法坚 法印 义丰 玄通 法显 照判官

81. 泉寺主 智捷 谈英 灵琮 谈测 谈琼 惠显 文英

82. 智岸 灵寂 神惠 志坚 智通 神感 昙济 智明 善惠

83. 法镜 法弁 能弁 惠日 绍安 道远 惠满 昙幽 法行

84. 尼普持 戒性 修广 妙法 照性 智妙 修智 真原 如心 离恩

85. 惠性 三昧 法矩 妙乘 了心 凝定 宝性 福圆 觉明 归寂

86. 心惠 灵贤 归进 乘惠 圆应 归原

87.　　　　计一百一十五人。各支四升

88. 其道真斋傔布一匹卅二尺，布二丈一、二石一斗 海净

89.　　　　计麦四石六斗。

90. 佛圣叹 都讲 普明 宋教授 张阇梨 凝然

91. 戒盈 离喧 智恩 惠通 史阇梨 澄兰 法寂 法□

92. 文哲 净心 惠进 荣照 法律 光泽 惠超 义海 海□

93. □云 智印 法济 澄晏 智超 悟超 惠泽

94. 妙辩 解脱 海宝 超藏 戒藏 海辩 禅□

95. 僧疑（仪） 通玄 慈灯判官 神威 张法坚 绍安

96. 法荣 能辩 常正 智通 索达

97. 尼普持 圆性 妙寂 贤德 真净 海妙

98. 修智 妙如 明意 灵修 计五十九人，

99. 令狐承斋傔布一匹半，得四石七斗五升，五十九人，各支八升。

100. 佛圣叹 齐阇梨 孙上座阇梨 宋教授阇梨 常上座阇梨 常上座阇梨
张阇梨 利俗阇梨

101. 索寺主阇梨 道义 澄兰 阴阇梨 文哲 文照 惠英 海晏 法英 玄藏

102. 海宝 灯判官 法会 绍隆 惠承 离缠 神威 海清 惠镜 法灯

103. 薛惠峰 依愿 悟超 师子音 玄应 马法坚 法雨 灵藏 法海石

104. 灵干 道斌 灵达 灵觉 灵寂 法义 法昙 文粹 道岌

105. 法行 海澄 法泉 道远 神晖 灵贤 灵璨 法显 智朗 海觉

106. 惠晖 灵宝 道菀 海珍 智颛 法藏董 海印 法应 离垢 法护

107. 惠泽 灵哲 昙清 文秘 海智 灵秀 道建 法圭 惟达 文达

108. 尼 赵法住 正智 修广 范寺主 照性 正严 宝严 普船 坚护

109. 修胜 修志 惠性 如心 悟性 灵昭 明空 妙实 戒圆 觉明

110. 圆觉 归寂 定真 胜圆 福性 福藏 正慈 正行 进英 戒乘

111.　　　　　　　以前计一百七人。

112.　　　　　　　惠镜

113. 褐衫八硕八斗 义海一百七人各八升，余二斗四升。

114. 佛圣叹 康法阇梨 曹阇梨 孙上座 董阇梨

115. 二教授阇梨 吴阇梨 常上座 王寺主 归真 通寺主

116. 杨阇梨 史阇梨 法寂 哲法师 康法律 张寺主 照判

117. 法缘 光泽 惠英 泉寺主 惠超 惠照 法照 海晏

118. 伦寺主 惠宗 惠峰 崇圣 法灯 义海 秀寺主

119. 法英 法清 惠海 灯判 广真 法会 智深 神弁

120. 绍见 无滞 惠水 神威 智藏 妙弁 法坚金

121. 灵干 灵哲 谈清 法显 智朗 灵达 灵振

122. 谈号 智洪 法惠 乐寂 僧仪 昙晖 文殊 道素

123. 昙仪 道忻 昙建 道澄 法宝 惠严 洪辩 海觉

124. 英达 神福 灵俊

125. 尼 圆性 真意 无胜 智性 胜缘 修广 三昧

126. 法满 坚智 妙海 修念 妙义 觉惠 觉意 德严

127. 神会 福净 承惠 归贤 妙忍 神智 妙乘

128. 凝神 了忍 觉满

129. 都计一百二人。

130. 六石三斗 神威 一石三斗 妙海

131. 得满 鞠□绢一丈六尺，锦裙腰一，绣针毡七，一石 修胜

132.   计八石六斗，一百二人各支八升，余四斗四升。

133. □哲 会恩 法清 海德 惠海 绍隆 惠剑 神弁 神威 无滞 净泰 法藏

134. □清 智朗 灵宝 法遇 文粹 灵璨 绍安 法护 灵振 神福 惠威

135. 灵秀 常达 志贞 彼岸 法琼 海清 惠眼 道珍 海福 道岌

136. 灵藏 惠满 道斌 乐寂 真空 法向 谈恻 法惠 法行 惠泉 灵干

137. 坚法 洪正 灵寂 惠诠 绍灯 志坚 谈琼 神英 灵智 义弁 智深

138. 解脱、昙惠 法了 绍见 离缠

139. 尼妙通 坚智 正性 惠真 妙能 智惠满 妙乘 妙义 定照 妙花

140. 觉了 神智 明觉 归藏 胜严 了真 得念 德藏 胜因 戒真

141. 智忍 乘藏 计八十三人，各七寸。

142.   八十三人，各支七升。

143. 青纯裙唱得麦五石八斗，怀济送孝。

144. 佛圣叹 吴阇梨 宋教授和尚 闰阇梨 史阇梨 阴阇梨 弘建阇梨

145. 惠英 法通 法英 海法 神威 辩惠 法云 灵宝 智藏 惠宝

146. 道岌 伯明 皈德 谈远 文殊 道颢

147. 尼 坚意 坚德 坚智 修念 妙能 法藏 明觉 妙贤

148. 如意花 坚忍 戒真 会乘

149.   都计卅五人，各支六升，余二斗。

150. 僧怀济斋亲施毡履一量八斗 圆妙 披子一石五斗明空 计二石三斗。

（后缺）

从文中记载看，这 12 次斋会中的 11 次都有尼僧参加，每次参加的尼僧人数不等，所得收入也有所不同。但无论怎样，每次参加斋会的尼僧同男性僧人一样都可分到斋僦，每次所得斋僦的份额与男性僧人数量均等，如上述 11 次收入依次为：各得麦 7 升；各支 6 升；各支 7 升；各支 7 升；各支 5 升；各支麦 4 升；各支米 8 升；各支 8 升；各支 8 升；各支麦 7 升；各支 6 升。

另外，值得注意的是，从以上两件文书记载的参加斋会的总人数及僧尼各自人数看，尼僧的人数远远少于男性僧人的人数。S. 8262 记载僧尼总数有 71 人，而尼僧只有 14 人，约占总数的20%。P. t. 1261v 所记载的十一次尼僧参加的斋会中，僧尼人数亦相差很大，具体列表如下：

斋会次数	参加总人数	僧人数	尼人数	尼所占百分比（%）
1	83	67	16	19
2	65	55	10	15
3	81	66	15	8
4	72	33	39	50
5	135	84	51	37
6	115	89	26	22
7	59	50	9	15
8	107	78	29	26

（续表）

斋会次数	参加总人数	僧人数	尼人数	尼所占百分比（%）
9	102	77	25	24
10	83	61	22	26
11	35	23	12	34
平均数	95	62	23	26

从上表所列的数字可见，每次参加斋会的尼僧的数量皆少于参加斋会的男性僧人的数量，据粗略估计，大约是男性僧人的四分之一强，平均仅占僧尼总数的26%。这表明在同等条件下，尼僧作为女性，相对于男性僧人来说，被邀请的概率很低，因而通过这种途径获取的宗教收入的机会，比男性僧人要少得多。

出现这种现象的原因，主要有以下两个方面：

首先，据郝春文先生考证，在八至十世纪的敦煌，每次设斋参加人数的多少由施舍物的多寡来决定，斋会中请哪些僧人参加，一般由各寺编录的次第和其他寺院僧人的僧次决定。通常状况下，寺次的排列有一定的灵活性，邀请的并非所有寺院。所请僧尼人数又没有具体规定，具有很大的随机性①。尼寺的总体规模本身比不上僧寺，寺次和对民众的影响更比不上僧寺。关于这一点，陈大为博士已作过论证②。不但尼寺的寺次落后于僧寺，而且僧次亦比不上僧寺。如 S. 1164 + S. 1164 背《开经文（归义军初期）》载："次用庄严当今大唐圣主：……次用庄严令六和尚：……次用庄严都僧统和尚：……次用庄园内尚书贵体：……次用庄严〔安〕大夫：……次用庄严安、姚二侍御：……次用庄严尚书姟（孩）子：……次用庄严释门教授等：……次用庄严释门法律等：……次用庄严都督公等：……次用庄严部落使等：……次用庄严尊宿大德等：……次用庄严诸法将大德等：……次用庄严诸尼大德：……次用庄严乡官父

---

① 郝春文：《唐后期五代宋初敦煌僧尼社会生活》，中国社会科学出版社1998年版，第348页

② 陈大为：《唐后期五代宋初敦煌僧寺研究》，博士学位论文，上海师范大学人文与传播学院，2008年，第178—179页。

杖：……次用庄严诸父杖：……次用庄严某乙过往父母所生魂路：……"① 此文是僧团举行盛大斋会时发布的斋文。在这类斋文中，被"庄严"的人通常是按由高到低的次序进行排列。而从该文中众多被"庄严"人物的排列次序看，尼僧显而易见排在男性僧人之后，这说明尼僧的位次低于男性僧人。又 P. 3258、P. 2770 背、P. 2807（8）、P. 3456、P. 3770（7）等同一类文书中，尼僧的位次亦在男性僧人之后。由于寺次、僧次的上述差别，加之女性僧人的社会地位普遍不如男性僧人高的社会现实，使得尼僧受邀请参加这类宗教活动的机会变少，从而导致了她们通过这种途径获取宗教收入的机会非常少。

其次，八至十世纪敦煌属于唐五代宋初统治阶段，处于封建社会时期。在这一时期，女性的社会地位普遍不如男性高，受教育的机会比男性少，而尼僧作为女性出家人，自然更不例外。由于受教育的机会较少，故她们的佛学修养普遍比不上男性僧人，相应的在佛教领域的影响不如男性僧人高，因此受别人邀请参加法事活动的机会自然就更低一些。

尽管尼僧总体上参加法事活动的机会较少，但还是有一部分尼僧参加了这些法事活动。如 S. 8262 中的提到的尼僧圣智、智胜、最胜思、性□□、最胜戒、胜净、□法、真寂、妙贤、张□、福意、严行、惠得、妙行；P. t. 1261 背中提到的尼僧明住、真净、修正、修志、德藏、戒□、福性、修广、觉证、凝惠、明空、乘觉、明真、觉意、觉惠、无证、圆净、胜定、德贤、觉性、真净、无性等。因此，参加这些法事活动所得的收入也是尼僧宗教收入的组成部分。

三、从僦司领取僦利

僦司是都司统治下的一个下辖机构。关于它的职能，很多学者兼以论及。姜伯勤先生在其大著《唐五代敦煌寺户制度》中指出僦司"主管布施的接收与分配"，"大众僦利"，"在全体僧团中分给各僧人"② 。谢重

---

① 郝春文等编著：《英藏敦煌社会历史文献释录》第 5 卷，社会科学文献出版社 2006 年，第 240—245 页。

② 姜伯勤：《唐五代敦煌寺户制度》，中华书局 1987 年版，第 49、145、315 页。

光先生在《中国僧官制度史》和《吐蕃占领时期和归义军时期敦煌僧官制度》中，指出僱司是"掌管布施所得财物及其分配的"机构，受到"都僧统的控制和监督"。① 又在《关于唐后期五代沙州寺院经济的几个问题》一文中，进一步指出负责僱利分配的机构僱司所掌管的布施财物包括"历年亡故的僧统、僧政、法律和其他各寺僧人所遗衣物"，这些物品"供僱司应用和散俵给诸寺的僧尼大众"；"僱司分配僱利时，沙弥（沙弥尼）二人合得比丘、比丘尼或式叉尼所得的份额"②。郝春文先生在《唐后期五代宋初敦煌僧尼社会生活》一书中，指出"僱司是都司的下属职能部门，属于执行机构，执掌僱司的僧人须向都僧统负责，执行都僧统的指令"。"僱司受都僧统（都教授）的控制与监督"。并进一步利用详实的资料证明了僱司接受、掌管、分配的布施财物并非全部的官施、私施、疾病、死亡僧尼散施的所有物品，仅包括施主标明的施入"合城大众"或"大众"的部分。僱司分配僱司时，"沙弥、沙弥尼所得为大戒僧尼、式叉尼的一半"③。此观点得到了学术界的公认。

僱司作为有上述职能的机构存在于敦煌，说明了从僱司领取僱利是敦煌僧尼的应得的收入。而尼僧作为专门从事佛教活动的出家女性，自然也从僱司领取自己的那份僱利。

P. 3730《寅年九月式叉尼真济等牒并洪辩判辞》载：

1. 大乘寺式叉尼真济 沙弥尼普真等 状上。

2． 右真济等名管缁伦，滥沾众数，福事则依行检束，

3． 僱状则放旷漏名。伏望 和尚仁慈支给，请处分。

4. 牒件状如前，谨牒。

5. 寅年九月 日式叉尼真济等谨牒。④

此文书是式叉尼真济等向僱司上状的牒文，牒文中自称已经参加了

① 谢重光、白文固：《中国僧官制度史》，青海人民出版社 1990 年版，第 135、142 页。
② 韩国磐：《敦煌吐鲁番出土经济文书研究》，厦门大学出版社 1986 年版，第 445 页。
③ 郝春文：《唐后期五代宋初敦煌僧尼社会生活》，中国社会科学出版社，1998 年，第 288、291、294 页。
④ 唐耕耦等：《敦煌社会经济文献真迹释录》第 4 辑，全国图书馆文献缩微复制中心 1990 年版，第 114 页。

都司规定的宗教活动，但在分配儭利时，却被儭司漏掉了名字，而没有拿到应得的儭利。于是上状申诉，希望都僧统洪辩能尊重实际情况，明辨事理，合理地解决这一问题。此牒文后有都僧统洪辩的判词："状称漏名，难信虚实。复是合得不得，细寻问支给。"要求核实后支给。从这一事例可以看出，从儭司领取儭利是每一个参与都司规定的宗教活动尼僧的权利，如果这个权利受到了威胁，她们有资格上状请求上级僧官解决，以维护自己的这一正当权益。

据郝春文先生考证，儭利的分配时间不很固定，或三年分配一次，或二年分配一次，或一年分配一次。分配原则一般是"沙弥、沙弥尼所得为大戒僧尼、式叉尼的一半"。另外要获得儭利还得满足一定的条件，首先必须参与都司组织的宗教活动，其次，必须承担所在寺院的劳役。若这两个条件不满足，则无法从儭司领得儭利。①

从敦煌所存的与儭利相关文献看，尼僧不合得儭利的资料比男性僧人多。P. 3730《寅年八月沙弥尼法相牒》载：

1. 牒沙弥尼法相，自以多生阙善，福报不圆，今世余殃，恒处
2. 覆障，身无枷锁，因系不殊，常愿适散，恐众忝承，不惜
3. 身命，缘障深厚，不遂中心，每阙礼敬三尊，利他之行，思
4. 心不足，无处申陈，岂敢帽（冒）受重信。然在贫病之后，少
5. 乏不济。又去子丑二年，儭状无名，不沾毫发。伏望
6. 教授和尚高明，广布慈云，厚荫甘泽，荣枯普润。则贫
7. 病下众尼，庶得存生，请乞处分。
8. 牒件状如前　谨牒。
9. 　　寅年八月　日沙弥尼法相谨牒。②

此牒状记载尼僧法相因"缘障深厚，不遂中心，每阙礼敬三尊，利他之行，思心不足"，而导致"去子、丑两年，儭状无名，不沾毫发"。

---

① 郝春文：《唐后期五代宋初敦煌僧尼社会生活》，中国社会科学出版社 1998 年版，第 290—294 页。

② 唐耕耦等：《敦煌社会经济文献真迹释录》第 4 辑，全国图书馆文献缩微复制中心 1990 年版，第 115 页。

表明法相因不能正常参加都司规定的宗教活动，已有两年没有被列入合得儭僧尼数。

P.4810《普光寺比丘尼常精进状》载：

1. 普光寺尼常精进　状上

2. 病患尼坚忍

3. 右件患尼，久年不出，每亏福田，近岁已承置番第

4. 道场，勅目严令，当寺所由法律寺主令常精进替

5. 坚忍转经，许其人儭利随得多少与常精进。去载

6. 于儭司支付坚忍本分。今有余言，出没不定。一年转

7. 读，□乏不支，□岁常眠，拟请全分。伏望

8. 和尚仁明，□□□尼人免被欺屈，请处分。

9. 牒件状如前　谨牒。

10. □年三月　日比丘尼常精进状。①

此牒状中，普光寺尼坚忍因病不能参加宗教活动，于是，请尼常精进代替她从事佛事活动，并许诺将一部分儭利给常精进，在过去一年已经这样做了，现在坚忍声称自己"出没不定"，这就威胁到了常精进多领取的那份儭利，故常精进上状申诉，要求得到合理解决。

存在这种现象的原因是多方面的。首先，尼僧作为女性，身体素质方面普遍比男性要弱，受疾病所困扰的可能性要比男性僧人大。这在敦煌文书中有所反映。

S.4654v记录了部分病老孝尼，抄录如下：

（上缺）

1. 老：严护，老；圣贤，老。清净花，病；戒果，病；善戒，病；

2. 戒定，病；胜真，病；延定真，病；思行，病。

3. 妙贤，孝；菩提严，孝；妙慈，孝；灵满，孝；保定，一女；明戒

---

① 唐耕耦等：《敦煌社会经济文献真迹释录》第4辑，全国图书馆文献缩微复制中心1990年版，第117页。

4. 侄女亡孝。①

在敦煌文献中，存在专门将老病孝尼抄在一起的文书，说明了老病孝尼的数量不在少数。而这些人通常不参加都司组织的宗教活动。S.3879《乾祐四年（951年）四月四日应管内外都僧统为常例转念限应有僧尼准时云集帖》② 云：

1. 应管内外都僧统　　帖
2. 　　　　　诸僧尼寺纲管所由等。
3. 右奉　处分，今者四月大会，
4. □（准）常例转念三日，应有僧尼
5. □□除枕疾在床，余者总须
6. 齐来。

（后略）

从此文书记载内容可以看出，枕疾在床的尼僧是不参加佛教活动的。按照上述提到的僧尼获得儭利的条件可知，她们没有获得儭利的资格，然而这些病尼由于身体状况所限，既无法从事社会生产活动，获得必要的生活资料，又无法从其他方面活动得到必要的收入，故经常会看中依靠其出家人身份从儭司获得儭利这一途径，并且为了获得儭利会采取各种办法，如以上提到的病尼坚忍请尼僧常精进代其转经，在自己获得儭利的同时，许诺分给尼僧常精进一定份额的儭利，就是典型代表。而这种办法常常会带来很多不合得儭利的问题。

其次，尼僧的文化素质普遍不如男性高也是出现此种现象的一个重要原因。上文提到过，八至十世纪的敦煌属于唐五代宋初统治时期，正处于封建社会阶段，这一时期女性受教育的机会很少，故许多尼僧识字不多，或者干脆不识字。所以，她们从事宗教活动就受到了很大的限制。为了不影响了她们从儭司正常获得儭利，自然也会出现请人代其参加某些宗教活动的情况，由此常会引发一些纠纷。

---

① 《英藏敦煌文献》第6册，四川人民出版社1992年版，第214页。
② 唐耕耦等：《敦煌社会经济文献真迹释录》第4辑，全国图书馆文献缩微复制中心1990年版，第151页。

四、出唱活动

"出唱"是唐五代沙州都僧统司及下属机构、寺院、僧人唱卖僧俗所施物品的活动。是唐后期五代宋初敦煌僧团与僧人频繁举行的一项重要经济活动。"出唱"活动类似近代以来的拍卖。被出唱的物品以衣物为主，也包括碗、碟、盘、盆、铜罐、刀子、香炉、经床、食床、绳床、铜、铁、羊皮、红花、解毒药等物和马、驴、羊等家畜。被出唱物品的来源既包括死亡僧尼所施者，也包括在世僧尼和世俗百姓所施者。出唱活动的目的是为了将不便于分配、支出的物品兑换成在当时可充当一般等价物的布或麦粟等。

出唱活动的主持者，从敦煌文献看，并不那么单一。不仅都司的下属机构僦司和寺院经常举行出唱活动，当时所有接受施物的佛教组织和两人以上的其他僧人，只要存在支付或分配施物的问题，都有可能成为出唱活动的主持者。如 P. 2638《清泰三年（936 年）沙州僦司教授福集等状》中，保存了执掌大众僦利的僦司三年间所得绫锦绵绁褐布衣物卧具什物等的出唱情况，这说明沙州都僧统司的下属机构僦司要主持出唱活动，S. 2447《亥年十月一日已后诸家散施入经物历稿》载："亥年十月一日已后，应诸家散施入经物，一一具色目如后"[1]，证明经司也曾主持出唱活动，P. 2049v《长兴二年（931 年）正月沙州净土寺直岁愿达手下诸色入破历算会牒》载："粟十三硕七斗，当寺徒众及诸僧尼面上买僦唱使军及绵紬绫造伞群并伞里用。"说明净土寺要主持出唱活动。

出唱物品的唱买者由参与出唱活动的人中产生。在敦煌，许多出唱活动的参加者都突破了一寺的范围，所以出唱物品的唱买者的人选，一般从各寺参加出唱活动的人中，选择合适的人充当。

从敦煌文献看，尼寺中的尼僧充当唱买者的不乏为例。如 P. 2250 背《僦状》："保安，阴五尺一寸，邓二尺一寸，普妙慈勾"；"永绍，阴五

---

[1]　唐耕耦等：《敦煌社会经济文献真迹释录》第 3 辑，全国图书馆文献缩微复制中心 1990 年版，第 74 页。

尺一寸，圣实济勾"；"洪渐，邓二丈一尺，龙郭僧政勾却，永绍勾入圣实济下"；惠善，普妙兹勾；愿善，乾李僧正文勾却，何法律勾入修如愿下；"法信，乾李僧政勾却，再何法律勾入修如愿下"；"智行，乘延定真勾"；"福会，乘延定真勾"。据郝春文先生研究，僧人法名后面"某某勾"的字样，是表示该僧人所得儭利的实际支付人的情况①，江岚依此推断，这些能够为其他僧人勾销儭利的僧尼，即为某一儭施的唱买者。依照这两个结论可知，普光寺的尼僧妙慈、圣光寺的尼僧实济、灵修寺的尼僧如愿、大乘寺的尼僧延定真作为儭利的实际支付人，拥有一定的经济实力，并且曾经充当过儭司的唱买者。

出唱活动的主持者和出唱物品的唱买者选定后，出唱活动即可进行。出唱活动的执行有严格程序。这些程序在出唱活动实施及过程中，必须严格遵守。具体如下：

在出唱活动时，首先要遵循的程序有三项。第一项程序是估价，即《百丈清规》中所说的唱衣前的"估衣"程序。具体做法是："维那分付堂司行者，请住持、两序侍者就堂司，或就照堂对众，呈过包笼，开封，出衣物，排地上席内。逐件提起，呈过维那估值，首座折中。知客待者上单，排字号就记价值。在下依号写标，贴衣物上，入笼，仍随号依价，逐件别写长标，以备唱衣时用"。估价的原则是"处中"，所谓处中，《释氏要览》曰："佛言，初准衣时，可处中，勿令太贵太贱。"② 即出唱物的价格要适中，不贵也不贱。第二项程序是"挂牌告众"，即挂牌标价示众。第三项程序是出唱，即拍卖。

在出唱过程中，出唱主持者和买者也要遵守一定的规则。首先对出唱活动主持者有三个要求：一是了解行情，二是实事求是，三是价格合理。对买者有两个规则要遵循：一是在唱价三次之前可以增价，二是不买者不能故意增价。按照佛律规定，出唱活动应在一定的场合集中僧众公开进行，僧人间可互相竞价，最后卖与出价高者。

---

① 郝春文：《唐后期五代宋初敦煌僧尼的社会生活》，中国社会科学出版社 1998 年版，第 310—314 页。

② 《大正藏》卷 54，第 309 页。

这些规则和规定，对于保证出唱活动的公平和公正，减少争端，都起到了重要作用。

出唱活动结束后，出唱活动所得收入的去向由主持者决定。如果执掌大众僦利的僦司主持出唱活动，出唱的收入由僦司决定用于有关大众的支出和分配；如果寺院组织出唱活动，则唱卖的收入由寺院分配给参加斋会的僧人；等等。其中第二种分配形成僧尼参加出唱活动的所得收入。

敦煌尼僧作为僧人的一部分，自然参加唱卖活动，S.7882《某年十一月廿一日就贺拔堂出唱碗碟得粮历》载：

1. 十一月廿一日就贺拔堂唱□□□

2. 碗五，一石三斗昙德。又五枚，一石四斗德妙。又五枚，一石八斗五升法通

3. 又五枚，一石六斗妙乘。又五枚，一石三斗明会。又五枚，一石五斗惠性。

4. 又五枚，一石五斗神照。又五，一石三斗了因。又六枚，一石五斗坚惠。

5. 又五枚，一石二斗妙花。又五枚，一石三斗妙智。又五枚，两石智印

6. 又五枚，二石袁真净。又五枚，一石六斗五升普济。又五，两石五斗石法。

7. 叠子五，一石法智。又五枚，一石妙观。又五，七斗五升妙弁。又五枚，七斗五

8. 升妙能。又五枚，七斗如妙。又十枚，一石一斗如文照。又十枚，一石四斗宝明

9. 又十枚，一石五斗胜藏。又十枚，又十枚，□□□一石一斗圆满。又十枚，

10. 一石一斗照性。又四枚，五斗明性。又二枚，二斗归真。

11. 又驼毛，德怀贞九斗，明性五斗，净修二斗七升。

12.　　　　　以前计三十七石九斗七升。①

此文书是一次出唱碗、碟、驼毛等物的记录。其中文书中所载的
"妙乘"、"惠性"、"妙花"、"普济"、"妙能"、"照性"见于上引文书
P.t.1261《僧人分配斋傥历》，在此文书中明确标明她们为尼僧。这说明
尼僧作为出家人参加了寺院组织的出唱活动。由于她们参加了这些出唱
活动，因此，相应的得到了一些收入。上述 S.7882《某年十一月廿一日
就贺拔堂出唱碗碟得粮历》中出唱碗碟所得的不同数量粮食，就是尼僧
"妙乘"、"惠性"、"妙花"、"普济"、"妙能"、"照性"所得到的收入。
另北敦 02496（成字 96）背《法律德荣等唱经得布帐》中，亦记载了大
乘寺延定真、政会、普光寺愿法三人从法律德荣、道成二僧手中支取傥
利。这部分收入是尼僧宗教收入的一部分。

---

① 录文参郝春文：《唐后期五代宋初敦煌僧尼社会生活》，中国社会科学出版社 1998 年版，第
271—272 页，图版见《英藏敦煌文献》第 12 册，四川人民出版社 1995 年版，第 66 页。

第四章　敦煌尼僧私有经济及尼寺经济

从以上的讨论可知，敦煌尼僧一般可以通过宗教活动，获得一些宗教收入。但是这些宗教收入的数量是非常有限的，单靠这种收入，尼僧难以维持生活。在这种情况下，发展其他经济方式对于她们来说，显得尤为重要。从敦煌文献资料记载看，有两种经济在尼僧经济生活中起了相当重要的作用，这两种经济方式就是尼僧私有经济和尼寺集体经济。以下对这两种经济方式作一探讨，以期对尼僧的社会经济生活的了解有所裨益。

第一节　敦煌尼僧私有经济

早在中国佛教寺院经济确立时期，僧尼个体经营的私有经济现象就已随之产生。史籍关于僧尼私有经济的记载可以追溯到很早。东晋吴郡沙门竺法瑶有资财数百万①，东魏济州门统道研"资产巨富，在郡多有出息"②。这说明早在中国佛教经济确立时期，僧尼个人经营私有经济的现象已随之产生。唐前期太平公主的宠幸胡僧惠范"家富于财宝"、"殖货流于江剑"③。说明唐时僧尼私有经济进一步发展起来。不过，以前史籍

---

① 《宋书》卷75，中华书局1974年版，第1954页。
② 《北齐书》卷46，中华书局1972年版，第643页。
③ 《旧唐书》卷183，中华书局1975年版，第4739页。

关于僧尼私有经济的记载毕竟还是零星的、片段的。只有敦煌文书给我们提供了关于僧尼私有经济的丰富资料，使我们得以较为清晰地了解唐后期五代间沙州僧尼私有经济中僧侣经济的状况，普通僧众的经济状况，并进一步了解了僧尼私人经济与寺院集体经济的区别与联系。

敦煌僧尼包括上层僧侣和普通僧尼两个阶层，私有经济随之也可分为上层僧侣私有经济和普通僧尼私有经济两部分。限于本书研究对象为尼僧，更重要的是在敦煌文献中，与上层僧侣私有经济相关的资料几乎没有，无法深入探讨。所以，这里只讨论普通尼僧的私有经济情况。

一、尼僧私有经济

八至十世纪的敦煌处于唐、吐蕃、归义军统治时期，在这一时期，尼僧一般都有自己的田地。

唐王朝在颁布均田制时，曾将尼僧作为授田对象，将她们和世俗百姓一样看待，并分给田地。《唐六典》载："凡道士给田三十亩，女冠二十亩；僧、尼亦如之。"[①] 唐后期吐蕃统治敦煌时期，对僧人管理又实行了有别于内地的僧俗混籍的合户制度。如 S.4710《唐年代未详沙州阴屯屯等户户口簿》载：

（前缺）

1. 妻男女兄弟侄僧尼孙妹等一十二人。

2. 妻阿李，男清奴，男安屯，女尼丑婢，兄英奴，侄男晟晟，

3. 侄僧专专，侄男满奴，孙男和和，妹尼小娘。

4. 户阴屯屯

5. 妻男女兄弟新妇僧尼孙侄等二十一人。

6. 妻阿常，男君达，新妇阿吕，孙男加晟，孙男昌晟，男像奴，

7. 男僧福藏，女尼定严，女定娘，女堆堆，兄弟弟，侄女昑晓，弟纯陁，

8. 新妇阿靳，侄男宁宁，侄男鹘子，侄女端端，弟僧胜顶，侄僧

---

① 《唐六典》卷3，尚书户部条，中华书局1992年版，第74页。

皈顺，

9. 侄女宜娘。

10. 户张猪子

11. 母妻男妹等六人。

12. 母阿马，妻阿康，男骨骨，男骨仑，妹尼鬘鬘。

13. 户王鹰子

14. 母妻女兄嫂侄等八人。

15. 母阿宋，妻阿荆，女逍遥，兄宜子，嫂阿张，侄女消愁，兄僧龙安。

16. 户刘再荣

17. 妻男女兄弟新妇僧尼孙侄等二十八人。

18. 妻阿令狐，男海盈，新妇阿王，孙男友友，孙女福惠，男胡儿，女尼钵钵，

19. 女纵娘，女称心，妹尼觉意花，妹胜娇，女尼□娘，女吴娘，弟再安，

20. 新妇阿樊，侄男文显，侄男文集，侄男善子，侄尼金吾，侄尼鹰鹰，

21. 侄女富娘，侄尼瘦瘦，女伴娘，侄男伯丑，侄僧明明，侄男升升，

22. 侄男力力，侄僧千千，新妇阿范。（后缺）①

这份户状的鲜明特点是旁系亲属合为一户，世俗僧尼混合在一起。所申报的人口包括 14 位僧尼，其中的尼僧有"女尼丑婢，妹尼小娘，女尼定严，妹尼鬘鬘，妹尼觉意花，女尼□娘，侄尼金吾，侄尼鹰鹰，侄尼瘦瘦"。京都有邻馆敦煌文书 51 号《唐大中四年（850 年）十月沙州令狐进达申报户口牒》② 中，令狐进达户均是包括"妻男女兄弟姊妹新

---

① 唐耕耦等：《敦煌社会经济文献真迹释录》第 2 辑，全国图书馆文献缩微复制中心 1990 年版，第 470 页。

② 唐耕耦等：《敦煌社会经济文献真迹释录》第 2 辑，全国图书馆文献缩微复制中心 1990 年版，第 462 页。

妇僧尼奴婢等共三十四人"的合户。合户后，尼僧同世俗百姓一样受田。
P. 4989《唐年代未详［公元九世纪后期?］沙州安善进等户口田地状》
载："户安善进年卅八，父僧法，□□□妹小小年十五，妹安香年□□□，
妹□□□年卅，□□□子年卅四，妹尼印子年卅，外甥僧法□年□□□羌王
悉都□承。受田一十五亩半。……户傅兴子年卅九，妻阿阴年卅一，男
文达年九岁，女娇子年五岁，女最子年四岁，兄傅兴谈年四十九，嫂阿
张年四十七，侄男惠安年十一，侄女自在年九岁，姊尼福胜年卅三，受
田七十亩。"① 这种僧俗混籍共同受田在敦煌一直延续到宋初。S. 4125
《宋雍熙二年（985 年）正月一日百姓邓永兴户状二件》② 载，邓永兴与
妻阿□□□、弟章三、弟会进、弟僧会清"都受田"。这种制度的最终目
的是为了利于管理，便于征税。

政府给尼僧受田，使得尼僧拥有了自己的合法土地，逐渐摆脱了
"待耕而食，待织而衣"的寄生生活，开始从事耕织活动，自食其力。如
上引 P. 3730《吐蕃时期沙州尼海觉牒》③ 载：

1. 牒　海觉不幸薄福，二亲俱亡，孤介累年，兢兢刻剔（惕）。

2. □沐　教授和尚重德，余光照临。姊妹相依，炊

3. □（不）别，登修房际，花严射地，施功明空。文帖见在，

4. 先约未朽。从妹尼无边花比日来伴，多在俗家居

5. □月旬，实未久处，今缘姊师迁化，爨爨皆约。

6. 妹尼海觉，僧寺潜居，只房未有厨舍，恃此先功，

7. 是以不取进止，辄住妹尼，积过尤深，甘心伏罪。伏

8. 望仁意哀矜，庶得存济，请处分，谨牒。

9. □年□月□日海觉谨牒。

（后缺）

---

① 唐耕耦等：《敦煌社会经济文献真迹释录》第 2 辑，全国图书馆文献缩微复制中心 1990 年版，
第 471—472 页。

② 唐耕耦等：《敦煌社会经济文献真迹释录》第 2 辑，全国图书馆文献缩微复制中心 1990 年版，
第 479—480 页。

③ 唐耕耦等：《敦煌社会经济文献真迹释录》第 4 辑，全国图书馆文献缩微复制中心 1990 年版，
第 110 页。

从文中记载尼海觉"姊妹相依，……花严射地，施功明空"可知，尼僧海觉从事农业耕作活动。P.3947《年代未详（十世纪）僧沙弥配分寺田历》①载：

1. 僧光圆都乡仰渠地十五亩 解渠四亩并在道真佃

2. 离俗城北东支渠地七亩见在

3. 金鸾观进渠地四亩见尼真智佃

4. 维明菜田渠地十亩。入常住　智广菜田渠地十亩见道义佃

5. 戒荣观进渠地十五亩。□□□□

（后缺）

从文中"金鸾观进渠地四亩，见尼真智佃"的记载，可以知道，尼真智佃种寺院的土地谋生。又 S.542v《坚意请处分普光寺尼光显状》②中亦有此类反映。该件云：

1. 普光寺尼光显

2. 右前件尼光显，近日出家舍俗，得入释门。在寺律仪不存长幼，但行

3. 粗率，触突所由。坚意虽无所识，揽处纪纲，在寺事宜，须存公道。昨

4. 因尼光显修舍，于寺院内开水道修治，因兹余尼取水，光显便即相

5. 诤。坚意忝为所由，不可不断。遂即语光显，一种水渠，余人亦合得用。

6. 因兹便即罗织所由，种种轻毁，三言无损。既于所由，不依条式，徒众

7. 数广，难已伏从，请依条式科断。梵宇纪纲无乱，徒众清肃僧仪，伏望

8. 详察，免有欺负，请处分。

（后缺）

---

① 唐耕耦等：《敦煌社会经济文献真迹释录》第 2 辑，全国图书馆文献缩微复制中心 1990 年版，第 459 页。

② 唐耕耦等：《敦煌社会经济文献真迹释录》第 4 辑，全国图书馆文献缩微复制中心 1990 年版，第 116 页。

文中光显与坚意等尼僧在争水渠时发生矛盾。尼僧光显修舍用水影响了其他尼僧的用水，其他尼僧表示不满，而光显却以恶言诋毁。其他尼僧没有办法，只好向都僧统上状，请求得到公平处理。众所周知，水渠一般是辅助农业生产活动的设施，常用于灌溉农田。而尼僧光显却正好与其他尼僧争这一设施而发生冲突，故可以依理推测，此事件原因在于尼僧光显的修舍用水影响了其他尼僧的农田用水，干扰了其他尼僧从事与灌溉密切相关的农业耕作生产活动，引发了双方的矛盾，从而进一步说明了文中提到的其他尼僧从事农业生产活动的事实。

除农业生产活动外，敦煌尼僧还从事手工业活动。S. 2049《后唐长兴二年（931年）正月沙州净土寺直岁愿达手下诸色入破历算会牒》载："油四胜两抄，二月二日至六日中间，缝伞尼阇梨三时食用。……油两胜，再缝两日供尼阇梨及众僧等用。……面一硕五斗，二月二日至六日中间，供缝伞尼阇梨，三时食用。"① 文中诸尼僧皆从事以缝纫为主的手工业劳动，并借以为生。

与此同时，有些尼僧也从事商业及其相关的活动。S. 2228《辰年巳年（公元九世纪前期）麦布酒付历》载："又张老于尼边买布一匹四十二尺，至折麦一硕五斗两家合买，其布纳官用。各半。"② 文中尼僧从事布匹买卖的商业活动。S. 5820《未年（803年）尼僧明相买牛契》③ 中，尼僧明相将自己的牛卖给百姓张抱玉，换取粮食食用和抵偿债务。参与这次买卖活动的还有尼僧净情、尼僧明兼。另外，尼僧也参加寺院造食的雇佣劳动，换取生活必需品。S. 1519《辛亥（891年或951年）十二月七日后某寺直岁法胜所破油面等历》载："又面二斗，油一合，酒一角，两日看造食尼阇梨用。"④ S. 3234v《年代不明（公元十世纪）净土

---

① 唐耕耦等：《敦煌社会经济文献真迹释录》第3辑，全国图书馆文献缩微复制中心1990年版，第381页。

② 唐耕耦等：《敦煌社会经济文献真迹释录》第3辑，全国图书馆文献缩微复制中心1990年版，第149页。

③ 唐耕耦等：《敦煌社会经济文献真迹释录》第2辑，全国图书馆文献缩微复制中心1990年版，第33页。

④ 唐耕耦等：《敦煌社会经济文献真迹释录》第3辑，全国图书馆文献缩微复制中心1990年版，第178页。

寺西仓豆等分类入稿》载："面七硕六斗五升，油三斗七升，苏二升，粟六硕三斗，粗面三斗，起钟楼时，看官造盘及屈诸和尚工匠施主及当寺徒众等及荣食尼阇梨及村方及当寺女人等用。"① 除此之外，尼僧还参加具有商业性质的借贷活动。S. 3370《戊子年（928 年）六月五日某寺公廨出便于人抄录》载："普光寺尼索寺主便粟六斗，至秋九斗，（押）。"② S. 6452（7）《壬午年（982）三月六日净土寺库内便粟历》载："大乘寺保通便粟柒斗，至秋玖斗壹升。"③ 文中尼僧从事借贷活动，藉以为生。

这种尼僧私有经济，是尼众靠自身劳动经营，来维持自身生活的手段。在经济性质和经营规模上，与世俗自耕农经济颇为相近，规模比较小。尽管如此，敦煌尼僧仍然和世俗百姓一样向官府承担赋役。

二、尼僧的税役负担

对尼僧征税开始于唐后期两税法实行后。就渊源来说，早在两税法实行以前，就有人力主僧尼纳税交赋。唐德宗刚即位，都官员外郎彭偃便奏到："今天下僧道，不耕而食，不织而衣……臣伏请僧道未满五十者，每年输绢四匹；尼及女道士未满五十者，每年输绢二匹；其杂色役与百姓同。……但令就役输课，为僧何伤，臣窃料其所出，不下今之租赋三分之一，然则陛下之国富矣，苍生之害除矣"。④ 由于当时保守势力的强烈反对，彭偃的主张未得立即实行，后来迫于社会政治经济形势的变化，在两税法（780 年）实行后，唐政府便开始正式向寺院僧尼征税。在此之前即唐前期僧尼是不纳税的。

两税法实行后，在敦煌对寺院僧尼征税的情况在敦煌文献中多有反映。如 P. 2222《唐咸通六年（865 年）前后僧张智灯状》载："右智灯叔侄等，先蒙尚书恩造，令将鲍壁渠地回入玉关乡赵黑子绝户地永为口

---

① 唐耕耦等：《敦煌社会经济文献真迹释录》第 3 辑，全国图书馆文献缩微复制中心 1990 年版，第 466 页。

② 唐耕耦等：《敦煌社会经济文献真迹释录》第 2 辑，全国图书馆文献缩微复制中心 1990 年版，第 208 页。

③ 唐耕耦：《敦煌寺院会计文书研究》，新文丰出版公司 1997 年版，第 378 页。

④ 《旧唐书》卷 127《彭偃传》，中华书局 1975 年版，第 3580—3581 页。

分，承料役次。"① 从文中记载看，僧智灯叔侄所请之地要"承料役次"。"承料役次"就是向官府承担赋役。P. 3155v《唐天复四年（904 年）令狐法性出租土地契》载："神沙乡百姓僧令狐法性有口分地两畦八亩，……其前件地，租与员子二十二年佃种，从今乙丑年至后丙戌年末，却付本地主。其地内，除地子一色，余有所著差税，一仰地主抵挡。地子逐年于官员子逞纳。渠河口作，两家各支半。"② 文中也提到了"地子"。"地子"就是地税。P. 3418v《唐沙州诸乡欠枝夫人户名目》③ 中记有敦煌各乡欠枝夫人户的姓名及所欠数量，其中涉及僧尼的有："张法律欠七束"、"僧范志渐欠四束"、"僧吴庆寂五束半"、"僧石奴子（欠）十一束"。所谓"枝夫"，可能就是各户土地上应摊的柴草一类差税。僧尼户和普通民户一样负担枝夫，僧尼和普通民户所欠枝夫的情况被有司登记于同一名目以备催征，进一步说明当时僧尼土地与编户百姓土地是同要负担赋税差役的。

尼僧的私有经济本身规模就小，仅能谋生，这样一交税使得其经营显得更加脆弱，而易于破产。如上引 S. 5820《未年（803 年）尼僧明相卖牛契》④ 中记载，尼僧明相生活困难，没有粮食食用，而且又欠债，被迫将自己的耕牛卖给张抱玉换取粮食。P. 3753《普光寺尼定忍等牒》中记载，尼僧定忍，"在寺就无一毛之地，在家有困然之饥。"可见尼僧定忍生活处境之悲惨。S. 2199《咸通六年（865）沙州尼灵惠唯（遗）书》载，尼灵惠"更无房资"，从中可见尼僧灵惠生活之困苦。P. 4660 有一首七言古诗亦云：

悲咽老来怨恨多，寂然空院坐阶墀，燕语莺啼愁煞我，那堪更睹雁南飞。

---

① 唐耕耦等：《敦煌社会经济文献真迹释录》第 2 辑，全国图书馆文献缩微复制中心 1990 年版，第 289 页。

② 唐耕耦等：《敦煌社会经济文献真迹释录》第 2 辑，全国图书馆文献缩微复制中心 1990 年版，第 26 页。

③ 唐耕耦等：《敦煌社会经济文献真迹释录》第 2 辑，全国图书馆文献缩微复制中心 1990 年版，第 427 页。

④ 唐耕耦等：《敦煌社会经济文献真迹释录》第 2 辑，全国图书馆文献缩微复制中心 1990 年版，第 33 页。

人生厚薄谁能定，世路应知有盛衰，苦是释门先老将，临年谁料数分离。

前岁珍珍抛我去，今春象象又先归，北堂空有行来迹，西院休闻诵古诗。

吾亦寻常观水月，习风犹滞未销疑，惟恨红颜随日减，自怜能驻几时姿。

茶灶无烟宾客少，过斋犹是半含饥，病容策杖无人侍，禅房空有小沙弥。

爱心已逐浮云卷，增想应知渐似锥，丈夫叵耐无情物，一饷南蜚又北蜚。

霜钟起韵愁中结，吟对长天不展眉，举步龙钟难决遣，低佪不免问禅师。

暂解还来漾水镜，兴物将心且对治，及到黄昏思旧事，百忧攒簇又成悲。①

诗中反映了所涉及之尼僧贫困交加，孤苦伶仃的生活状况。

上述这些资料都是当时普通尼僧私有经济的微小脆弱状况的真实写照。

第二节　尼寺经济

一、寺院经济的形成

出家僧尼一般被视为方外之士，远离世俗的尘劳，过着清净的生活。事实上并非如此，由于僧尼依旧生活在尘世间，仍然需要衣食住行，一

---

① 张锡厚主编：《全敦煌诗》，作家出版社 2006 年版，第 3993—3994 页

定程度上仍要为生计所烦扰，生活得并不清净，更不可能回避现实的经济问题。

佛陀时代的僧伽只是一个苦修团体，不许从事生产经营，不许私蓄任何财物，甚至是"不三宿于空桑之下"，以免生贪恋之心。总之，他们过着托钵乞食独身的集团生活。早期佛教的居士弟子，是佛教的支持者，经常向僧团布施，提供僧尼所需要的生活用品。是故佛陀在《四十二章经》曾说："除头发为沙门，受道法，去世资财，乞求取足，日中一食，树下一宿，慎不再矣。"由于这种苦修生活毫无财物牵挂，也就无所谓经济问题。

汉明帝时，佛法传入中国。西域传道的高僧，源源东来，如名僧摄摩腾、竺法兰在汉明帝时来到洛阳，译出《四十二章经》。此外还有佛图澄、鸠摩罗什分别于东晋、南北朝时来到东土，他们翻译了佛经，授徒传戒，大力弘扬佛法。这些高僧大都是严守戒律的比丘，严守戒律和遵守佛法制度便得乞食于人。然而，中国的环境毕竟与印度有很大的区别，乞食能否坚持还是一个疑问。首先，印度文化向来敬信沙门，相信通过布施可以得到善报，乞食受到尊敬。而中国素以农业立国，政府与社会都重视农业。不事生产，专靠乞化，以维持生活的僧众，自然引起知识分子及朝野的不满与反感。如彭偃《删汰僧道议》谓僧尼游行浮食，于国无益，有害于人，曰："今天下僧道，不耕而食，不织而衣，广作危言险语，以惑愚者。一僧衣食，岁计约三万有余，五丁所出，不能致此。"[①]裴伯言又云："衣者，蚕桑也；食者，耕农也；男女者，继祖之重也。而二教悉禁，国家著令，又从而助之，是以夷狄不经法反制中夏礼义之俗也。"[②] 这些都说明在幅员辽阔、缺乏劳动力的中国，单纯靠乞食度日，是遭社会唾弃的。其次，印度环境炎热，野生果木很多，即使乞食不到，也可以随地采果而食，而在中国却不能如此便利地得到食物，乞食生活难以为继。

由于受上述具体条件的限制，极力扶持佛教的统治者，采取设立或

---

① 《旧唐书》卷 127《彭偃传》，中华书局 1975 年版，第 3580 页。
② 《新唐书》卷 147《李叔明传》，中华书局 1975 年版，第 4758 页。

赐建寺院作为高僧接待所的办法来供养僧人。早期来自西域的传道高僧，都受到皇家的礼遇和供养，并设有寺院成为高僧的接待所。如南朝的梁武帝亲自赐建的大爱敬、智度、同泰等十余所寺庙，宏伟壮丽，分别供养数以千计的僧尼，还大造金、银、铜、石佛像，下令铸造的同泰寺的十方金铜像、十方银像、光宅寺的丈八弥陀铜像，消耗了大量的物资和人力，还经常设斋做法会，往往动员数万人参加。北魏文成帝（452—465 年）为其祖先铸释迦立像五尊，高六丈，用赤金二十五万斤。北齐时，邺都有寺四千所，僧尼近八万，全境寺院四万所，僧尼二百万。北齐文宣帝以国储的三分之一供养僧尼，以法上为昭玄大统。隋文帝少时由尼智仙养育，故继位后"每以神尼为言，云，我兴由佛"。于是极力复兴佛教，造寺度僧。统治者的赐建寺院，供养僧人的做法，极大地充实了寺院经济的基础。

但随着佛教的发展，僧尼人数的增多，统治者敕建和供养的寺院的数量很有限，很多出家人的生活因此又成了问题。在这种情况下，进行自给自足的生产便成了佛教僧尼的当务之急。于是，一些有识之士开始探索一种以寺养寺的经济方式。随之就有了中国式的寺院经济方式，寺院经济在东晋时开始萌芽。

考虑到农耕会伤害虫类的生命，犯杀生戒，为避免直接犯戒，中国佛教徒在农业生产中使用了大量的佃客。从晋至唐，寺院中的佃客，因时代和地区的不同而有种种不同的情况。东晋、南朝盛行"白徒"、"养女"。《南史》卷七十《郭祖深传》曰："道人又有白徒，尼则皆畜养女，皆不贯人籍，天下户口几亡其半。"[①] 这些白徒和养女常常用于种田，一般不列入国家的户籍，是寺院的私属人口。北朝盛行僧祇户、佛图户。《魏书·释老志》在记载北魏沙门统昙曜在《奏置僧祇户粟》时云："民犯重罪及官奴以为'佛图户'，以供诸寺扫洒，岁兼营田输粟。高宗并许之。于是，僧祇户、粟及寺户，遍于州镇矣。"[②] 隋、唐除了沿用前代的种种名称外，更多的是以"净人"为名出现的。对于净人，宋代道诚的

① 《南史》卷70，中华书局1975年版，第1722页。
② 《魏书》卷114，中华书局1974年版，第3037页。

《释氏要览》中曰："由作净业，故名'净人'；若防护住处，名'守园民'。……王于后捕得五百贼人，王问：'汝能供给比丘，当赦汝命。'皆愿。王遂遣往祇园，充净人。谓：为僧作净，免僧有过，故名'净人'"①。这说明，由于净人是"为僧作净，免僧有过"，所以寺属人户才被称为"净人"；净人主要来自世俗的施舍，但并非平民，而是被捕的贼人，说明净人的身份极其低下。

与此同时，寺院还有一种劳动者，是由百姓自动投附沦为寺领人户的，即寺户。这些人或是因国家税收的提高，生活十分困难，或是为了逃避租役而皈依佛门，成为依附人口。《弘明集》卷十二《桓玄辅政欲沙汰众僧与僚属教》云："京师竞其奢淫，荣观纷于朝市，……避役锺于百里，逋逃盈于寺庙，乃至一县数千，猥成屯落。"②《通典》记载：天宝十四年（755年），全国有户八百九十一万四千七百九，口五千二百九十一万九千三百九③，而僧众人数多达一十二万六千一百，寺五千三百五十八余④。到唐武宗时，全国有僧尼二十六万五百，大寺四千六百，兰若四万⑤。其中由于逃避徭役而入僧团者甚众，"富户强丁多削发以避徭役，所在充满。"⑥ 他们成为寺院的依附人口后，为寺院进行农业生产。他们的辛勤耕作，促进了寺院经济的发展。当时，不少寺院广有田庄园圃，有的寺院还经营典质的借贷活动，成为社会的一个特殊经济实体。如长安清禅寺，在唐初"竹树森繁，园圃周绕，水陆庄田，仓廪碾硙，库藏盈满"。扬州六合悬灵居寺，在唐中叶时除有"鸡笼墅肥地庄，山原连延、亘数十顷"外，又有天厨、客省、香积库、内库、南库、仓廪，臧护获院或净人院等机构。⑦ 这种经济实体，在唐初实行均田制，采取"凡道士给田三十亩，女冠二十亩，僧尼亦如之"的政策时，得到了国家正

---

① 《释氏要览》卷下《大正藏》卷54，第303页中栏。
② 《弘明集》卷12《大正藏》卷52，第85页上栏。
③ 《通典》卷7《食货》七《历代盛衰户口》，中华书局1988年版，第252页。
④ 《新唐书》卷48《百官志》，中华书局1975年版，第1252页。
⑤ 《旧唐书》卷18，中华书局1975年版，第664页。
⑥ 《资治通鉴》卷211《唐纪二十七·玄宗开元二年》，中华书局1978年版，第6695页。
⑦ 《全唐文》卷745 叔孙矩《扬州六合县灵居寺碑》，中华书局1983年版，第7713页。

式承认。从此以后，寺院经济也成为社会经济的一部分。

但是随着寺院经济的长期发展和佛教私度伪滥之僧的膨胀，寺院逐渐贵族化、特权化。寺院的这种迅猛发展严重影响到农业的发展、国家的税收、军队力量的供给和社会的稳定，引起了朝廷的恐慌和担忧。一些统治者开始力主排佛、灭佛。如武周时狄仁杰曰："里陌动有经坊，阛阓亦立精舍。化诱倍急，切于官征；法事所须，严于制敕。膏腴美业，倍取其多；水碾庄园，数亦非少。逃丁避罪，并集法门，无名之僧，凡有几万，都下检括，已得数千。且一夫不耕，犹受其弊，浮食者众，又劫人财。"[1] 中宗时辛替否亦有疏曰："当今出财依势者尽度为沙门；避役奸讹者尽度为沙门；其所未度，唯贫穷与善人。将何以作范乎？将何以力役乎？"[2] 北魏太武帝、北周武帝、唐武宗等还进行规模宏大的毁佛灭佛活动，以遏止佛教势力的膨胀、消除或减轻对国家各方面的负面影响。这使得寺院经济受到了很大的打击。面对统治阶级对佛教的干预，佛教徒们不得不努力寻找适合自己的生存方式和发展道路。

后来禅宗兴盛，祖师大德探索开辟山林，开始农禅合一的僧伽经济制度。到了唐代中期，各种生产劳动已是禅林常课，农禅合一成为固定的传法形式，于是，一种新的独立的寺院经济形式——丛林体制应运而生。丛林体制是一种新型的寺院管理制度，包括经济制度、组织制度、人事制度等。其中经济制度就是建立禅林经济或农禅经济，将劳动和禅修结合起来。规定僧众"饮食随宜，"务于节俭也，并全体须参加劳动，自力更生，行"上下均力"之"普请法"[3]，正所谓"一日不作、一日不食"。这种自给自足的经营方式也渗透到寺院，寺院除了请人从事农业耕种以外，僧人也开始亲自农耕。无论南北，除了经济中心区以外，许多未垦的土地山林，都被僧人开荒耕种，僧人的农耕生活在佛教界逐渐变得非常流行。

到了九世纪中叶，禅林经济得到了长足的发展，其性质也发生了重

① 《旧唐书》卷89《谏造大像疏》，中华书局1975年版，第2893—2894页。
② 《旧唐书》卷101《陈时政疏》，中华书局1975年版，第3157页。
③ 《敕修百丈清规》卷8《古清规序》，《大正藏》卷48，第1157页。

大的变化，逐渐发展为寺院地主庄园经济，一改印度佛教和中国以往佛教依赖施主布施捐赠和寺院工商业经营的经济模式，使佛教摆脱了对社会政府经济上的依赖，在一定程度上改善了寺院经济的脆弱性，使寺院经济得到了突飞猛进的发展，逐渐成为一种较为独立的经济力量。

敦煌寺院经济的形成，基本上也经历了上述寺院经济的渐进发展过程，同时也具有自身不同的特点。据敦煌文献记载，敦煌佛教生产中起先亦使用大量的佃客，也盛行养女。如敦煌藏文文献 P. t. 1080《比丘尼为养女事诉状》记载：

往昔，兔年，于蕃波部落与退浑部落附近，多人饥寒交迫，行将待毙。沙州城降雪时，一贫穷人所负襁褓之中，抱一周岁女婴，来到门前，谓："女婴之母已亡故，我亦无力抚养，此女明从日（数日内）即将毙命。你比丘尼如能收养，视若女儿亦可，佣为女奴亦可。"我出于怜悯将她收容抚养，瞬间已二十年矣。此女已经二十一岁。如今……彼女亦不似以住卖力干活。为此，呈请将此女判归我有，如最初收养之律令……。

批示："按照收养律令，不得自寻主人，主人，仍照原有条例役使。[①]

从上述所引文献可以看出，这名"养女"供主人役使，有为主人卖力干活的义务，人身依附于主人，不得脱离旧主"自寻主人"，实际上与女奴差不多。不过她尚能到官府告主人的状，并且没有因此受罚，处境比女奴略好，应属于人身依附强烈的客女等级。在性质上跟南北朝时期的白徒和养女没有区别，相当于尼僧的净人。

唐中后期吐蕃占领敦煌时期，寺院的依附人户也称为寺户。这种寺户有的来自被俘的汉人，如敦煌文书 P. 3918《佛说金刚坛广大清净陀罗尼经》抄本跋文曰："西州没落官、甘州寺户……赵颜实写"。与此同时，也有来自其他途径的。这些寺户一般都自有私有经济，只是一年或一月中抽出若干天为寺院服劳役，包括农作、看园、看碓、看油梁、做各种手工活、守囚等，也有些长年作寺院的园子[②]。寺户是寺院的主要劳动

---

① 王尧、陈践译注：《敦煌吐蕃文献选》，四川民族出版社 1983 年版。
② S. 542v（8）《吐蕃戌年（818 年）六月沙州诸寺丁中车牛役簿》，载唐耕耦等《敦煌社会经济文献真迹释录》第 2 辑，全国图书馆文献缩微复制中心 1990 年版，第 381—393 页。

力。如敦煌藏文文书 P. t. 997 号《瓜州榆林寺之寺户、奴仆、牲畜、公产物品之清册》载："属榆林寺之民户共计：唐人三十家，独居男子三十一人，老汉一人，独居女子二十六人，老妪五人，单身男奴二人，单身女奴一人。"① 其中属农奴劳动者的寺户有三十家另加五十三人，奴婢仅三人。瓜州榆林寺院数字属吐蕃占领河西地区时，其时奴隶制残饥极为严重，寺奴尚且如此之少，说明当时敦煌寺院农奴性的劳动者占主要的地位。敦煌寺户制度是中土原有的僧祇户制度与吐蕃养僧制度相结合的产物。中土的僧祇户制度与吐蕃的养僧制度都来源于印度佛教内律中的"净人制度"，两者可以说是同源异流，在吐蕃统治敦煌这个特殊的背景下，二者又重新结合，形成了敦煌特有的寺户制度。

随着寺户制度的形成，敦煌寺院经济得到了长足的发展，不少寺院有自己的田庄园圃，如 S. 542v（8）号《吐蕃戊年（818 年）六月沙州诸寺丁口车牛役簿（附亥年——卯所注记）》（以下简称《役簿》）是龙兴、大云等十三寺寺户共约一百九十人的上役记录，从中可以窥知其时沙州教团庄园经济的基本面貌。寺中役作的内容有生产性的，也有供教授、蕃聊等教团僧官驱遣的，还有因守（包括此寺寺户守彼寺所囚囚犯），遣送寺户到邻州，此寺寺户修理别寺佛像等杂使役。可见《役簿》记录的并不是各寺寺户在本寺上役的情况，而是在教团僧官统一调遣下，为教团统治机构都僧统司提供徭役。其中生产性役作是在都僧统司直接掌管的产业即教团产业庄园中进行的。

归义军占领沙州以后，敦煌寺院依附人口的地位，很快为之一变，依附人口寺户的名称被改称为"常住百姓"②。他们经济地位的上升，与对寺院的依附关系进一步松弛。归义军时期的一件《敦煌诸寺奉使衙贴处分常住文书》正是这种情况的反映，现摘录几行如下：

---

① 王尧、陈践译注：《敦煌吐蕃文献选》，四川民族出版社 1983 年版，第 5 页。
② 姜伯勤：《论敦煌寺院的"常住百姓"》，《敦煌研究》试刊 1981 年第 1 期，第 43 页。

（前略）

13. 其常住百姓亲伍礼，则便当部落结媾为婚，不许共乡司百姓

14. 相合，若也有违此格，常住丈夫，私情共乡司女人通流，所生男女

15. 收入常住，永为人户，驱驰世代，出容出限。其余男儿丁口，各须随

16. 寺料役，自守旧例，不许

（下缺）。

从表象看来，这件文书是表明常住百姓必须依附于寺院，身份地位必须世袭的状况，但透过其表面的现象看，这件文书正好反映了在实际生活中常住百姓经济地位不断地上升，与寺院的依附关系逐渐松弛。因为如果没有这种现象发生，文书中无需严格禁止常住百姓与世俗百姓通婚，无需极力维护寺院常住百姓对寺院的依附关系了。

其次，由于这时期寺院土地、油梁及碾硙采取了租佃制的经营形式，常住百姓与寺院之间开始出现了契约关系。一般情况下，常住百姓租佃寺院的土地、油梁及其碾硙的收入，通常按定额形式交一部分给寺院后，其余部分则为自己所有。这是敦煌地区寺院经济发展过程中与内地寺院经济发展的不同之处，是敦煌寺院经济的特殊性表现之一。但无论怎样，寺院生产关系与世俗封建地主经济无多大差别，寺院内部是自给自足的自然经济，已经成为一种较独立的经济力量，敦煌寺院经济已经形成。

寺院包括僧寺和尼寺，寺院经济自然就包括僧寺经济和尼寺经济两部分，僧寺及其经济在其他有关寺院经济的著作中多有论述，这里仅对占有寺院相当比重的、学界论及较少的尼寺及其经济作一详细探讨。

二、尼寺经济

八至十世纪敦煌寺院经济繁盛，经营门类齐全。据 S. 542《吐蕃戌年六月沙州诸寺丁口车牛役簿》记载诸寺寺户在寺院上役情况，属于生产方面的有看硙、看梁、修仓、种麦、耕桃园、挫草、煮酒、看园、放驼、放羊、清羊、算羊等，还有一些寺户充当寺院的泥匠、木匠、韦皮匠、

纸匠、毡匠、酒户、车头等。又 P. 2049v《后唐长兴二年（931 年）正月沙州净土寺直岁愿达手下诸色入破历算会牒》载，该寺收入主要有"田收、园税、梁课、利润、散施、佛事所得"几大项。从中可见，八至十世纪敦煌诸寺都役使大量的寺户经营农业、畜牧业、手工业、商业等经济活动。尼寺经济作为寺院经济的重要组成部分，亦有类似的情况。以下按其经营门类对尼寺经济情况加以说明。

1. 农业

敦煌地处北纬 40°稍北的中国西部内陆干旱地区，南枕气势雄伟的祁连山，西接浩瀚无垠的塔克拉玛干大沙漠，北靠嶙峋蛇曲的北塞山，东峙峰岩突兀的三危山。面积 3.12 万平方千米。属暖温带气候，年降雨量只有 39.9 毫米，而蒸发量却高达 2400 毫米。日照充分，无霜期长，干旱少雨，农业完全仰赖水利的开发。敦煌遗书 S. 5894《渠规残卷》载："本地，水是人血脉。"其水源，主要为源自南山、流入境内的河流，有甘泉水（今党河）、苦水、独利河（今疏勒河）等。据 P. 2005《沙州都督府图经》等记载，当时在敦煌周围绿洲就有宜秋渠、孟授渠、阳开渠、都乡渠、北府渠、三丈渠、阴安渠、神农渠等八大河母（主要干渠），它们贯通敦煌城周围东南西北四大片绿洲，又有众多的支渠和子渠（斗渠）分列干渠两侧，呈羽状或枝状展布，整齐罗置很有规则。仅见于敦煌文书记载的敦煌各类干、支渠就达百余条，构成了完整的水利灌溉系统。

与此同时，为了更好地发展水利事业，当时的敦煌当地政府还制定了专门的用水规则，设立了专门的管理人员。P. 3560v《唐沙州敦煌县行用水实施细则》，以法规的形式对敦煌地区所有的河流、主干渠、支渠、子渠的灌溉用水进行了严格规定，如先从主干渠引水至支渠，再至各子、支渠，分流灌溉，并按地域远近、地势高低依次灌水等。敦煌各乡设有"渠头"一名或数名，各主要渠道或分水斗门，设有渠长或斗门长。地方州县主管水利的机构设有都水官司，上属中央都水监。形成了一套严密的管水体系。

敦煌水利事业的开发为敦煌农业的发展奠定了基础，促进了敦煌及河西地区社会经济的持续繁荣。

敦煌农业经营包括田与园两部分，田指耕作之田，园指果园、菜园等园圃业。八至十世纪的敦煌尼寺，一般都占有良田和园圃。P. 3935《翟员子户等请田簿稿》载："孔山进户请榆树渠上口地一段十九畦共三十三亩，东至道，西至大道，南至道，北至圣光寺厨田及李师。"① 农户孔山进户在榆树渠的受田与圣光寺田相接。从孔山进受田地界可知圣光寺北渠有田产。所谓厨田就是供养僧人的生活、供厨用的土地。从上引S. 542《吐蕃戌年六月沙州诸寺丁口车牛役簿》中众多寺户充当营田夫为寺院刈稻、种麦、舂稻、回造粳米稻、搬麦、纳佛殿佛麦可知，诸寺院包括尼寺有大量的稻田、麦田、粟田。

在唐前期及吐蕃统治时期寺院的土地，大部分以寺院直接役使国家指定的人记或寺院奴婢、部曲及下层僧人耕种的经营形式为主。八至十世纪的敦煌尼寺在这一时期也有类似的情况。据李正宇先生考证，大乘寺在吐蕃统治初年辰年（788 年）有寺户 19 户，灵修寺在此时有寺户 15 户，安国寺在吐蕃统治戌年（794 年）有寺户六户②。这些寺户作为尼寺的依附人口轮流上役耕种尼寺田地。如上引 S. 542《吐蕃戌年六月沙州诸寺丁口车牛役簿》中，皆载明了上役期限，少者每次上役一二日，多者一二十日，一般多数在五日左右。到了归义军统治时期，寺院土地的经营方式，则主要是将土地租给僧俗百姓，然后收取佃课及地租。S. 1600《辛酉年（961 年）灵修寺诸色斛斗入历》载："辛酉年诸渠厨田及散施入：麦十石城南张判官厨田入。麦四硕，刘生厨田入。麦三石三斗，范判官厨田入。麦两石，史家厨田入。……粟十五石，城北三处渠田人。"③其中张判官、刘生、范判官、史家是佃农名或佃户，"十石"、"四硕"、"三石三斗"、"两石"十五石为地租数额。又如 S. 1625《后晋天福三年（938 年）十一月六日大乘寺徒众诸色斛斗入破历算会牒残卷》载："麦八硕，厨田李粉堆入。麦两硕，粟两硕，厨田李通子入。面一硕，厨田

① 唐耕耦等：《敦煌社会经济文献真迹释录》第 2 辑，全国图书馆文献缩微复制中心 1990 年版，第 486 页。

② 李正宇：《敦煌地区古代祠庙寺观简志》，《敦煌学辑刊》1988 年第 1、2 期，第 79 页。

③ 唐耕耦等：《敦煌社会经济文献真迹释录》第 3 辑，全国图书馆文献缩微复制中心 1990 年版，第 528 页。

石安庆人。麦一硕，石贤者厨田人。"① P. 2040v《乙巳年（945 年）正月
廿七巳后胜净戒惠之手下诸色入破历算会牒》② 载："粟二十三硕，无穷
厨田税入。""麦二十二硕，菜田渠地税入"等。

尼寺通过土地出租获得了充足的粮食供应。据姜伯勤先生估算，961
年灵修寺诸渠厨田收入麦、麻合计约二十八硕一斗。数量很大，不仅为
寺院和僧人的日常生活提供了保证，而且也保证了寺院粮食的出贷，增
加尼寺收入。

图 4 - 1　榆林窟第 25 窟　耕获图（中唐）

园圃是专门种植蔬菜瓜果的园林地。P. 2629《年代不明 [964 年?]
归义军衙内酒破历》③ 载："同日，城南园看南山酒一角"，"廿二日，瓮
城南园设甘州使酒一瓮"，"城南园设工匠酒一瓮"，"南园看南山酒二斗
五升"，据考证，城南园是安国寺的一座园林。在唐前期及吐蕃统治时
期，这种园圃主要由寺户轮差上役进行相关的生产活动。P. 2776《年代

---

① 唐耕耦等：《敦煌社会经济文献真迹释录》第 3 辑，全国图书馆文献缩微复制中心 1990 年版，
第 398 页。

② 唐耕耦等：《敦煌社会经济文献真迹释录》第 3 辑，全国图书馆文献缩微复制中心 1990 年版，
第 408—409 页。

③ 唐耕耦等：《敦煌社会经济文献真迹释录》第 3 辑，全国图书馆文献缩微复制中心 1990 年版，
第 272—273 页。

不明［公元十世纪］诸色斛斗入破历算会牒残卷》载，从三月开始到十月左右，频繁进行东园、北园的园务劳作①。又载某寺僧人集体参加打造土坯，砌垒园墙、造墼、揭墼等修建劳动以及僧人植树、收菜、伐木等园艺活动②。唐后期归义军统治时期，一般由寺院直接经营，有专门的执事僧即园头负责管理，其手下有具有专业技术的园子或轮流上役看园、耕园的寺户。有的园子是寺院的附属性人口，领取寺院提供的口粮。P. 2838《唐中和四年（884 年）正月上座比丘尼体圆等诸色斛斗入破历算会牒残卷》③ 载："麦六斗，与园子粮用。""麦二斗，粟一升，僧政等就城南园斋时用。"城南园是尼寺安国寺的园地，园中有口粮供应。又《某寺人破历》④ 载："麦一硕九斗，园子粮用"，"麦七斗，园子春粮用"，"麦三斗，付园子冬粮用"，"粟四斗，付园子冬粮用。"此园子定期领取春粮、冬粮，是身份不自由的隶属劳动者。有的园子则是专门从事园艺工作的雇佣劳动者，领取工资，敦煌地区一般用粮食支付。上引 P. 2838《唐中和四年（884 年）正月上座比丘尼体圆等诸色斛斗入破历算会牒残卷》又记："麦二十六硕二斗，粟十五硕一斗，从子年至卯年，与放羊人及园子价用。"某寺支"豆一硕一斗第二件与园子春价用"⑤；某寺支"麦五硕四口（斗）口（看）园人善奴价直用"⑥；某寺支"麦二十六硕二斗，粟十五硕一斗，从子年至卯年，与放羊人及园子价用"⑦。付给园子的价值、春价及价都是指他的劳动雇佣工资，支付的方式多为

---

① 唐耕耦等：《敦煌社会经济文献真迹释录》第 3 辑，全国图书馆文献缩微复制中心 1990 年版，第 543 页。

② 唐耕耦等：《敦煌社会经济文献真迹释录》第 3 辑，全国图书馆文献缩微复制中心 1990 年版，第 544 —545 页。

③ 唐耕耦等：《敦煌社会经济文献真迹释录》第 3 辑，全国图书馆文献缩微复制中心 1990 年版，第 322 页。

④ 唐耕耦等：《敦煌社会经济文献真迹释录》第 3 辑，全国图书馆文献缩微复制中心 1990 年版，第 547—548 页。

⑤ 唐耕耦等：《敦煌社会经济文献真迹释录》第 3 辑，全国图书馆文献缩微复制中心 1990 年版，第 322 页。

⑥ 唐耕耦等：《敦煌社会经济文献真迹释录》第 3 辑，全国图书馆文献缩微复制中心 1990 年版，第 306 页。

⑦ 唐耕耦等：《敦煌社会经济文献真迹释录》第 3 辑，全国图书馆文献缩微复制中心 1990 年版，第 326 页。

分期支付。大量园子和寺户的存在，不但使园圃有了充足的劳动力，而且寺院能够得到瓜、果、蔬菜等产品。这些产品除了供给僧众食用，剩余的还可出卖，这无疑又增加了尼寺的收入，为尼寺经济的兴盛作出了贡献。

值得注意的是，从上述农业经营方式可以看出，在八至十世纪的敦煌寺院经济中，存在着两种经济形态，在唐前期尤其是吐蕃统治时期，寺院经济包括尼寺经济主要是农奴奴役制经济，这种经济形态的出现与吐蕃奴隶主贵族入主敦煌有密切的关系，它在一定程度上是吐蕃统治者将本身落后的社会生产关系带给敦煌的体现。唐后期归义军统治时期，封建地主经济的高度发展，僧俗农奴阶层的斗争，地主与农奴的人身依附关系逐渐松弛，租佃关系变得尤为普遍。敦煌寺院教团为了适应社会生产力的发展，调整了寺院经济的社会生产关系，放免了一些寺户，将保留着的寺户改称为常住百姓，剥削形式由无偿提供劳役转为向他们征收地租和课税。另一方面由于当时敦煌教团本身的阶级局限性，使得其无法摆脱旧生产关系的一些因素，从而使此时的寺院经济中既存在授地收租，又有驱使常住百姓世代"随寺料役"的剥削形态，这种新旧生产关系的交替混合，是敦煌归义军时期寺院经济包括尼寺经济的重要特点之一。

2. 畜牧业

敦煌地域辽阔，河流沿岸和低洼环湖、碱滩地带，水丰草茂，形成了天然的畜牧区。古代敦煌的畜牧区主要有湖泽畜牧区、紫亭畜牧区、阶庭坊—常乐镇苦水下游牧区和阿利川牧区。

据敦煌文书记载，在湖泽畜牧区中，较大的湖泽有东泉泽、四十里泽、大井泽、大泽、兴湖泊、曲泽等。P. 2005《沙州都督府图经残卷》载："东泉泽，右在州东四十七里，泽内有泉，因以为号。四十里泽，东西十五里，南北五里。右在州北四十里，中有池水周回二百步，堪沤麻，众人往还，因里数为号。大井泽，东西三十里，南北廿里。右在州北十五里。汉书西域传：汉遣破羌将军辛武贤讨昆弥，至敦煌，遣使者按行，悉穿大井，因号其泽曰大井泽。"① 据李正宇先生考订，此泽东西长十二里，南北广约十一里，东有其头驿，西有东泉驿，北有横涧驿，正当占瓜沙间南北驿道要冲，其畜牧条件良好。至于四十里泽和人井泽，面积更大，水草更丰饶，牧畜条件更优厚。关于大泽，敦煌文献的记载简略各异。P. 5034《沙州都督府图经卷第五》载："大泽，东西十里，南北十五里，右在（寿昌）县南七里，水草兹茂，百姓牧放，并在其中，因号大泽。"② P. 2691《沙州城土镜》在"寿昌县"下载："大泽，县东七里。"③《后晋天福十年（945年）寿昌县地镜一本》载："大泽，县东七里，水草兹茂，牧放六畜，并在其中。"④ 但不论记载详略异同，仅就其卷共同所载之"水草兹茂，放牧六畜，并在其中"，可以断定其为一处较大的湖泽畜牧区。此外，兴湖泊亦是较大的畜牧区，上引 P. 2005 号卷记载："一所兴湖泊，东西十九里，南北九里，深五尺。右在州西北一百一十里。其水碱苦，唯泉堪食，商胡从玉门关道往还居止，因以为号。"据李并成先生考证，兴湖泊即今哈拉诺尔，历史上曾是疏勒河下游之较大河道湖，面积曾达百余平方公里，今已大部干涸⑤。从 P. 2032v《后晋时代诸色人破历算会稿》载："麸三斗，兴湖拔毛时饲马用"⑥ 可知，兴湖泊是唐沙州至玉门关驿站上的重要驻足之地，又是一处较大的湖泊畜牧区。

　　紫亭畜牧区主要分布在紫亭县东南甘泉水上游河谷地带。甘泉水自源头流至今肃北县盐池湾乡东南后，水量大增，出此西北流，一路受纳黑马河、清水河数十条河流，水势更大，流至黑达板，出山，直至紫亭城南，形成紫亭城绿洲农耕区。从盐池湾乡至黑达板一带，甘泉水流经二百余里的峡谷中，形成河谷地带畜牧区域。阶庭坊位于唐代瓜沙驿道

① 唐耕耦等：《敦煌社会经济文献真迹释录》第1辑，书目文献出版社1986年版，第5页。
② 唐耕耦等：《敦煌社会经济文献真迹释录》第1辑，书目文献出版社1986年版，第28页。
③ 唐耕耦等：《敦煌社会经济文献真迹释录》第1辑，书目文献出版社1986年版，第43页。
④ 唐耕耦等：《敦煌社会经济文献真迹释录》第1辑，书目文献出版社1986年版，第52页。
⑤ 李并成：《〈沙州城土镜〉之地理调查与考释》，《敦煌学辑刊》1990年第2期，第84—93页。
⑥ 唐耕耦等：《敦煌社会经济文献真迹释录》第3辑，全国图书馆文献缩微复制中心1990年版，第503页。

新北道阶庭驿近侧。西同，又称西桐海，是吐蕃占领时期敦煌的一个地名，此地是古代敦煌境内一处天然畜牧区。

这些畜牧区域的存在，为古代敦煌畜牧业的发展奠定了基础。八至十世纪的敦煌统治者普遍重视草场管理，在敦煌畜牧区设置有州郡草场，设立专门征收草料草坊，管理草场及草料的专门机构草场司，以调剂畜牧草场的使用、畜群的比例、草质的优劣等，同时负责征收草料，保证畜群的喂养。其下又设向百姓及寺院僧侣征草和政府贮备草料的机构草院，管理湖泽畜牧区的草场官吏、草泽使等对草场秩序进行严格管理。还设有马坊和羊司，加强对畜牧业的管理，这种有效的管理机制保证了畜牧业健康长足的发展，带动了毛纺织业、皮革加工业等手工业的发展。

八至十世纪的敦煌尼寺充分利用这一自然条件经营畜牧业，其畜牧业主要包括牧羊业、牧驼业、牧牛业、牧马业、养驴业以及相应的皮革、毛皮加工业等。

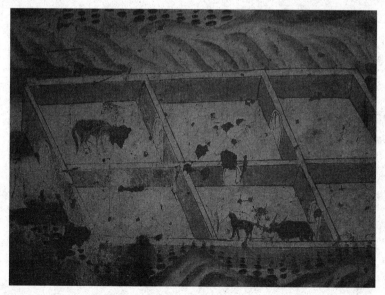

图4-2　莫高窟第61窟　牲畜饲养栏（五代）

（1）牧羊业

敦煌尼寺从事的畜牧业中，尤以牧羊业最为突出。自吐蕃统治以来，各尼寺牧羊业就在尼寺经济中占重要地位，各寺每年十二月派寺卿对牧羊人现存的羊群及所欠羊数进行点算并报告寺主。如 S.5425v《丑年（809 或 821 年）十二月大乘寺寺卿唐迁进点算见在或欠羊牒》载：

1. 大乘寺　状上

2. 丑年十二月于报恩寺众堂点算见在及欠羊总九十五口。

3. 一十七口欠，合寅年点羊所纳。

4. 见在羊总七十八口。

5. 大白羯一口，大羖羯六口，羖羯叱般三口，羖羯

6. 羔二口，大羖母十六口，羖母四齿四口，羖母羔二口，

7. 羖羯四齿四口，

8. 丑年七月官施羊：大白羯一口，大母白羊三十九口。

9. 右通羊数具件如前，请处分。

10. 牒件状如前，谨牒。

11. 丑年十二月 日寺卿唐千进牒。

12. 　　　　　　寺主善来。①

S.5424v《丑年（809 或 821 年）十二月二十一日灵修寺寺卿薛惟谦算见在羊牒》载：

1. 灵修寺　状上

2. 丑年十二月廿一日，就报恩寺暖堂算见在羊：

3. 大白羯四口，白羯羔一口，大白母一口，

4. 羖羯三口，羖羯羔一口，大羖母十二口，

5. 羖母叱般二口，羖母羔五口。卖肉腔令陪羖羊三口，

6. 无印陪羖羊一口，限寅年算羊时陪。

7. 右见通如前，谨录状上。

8. 牒件状如前 谨牒。

---

① 唐耕耦等：《敦煌社会经济文献真迹释录》第 3 辑，全国图书馆文献缩微复制中心 1990 年版，第 574 页。

9.　　　丑年十二月 日寺卿薛惟谦牒。①

从这些有关羊群数量的记载可以看出，当时敦煌尼寺有大量羊群，牧羊业的发展已具有一定的规模，在当时尼寺经济中扮演着重要的角色。

牧羊业除由寺院附户直接经营外，还往往雇人经营。前引 P. 2838（2）《唐光启三年（886 年）安国寺上座胜净等诸色斛斗入破历算会牒》载："粟四斗放羊人粮用。""麦二斗，粟五斗，拔羊毛日用。麦八斗，面一斗，放羊人粮用。"　"麦二斗，油二升，粟一升，粟四斗，拔毛日用。"② P. 2838（1）载："粟二斗，麦一斗，放羊人赛神用。"放羊人即雇来放羊的雇工。这些雇工的雇价一般很低。前举 P. 2838《唐中和四年（884 年）正月上座比丘尼体圆等诸色斛斗入破历算会牒残卷》载：

（前略）

85. 麦二十六

86. 硕二斗，粟十五硕一斗，

87. 从子年至卯年，与放羊

88. 人及园子价用。

从牒中可以看出，从子年到卯年四年共支付麦粟四十一硕，给予牧羊人和园子，假定牧羊人和管园人各只有一人，那么平均每年的雇价只有五硕多。这些收入甚至不足自己食用，可见尼寺支付给牧羊人的报酬是很低的。仅靠这些收入是难以养家糊口的，很可能这些牧羊人、看园人还有自己的经济作为补充。

雇工在取得报酬的同时，还必须向寺院交纳一定的课税。如 S. 4116《庚子年羊抄》载："其算羊日牧羊人说理，矜放羔子两口为定。"即要纳课税羔子。S. 5964《牧羊人王悉罗等立契》载："准羔子数合得酥五斗二升。"酥即奶油，可见牧羊人要按课纳的羔子数相应地交纳一定数量的奶油。又 S. 6194《丙午年羊抄》载："丙午年六月廿□……，现领得四

---

　　① 唐耕耦等：《敦煌社会经济文献真迹释录》第 3 辑，全国图书馆文献缩微复制中心 1990 年版，第 573 页。

　　② 唐耕耦等：《敦煌社会经济文献真迹释录》第 3 辑，全国图书馆文献缩微复制中心 1990 年版，第 328 页。

齿二齿毛□领得羖羊。"从中可见定期交纳羊皮也是牧羊人的课税之一。这些课税增加了寺院的收入。另一方面，从课税交纳内容，以及上述牒状看，八至十世纪的敦煌寺院包括尼寺养羊，不但可以使雇工赚取雇价，也可以用来取酥、羊毛、羊皮等。获取雇价主要是为了雇工个人的生存，而取得羊毛、羊皮主要用途应是用于羊毛加工。在八至十世纪的敦煌尼寺，羊毛及皮革加工业较发达，这种加工业不但增加了尼寺的收入，而且促进了相关手工业的发展。关于这一点将在以下手工业介绍中作详细讨论，兹不赘述。

（2）牧驼业

作为沙漠之舟的骆驼，在古代敦煌地区特殊的地理环境中，对交通运输起着很重要的作用。对骆驼的牧养，是当时畜牧业的重要方面。

图 4-3　莫高窟第 61 窟　驼队西归（五代）

尼寺畜牧业中除了牧羊业有较大发展外，牧驼业也较发达。在吐蕃占领时期，尼寺骆驼数量很多，由牧子轮流上役放牧。如 S.542v 载："曹进兴放驼，索再晟打钟、守普光囚五日 贴驼群五日 史晟朝放羊 贴驼群五日。"① 从中可知在吐蕃占领敦煌时期，尼寺牧驼业规模较大，按群放牧，放牧者均系寺户。所谓"贴驼群"即指代牧子放牧驼群。归义军统治时期寺院大抵是雇佣牧子放牧驼群的。关于这一点在敦煌尼寺中记载很少，但在僧寺中有所反映。P.2049《后唐同光三年（925 年）正月沙州净土寺直岁保护手下诸色入破历算会牒》载："豆五斗，骆驼官利润入；""豆一硕四斗，骆驼利润入。"② 从文书内容看，寺院驼群除算会外，其利润收入都由牧子上交寺院。就组成来说，寺院包括僧寺和尼寺，僧寺如此，那么尼寺作为同僧寺一样的寺院的重要组成部分，推测理应也是上述这种情况。

总之，尼寺牧驼业作为敦煌社会牧驼业的重要组成部分之一，它的发展，不但促进了八至十世纪敦煌牧驼业的发展，而且又为手工业提供了丰富的原材料。据乜小红先生考证，在当时的敦煌市场上有大量的驼毛及其相关制品③。这些商品就其来源来说，其中一部分可能来自于尼寺。尼寺通过交换上述商品获取了利润，不仅促进了尼寺经济的发展，同时也为整个敦煌社会经济的发展作出了贡献。

（3）牧牛业

八至十世纪敦煌畜牧业中，牧牛业亦占有重要地位。

敦煌自汉代设郡以后，耕牧并重的局面逐渐形成。随着牛耕技术的传入，农业经济得到了较快的发展，与农业密切相关的牧牛业，历魏晋南北朝至隋唐五代宋初，也渐次成为畜牧业的重要产业。

牧牛业的发展，促使牛的使用越来越普遍，从敦煌文献记载看，在八至十世纪的敦煌寺院也有牛畜，这些牛畜有通过布施施舍而来的。P.2567v《癸酉年二月（793 年）沙州莲台寺诸家散施历状》载散施有

"三岁黄牛一头"[①]。P. 2440《后晋时期净土寺诸色入破历算会牒》载："粟两斗，西宅范判官边取亲牛用，"[②] 亲即儭，亲牛即施舍给寺院的牛。至于尼寺有没有牛，文献中没有直接记载，仅有一些与牛畜相关的材料。如北图 372：8462v（鸟字 84 号却 543 号）《丑年——未年某寺得付麦油布历》载：[③] "丑年九月七日于安国寺阴怯怯处领得麦一□（十）四硕。寅年正月五日使车牛七日折麦三硕五斗。三月五日使牛具种两日折麦一石。""又使车牛两日折麦一石。"S. 5937《庚子年（940 年?）十二月廿二日都师愿通沿常住破历》载："七月五日，麸两石雇硙面车牛用，（签字）。""又麸两石，雇车牛索僧正车亦千渠庄再（载）木用。"[④] 从这些材料中，无法看出尼寺是否有牛及养牛业的发展情况，但可以看出尼寺用牛及与之相关的活动较频繁。

幸运的是在敦煌文书中，存有尼僧个人拥有牛作为私有财产的材料。如 S. 5820 + S. 5826《未年（803 年）尼僧明相卖牛契》[⑤] 载，尼僧明相因缺少粮食，并有债负，于是将牛出卖给张抱玉换取粮食。从中可见尼僧明相拥有自己的牛，并自由在市场上出卖。牛畜与农业有密切的关系，在八至十世纪的敦煌尼寺一般都拥有自己的农业，故由这两点可推测，在八至十世纪的敦煌尼寺理应有自己的养牛业，敦煌尼寺牧牛业的发展，同样也促进了与其相关的手工业如皮革加工业的发展。关于这一点，笔者将在"手工业"栏目中进行详细论述。

除了牧羊业、牧驼业、牧牛业外，在当时的敦煌寺院还有牧马业、养驴业等畜牧业。这在敦煌文献中有零星的记载，尚不能展开讨论。

---

① 唐耕耦等：《敦煌社会经济文献真迹释录》第 3 辑，全国图书馆文献缩微复制中心 1990 年版，第 71 页。

② 唐耕耦等：《敦煌社会经济文献真迹释录》第 3 辑，全国图书馆文献缩微复制中心 1990 年版，第 417 页。

③ 唐耕耦等：《敦煌社会经济文献真迹释录》第 3 辑，全国图书馆文献缩微复制中心 1990 年版，第 110 页。

④ 唐耕耦等：《敦煌社会经济文献真迹释录》第 3 辑，全国图书馆文献缩微复制中心 1990 年版，第 207 页。

⑤ 唐耕耦等：《敦煌社会经济文献真迹释录》第 2 辑，全国图书馆文献缩微复制中心 1990 年版，第 33 页。

3. 手工业

八至十世纪的敦煌尼寺中，手工业门类较多。有用以榨油的油梁，有用以加工米面的碾硙，还有皮革加工、纺毛制毡、酿酒、土木修造等。

如前举 S.542v《吐蕃戌年（818 年）六月沙州诸寺丁口车牛役簿》记有如下内容：

3.　　　仙玉　看硙。

4.　　　张进国　守囚五日四月廿四日差回造粳米三日稻壹驮半寅年死回造稻谷两驮。

85.　　（安国）王和国　守囚五日，艾稻三日。

86.　　安国安善善　修仓五日。

88.　　安国张担奴　修仓五日　回造粳米稻三驮

145.　　灵修寺索进国　修仓五日　回造米三日一驮半　卯年守囚五日

146.　　（灵修寺）何伏颠　守囚五日，酒户

148.　　（灵修寺）白志清　国修佛三日。

161.　　（普光寺）李金刚　修仓　艾稻三日。

173.　　大乘寺何名立　毡匠

176.　　（大乘寺）石抱玉　修仓五日　回造粳米壹驮半①

此外在文书上，还有多处记载寺丁到寺院土地上为寺院"看硙"、"造米"等服役项目。S.6452《辛巳年（981 年）十二月十三日以后及壬年（982 年）周僧正于常住借贷油面物历》载："十六日酒一瓮，大乘寺垒硙头吃用。""酒一斗，乘寺淘麦用。""十一月酒一角，乘寺送。"② 表明大乘寺内亦有碾硙、酿酒等加工业。这些手工业的经营方式，在吐蕃统治时期，大抵由寺院直接经营，寺户轮流上役进行生产。上述吐蕃时期的材料 S.542v《戌年（818 年）六月十八日沙州诸寺丁持车牛役簿》

---

① 唐耕耦等：《敦煌社会经济文献真迹释录》第 2 辑，全国图书馆文献缩微复制中心 1990 年版，第 381 页。

② 唐耕耦等：《敦煌社会经济文献真迹释录》第 2 辑，全国图书馆文献缩微复制中心 1990 年版，第 240 页。

就是当时寺院役使大量丁壮直接到寺院劳动的历史事实的反映。归义军统治时期，尼寺的油梁、碾硙等手工业经营主要是以出租的方式给"梁户"、"硙户"等，然后收取租课。上引 S.1625《后晋天福三年（938年）十一月六日大乘寺徒众诸色斛斗入破历算会牒残卷》载："戊戌年麦一十四硕，又麦五硕，粟一十四硕，黄麻自年硙课入。麦两硕三斗，粟两硕二斗，自年硙课入。"P.2838（2）《安国寺上座胜净等手下人破历》："从辰年正月已后，至午年正月已前中间叁年，应入硙课、梁课、厨田及前帐回残斛斗油苏等，总三百四十八硕九斗叁胜。"上引 P.2838（2）《唐光启二年（886年）安国寺上座胜净等诸色斛斗入破历算会牒》："粟三十二硕六斗，黄麻二硕八斗，已上硙课入；""油二硕，梁课人。"与此同时，其在经营方式上亦采取雇佣雇工的生产方式。同卷 P.2838载："麦一硕八斗，粟一硕四斗，油七升九月一日起首修南殿用。""麦五斗，出粪人价用"。"麦一硕七斗，油五升，粟一硕四斗，八日解木人粮用。""麦二斗五升，油一升，粟四斗修桥看博士用。粟一硕二斗，麦三斗雇解木人用。麦一斗，油一升，雇解木人两日粮用。"博士是寺院中有某种技艺特长的工匠，尼寺雇佣他们从事修桥等手工业劳动，说明在当时的尼寺中仍保留有寺院直接经营的生产方式。

图 4-4　莫高窟第 61 窟　二人推磨（五代）

这种手工业经营主要目的是满足寺院自身的需要，但在满足自给的同时也用以谋利。如在敦煌文献有关的账目中，有这样的记载："面六十硕，自年春硙入。""面三硕，秋硙入。""面三硕秋硙入。面两硕春硙入。"① "淘麦十五硕，秋淘十七硕，干麦四硕，硙面粟两硕"②。从账目中可见，前述硙入，不是出租碾硙与人而收取租金，而是接受僧俗界的百姓来料加工收取的实物加工费。这些加工费和前述的数量较大的课税收入成为支持尼寺经济的又一重要组成部分。

除了上述手工业外，由于这一时期敦煌尼寺畜牧业的发展，尼寺中亦有与畜牧业相关的毛纺织业、皮革加工业等手工业。

从敦煌文书中看，八至十世纪敦煌尼寺中有毛纺织业。上引有关尼寺牧羊业的敦煌文献中，有"拔毛"、"剪毛"等词出现。拔毛、剪毛是毛纺织业加工的主要工序。尼寺通过这道工序，获得毛纺织业所需的原料羊毛，并对羊毛进行去污、脱脂等处理后，开始纺线织褐、织毯、擀毡等加工活动。在敦煌文书中有反映尼寺此类生产活动的记载。如S.542v《[戌年?]（818年?）沙州诸寺寺户妻女放毛牒》载："灵修娇娘妃娘 光朝妻 母安什二放毛半斤 光俊妻 自宽妻放毛半斤。""普光寺杨葵子妻 母法胜 金娘 住住 突厥 龙论妻 卿朝妻 小卿妻 安大娘 九相妻 严君妻 寇明俊妻 金刚妻 安三娘　目女子 朝春妻 卿朝姑王什六放毛半斤。""大乘寺何名立妻 韩霜妻 安均妻 小妇什二 张金妻 马什一 庭保妻 王子英妻放毛半斤 王君妻 小金 宜娘 赵什二 安什四放毛半斤。"③ "放"，即"纺"的通假字，放毛即纺毛线，从中可见各尼寺将羊毛分给寺户纺线。这种毛线一般用于织毯、擀毡。在八至十世纪的敦煌与尼寺相关的文献中，有关于毡、毯的记载。S.1776《后周显德五年（958年）某法律尼戒性等交割常住什物点检历状》载："毡褥：两色氍毯两条，内一条在柜。新

---

① 唐耕耦等：《敦煌社会经济文献真迹释录》第3辑，全国图书馆文献缩微复制中心1990年版，第484页。

② 唐耕耦等：《敦煌社会经济文献真迹释录》第3辑，全国图书馆文献缩微复制中心1990年版，第528页。

③ 唐耕耦等：《敦煌社会经济文献真迹释录》第2辑，全国图书馆文献缩微复制中心1990年版，第396页。

白方毡五领。新白毡五条。旧白毡两领。故花毡一领。绣褥一条，在柜。王都维施入褥一条。蕃褥一条。黑毡条二，内一在北仓。使君入花毡一领。妙惠花毡一领。张阇梨蕃褥一条，黏羊毡两条，除。青花毡两领。白毡条一，白方毡一领。程阇梨白毡一领，政修白毡一领，真如白毡一领。阴家善来入白毡一领。"① 据王进玉、赵丰先生考证，"氊"是我国西北地区对毛毯的称呼，是一种栽绒织物②。S. 1947v《唐咸通四年岁癸未（863 年）敦煌所管十六寺和三所禅窟以及抄录再成毡数目》载："绯治（织）毡一领，锦缘。"③ 从这些材料中可以看出，在当时的敦煌尼寺中有品种花色繁多的毛织品毯、毡。这些毡毯是否为尼寺生产所得，因资料所限，尚无法考证。但根据上述尼寺寺户妻女放毛从事纺织和尼寺常住财产清册毡毯的来源以及按传统的社会分工习惯，纺织造毯等较精细的手工业生产，一般由妇女操持，尼寺作为女性中的特殊群体即出家女聚居的地方，在当时寺院自给自足的经济条件下，理应承担这一生产任务，其他类似手工制品，诸如毡、毯等也相应有一部分是来自于尼寺。同时也可推知，这种生产是尼寺最有特色的生产。然而是否尚且如此，由于没有直接数据，还有待于作进一步论证。

皮革加工业也是与畜牧业相关的手工业。在敦煌寺院文书中，有类似记载。S. 5093《年代不明（公元十世纪）诸色斛斗入破历》载："粟一斗，大众缝皮裘用"；"麦一斗，龙兴寺官缝皮裘人午食用。"④ S. 1733《年代不明［公元九世纪前期］诸色斛斗入破算会稿》载："□充缝皮鞋博士及屈（掘）井。押油人粮用。"⑤ 从寺院给从事缝皮裘的人粟麦作为口粮可见，当时敦煌寺院中确实有皮革加工业。

---

① 唐耕耦等：《敦煌社会经济文献真迹释录》第 3 辑，全国图书馆文献缩微复制中心 1990 年版，第 25 页。

② 王进玉、赵丰：《敦煌文物中的纺织技艺》，《敦煌研究》1989 年第 4 期，第 99—105 页。

③ 唐耕耦等：《敦煌社会经济文献真迹释录》第 3 辑，全国图书馆文献缩微复制中心 1990 年版，第 8 页。

④ 唐耕耦等：《敦煌社会经济文献真迹释录》第 3 辑，全国图书馆文献缩微复制中心 1990 年版，第 228—229 页。

⑤ 唐耕耦等：《敦煌社会经济文献真迹释录》第 3 辑，全国图书馆文献缩微复制中心 1990 年版，第 299 页。

图 4 – 5　莫高窟第 98 窟　地毯（五代）

这是寺院手工业经济的整体情况，然而关于尼寺的皮革加工业，敦煌文献中几乎没有记载，暂无法详细探讨。

上述与畜牧相关的手工业生产，不但满足了尼寺僧众日常生活的需要，而且其多余产品也可用于交换，这增加了尼寺的经济收入，壮大了尼寺的经济力量。

4. 借贷业

借贷业是一种商业经济活动。八至十世纪沙州频经战乱，长期处于割据或半割据状态，人民的生产、生活常无保障，不得不告贷济急，这种状况给借贷业的发展提供了极为有利的条件。因此，这一时期沙州寺院的借贷业非常活跃，在寺院经济中的地位比其他各业的地位显得更为重要。

寺院经营借贷业，早在南北朝时期就已经存在。南朝时"法崇孙彬……尝以一束苎就（注陵）州长沙寺库质钱。后赎苎还，于苎束中得五两金，以手巾裹之，彬得，送还寺库。道人惊云：'近有人以此金质钱，时有事不得举而失。檀越乃能见还，辄以金半仰酬。'"①南齐时"（褚）渊薨，澄以钱万一千，就招提寺赎太祖所赐渊白貂坐褥，坏作裘及缨，又赎渊介帻犀导及渊常所乘黄牛"②。北魏道研为济州沙门统，"资产巨富，在郡多有出息"③。隋代"并州孟县竹永通，曾贷寺家粟六十石"④。这些都是寺院僧人借贷经营的例证。

唐代前期问世的《四分律删繁补行事钞》引经据典，肯定三宝财物出贷取利的合法性，并规定了具体的借贷办法。《行事钞》云："《十诵》，以佛塔物出息，佛言：听之。"《僧祇》，塔僧二物互贷，分明券记，某时贷某时还，若知事交待，当于僧中读疏，分明唱记，付嘱后人，违者结犯。《十诵》、《僧祇》，塔物出息取利，还着塔物无尽财中，佛物出息，还着佛无尽财中，拟供养塔等，僧物文中例同。不得干杂。《十诵》，别人得贷塔僧物，若死，计直输还塔僧。《善见》，又得贷财物作私房。《五百问》云"佛物，人贷，子息自用，同坏法身"⑤。《行事钞》还对三宝物的出贷，提出了十倍之息的极高利率。《行事钞》云："《善生经》瞻病人不应生厌，若自无物出求之，不得者贷三宝物，差已依法十倍偿之。"⑥

在佛教经律对借贷事业的鼓励下，唐前期的寺院借贷经营获得进一步发展，但史籍的记载却较为零散。寺院真正大规模经营此项事业，是在唐代后期及五代时期。尤其在敦煌地区，寺院的借贷收入以对其他几项经济收入形成绝对优势。寺院往往将粮食出贷，并收取高额的利息。下文以八至十世纪敦煌尼寺为例进行探讨。

上引 P. 3370《戊子年（928 年）六月五日某寺公廨麦粟出便与人抄录》载："普光寺尼索寺主便粟六斗，至秋九斗。（押）。口承喜喜

① 《南史》卷70《甄法崇传》，中华书局1975年版，第1705页。
② 《南齐书》卷23《褚澄传》，中华书局1972年版，第432页。
③ 《北齐书》卷46《苏琼传》，中华书局1972年版，第643页。
④ 《太平广记》卷134"竹永通"条引《异录》，中华书局1961年版，第953页。
⑤ 《四分律删繁补阙行事钞》卷中1《随戒释相篇》，《大正藏》卷40，第57页下栏。
⑥ 《四分律删繁补阙行事钞》卷下4《瞻病送终篇》，《大正藏》卷40，第143页下栏—144页上栏。

（押）。" 上引 S. 6452（7）5《壬午年（982）三月六日净土寺库内便粟历》第 4 行有 "大乘寺保通便粟柒斗，至秋玖斗壹升"。Дх. 1416＋Дх. 3025《甲寅年——乙卯年（954—955 年?）大乘寺百姓李恒子等便麦等便粟历》① 载：

（前缺）

1. □□□罗行者便□□□

2. □□□恒子便粟一□□□

3. □□□五升（押）口承妻高氏（押）知见□□

4. □□□年得油一斗折粟三石□□□

5. 甲寅年六月十日大乘寺百姓李恒子便粟□□□（粟一十硕）

6. 八斗秋一□（十）六硕二斗（押）口承人大阿□□

7. 知见人押□□□进通同年九 ［月］十一日□□

8. 十九日常□□□（百姓?）惠力粟七硕，秋十硕五斗，又旧粟一硕□□

9. 乙卯年四月一日吕什德便一硕，秋一硕五斗□□□

10. 九日义盈便粟一硕，秋一硕五斗（押）

11. 十四日□通便粟一硕五斗，秋两硕二斗五升□□□

从上述文书中可见，尼寺借贷活动频繁，一般情况下，春季借粮，秋季偿还，而且往往要收取一定的利息，其利息一般是本金的二分之一，即五分利。

尼寺除贷便粟粮外，还有大量的黄麻、绢布借贷。S. 5845《己亥年（959 年?）二月十七日某寺贷油麦面麻历》载："普光寺所由贷麻一硕。"② 这些借贷的利息较为复杂，不同的契约有高有低，但研究结果表明，一般为年利 120% 至 150% 左右。③

---

① 唐耕耦等：《敦煌社会经济文献真迹释录》第 2 辑，全国图书馆文献缩微复制中心 1990 年版，第 265 页。

② 唐耕耦等：《敦煌社会经济文献真迹释录》第 2 辑，全国图书馆文献缩微复制中心 1990 年版，第 231 页。

③ 陈国灿：《唐代的民间借贷——吐鲁番敦煌等地所出唐代借贷契券初探》，载武汉大学历史系魏晋南北朝隋唐研究室编《敦煌吐鲁番文书初探》，武汉大学出版社 1983 年版，第 217 页。

在八至十世纪的敦煌尼寺借贷经营中，还有一种特殊情况，即无息借贷。如 P. 2686《巳年二月六日普光寺人户李和和等便麦契》载："巳年二月六日普光寺人户李和和为□（少）种子及粮用，遂于灵图寺常住处便麦四汉硕、粟八汉硕，典二斗铛一口，其麦粟并限至秋八月内送纳足。如违限不还，其麦粟□（请）□（倍），仍任掣夺家资等物，用充麦粟直。如身不在，一仰□（保）人等代还，恐人无信，故立此契，用为后验。便麦粟人李和和（押）保人男屯屯。"① 北图咸字 59 号《辛丑年（821 年）龙兴寺户请贷麦牒及处分》相关内容如下：

（三）1. 安国寺　状上

2. 请便都司仓麦三十驮

3. 右奉世等人户，为种逼莳校，阙乏种子年粮，

4. 今请便上件斛斗。自限至秋输纳，如违．［限］

5. 请陪。伏望 商量　请乞处分。

（四）刘进国等牒及处分

1. 灵修寺户团头刘进国，头下户王君子，户鞠海朝 户贺再晟

2. 巳上户，各请便种子麦五驮，都共计二十驮。

3. 右进国等贷便前件麦。其麦自限至秋，

4. 依时进国自勾当输纳。如违限不纳，其

5. 斛斗请倍，请乞处分。②

该号文书下面还有，《报恩寺寺户刘沙沙等牒》、《金光明寺史太平等牒》、《开元寺寺户张僧奴等牒》。上述契约按年代 821 年和关键词"汉硕"来判断，当属吐蕃时期的文书③。这些契约的共同特点是，契文中没有记载借贷利息，可能是一种无息借贷。原因是在八至十世纪的敦煌有息贷款，在契约文书中一般有反映。如 P. 2817《辛巳年（921 年?）四月

---

① 唐耕耦等：《敦煌社会经济文献真迹释录》第 2 辑，全国图书馆文献缩微复制中心 1990 年版，第 96 页。

② 唐耕耦等：《敦煌社会经济文献真迹释录》第 2 辑，全国图书馆文献缩微复制中心 1990 年版，第 99—100 页。

③ 蕃占时期年代起至为 786 到 848 年，硕是计量单位，前加"汉"一词，理应是少数民族吐蕃统治敦煌时期对汉民族计量单位的称谓。

二十日郝猎丹贷绢契》载："其绢利头填还麦粟四硕，其绢限至来年田（填）还。若于限不还者，便看乡原生利。"① 北图殷字 41 号《癸未年（923 年?）四月十五日沈延庆贷布契》载："每月于乡元生利。"② 这说明其借贷是有息的。而上举契约文书中却没有出现这样的记载，故可说明上述借贷是无息的。这种把种子粮食无息贷给寺户、贫僧和附属部落百姓的慈善性借贷，反映了佛教的特色，也是沙州寺院借贷业的特点之一。

关于有无利息问题，学术界尚有争议。日本学者北原薫认为，文所引 S.2868 和北图咸字 59v 的借贷也应是有息的，其利息是按惯例交纳的，所以契约上无需记载③。国内一部分学者认为此观点需商榷。他们的理由是：第一，敦煌的《入历》文书基本都用干支纪年，是为归义军时期的文书。归义军时期寺院利润收入多，不能直接说明吐蕃时期借贷契约一定都是有息的。第二，从契约文书的性质、作用来看，既然是契约，那么如果有利息的话，理应有所反映。另外从前文所举的贷绢、褐契约文书有利息的情况来看，借粮契约有利息也应在契约上写明。而北图咸字 59v 和 S.1475v 文书中吐蕃时期的契约没有记明利息，故应视这是一种无息供贷。笔者同意国内学者的看法，原因上述已有涉及。

那么为什么会有这种无息借贷呢？因为无息借贷文书都是吐蕃时期的，这一时期寺院土地由寺院直接经营、役使寺户上役耕种的，关于这一点在上述农业生产中已作过论证，这些寺户与寺院有更直接的依附关系，因而他们向本寺借粮食，只要短期内偿还，便不收利息，以此来取得寺户和当寺僧人对自己所属寺院的维护。其次，本无种子年粮的寺户及下层僧众，将一年的劳动所得，还清债务后，第二年又将重新陷入困境，于是只好再求救于寺院。寺院则可以通过这种办法将寺户、僧人和

---

① 唐耕耦等：《敦煌社会经济文献真迹释录》第 2 辑，全国图书馆文献缩微复制中心 1990 年版，第 113 页。

② 唐耕耦等：《敦煌社会经济文献真迹释录》第 2 辑，全国图书馆文献缩微复制中心 1990 年版，第 115 页。

③ （日）北原薫：《晚唐五代的敦煌寺院经济》，载《讲座敦煌·三·敦煌的社会》，大东出版社 1980 年版，第 371 页。

一些部落百姓收为依附人口。这些现象反映了吐蕃时期敦煌寺院人身依附关系强化的状况。另外，据陈大为博士考证，寺院之所以无息借贷粮食给贫困民户，还与当时吐蕃统治者在敦煌实施的佛教政策有关。他指出，在吐蕃统治敦煌时期，吐蕃统治者在平常时期，一般要求部落民户按户征收粮食供养寺院，在灾荒之年，寺院通常利用福田仓中信徒施舍的物品来救济贫乏，寺院无息借贷正是在特殊时期救济贫乏的一种政策体现，在一定程度上，是寺院福田事业的集中表现。①

总之，八至十世纪的敦煌尼寺借贷活动频繁。在吐蕃统治时期其出贷往往是无息或少息的；到了归义军统治时期，出贷利息越来越高，高达50%左右。这种借贷活动增加了尼寺的经济收入，壮大了尼寺的经济积累。这种借贷经营是南北朝至唐前期以来寺院借贷事业发展的必然结果，同时又与唐后期寺院僧尼拥有广大土地、财产倍增的经济状况有着必然的联系。

综上所述可知，八至十世纪，敦煌尼寺拥有大量土地、资财与劳力，尼寺经济繁盛，成为封建经济肌体的重要组成部分。不但如此，在不同的时期，尼寺经济又有着不同的特点。在唐前期及吐蕃统治时期，尼寺的农业、手工业、畜牧业等主要是役使大量的寺院依附人口进行经营；归义军统治时期，上述生产活动主要实行租佃制，借贷经济尤为发达，尼寺依附人口地位提高，尼寺经济得到了很大发展。这也是唐后期尼寺经济发展的新特点。这些经济特点之间相互联系、相辅相成。通过这些特点，我们还可以进一步认识到，尼寺经济的特殊性随着社会经济的发展逐渐淡化，与世俗经济的一致性逐渐增强。这也是佛教中国化、本土化特征在经济上的反映。

值得一提的是，尽管敦煌尼寺经济在八至十世纪得到了长足的发展，但与同时期的敦煌僧寺相比，仍然存在着很大的差别。那么到底存在着怎样的差别呢？

上面提到过，敦煌尼寺经济中农业、手工业以及借贷业是经济收入

① 陈大为：《唐后期五代宋初敦煌僧寺研究》，博士学位论文，上海师范大学人文与传播学院，2008年，第212页。

的重要组成部分。而这三部分收入，尼寺和僧寺存在很大的差距。有关农业、手工业收入，姜伯勤先生作过探讨，从他的统计来看，尼寺的厨田、梁课和砲课收入均低于同时期的僧寺①。至于借贷收入，尼寺更是远远不及僧寺。据陈大为博士考证②，敦煌僧寺净土寺、龙兴寺、灵图寺、报恩寺、大云寺、金光明寺、莲台寺、乾元寺、三界寺等借贷业非常发达，高利贷收入相当可观，而且利率若按月利率计算，"约在 8%—10%之间"③，远远超过了唐代法定借贷利率四分、五分。如此，使得僧寺的借贷收入非常可观。相比之下，同时期尼寺的借贷业，却相形见绌。在敦煌文献中，有关尼寺出贷的记载仅存三件。S. 1776《显德五年（958）大乘寺法律尼戒性等交割常住什物点检历状》载："砲户康义盈、李粉堆二人折债各入白方毡两领"④。S. 8720《甲辰年（944）某寺得麦历》第 4 至 5 行有"大乘寺仓贷麦贰拾硕陆斗，又后件贷麦陆硕"⑤。P. 2930P1《某寺诸色斛斗破历》载："麦贰斗，与圣光寺纳麻替用"⑥。出贷文献记载的稀少，在一定程度上说明了尼寺出贷能力是十分有限的。尼寺借贷业中不仅出贷能力有限，而且据江岚考证⑦，其借贷对象、活跃程度亦比不上同时期的僧寺。这种差别使得尼寺的借贷收入远远低于僧寺。尼寺农业、手工业、借贷业这三方面的收入的低下，说明了在八至十世纪的敦煌，尼寺经济普遍不如同时期的僧寺经济繁盛。

---

① 姜伯勤：《唐五代敦煌寺户制度》，中华书局 1987 年版，第 183—185；242—243；251 页。

② 陈大为：《唐后期五代宋初敦煌僧寺研究》，博士学位论文，上海师范大学人文与传播学院，2008 年，第 196 页。

③ 谢重光：《晋唐寺院的商业和借贷业》，《中国经济史研究》1989 年第 1 期，第 60 页。

④ 唐耕耦等：《敦煌社会经济文献真迹释录》第 3 辑，全国图书馆文献缩微复制中心 1990 年版，第 25 页。

⑤ 唐耕耦等：《敦煌社会经济文献真迹释录》第 3 辑，全国图书馆文献缩微复制中心 1990 年版，第 136 页。

⑥ 唐耕耦等：《敦煌社会经济文献真迹释录》第 3 辑，全国图书馆文献缩微复制中心 1990 年版，第 237 页。

⑦ 江岚：《晚唐五代宋初敦煌尼寺研究》，首都师范大学硕士学位论文，2008 年，第 12 页。

第五章　敦煌尼僧的社会生活

尼僧作为出家女性，一方面佛教活动是其生活的重要组成部分，另一方面由于她们生活在一定的社会环境中，与社会存在着千丝万缕的联系，因此，尼僧的社会生活亦是她们生活不可缺少的组成部分。以下仅对敦煌尼僧的社会生活情况作一探讨。

第一节　敦煌尼僧的生活方式

佛教起初是宣扬出世的宗教，僧尼出家修道的目的是为了摆脱世俗一切烦恼，明心见性。出家僧尼不仅要抛弃父母世俗家庭，更不能私蓄财产，利欲熏心。因而按当时佛教的基本教义，没有私产的僧尼应以乞食或施主布施为生，更不能进行生产或经营活动获取生活资料。如《四分律》载："佛尔时以此因缘，集比丘僧，为诸比丘说大小持戒健度，……不蓄养奴婢、象、马、车乘、鸡、狗、猪、羊、田宅、园观、储积蓄养一切诸物，不欺诈、轻秤小斗，不合和恶物，不治生贩卖。……量腹而食，度身而衣，取足而已。"可以看出，戒律中明确规定，僧尼不得占有各类财物，甚至连进行生产和经营活动以获取财物都被认为是违反戒律，僧尼的生活来源是靠施主的施舍或乞食。

然而，八至十世纪的中国僧尼生活在封建私有制经济社会中，不能不受世俗社会经济的影响，而且僧尼要生活，也离不开生活资料，况且在中国，僧尼赖以生存的环境又与印度僧尼生活的环境有很大的区别。故敦煌僧尼的生活方式与印度佛教的"同居共室"表现出很大的差异。

早在魏晋时期，由于佛教影响扩大，"相竞出家者"剧增，僧尼真伪难辨，寺院戒律渐被破坏。南北朝时期，僧尼享有一系列经济和政治特权。许多百姓为逃避调役而纷纷出家，他们"或垦殖田圃，与农夫齐流；或商旅博易，与众竞利；或矜恃医道，轻作寒署；或机巧异端，以济生业；或占相孤虚，妄论吉凶；或诡道假权，要射时意；或聚畜委机，颐养有余；或抵掌空谈，坐食百姓。"① "伪滥之极，自中国之有佛法，未之有也"②。有唐一代，寺院僧侣享受世俗政权的恩典殊荣，"殖货营生，非舍尘俗；拔亲树知，非离朋党；畜妻养奴，非无私爱"③，迹同齐人。

僧侣的这种"进违戒律之文，退无礼典之训"的行为，受到了当时社会舆论的谴责。唐初高祖诏令："诸僧、尼、道士、女冠等，有精勤练行、守戒律者，并令大寺观居住，给衣食，勿令乏短"④。文宗时，李德裕治蜀"蜀先主祠边有猱村，其民剃发若浮屠，畜妻子自如，德裕下令制止，蜀风大变"。尽管如此，但佛教世俗化、社会化趋势仍非常明显。唐代中后期，中原已有寺院不供给僧尼食物，允许僧尼住在俗家。圆仁在巡礼中提及龙兴寺"寺无饭食，各自求食"⑤。由上述材料可知，此种现象并非限于当时社会某一隅。据郝春文先生考证，在八至十世纪的敦煌寺院不供给食物，僧尼因此除少数僧人仍住在寺院生活，大部分僧人则直接住在世俗家中。

一、住在世俗家中的尼僧生活情况

生活在世俗家中的尼僧，一般和家中其他成员居住在一起，如P. 3730《沙州尼海觉牒》提到尼海觉与从妹尼无边花有时就住在俗家，

① 《广弘明集》卷8《依法除疑第十二》，《大正藏》卷52，第143页上栏。
② 《魏书》卷114《释老志》，中华书局1974年版，第3048页。
③ 《旧唐书》卷101《辛替否传》，中华书局1975年版，第3157—3158页。
④ 《旧唐书》卷1《高祖本纪》，中华书局1975年版，第17页。
⑤ 圆仁：《入唐求法巡礼行记》卷2，上海古籍出版社1996年版，第93页。

姊妹相依。P. 3753《普光寺尼定忍等牒》记，尼定忍等也不时地住在寺外家中，和家人居住在一起。S. 2199《咸通六年（865年）沙州尼灵惠唯（遗）书》中记，尼僧灵惠同其侄女潘娘居住在一起。S. 4710《唐年代未详（公元九世纪后期）沙州阴屯屯等户户口簿》中，尼僧定严、尼僧夔夔和世俗家庭成员混籍合户，也和家人居住在一起。

这些生活在家中的尼僧，因世俗家庭的家境不同，生活情况差别很大。

生活在家境比较富裕的世俗家中的尼僧，一般衣食无忧，常常有奴婢服侍，生活比较安逸。上文提到的尼僧灵惠生前就有"家生婢子威娘"侍奉，生活悠闲自在。上引京都有邻馆敦煌文书51号《唐大中四年（850年）十月沙州令狐进达申报户口牒》①中，有令狐进达及妻男女兄弟姊妹僧尼奴婢等共34人共同混籍合户，其中奴婢在户籍上的排列并不是集中在一起，而是分别列于某人之后，如奴进子被列于妹银银之后，宜宜被列于妹尼照惠之后。据郝春文先生研究，这样书写的意图是表示户内的主奴或主婢关系，即奴进子属于妹银银，婢宜宜属于妹尼照惠。②据此推知，尼僧照惠应有自己的婢子宜宜侍奉，生活亦很舒服。敦煌尼僧慈心，也生活在一个富有家庭，有自己的家客替她劳动，过着丰衣足食的舒适生活。Ch. lv. 0015绢画《水月观音像》，供养人画像右侧为一尼像，其身后立一小尼像。MG. 1778绢画《十一面观音菩萨图》，下部供养人画像右侧为一比丘尼程恩信为已故大乘寺阇梨妙达像，身后亦立一小比丘尼像。据沙武田先生考证，前一尼僧身后的小尼像，很有可能是该尼僧生前的侍从，后一小比丘尼像，应是尼僧妙达生前的侍从。如果这个推测不错，至少可以充分说明这两名尼僧生前有专门的奴婢侍奉，生活比较富余和安逸。

生活在家境比较贫寒的世俗家庭中的尼僧，生活通常很清苦，没有

---

① 唐耕耦、陆宏基：《敦煌社会经济文献真迹释录》第2辑，全国图书馆文献缩微复制中心1990年版，第462页。

② 郝春文：《唐后期五代宋初敦煌僧尼的社会生活》，中国社会科学出版社1998年版，第109—110页。

基本保障。为了生活，她们大多和世俗家人一起从事农业、手工业、商业等各种社会生产和经营活动，过着自力更生、自食其力的生活。有关这一点笔者在论述尼僧私有经济活动中已有说明，在此不再赘述。

然而，在八至十世纪的敦煌，无论是生活在富有家庭的尼僧，还是生活在贫穷家庭的尼僧，她们的生活都有一个共性，那就是长期赖以生活的世俗家庭环境，使她们的生活几乎完全世俗化了，宗教身份表现得不很明显，基本生活同世俗家庭成员并无明显的两样。只是在寺院发转帖通知寺院有集体宗教活动时，才回寺院参加这些活动，尽自己作为尼僧的分内事宜和责任。P. 3434v《社司转帖》（抄）：

1. 社司 转帖

2. 右缘年支正月燃灯，人各油半升。幸请诸公等，帖至限今月廿一日卯

3. 时，与官楼兰若门前取齐。捉二人后到者，罚酒一角；全不来者，

4. 罚酒一瓮。其帖速递相分付，不得（下空）①

此帖就是招集僧尼包括尼僧参加佛教节日燃灯的转帖。S. 51393v《社司转帖》："……右缘常年春座局席，人各面一斤半，油一合，静（净）粟五升，帖至，并限今月十四日辰时，与主人灵进保会家送纳足。如有于时不纳者，罚麦三斗；全不纳者，罚麦五斗。其帖速递相分付，不得停滞。如有滞帖者，准条科罚。帖周，却付本司，用凭告罚。"② 很明显这是招集僧人包括尼僧参加佛教活动即春座局席的。僧人包括尼僧就是以上述转帖的方式与寺院取得联系，在家庭与寺院之间活动往来。

另外，值得注意的是，上述提到的状况，即尼僧们的家，不仅有简单的家业，同时也往往有房舍、田地、菜园等，这种情况在男性僧人中同样存在，属于僧尼居家生活的共性。从敦煌文献记载看，相对于男性僧人来说，女性僧人即尼僧，似乎只有家，并没有家室，而男性僧人却

---

① 唐耕耦等：《敦煌社会经济文献真迹释录》第1辑，全国图书馆文献缩微复制中心1990年版，第347页。

② 唐耕耦等：《敦煌社会经济文献真迹释录》第1辑，全国图书馆文献缩微复制中心1990年版，第345页。

往往既有家又有妻子儿女等家室。如 P. 4120《壬戌年——甲子年（962—964 年）布褐等破历》："癸亥年（965 年）二月……布四尺五寸，索僧统新妇亡吊孝及王上座用。"① P. 2032v（12）《后晋天福五年（940年）前后沙州净土寺算会牒稿》载："布二尺，张阇梨新妇亡时，吊用。"② P. 2040v《后晋某年沙州净土寺诸色人破历算会稿》载："布九尺，高僧政新妇亡时，吊孝索校拣、索僧政、高僧政等用。"③ "新妇"者，妻之谓也。故这些材料均说明敦煌僧人索僧统、张阇梨、高僧政皆有妻子。敦煌僧人除了有妻子外，还有儿女。如 P. 3394《唐大中六年（852 年）沙州僧张月光父子回博士地契》提到，僧张月光有三个儿子，并和他们住在一起。P. 3730《申年十月沙州报恩寺僧崇圣状》附乘恩判中说崇圣"孝子温情"，也有自己的子女。P. 3578《癸酉年（913 年）正月沙州梁户史泛三沿寺诸处使用油历》载："寺内折麻油一升，付与张法律女"④，可见，僧张法律亦有自己的女儿。更有甚者，一些无子女的僧人还收养义子义女。P. 3410《沙州僧崇恩处分遗物凭据》载，僧崇恩收有养女名娲柴，数年前已出嫁，遗嘱中将婢女留给其养女娲柴驱使。文云："娲柴小女在乳哺来，作女养育，不曾违逆远心。今出嫡（适）事人，已经数载。老僧买得小女子一口，待老僧终毕，一任娲柴驱使。"⑤ P4525v（12）《宋太平兴国八年（983 年）僧正崇会养女契稿》云："太平兴国八年癸未岁□月□日立契，康会□为释子具是凡夫□俗即目而齐修，衣食时常而要觅，是以往来举动，随从藉人，方便招呼，所求称愿。今得宅僮康愿昌有不属官女厶（某），亦觅活处，二情和会，现与生女父

---

① 唐耕耦等：《敦煌社会经济文献真迹释录》第 3 辑，全国图书馆文献缩微复制中心 1990 年版，第 213 页。

② 唐耕耦等：《敦煌社会经济文献真迹释录》第 3 辑，全国图书馆文献缩微复制中心 1990 年版，第 480 页。

③ 唐耕耦等：《敦煌社会经济文献真迹释录》第 3 辑，全国图书馆文献缩微复制中心 1990 年版，第 406 页。

④ 唐耕耦等：《敦煌社会经济文献真迹释录》第 3 辑，全国图书馆文献缩微复制中心 1990 年版，第 182 页。

⑤ 唐耕耦等：《敦煌社会经济文献真迹释录》第 2 辑，全国图书馆文献缩微复制中心 1990 年版，第 152 页。

娘乳哺恩，其女作为养子尽终事奉。如或孝顺到头，亦有留念衣物。若或半路不听，便还当本所将乳哺恩物厶，便仰别去。不许论讼养父家具。恐后无信，遂对诸亲勒字，用留后凭。"① 文中僧崇会因"往来举动，随从藉人"，生活难以自理，需要人侍奉而收养女。

据李正宇先生考证，僧人有妻有儿女甚至收养义子义女的原因有四点：首先，是受吐蕃佛教影响的结果。具体来说，就是在吐蕃统治时期，将其本土的"重信轻戒"甚至"有信无戒"的佛教带到敦煌，使得敦煌地区本来严格的教戒受到冲击、引起动摇，造成敦煌地区的佛教戒律松弛、变异，破坏了敦煌地区僧人严格的戒行。其次，是因受了禅宗的影响。禅宗认为"一切万法，尽在自身的心中"。倡导"无相戒"认为自身清净即是戒法，持戒与否，只在自性的迷悟染净，并非外在的善恶分别。既然如此，那么虽置妻孥，只要"自去非心"，也就"非自有罪"。第三，隋末失政，豪杰并起，战乱不断；唐朝立国，复事四征，人口因而大减。而僧尼众多影响到人口的增殖，于是有武德七年（624 年）太史令傅奕上疏请令僧尼婚娶之事。这种做法影响了敦煌地区。第四，隋唐以来，人生欲望日渐增强，世俗意志日渐觉醒，世谛之法逐渐抬头，出现了不少鼓吹"世谛"的中国造的"佛经"。把男女合和的世谛之法，提到了"天之常道，自然之理的高度"，这部佛经在敦煌地区非常流行，从而影响了敦煌僧人的社会生活，打破了僧人的禁婚之戒。

毋庸置疑，这些因素为僧人娶妻生子的现象提供了有力的佐证。但有一个问题仍未解决。那就是在敦煌文献中，为什么男性僧人的婚娶事例很多，而女性僧人即尼僧的婚嫁记载却没有呢？这是一个令人费解的问题。对于这个问题，可以推测作出如下解释。

首先，上文提到过，长期以来，在"男主外，女主内"的传统社会，使得婚姻对于女性来说具有不可估量的意义。诚如波伏娃所言："对女人而言，婚姻是她唯一和社会融合的途径，若没人娶她，从社会的立场看，

---

① 唐耕耦等：《敦煌社会经济文献真迹释录》第 2 辑，全国图书馆文献缩微复制中心 1990 年版，第 157 页。

她便是被浪费掉了。"① 在这样的心理基础上，女性往往对婚姻寄予很高的期望，当婚姻家庭遭遇不幸，而社会又没有给她们提供相应的生活保障时，她们甚至认为失去了婚姻，一定意义上就等于失去了一切。因此，婚姻家庭的不幸往往是造成女性出家的主要原因。在八至十世纪的敦煌，女性因为婚姻的失败而出家者比比皆是，这些女性选择出家一定程度上意味着她们从心理上对婚姻产生了绝望，充满恐惧。而出家为尼，恰好使她们摆脱了这种心理，从宗教信仰中得到了安慰，找到了摆脱心灵危机和未来生活的出路。与此同时，也弥补了她们因为强烈的感情危机和现实生活的失落挫败感而失去的在现实生活中的信心，所以在她们一旦选择了出家之路，就再也不想卷入婚姻的旋涡。这可能是八至十世纪敦煌文献中没有发现出家为尼的女性再次婚嫁记载的原因之一。

其次，佛教一开始根据女性自身的特点制定了较男性僧人严格的尼戒。据《四分律》所载，比丘尼有三百四十八具足戒，为八婆罗夷法、十七僧残法、三十舍堕法、一百七十八波逸提法、八提舍尼法、百众学法、七灭净法。其中八婆罗夷法是比丘尼戒中的根本大法，犯者永除僧籍，即所谓"不共住"。《四分比丘尼羯磨法》中，又有所谓沙弥尼十戒，即不得杀生，不得偷盗，不得行淫，不得妄语，不得饮酒，不得着花鬘香油涂身，不得歌舞倡伎，亦不欢听，不得高广大床上坐，不得捉持生像金银宝物，不得非时食②。又根据《五分比丘尼戒本》的记载，比丘尼八婆罗夷戒主要包含以下内容，即不得行淫，不得偷盗，不得杀生，不得妄语，不得与男子有肌肤亲近，不得与男子独行共处，不得对其他比丘尼犯戒视而不见、知而不举，不得为其他比丘尼遮掩过错③。能否按照沙弥尼十戒和八婆罗夷法来修持佛法，是能否获得比丘尼资格的前提和关键，触犯这些戒律，就会被开除僧团，失去比丘尼资格，而尼戒最为严格的规定，又以限制尼僧与异性交往关系的戒律为最。东晋失

① （法）西蒙·波伏娃：《第二性》，转引自高虹《夏娃的诞生：西蒙·波伏娃》四川人民出版社 2000 年版，第 135 页。

② 《四分比丘尼羯磨法》卷 1，《受戒法》，第 1065 页。

③ 《五分比丘尼戒本》卷 1，第 206—207 页。

译的《沙弥尼离戒文》(《沙弥尼戒经》)就规定:"不得手授男子物。设欲与物,当置着地,却使取之"①。另外,失译的《大爱道比丘尼经》是佛陀在迦维罗卫释氏精庐对大爱道裘昙弥亲自说法,共两卷。其卷上佛说沙弥尼十戒云:"三者,沙弥尼尽形寿,不得淫。不得蓄夫婿,不得思夫婿,不得念夫婿。房远男子,禁闭情态。心无存淫,口无言调,华香脂粉,无以近身。常念欲态,垢浊不净。自念淫恶,万事百端。宁破骨碎心焚烧身体,死死无淫。非淫溢而生,不如守贞而死。譬如须弥山,溺在海中无有出期。淫溢之欲,没在泥犁中,甚于须弥山。有犯斯戒,非沙弥尼也。"② 同书"九者沙弥尼尽形寿"又云:

> 男女各别不得同室而止,行迹不与男子迹相寻,不得与男子同舟车而载,不得与男子衣同色,不得与男子同席而坐,不得与男子同器而食,不得与男子染作彩色,不得与男子染割作衣,不得与男子浣濯衣服,不得从男子有所求乞。若男子进贡好物,当重察关之,当远嫌避疑,慎所思名。不得书疏往来,假借倩人使。若有布施,亦不宜受。若有行者,必须年耆,慎莫独行;行必有所视;视设见色为不清净,不得别行。独止一室而宿也。有犯斯戒,非沙弥尼也。

接下来的第十条,还提出:"不得交脚而坐,不得展脚而坐,不得伏坐上而语。常当自羞耻女人恶露。"严防男女接触,到了及其苛细的程度。

这种基于女性自身特点的严格的规定,为中国女性僧众所接受,同时也成为尼僧日常行为的准则。这种准则的存在客观上为阻止尼僧与异性交往、消除尼僧婚配起到了重要的作用。这可能也是敦煌资料中没有尼僧再次婚配记载的又一原因。

第三,在八至十世纪的敦煌,处于唐、吐蕃、归义军统治时期。据李正宇先生考证,敦煌文献中最早提到僧人有妻及子的相关记载是在吐

---

① 《大正新修大藏经》卷24,第938页。
② 《大正新修大藏经》卷24,第947页。

蕃统治时期①。从吐蕃统治时期到归义军统治时期，敦煌政府建立了僧官制度，加强了对佛教的管理。这主要表现在控制着僧尼的管理机构都司，以及任命最高的僧官都僧统上。这种控制使得佛教教团依附于朝廷，政权凌驾于教权之上。基于这种情况，我们可以推知，当时尼僧管理也几乎完全由政府掌握，故而可以依理推测敦煌文献资料中没有尼僧婚配的资料与政府的政策有关，说明当时政府对尼僧可能实行了严格的禁婚政策。

第四，由于女性对生命问题的敏锐观察力和切身体验，以及女性不同于男性的身心特征和各种责任，加之数千年历史文化的积淀，致使女性普遍对宗教保持着很严肃和虔诚的态度，佛教女性更是如此。

第五，当时女性出家，或是出于内在信仰，即家庭影响和自身领悟，或是由于各种外界因素，如灾祸、婚变、离乱、疾病等。概言之，既有个人和家庭原因，又与社会大环境分不开。特别是在那样一个政局迭变、干戈横起的时代，女性心理遭受着重大的痛苦和折磨，出家便成为极少数人可供选择的生路之一。这些女性出家后大多深信佛法，游心经律，精勤苦修，"立志贞固"、"穷苦行之节"、舍身供佛、造经像行苦节。

二、住寺院尼僧的生活情况

除了住家尼僧外，还有一部分尼僧住在寺院里，这些住在寺院的尼僧的生活，因具体经济条件等方面的不同，生活各有区别。

在八至十世纪的敦煌，住在寺中的普通尼僧，一般自修居住房舍。上引 S. 542v《坚意请处分普光寺尼光显状》中，尼僧光显因新近出家，没有房舍，于是在寺中开道修房舍，在修的过程中因用水与尼僧坚意等发生矛盾。上引 P. 3730《吐蕃时期沙州尼海觉牒》载，尼海觉"姊妹相依，炊爨不别，登修房际"，也是自己修建居住房舍。另外，由于当时寺院一般不供给尼僧饮食，她们大多同俗界的自耕农一样，通过辛苦劳作自筹所需生活资料，解决自己的生活问题。如上面提到的尼僧海觉与其

---

① 李正宇：《晚唐至宋敦煌听许僧人娶妻生子》，载季羡林：《敦煌吐鲁番研究》第 9 卷，中华书局 2006 年版，第 346 页。

妹尼无边花"花严射地，施工明空"，从事农业生产活动，通过劳动获得必需的生活资料，维持生活。上引 P. 3947《年代未详（十世纪）僧沙弥配分寺田历》中提到"金鸾观进渠地四亩，见尼真智佃"，可见，尼僧真智以佃种别人的土地为生。这种自耕农式的耕作方式，往往要负担一定的税役。这使得尼僧经济无比脆弱，不堪一击。所以，生活在寺中的尼僧，尽管很努力地劳作，但生活仍然很贫困。像上面提到的住在寺中的尼僧定忍，在寺无一毛之地，在家又有困然之饥，为了生计，经常在家和寺院之间徘徊：一会儿住在寺中，一会儿又迫于生计回到家中求援。尼僧明相也因在寺生活困顿，而出卖了自己的耕牛换取生活必需品，以保障自己的基本生活。

以上是普通住寺尼僧的生活情况，至于住寺的上层尼僧的生活资料往往是由寺院供给的。P. 2838（1）《唐中和四年（884 年）正月上座比丘尼体圆等诸色斛斗入破历算会牒残件》载："面三斗、油二升、粟三斗、康僧政、冯法律顿递用。"[①] P. 2838（2）《唐光启二年（886 年）安国寺上座胜净等诸色斛斗入破历算会牒残卷》："麦三斗，油一升、油一升半、粟三斗，看康僧政、张判官用。"[②] P. 3234《年代不明［公元十世纪中期］净土寺西仓粟破》："粟一斗就寺看尼索阇梨用。"[③] 由于寺院负担她们的生活资料，所以她们的生活较安逸，衣食无忧。但是她们在尼僧中毕竟占少数。

总之，在八至十世纪的敦煌，寺院一般不供给僧人包括尼僧食宿，尼僧基本上脱离了在寺聚居共食的生活方式。她们中的大多数居住在世俗家中，往往和家人一起从事社会生产活动，以此谋生。有少数居住在寺院，在寺院的尼僧除僧官外，一般都自己解决食宿问题，过着自食其力的生活。

---

① 唐耕耦等：《敦煌社会经济文献真迹释录》第 3 辑，全国图书馆文献缩微复制中心 1990 年版，第 323 页。

② 唐耕耦等：《敦煌社会经济文献真迹释录》第 3 辑，全国图书馆文献缩微复制中心 1990 年版，第 331 页。

③ 唐耕耦等：《敦煌社会经济文献真迹释录》第 3 辑，全国图书馆文献缩微复制中心 1990 年版，第 445 页。

第二节 尼僧与社会及家庭的关系

敦煌尼僧的上述生活方式，决定了尼僧与其所处的社会和家庭存在着密切的关系，在这种错综复杂的关系中，尼僧通常参加各种社会活动，与家庭密切往来，并得到了家庭的尊重，在家庭中具有一定的地位。

一、尼僧的民间社邑活动及其他各项社会活动

舍弃家庭生活，以修梵行，是出家人的志向，但敦煌出家人包括尼僧并未置身于红尘之外，他们仍然与世俗社会有密切的关系，并从事着各种各样的社会活动。

1. 民间社邑活动

八至十世纪以经济和生活互助为主要内容的社邑活动在敦煌地区广为流传，敦煌尼僧除了参加社会经济活动外，也参加这种社邑活动。P. 3489《戊辰年正月廿四旌坊巷女人社社条（稿）》[1]：

1. 戊辰年正月廿四日，旌坊巷女人团坐商仪（议）立条，合（合）社商量为定。各

2. 自荣生死者，纳麦一斗，须得齐同，不得怠慢。或若怠慢者，捉二人

3. 后到，罚（酒）一角，全不来者，罚（酒）半瓮，众团破除。一或有大人巅（颠）言到（倒）仪，

4. 罚醴醵 一筵。小人不听上人，罚羯羊一口，酒一瓮。一，或有凶事荣亲

5. 者，告保录事，行文放帖，各自兢兢，一一指实，记录人名目。

---

① 唐耕耦等：《敦煌社会经济文献真迹释录》第 1 辑，书目文献出版社 1990 年版，第 276 页。

6. 录事孔阇梨 虞侯安阇梨 社人连真 社人恩子 社人福子

7. 社人吴阇梨女 社人连保 社人富连 社人滕子 社人员泰

8. 社人子富 社人员意

9. 右入社条件，在后不承文帖，及出社者，罚酒醴醶 （一）筵。

（后空）

文中尼僧孔阇梨、安阇梨参加了社邑活动，并分别担任录事和虞侯的职务。从文书内容看，她们结社活动的主要目的是经济互助，其中内容也涉及了丧葬。

唐俗注重厚葬。上下因循，渐成风习："王公百官，竞为厚葬，偶人象马，雕饰如生，徒以炫耀路人，本不因心致礼，更相扇动，破产倾资，风俗流行，下兼士庶。"[1] 韦挺在太宗时上的《论风俗失礼表》中云："又闾里细人，每有重丧，不即发问，先造邑社，待营办具，乃始发哀。至假车乘，雇棺椁，以荣送葬。既葬，邻伍会集，相与酺醉，名曰出孝。"[2] 长庆三年（823 年）李德裕上奏，也指出百姓以厚葬相矜，为此盛设祭奠，兼置音乐等，由于缺乏厚葬所需的葬资，只好"或结社相资，或息利自办"[3]。王梵志诗中云："遥看世间人，村方安社邑。一家有死生，合村相就泣。"[4]

基于这一点，在八至十世纪的敦煌，以经济和生活互助的社邑活动中，丧葬互助又是最重要的活动，而在敦煌的这类社邑活动中，有相当一部分尼僧参加。上引 P. 3218《八月廿三日时事转帖》就是一个通知社人参加普光寺尼僧范阇梨丧葬活动的社司转帖。帖中规定社邑成员接到通知后，携带纳赠物品到指定地点聚齐，帮助凶家普光寺尼僧范阇梨的营葬。如不按时来或不来者，按社条规定罚麦三斗或六斗。社邑的规模很大，有三十多名僧人出钱出力，以互助的形式参加。在这三十多人中，包括灵修寺、圣光寺、安国寺、大乘寺四个尼寺的尼僧李阇梨、米阇梨、

---

① 《唐会要》卷38《葬》，中华书局 1955 年版，第 815 页。
② 《全唐文》卷 154，中华书局 1983 年版，第 1575 页。
③ 《唐会要》卷 38《葬》，中华书局 1955 年版，第 815 页
④ S. 778、S. 5796《敦煌宝藏》第 6 册，新文丰出版公司 1981 年版，第 451 页。

申阇梨、张阇梨、范阇梨、李阇梨、翟阇梨、李阇梨、马阇梨九人。

S. 527《后周显德六年（959年）正月三日女人社再立条件》：

1. 显德六年己未岁正月三日，女人社，因滋新岁初来，各发好意，再

2. 立条件。盖闻至城（诚）立社，有条有格。夫邑仪者，父母生其身，

3. 朋友长其值，遇危则相扶，难则相救，与朋友交，言如信，结交朋

4. 友，世语相续。大者若姊，小者若妹，让语先登，立条件与后。山

5. 河为誓，中不相违。一，社内荣凶遂（逐）吉，亲痛之名，便于社格，人各

6. 油一合，白面一斤，粟一斗便须駆駆济造食饭及酒者。若本身死

7. 亡者仰众社盖白𣬉拽便送，赠例同前一般。其主人看待，不谏厚

8. 薄轻重，亦无罚责。一，社内正月建福一日，人各税粟一斗，灯油一盏，

9. 脱塔印砂。一则报君王恩泰，二乃父母作福。或有社内不谏大小，

10. 无格在席上暄（喧）拳，不听上人言教者，便仰众社就门罚醴醵一筵，

11. 众社破用。若要出社之者，各人快（决）杖三棒后，罚醴醵局席一筵，的无

12. 免者。社人名目诣实如后。社官尼功德进（押）

13. 　　　　社长侯富子（押）

14. 　　　　录事印定磨柴家娘（押）

15. 　　　　社老女子（押）

16. 　　　　社人张家富子（押）

17. 　　　　社人涡子

18. 　　　　社人李延德（押）

19. 　　　　社人吴富子（押）

20.　　　社人段子（押）

21.　　　社人富胜（押）

22.　　　社人意定（押）

23.　　　社人善富（押）

24.　　　社人烧阿朵（押）

25.　　　社人富连（押）

26.　　　社人住连（押）

27. 右通前件条流，一一丁宁，如水如鱼，

28. 不得道说事非。更不与愿者，山河

29. 为誓，日月证知。恐人无信，故勒此条，

30. 用后记耳。①

此女人社是一个以丧葬为主的社邑，从文书末的签名看，尼僧功德进参加了此社邑活动，并在社中担任社官。

这种以丧葬互助为主的社邑活动，往往是以社约的形式规定，社人家内如遇凶丧，须马上向社司报告。社司得报后，由社的首领录事向社人发转帖。社人接到通知以后，按指定时间带着助葬品到营葬地点帮助凶家营葬。如有人不按时或不参加，就按社条的规定进行处罚。社邑中的成员遇危则相扶，难则相救，与朋友交，言如信，结交朋友，世语相续。大者若姊，小者如妹。相互礼让，形同一家人。社邑俨然一个"幼吾幼以及人之幼，老吾老以及人之老"的大同组织，使社员有了一种家的归属感、安全感和依赖感。这充分体现了在经济基础脆弱的封建社会，人们只有同心协力、互帮互助才能生存的现实和人们对美好生活的向往、追求。

尼僧作为女性中的一员，参与女人社活动，表明在八至十世纪的敦煌，女性会参加广泛的社会活动。她们开始走出父兄、丈夫的身后，与社会直接接触，正体现了《颜氏家训》所描绘的"邺下风俗，专以妇恃门户，争讼曲直、造请逢迎、车乘填街卫、绮罗盈府寺、代子求官，为

---

① 唐耕耦等：《敦煌社会经济文献真迹释录》第1辑，书目文献出版社1986年版，第274页。

夫诉曲"的社会遗风，从侧面反映了当时妇女社会地位的提高。与此同时，尼僧又作为女性中的特殊群体——出家女性，在社邑中担任了一定的职务。如上引 P. 3489《戊辰年正月廿四旌坊巷女人社社条（稿）》："录事孔阇梨 虞侯安阇梨。"上引 S. 527《后周显德六年（959 年）正月三日女人社再立条件》："社官尼功德进（押）。"在一定程度上也说明了尼僧不仅参与一些世俗社会活动，在妇女中有一定的威望和地位。

另外，值得注意的是这些入社尼僧，多数不是代表自己所在寺院集体参加，而是以个人身份参与的。众所周知，在八至十世纪的敦煌，大部分出家人并不住寺，而是住在家中，出家不离家。这样尼僧在经济和生活方面遇到的困难与世俗百姓几乎没有什么区别。从文献记载来看，这些传统社内的尼僧，自身或家人遇到困难，也和其他社的成员一样，向社司请求援助；社内其他成员需要经济和生活援助时，也以社内普通一员的身份纳赠物品。这说明这些入社尼僧在社中的地位是普通一员，而不是寺院的特殊代表。而且她们入社亦即出于自身的需要自愿参加，其对社邑的权利，由其自身享受；其对社邑的义务，亦由其自身承担。

但是，与此同时，在八至十世纪的敦煌，也有一些社邑，尼僧的入社很可能是作为寺院的代表，而不是（或者说不全是）个人行为。敦煌出土的《某寺庚寅年（930 年?）九月十一日——辛卯年七月九日诸色斛斗支付历》就透露这一信息①。该件残存 20 行，其中记录吊赠 17 项，包括"吊孝达家夫人大社粟壹斗，小社粟壹斗"、"孔库官社印沙佛粟壹斗"、"都官社吊孝粟壹斗"、"阎都衙社粟壹斗"、"索阿朵子赠粟壹斗"、"吊孝索家娘子粟叁斗"、"吊孝邓家阿师子粟一斗"等。此类开支既由寺院支付，就不可能仅仅是个人行为。

然而，无论尼僧是以个人的身份加入社邑组织，还是作为寺院的代表参与社活动，她们作为出家人，之所以要加入社邑，有诸多方面原因的：

第一，上面提到过，在八至十世纪的敦煌，生活在自给自足的小农

---

① 唐耕耦等：《敦煌社会经济文献真迹释录》第 3 辑，全国图书馆文献缩微复制中心 1990 年版，第 205 页。《辑校》第 777 页。

经济中的尼僧，大多数靠从事农业、手工业、商业等社会生产活动，维持生计。这种生产方式基础比较薄弱，再承担一定的赋役又使得其经营更加脆弱。生活在这种经济状况下的尼僧，缺乏安全感和生活保障，对未来充满了恐惧和忧虑。尼僧们为了消除这种担心和顾虑，应对未来无法预测的危机，纷纷加入各种社邑组织，希望能借助集体经济和生活互助的办法，来解决和消除未来生活中的困难和风险。

第二，大乘佛教提倡普度众生，而社邑提供了实现这种理想的途径。《像法决疑经》云："若复有人，多饶财物，独行布施，从生至老。不如复有众多人众，不同贫、富、贵、贱，若道、若俗，共相劝他各出少财，聚集一处，随宜布施贫穷、孤老、恶疾、重病、困厄之人，其福甚大。"①尼僧作为出家人，自然愿意加入这种社邑组织，实现普度众生的理想。这是尼僧加入社邑组织的理论基础。

第三，在八至十世纪的敦煌，尼僧与家庭关系紧密，而且大部分尼僧直接住在家里，和世俗家人一起生活，而社人身份又具有世袭性，尼僧一旦入社，不仅自己可以受到社人的资助，而且家人也能得到相同的待遇。这在一定的程度上又增加了尼僧的功德，增进了尼僧与家庭的关系，增强了尼僧所在家庭的保障力，这也是尼僧所期望的。

第四，敦煌地区自然环境的恶劣，以及历史上这一地区先后受到众多少数民族的征伐、骚扰和统治，自然因素和人为因素带来的天灾人祸是个体力量所无法单独承担的。尼僧作为女性，只有和世俗各界聚集、团结起来，利用集体的力量共同抵御与承担自然灾害和社会风险，才能维护个人的利益。

2. 参与服务民众的社会公益事业

一般来说，佛教十分注重社会救济和其他公益事业。寺院中的无尽藏和僧尼主持的悲田养病院，以常设机构的办法使佛教兴办社会公益事业制度化。僧尼们的不懈努力，在为贫苦残疾之人雪中送炭，帮助他们部分解决了饥寒之苦的同时，也向民众宣传了佛法，展示了佛的慈悲

① 《大正藏》卷85，第1337页。

心怀。

在八至十世纪的敦煌，亦存在类似社会公益事业的机构。Дx. 02166《某社三官破斛斗历》是社司三官使用社邑斛斗的文书，其中有："九月十二日三官就悲田院破粟一斗。"① Дx. 1765《散施偈》云："库藏本来非常用，恒将散食□贫人。"② 这说明在当时的敦煌，有悲田院这种慈善机构。又敦煌文书 P. 2826v + P. 2626v《唐天宝年代敦煌郡会计牒》，记载了唐天宝年间敦煌郡病坊的财务状况，据文书 91—103 行，病坊有本利钱 130. 072 贯，其中百贯本，30. 072 贯利，有杂药 950 斤 20 枚，什物 94 事，包括锅、盆、灌（罐）、锁、食具、斤、毡、席等，米一硕 6 斗 8 合。由此记载可知，在当时的敦煌，亦有病坊这种机构。病坊是供病人和无家可归者休息将养的地方。从敦煌文献看，敦煌的病坊由国家拨给本钱进行经营，但其作为源于佛教的一个慈善机构，仍由僧尼负责。

敦煌尼僧们作为这些机构的主体之一，从事各类社会公益活动。

社邑比较重要的一项活动就是赈济互助，对社内遇到急难或凶变的社员给予经济上赈济，帮助其渡过难关，这也是立社的主要目的之一。S. 2041《唐大中年间（847—859 年）儒风坊西巷村邻等赈济凶社约》记载："结义相和，赈济危难，用防凶变，已后或有诟歌难尽，满说异论，不存尊卑科税之艰，并须齐赴。"③ S. 6537 社条亦云："诸家若有凶祸，皆匍匐向之，要车齐心成车。"④ 敦煌尼僧在自己所加入的民间社团中，参与日常的经济活动如赈济、救助等。上引 S. 527《女人社条》载："夫邑义者，父母生其身，朋友长期值，遇危则相扶，难则相救。"很明确地揭示了这一点。赈济的办法是以集资的方式，让社员纳赠一定数量的物品，纳赠物的数量，一般在立社之时有明确规定。P. 3489 社约规定：

---

① 郝春文：《〈敦煌写本社邑文书辑校〉补遗（四）》，浙江大学汉语史研究中心、浙江大学古籍研究所编：《姜亮夫 蒋礼鸿 郭在贻先生纪念文集》，《汉语史学报专辑》（总第三辑），上海教育出版社 2003 年版，第 383 页。

② 徐俊纂辑：《敦煌诗集残卷辑考》，中华书局 2000 年版，第 945 页。

③ 唐耕耦等：《敦煌社会经济文献真迹释录》第 1 辑，书目文献出版社 1986 年版，第 270 页。

④《英藏敦煌文献》第 11 册，四川人民出版社 1994 年版，第 93 页。

"纳麦一斗。"① S. 527 社约规定："人各油一合，白面一斤，粟一斗。"②
接受纳赠的社员，一般都是在家逢凶丧急难之事时，要求社众出物、出
力。上述社帖在要求社众纳物的同时必须人到，就说明了这一点。

敦煌尼僧在自己所加入的民间社团中，除了参与日常的赈济、救助
等经济活动外，还发挥个人特长，开展带有社会公益性质的佛教活动。

在敦煌文献中保留有大量的"斋文"及其样本（范本），就是敦煌
僧团利用佛事活动直接造福民众的记载。所谓社斋文就是民间各社团利
用佛教仪式，祈愿社内平安与富足等内容的程序文书。这些文书一般都
是由社内僧人依据社内三官的旨意所撰写，并在社邑或社团的斋会上宣
读。其主题多为希望通过供养佛法僧三宝，而使国主千秋，风调雨顺，
国泰民安，忠孝两全，老人长寿、儿孙满堂等。如 S. 5573《社斋文》
载："厥今则有坐前施主跪双足，焚宝香，虔一心，设清供所申意者，奉
为三长邑义，过去多劫而种善根，今世之中会遇三宝，同兴上愿敬设清
斋之所施也。伏惟三官众社等，高门君子，塞下贤礼，资身宽弘，范氏
两全忠孝，文武兼明，晓知坏幻，非电不坚。故能与竖良缘，崇兹胜福。
今会斋凡圣，莲台恭敬三尊，希求胜志，遂乃年三山润月六无亏，建竖
坛那斋修法会之日也。开月殿，启金函，转大乘，敷锦席。厨馔纯陀之
供，炉焚净土之香，幡花散满于庭中，禅梵啾流于法席，以设斋功德，
无限胜因，次用庄严上界四王，下方八部，伏愿威光盛运，福力弥增，
国主千秋，万年丰岁。伏持胜善，又用庄严清社众等即体，伏愿灾殃珍
灭，是福咸臻，天山降灵，神祇效耻，菩提种子配佛性以开芽，烦恼稠
蕙而汲漂叶落。又持胜善，伏愿庄严持炉施主即体，惟愿三宝覆众庄严，
灾障不侵，功德园满。然后散沾法界，普及有情，遇此胜因，齐成佛果，
摩诃般若云云。"③ P. 3545《社斋文》中亦云："伏惟诸社乃并是高门胜

---

① 唐耕耦等：《敦煌社会经济文献真迹释录》第 1 辑，全国图书馆文献缩微复制中心 1990 年版，
第 276 页。

② 唐耕耦等：《敦煌社会经济文献真迹释录》第 1 辑，全国图书馆文献缩微复制中心 1990 年版，
第 274 页。

③ 录文参王书庆《敦煌佛学·佛事篇》，甘肃民族出版社 1995 年版，第 18 页，图版见《英藏敦
煌文献》第 8 册，上海古籍出版社 1992 年版，第 55 页。

族，百郡名家；玉叶琼枝，兰芬桂馥。出忠于国，入孝于家；令誉播于
寰中，秀雅闻于宇内。""伏愿威光炽盛，护国救人。使主千秋，年丰岁
稔。伏持胜善，次用庄严。诸贤社即体，惟愿灾殃殄灭，是福咸臻。"①
从文中的记载看，这两个社斋文主题即是希望得到"三宝护侍"，而使
"国主千秋，万年丰岁"，"灾殃殄灭，是福咸臻"，"出忠于国，入孝于
家"，"使主千秋，年丰岁稔"。

与此同时，有些社文或社斋文上明确表达了祈愿社内人人平安之意。
P.2820《社众弟子设供斋文》有文曰："三长邑义，伏以除灾招福，须赁
积善之心；积子安孙，必假消殃之恳。……然后愿家家长幼尽获康宁，
户户女男俱蒙吉庆。灾随雾卷，福遂时生，在公在私，常安常乐。"②
S.5640《社斋文》中，其中有文曰"如上胜社，先用庄严扶侍诸多斋头，
伏愿人人长寿命，各各保平安，四时无凋变之忧，八节有欢荣之泰。"③

除此之外，还有一些主题，如《纲社平善》，宣扬"社内尊插人美，
门栏尽清，人人皆鹤寿龟龄，各各尽松贞桂茂，然后风调雨顺，庶黎普
安"，集中反映了佛教的平等思想。

这种佛事活动不仅涉及社会各个阶层、各类职业的人，而且还涉及
人们社会生活的方方面面。如有难月、生日、满月、教学、祈雨、升迁、
出家、患文、功德文、庆宅文、亡文（祭文、临圹文），以及关于家禽、
牲畜等一切生灵"众主"们"请僧设供"。这类活动，特别是用于人们
生产、生活方面，实际上就是一种服务于民众的社会活动，是敦煌民间
社会生活不可缺少的内容之一。

尼僧积极参加这些服务于民众的社会活动。如在社邑文书《女人社》
的社员中，就有很多尼僧。这些尼僧在社内除了以普通社人的身份进行
丧葬互助外，一般情况下往往还要为普通百姓身份的社人组织丧葬仪式，
并主持法会。如P.3732v即是一份社邑内为亡故已久或亡故在外的社人

① 《法藏敦煌西域文献》第 25 册，上海古籍出版社 2002 年，第 221 页。
② 录文参王书庆《敦煌佛学·佛事篇》，甘肃民族出版社 1995 年版，第 18 页。
③ 录文参王书庆《敦煌佛学·佛事篇》，甘肃民族出版社 1995 年版，第 14 页，图版见《英藏敦
煌文献》第 8 册，四川人民出版社 1992 年版，第 228 页。

所写的斋文文样。其中有云"今此斋意者，一为亡妣远忌之辰设斋追功，又为邑愿功德"，提倡"履仁履义，唯孝唯忠"，"合邑诸信士等，愿……无穷之命，永固嵩辛，莫限之财，顷盈仓库；……正气傍流，灵津有润，体无三障，身免千灾，宅舍安谧，衰殃殄来，男贞女孝，夫穆妻邕，学官高迁，财货盈楼"。这个斋文最大的特点是将社邑斋愿文与"亡文"、"忌文"等写在一起。而社内部能写这种斋文并主持佛教法会活动的社人只能是出家之人。尼僧作为社团组织中的出家人，自然也是这种特殊角色的承担者。

另外，敦煌风俗有为生娩写经绘像或设道场祈愿，以保佑产妇母子平安的内容。《乾德六年（968年）绘观音菩萨功德记》："我娘子与男司空为新妇小娘子难月之谓也。"故在当时的敦煌文书中难月社斋文很多。P.2587v 为难月设道场，其文曰："仗众圣以延龄，祺万灵而佑护，"P.3765 愿文"唯愿日临月满，果生奇异之神童，母子平安，安无忧嗟之苦厄。"P.3353 记一女子给寺院施舍若干物品，设道场，请僧人诵经，"为己身临难此月，愿保平安，早得分难，无诸灾障。"难月文是具有典型意义的社斋文，常常是指女性在临近生育前，请僧人作法事，祈求得到佛祖保佑，顺利生产或母子（女）平安的佛事活动。这种特殊场合，为了方便起见，一般由尼僧出面主持，进行诵经等佛事活动，这是尼僧参加服务于民众的社会活动的具体表现。

除此之外，在八至十世纪的敦煌，尼僧还开设店铺抄经、铸造佛像，并从事一些与道场活动相关的法器和实物的经营，为周边信徒和往来的香客提供便利。而且她们的这种经营性活动往往以寺院集体的名义展开，相关的所得，有很大一部分用在了当地的寺院修建、洞窟开凿、塑像绘画等公益佛事活动的开支上。

其次，尼僧亦主持修桥、铺路等社会公益活动，也更是常见的事。

P.2838（2）《唐光启二年（公元886年）安国寺上座胜净等诸色斛斗入破历算会牒残卷》载："麦二斗伍升，油一升，粟四斗，修桥看博士用"，P.2838（1）《唐中和四年（公元884年）正月上座比丘尼体圆等诸色斛斗入破历算会牒残卷附悟真判》载："麦一硕，油三升，粟一硕，合寺徒众修河斋时用"，"麦两硕一斗，修磑舍及桥用"。可见，尼僧主持并参与修桥、修河等公益活动。除文献记载外，从敦煌仅存的两幅壁画《福田经变》中，亦可对尼僧从事这种公益活动获得一些直观而形象的认识。第一幅从北到南描绘了"伐木"、"建塔"、"筑堂阁"、"设园地"、"施医药"、"置船桥"、"作井"、"建精舍"等情节。其中"伐木"是"立塔"、"筑堂阁"的一部分：三个穿犊鼻裤的伐木工人，正在为营建寺塔备料，运斧斫树，肩扛木材的形象画得十分生动。而一座两层、四门、中心置相轮的塔即将展现给世人：塔上一人正在修塔檐，另一人正在用滑车吊运材料。塔下一人在抹墙，另一人执矩尺在指挥工作。接着画面出现一座庑殿起脊的堂阁，檐下有人字拱与梁柱，台阶四周围以朱槛（下端被西夏重修时抹盖，仅余半身的工人正在挥动镘刀砑墙），靠南是一座有树木与围墙环绕的浴池，有二人正在池中洗浴。与其相邻的画的是"常施医药疗救众病"。这幅画分两组，上组画一病人探卧席上，家属二人各执其左右手，医师正对患者进行手术治疗。下组画一羸弱裸体患者，由家人扶坐，前面有一医师正在调制药剂，病人身后站立一执药少女。显然，这两个不同的医疗场景，显示两个患者有内症与外伤的区别……。这两幅《福田经变》虽在时代上属于隋初时期的经变画，他们仍然具有其珍贵之处，那就是他们生动形象地反映了佛教在社会公益事业中的所作所为，是不可多得的历史文献。据此，我们可以依据事物发展的传承性进行推测，即在随后的八至十世纪这一历史时期，敦煌尼僧及其他僧人可能从事类似的公益活动。

佛教自在中国生根后，跨越家族、宗族，地域的、社会化的民间公益事业，如修桥铺路、开挖沟渠、植树造林、放生护生等，往往藉助寺院发起或有僧人直接参与、主持。如此，敦煌尼僧对上述这些公益活动的直接参与和主持应在情理之中。

总之，上述活动已经深入到社会的方方面面，从精神上解除人们日常生活中的各种痛苦和忧愁，是僧众为民众服务的具体表现。

3. 尼僧个人的社会交往

尼僧除了参加社会公益活动外，还不断地以其他方式，增强个人与社会的联系。

如在敦煌文献中，有许多男性僧人和男性俗人为尼僧写经的记载。S. 1167《四分尼戒本题记》载："比丘尼先为师僧父母，后为己身，时诵尼戒一卷。龙兴寺僧智照写。"[①] 龙兴寺僧智照替一尼僧抄写尼戒本。P. 2274《金光明经卷第七》末题："大中五年五月十五日奉为先亡敬写，弟子比丘尼德照记，比丘道斌写。"[②] 比丘道斌替比丘尼德照抄写金光明经第七卷。S. 2935《大比丘尼羯磨经一卷》记，比丘庆仙代比丘尼智宝写大比丘尼羯磨经[③]。S. 3475《净名经关中疏卷上》载："……辰年九月十六日，俗家弟子索游严于大藩管沙州，为普光寺比丘尼普意转写此卷讫。"[④] 俗家弟子索游严为普光寺比丘尼普意转写净名经关中疏上卷。

这种现象表明了当时尼僧的学识水平普遍不及部分男性僧人和男性俗人。同时，更进一步说明了僧尼之间和僧俗之间以佛教信仰为桥梁，互帮互助，共同研修佛学，提高自身的佛学修养的历史事实。

正是这种佛教活动中僧尼之间及僧俗之间简单的互助，使得僧俗两众的社会联系增强，尼僧与世俗大众的社会交往加强。

总之，在八至十世纪的敦煌，无论是尼僧的社会经济活动，还是社邑活动，都体现了尼僧社会生活基本上贴近当时普通民众的生活。这大抵是佛教寺院集体经济、僧尼私有经济的发展及佛教世俗化的必然结果。

二、尼僧与世俗家庭的关系

八至十世纪的敦煌处于唐、吐蕃、归义军统治时期，相当于中原的唐五代宋初这一历史时期。源于印度的佛教，经过两汉、魏晋和这一时期的传播，不断调整自身以适应中国人的伦理道德观念，开始中国化和世俗化。再加上当时敦煌特殊的人文社会环境，又经历了一个本土化的过程，最终形成了有中国特色的佛教。与此相连，敦煌僧人的生活深入

① 商务印书馆编：《敦煌遗书总目索引》，中华书局1983年版，第132页。
② 商务印书馆编：《敦煌遗书总目索引》，中华书局1983年版，第260页。
③ 商务印书馆编：《敦煌遗书总目索引》，中华书局1983年版，第168页。
④ 商务印书馆编：《敦煌遗书总目索引》，中华书局1983年版，第180页。

世俗，贴近大众，尼僧与家庭的关系就是其具体表现。以下拟对敦煌尼僧与家庭的关系略作探讨。这里的家庭，对于未婚出家的女性而言，系指其本家；对于婚后出家女性来说，则包括其娘家、夫家和子女家庭。

（一）敦煌尼僧与家庭关系密切的表现

1. 割舍不断的亲情

人们通常认为，出家人应斩断情缘。但在八至十世纪的敦煌，佛事活动参与者往往包括家庭的全部成员，尼僧作为家庭与宗教的桥梁和纽带，与家庭保持着密切的联系。

在敦煌文献中有很多尼僧为亲人祈福、追福、写经造像的记载。P.2583《申年比丘尼修德等施舍疏》记载："右真意所施意者，奉为亡姊捨化，不知神识，托生何道，……乞垂加护，广为怀念。"[①] 文中的尼僧真意为亡姊祈福追福，表达了对亡故亲人眷恋与怀念之情。大足一年（701 年）三月二十五日，信尼慧昌为亡母索氏写法华经一卷，希望他们能够"获福无量。"[②] 上引北图 1276《入楞加经建晖题记愿文》载："是以比丘〔尼〕建晖，……遂即减割衣资，为七世父母、先死后亡，敬写《入楞加》一部、《方广》一部、《药〔师〕》二部。"尼僧建晖写经为亡父母追福，表达对他们的深厚感情。敦煌莫高窟第 103 窟供养人题记中载："大乘寺尼启注，奉为先亡爷□，……敬造观音白衣各一躯一心供养。"文中尼僧启注为已亡亲人造像作功德，希望亲人来世得福。又据上引 P.4640《住三窟禅师伯沙门法心赞》载，张氏窟由金光明寺苾刍僧潜建与妹普光寺尼妙施同修，但供养人像与题记却几乎都是族内男女老幼包括新妇姑婶等几代人，不论是已故的或是健在的，都列入，而且尽量列举曾祖以下先祖，以使举族皆沾其福。基于这样的原因，修窟功德记

---

① 唐耕耦等：《敦煌社会经济文献真迹释录》第 3 辑，全国图书馆文献缩微复制中心 1990 年版，第 65 页。

② 黄永武主编：《敦煌丛刊初集》，第 10 册，新文丰出版公司 1985 年版，第 20 页。

等也常有"宗亲考妣，福荐明魂"①，"将以福先烈，休庇一郡，光照六亲"②，"亡过宗祖，邀游切利之天；现在亲因（姻），恒寿康强之庆。门兴百代，家富千龄"③，"七世眷嘱，托质西方，同悟之流，咸登觉路"④等祈愿。这种现象说明了尼僧对父母及亲人具有深厚的感情，常用写经造像来表达自己的孝顺与亲情。

不仅尼僧对家人有这种情感，家人对尼僧也很牵挂，这在敦煌文献中多有反映。

如 Дx. 00998《五尼寺名籍》云："宋守真女慈念；……章午女愿行；……荣田女信愿；……梁庆住女信清；……龙清儿女信回；……"⑤等，其中引人注目的是强调某尼系某人之女，这说明尼僧的世俗家庭成员仍然重视本家尼僧与其家庭的关系，在情感上仍然将本家族的出家女性当作本家庭的一员。

法国所藏藏文吐蕃晚期文献 P. t. 1000 亦有类似记载，为了便于说明问题兹转引日本学者高田时雄在《吐蕃期敦煌有关受戒藏文文献》一文中的相关成果进行说明。

尼	法□	宁宗部落	氾女弥弥	P. t. 1001A
尼	华智	宁宗部落	张女 'bri tang	P. t. 1001A
尼	胜空	宁宗部落	阴女遄遄	P. t. 1001A
尼	遍胜华	悉董萨部落	索女卷卷	P. t. 1001A
尼	严戒	曷骨萨部落	王女泰泰	P. t. 1001A

---

① 唐耕耦等：《敦煌社会经济文献真迹释录》第5辑，全国图书馆文献缩微复制中心1990年版，第103—105页。

② 唐耕耦等：《敦煌社会经济文献真迹释录》第5辑，全国图书馆文献缩微复制中心1990年版，第211页。

③ 唐耕耦等：《敦煌社会经济文献真迹释录》第5辑，全国图书馆文献缩微复制中心1990年版，第234页。

④ 唐耕耦等：《敦煌社会经济文献真迹释录》第5辑，全国图书馆文献缩微复制中心1990年版，第243页

⑤ 《俄藏敦煌文献辑录》第7册，上海古籍出版社1996年版，第251页。

（续表）

尼	福藏	沙洲人	王女升子	P. t. 1001A
尼	严德	悉董萨部落	令狐女功德华	P. t. 1001A
尼	神妙	悉董萨部落	卢女艳子	P. t. 1001B
尼	贤妙	曷骨萨部落	宋女华光	P. t. 1001B
尼	胜福	悉董萨部落	令狐女等怀	P. t. 1001B
尼	照真	曷骨萨部落	樊女苟苟	P. t. 1001B
尼	贤护	宁宗部落	张女顺子	P. t. 1001B

　　上表是高田时雄先生依据吐蕃晚期比丘尼捐献佛教典籍清单而归纳的统计表，从这个统计表中反映的某尼系某氏之女，亦可说明尼僧在出家后，在世俗家庭成员看来，仍然是家庭重要的成员之一，这体现了世俗家人对本家尼僧的一种割舍不断的情感。

　　MG. 1778：绢画《十一面观音菩萨像图》，下部供养人画像，画一男供养像一女供养像对坐，均坐于一矮几上。右侧为一比丘尼像，身后立一小比丘尼像，其题记云："亡姊大乘寺坛头阇梨妙达邈真一心供养。"右侧男供养像，身后立一小孩供养像："信士弟（子）衙前节度衙牙青光禄大夫检校太子宾客兼御史大夫上柱国程恩信奉为亡姊敬画功德一心供养。"从此绢画整体布局可知，程恩信为已故大乘寺坛头阇梨妙达供养敬画了此幅十一面观音像，这说明尼僧妙达虽已亡，但作为本家族的出家成员，仍受其弟的纪念。

　　又乾符六年二月二日平安女为正比丘尼写法华经一部，写金光明经一部、金刚经一卷。"已上写经功德迴施正比丘尼承此功德，愿生西方见诸佛闻正法悟无生，又愿现在合家平安。无诸灾障，未离苦者，今离苦；未得乐者，今得乐；未发菩提心者，愿早发心；未成佛者，愿早成佛。巳年六月二十三日写讫。"① P. 3556《后周敦煌大乘寺法律尼某乙（曹议

---

① 黄永武主编：《敦煌丛刊初集》，第10册，新文丰出版社1985年版，第16页。

金侄女）邈真赞》言其法律尼卒后，"六亲哀恸，九戚罗（泣）"①。
P.3556《后周普光寺法律尼清净戒邈真赞》言清净戒卒后，"孤兄叫切，
贤姊悲煎。隔生永别，再觊像影。略留数韵，用记他日"②。P.3556《后
周敦煌郡灵修寺阇梨尼张氏戒珠邈真赞》载，阇梨尼张戒珠卒后，"六亲
哀切，恨珠溺于深源；九族悲号，痛光沉于大夜。"③ 从这些描述中可以
感受到亲人对在世尼僧的浓厚情感以及对已亡尼僧的思念与缅怀，同时
也体现了他们之间的密不可分的亲情关系。

值得注意的是敦煌尼僧的邈真赞及碑文，有很多属于家人亲属亲自
执笔或请人代撰的，这无疑从侧面亦说明了尼僧与家庭的密切关系。

2. 家庭日常事务的参与者

在八至十世纪佛教盛行的敦煌，尼僧往往参与家庭佛事活动。如敦
煌莫高窟第94窟张淮深功德窟，参加者除其叔张议潮、父张议谭、母、
叔母等的题名外，还有"妹师登坛大德尼德胜一心供养"，"妹师威仪尼
花……一心供养。"④ 第108窟张淮庆功德窟中，有残存题名"故姊普光
寺法律尼念定一心供养"、"故女普光寺法律尼最胜喜"⑤。第55窟曹元忠
功德窟中，窟中除有曹氏家族的在家成员外，还有"故姨……法律尼临
坛大德性真一心供养，""外甥……法律临坛。"⑥ 第144窟索氏家族修窟
题记中亦有"妹灵修寺主比丘善……"，"……姑灵修寺法律尼妙明一心
供养"，"亡妹灵修寺……性一心供养"，"妹尼普光寺律师巧相一心供
养"，"妹尼普光寺都维证信一心供养"⑦。第85窟翟家窟中也有"□师普

---

① 唐耕耦等：《敦煌社会经济文献真迹释录》第5辑，全国图书馆文献缩微复制中心1990年版，
第171页。
② 唐耕耦等：《敦煌社会经济文献真迹释录》第5辑，全国图书馆文献缩微复制中心1990年版，
第179页。
③ 唐耕耦等：《敦煌社会经济文献真迹释录》第5辑，全国图书馆文献缩微复制中心1990年版，
第181页。
④ 敦煌研究院编：《敦煌供养人题记》，文物出版社1986年版，第31页。
⑤ 金维诺：《敦煌窟龛名数考》，《文物》1959年第5期，第50页。
⑥ 敦煌研究院编：《敦煌供养人题记》，文物出版社1986年版，第18页。
⑦ 敦煌研究院编：《敦煌供养人题记》，文物出版社1986年版，第65页。

光寺尼坚进","师……普光寺尼智□","姪尼普光寺尼……□（智）"①
的供养像题名。这体现了家庭、家族仍将已出家尼僧视作本家或家族的
一员，允许并且提倡尼僧参加家庭的佛事活动。

除了参加家庭佛事活动外，敦煌尼僧还参与家庭其他事务。如
P.3410《年代未详［840年］沙州僧崇恩处分遗产凭据》载："……与姪
僧惠郎□□一张，白练里草录交缘，十五两银椀一，表弟大将阎英达红
锦袄子一，绯绢里。外甥邓猪□信□尼严定，已上五人□绁一□"②。文
中尼僧严定和家人一起参与了崇恩的遗产分配。

P.3730《寅年正月尼惠性牒并洪辩判辞》载：

1. 尼惠性，状上

2. 亡外甥僧贺阇梨，铛一口，镫三只，皮袭一领。

3. 遗书外，锁两具。缘窟修拭未终，拟博铁，其窟将为减办。

4. 右阇梨在日遗言，值某乙不成人。其上件物色，缘当

5. 房酥油无升合，任破用葬送。虽则权殡已讫，然斋

6. 七未施，伏望依遗言，乞上件物，斋七将办，庶得

7. 存济，请处分。

8. 牒 件状如前，谨牒。

9. 寅年正月，日尼惠性谨牒。

10. 　　亡人遗嘱，追斋冥路，希望福利，偿违

11. 　　先愿，何成济拔之慈，乍可益死损

12. 　　生，岂可得令他鬼恨。袭剑铛镫，依嘱

13. 　　营斋。镌窟要尖。将镖博觅，仍

14. 　　仰傧司点检 分付，事了之日，须知破

15. 　　用功绩。廿四日　洪辩。③

文书中的尼僧惠性以贺阇梨之姨的世俗的身份，作为其家庭成员之

---

①　敦煌研究院编：《敦煌供养人题记》，文物出版社1986年版，第29—30页。

②　唐耕耦等：《敦煌社会经济文献真迹释录》第2辑，全国图书馆文献缩微复制中心1990年版，第151页。

③　唐耕耦等：《敦煌社会经济文献真迹释录》第4辑，全国图书馆文献缩微复制中心1990年版，第112页。

一，参与了贺阇梨的财产分配，并且之后作为见证人和执行人上状，希望关于财产的不公正问题，能得到合理解决。

S.2199《咸通六年（865年）沙州尼灵惠唯（遗）书》载：

1. 尼灵惠唯（遗）书

2. 咸通六年十月廿三日，尼灵惠忽染疾病，日日渐加，恐

3. 身无常，递告诸亲，一一分析，不是昏沉之语，并是醒

4. 苏之言。灵惠只有家生婢子一名威娘，留与侄女潘娘，

5. 更无房资。灵惠迁变之日，一仰潘娘葬送营办，已

6. 后更不许诸亲怆护。恐后无凭，并对诸亲，递作唯（遗）

7. 书，押署为验。

8. 　　　　　　　　弟金刚

9. 　　　　　　　　索家小娘子

10. 　　　　　　　　外甥尼灵皈

11. 　　　　　　　　外甥十二娘（十二娘指节）

12. 　　　　　　　　外甥索计计，（倒书）侄男康毛（押）

13. 　　　　　　　　侄男福晟（押）

14. 　　　　　　　　侄男胜贤（押）

15. 　　　　　　　　索郎水官

16. 　　　　　　　　左都督成真[①]

从文书中一方面可以看出尼僧灵皈亦以外甥的世俗身份与家人一起参加了尼僧灵惠的遗产分割，另一方面从该文书后的列名画押可以看出，尼僧灵惠的遗书见证人和执行人是以其世俗家庭成员和亲戚为主，这种现象也体现了尼僧与家人的关系之密切。

敦煌尼僧除了参与家庭财产分割事宜外，还可参加家人的丧葬活动。据敦煌文献载，当时有很多尼僧参与家人的丧事营葬活动。一些经济能力较弱的尼僧，为了世俗家庭成员在亡故时，能得到社人的人力和物力

. ① 唐耕耦等：《敦煌社会经济文献真迹释录》第2辑，全国图书馆文献缩微复制中心1990年版，第153页。

援助，也参加以丧葬互助为主要目的社邑活动①。S. 527《后周显德六年（959 年）正月三日女人社社条》将丧葬互助作为主要活动，而该社之社官即为"尼功德进"②。在通知社人参加营葬活动的《社司转贴》中，常可看到僧人的名字，如 P. 3707《戊午年（958 年?）四月二十四日傅郎母亡转贴》所列的社人名中"孔阇梨、小孔阇梨、戒松阇梨"，P. 5032《某年六月索押衙妻身亡转贴》中有"索阇梨、贾阇梨"。依照社约规定，尼僧一旦参加了这种社邑活动，其出家前所在的世俗家庭如有丧葬事宜，也能享受此社社人援助的待遇。这种援助往往是尼僧尽力参与和帮助家庭处理丧葬事宜的最有力的方式，同时也是她们对亲人浓厚感情的最大释怀。

不仅尼僧参与家人的丧葬活动，家人也参与尼僧的丧葬活动。如上引 S. 2199《咸通六年（865 年）沙州尼灵惠唯（遗）书》中，尼僧灵惠的丧事，由她的侄女潘娘一手操办。这种相互依存的现象亦体现了家人与尼僧之间密不可分的关系。

总之，无论是尼僧参加家庭佛事活动，还是参与其他家庭事务，都说明了她们并没有断绝与世俗家庭的关系，与世俗家庭有着密切的往来。

3. 出家不离家

更能体现敦煌尼僧与家庭有密切关系的，是她们出家后仍居住在本家这一独特的居住方式，P. 6005v《释门帖诸寺纲管令夏安居帖》称："诸寺僧尼，自安居后，若无房舍，现无居住空房舍，仰当寺纲管，即日支给。若身在外，空闲房舍，但依官申状，当日支与。"③ 这表明不少僧尼在寺内根本就没有住处，到夏安居时，寺院才临时支给他们房舍。而有些僧尼在寺中虽有"空闲房舍"，却又"身在寺外"。这些寺中无住处和身在寺外的僧尼毫无疑问都是吃住在家的佛教信仰者。P. 3730《沙州

① 郝春文：《唐后期五代宋初敦煌尼僧遗产的处理与丧事的操办》，载《敦煌研究》1998 年第 3 期，第 34 页。

② 唐耕耦、陆宏基：《敦煌社会经济文献真迹释录》第 1 辑，书目文献出版社，1986 年，第 274 页。

③ 唐耕耦等：《敦煌社会经济文献真迹释录》第 4 辑，全国图书馆文献缩微复制中心 1986 年版，第 120 页。

尼海觉牒》提到其"从妹尼无边花比日来伴，多在俗家居□月旬。"① 尼海觉的从妹无边花就住在俗家。P. 3753《普光寺尼定忍等牒》自称"在寺无一毛之益，在家有困然之机。"② 表明尼定忍等也不时地住在寺外家中。上引 S. 2199《咸通六年（865 年）沙州尼灵惠唯（遗）书》中，尼僧灵惠没有房资，只有家生婢子一名，留与侄女潘娘。从签名来看，灵惠尚有一个弟弟，三个侄男。按当时礼法，这些亲属都比侄女更有继承资格。但灵惠却要把家生婢子"留与"侄女，说明她与侄女关系非同一般，推测可能是住在侄女家里，与侄女生活在一起。

据统计，在八至十世纪的敦煌，住在寺外家中的僧尼的数量多于住在寺内的僧尼。关于尼僧住家现象出现的因素，众说不一。郝春文先生认为，这种风习形成于唐代。即在安史之乱后，唐王朝曾在全国范围内几次出售度牒③，以解决军费之不足。买度牒者旨在享受僧尼不承担赋役的特权，但并不履行僧尼的义务，仍像世俗百姓一样在家中生活。这股买牒之风也波及到了河西、敦煌。吐蕃统治沙州后，亦售过度牒。对于新出度的僧尼，吐蕃统治者和僧团似乎也没有要求他们必须住在寺中，再加之，当时寺院也没有过多的住房供诸多僧尼居住，于是就逐渐形成僧尼或住家中或住寺院悉听其便的局面。这种局面一直延续到归义军政权灭亡。成为敦煌佛教的一大特色④。蔡鸿生先生在论述中国比丘尼"以华情学梵事"⑤ 时说："汉化的尼寺，没有照搬那些不合中国国情的印度戒律，如不准尼姑'自手纺织'，不准尼姑'学世俗技术以自活命'等等"⑥，认为是佛教中国化的结果。杨梅博士根据蔡鸿生先生的论述认为，

---

① 唐耕耦等：《敦煌社会经济文献真迹释录》第 4 辑，全国图书馆文献缩微复制中心 1986 年版，第 110 页。

② 唐耕耦等：《敦煌社会经济文献真迹释录》第 4 辑，全国图书馆文献缩微复制中心 1986 年版，第 48 页。

③ 谢和耐著，耿升译：《中国五——十世纪寺院经济》，甘肃人民出版社 1987 年版，第 68—83 页。

④ 郝春文：《唐后期五代宋初敦煌僧尼的社会生活》，中国社会科学出版社 1998 年版，第 114—115 页。

⑤ 赞宁：《大宋僧略史》卷上"礼仪沿革条"《大正藏》卷 54，第 239 页。

⑥ 蔡鸿生：《尼姑谭》，中山大学出版社 1996 年版，第 171 页。

尼僧住家是佛教中国化的结果，是佛教与中国传统文化相交融后出现的一种变通。笔者认为，敦煌尼僧住家的习俗是前两种因素相结合的产物，即是佛教中国化和本土化的结果。

这种出家却住在家的习俗，使得尼僧很大程度上与家庭在家成员一样，和家庭有着密不可分的紧密关系。

另外，值得注意的是与世俗家庭成员生活在一起的尼僧，可因其家庭成员加入社邑在营葬时得到社人的援助，S.4660《戊子年六月廿日安定阿姊师身亡转贴》即是通知社人携物品参加安定阿姊师的营葬活动。这里的阿师是敦煌对尼阇梨的尊称，安定阿姊师即指安定出家为尼的姐姐。转帖中阿姊师以社人安定亲属身份出现，说明了她的丧葬活动得到了社人的帮助，并非因她本人参加了社邑，而是因安定参加了该社。这从中也体现了住家尼僧同家人的关系同其他成员并无差别。

（二）敦煌尼僧与家庭关系密切的原因

关于敦煌尼僧与家庭关系密切的原因主要有以下几点。

首先，这是佛教文化与本土文化相融合的结果。一种新的不同文化类型，要在不同文化背景的地域驻足、扎根，必须要经历两种文化间的较量与冲突的过程，佛教文化亦不例外。佛教自西汉末年传入中国后，也经历了一个这样的过程。

从汉末至东晋，佛教首先依附于汉代方术，魏晋的玄学。汉代佛教所讲的内容大体上是"神不灭"和"因果报应"等，袁宏在《后汉书》中说：佛教"又以为人死精神不灭，随复受形，生时善恶皆有报应。"而中国原来就有类似的思想，《淮南子·精神训》："形有摩而神未尝化。"形体可以消失，而精神仍然可以存在。王充《论衡》中曾批评"世谓死人为鬼，有知，能害人"的"有鬼论"。至于"因果报应"，《易·坤卦·文言》中的"积善之家，必有余庆；积不善之家，必有余殃"与之相贯通。

魏晋南北朝时期，以老庄思想为骨架的玄学大为流行，玄学讨论的中心问题为"有"和"无"的关系问题，而这时佛教的般若学传入中国，般若学所讨论的"空"和"无"的关系问题与玄学比较接近。

隋唐时期，佛教文化逐渐为中国文化吸收，中国出现了若干有影响的宗派。五台、华严、禅宗是中国化的宗派代表。这些宗派特别是禅宗，大大改变了印度佛教的面貌，佛教在中国从"出世"走向"入世"，淡薄了世间与出世间的界限。

到宋朝，理学兴起，中国文化批判地吸收了佛教的思想，中国的封建宗法社会关于君臣、父子、夫妻等人际关系的道德规范融入佛教。宋代杲大慧禅师对此有精辟的表述："世间法即佛法，佛法即世间法"。

佛教在中国的发展越来越与中国的具体情况相适应，逐渐中国化和本土化。佛教的这种中国化和本土化体现到佛教的主要内容戒律上，是戒律开始深入人们的社会生活，与具体的社会客观环境相结合。著名佛教僧人释印顺对此有精辟的论述："虽然说，律是佛制的，只好依着奉行。但律是世间悉檀，更着重于时、地、人的适应呢！一分重律的拘于古制，不知变通，而一分学者，索性轻而不谈。""佛教思想制度流行于世间，……若把它看成一成不变的东西，或以为佛世可以变异，后人唯有老实遵守，说什么放之四海皆准，推之百世而可行，或以祖师才能酌量取舍，我们只能照着做，这就违反了佛法……。"① 故戒律必须讲究适应性。与之同理，佛教的中国化与本土化，必然引起佛教的主要内容的戒律适应和贴近当时人们的生活，走向世俗，为人们所接受，尼僧与家庭的紧密关系就是这一现象的具体表现。

整个中国社会如此，敦煌作为中国西北的地方行政区域亦不例外。敦煌遗书中一首为《好住娘》的僧人吟赞即其例证，文云："好住娘！好住娘！娘娘努力守空房。好住娘！儿欲入山修道去，好住娘！兄弟努力好看娘。好住娘！……上到高山望四海，好住娘！眼中落泪数千行。好住娘！……耶娘忆儿肠欲断，好住娘！儿忆耶娘泪千行。好住娘！舍却耶娘恩爱断，好住娘！且须（随）袈裟相对时。好住娘！舍却亲兄与热弟，好住娘！且须（随）师生同戒伴。好住娘！舍却金瓶银叶盏，好住娘！切须（随）钵盂清锡杖。好住娘！舍却槽头龙马群，好住娘！且须

---

① 《人间佛教要略》见《印顺集》，北京社会科学出版社 1995 年版，第 159 页。

（随）虎狼师（狮）子声，好住娘！舍却织毡锦褥面，好住娘！且须（随）乱草与一束。好住娘……。"①"对父母、兄弟、金瓶银盏、槽头马群、织毡锦褥的难割难舍，几乎声泪俱下了！透露出栖止寺院，身着袈裟的和尚们，并不自乐于青灯黄卷，依然倾情于世俗生活及家庭人伦之乐。看来他们不仅没有割断尘缘，反而尘缘甚浓"②。

从这些描述和说明中可以明显看出，八至十世纪的敦煌僧人在当时佛教中国化、本土化的大背景下，生活日益世俗化，他们虽然出家为僧尼，但仍对亲人、家庭生活仍充满无限眷恋。从而体现了敦煌僧人不但未断绝尘缘，相反与家庭仍然保持着出家前的亲情关系。

其次，与政府提倡孝道有关。中国宗法家族系统提倡孝道，《孝经》曰："夫孝，德之本也。教之所由生也。……身体发肤，受之父母，不敢毁伤，孝之始也。立身行道，扬名于后世，以显父母，孝之终也。夫孝，始于事亲，中于事君，终于立身。"③《论语》亦云："孝悌也者，其为仁之本与！"孝成为中国封建社会家族伦理的轴心和维持家族组织结构及秩序的重要杠杆。早期的佛教教义主张僧尼出家须断爱、尽灭世情、远离俗乐、离弃世欲、不恼世间等④。将僧徒与世隔绝，与忠孝伦常隔绝。这种佛教生活方式与中国传统百姓生活完全不同，在伦理思想上亦和儒教提倡的孝道有很大的矛盾。故自佛教初传中国时就遭到儒家卫道夫的抵触和指责："释种不行忠孝仁义，傲君陵亲，违礼损化"；"释氏君不君，乃至子不子，纲纪紊乱矣"⑤。在历代先贤的猛烈抨击下，佛教为了能够在中国得以生存和发展，通过寻找佛经中的孝论，用《盂兰盆经》证明佛家本身讲孝道，或利用《父母恩重经》等"疑伪经"对孝道重墨渲染等途径，寻求佛法与中土伦理传统的契合。可见唐时期佛教已对中土孝道呈接受之势，同时这可能也是佛教世俗化的原因之一。于是，孝道思

① S. 1497《好住娘赞》见《英藏敦煌文献》第 3 册，四川人民出版社 1990 年版，第 82 页。

② 李正宇：《唐宋时期敦煌的佛教》，载《敦煌佛教艺术文化国际研讨会论文集》，兰州大学出版社 2001 年版，第 367 页。

③ 陈观胜：《中国佛教中的孝》，《敦煌学辑刊》1988 年 1、2 期，第 130 页。

④ 《弥沙塞部和酰五分律》卷 15 "受戒法上"，《大藏经》卷 22，第 104 页。

⑤ 《广弘明集》卷 7，《大正藏》卷 52，第 129 页。

想在与佛教的经典教义不相违背的情况下逐渐被引入到佛教戒律。正是受此种历史背景的影响，敦煌僧人的孝亲观念尤为浓烈。如上引 Дх.00998《五尼寺名籍》云："宋守真女慈念；……章午女愿行；……荣田女信愿；……梁庆住女信清；……龙清儿女信回；……"① 等，文中尼僧在用法名登记名籍的同时，却又利用了以往从未有过的方式，即强调某尼系某人之女，明显体现了如上文所述尼僧虽已出家，但与世俗家庭的亲情并未因出家而受到阻隔，仍然重视嫡亲关系。而这种对嫡亲关系的重视，往往使得她们在从事佛法修行的同时，也不忘对世俗家人尽忠尽孝的职责，进一步加强了她们与世俗家庭的关系。

最后，八至十世纪敦煌世俗政权的介入是尼僧未与家庭断绝往来，反而关系密切的另一主要因素。八至十世纪敦煌世俗政权机构为僧人授田，P.3744《沙州僧张月光兄弟分书》载："口分田取牛家道西三畦共二十亩。……口分地取七女道东三畦共二十亩。"② P.3410《沙州僧崇恩析产遗嘱》中，僧崇恩亦有相当数量的土地。正因为政府授予他们土地，故僧人亦在一定的时期内交纳基于土地基础上的赋税，上面提到 P.2222《僧张智灯状》中说他们所请之地要"承料役次"。上引 P.3155v《唐天复四年（904年）僧令狐法性出租土地契》记载"其地内，除地子一色，余有所著差税，一仰地主祇当。地子逐年于官员子逞（呈）纳。渠河口作，两家各支半。"僧令狐法性是将地典租于价（贾）员子，故契约中规定基于土地的税役两家各分担一部分。在令狐法性典租土地之前，基于土地的全部税役当然要由自己负担了。除土地税外，僧人还要承担徭役、兵役，S.8681+S.8702《法律惠德状》载："释门法律惠德，右惠德去载甘州出□，云来□到本乡。今年五月缠盘于阗使，于邓马步面上纳白练一匹。今惠德差西州充使，手内阙欠无门，方回已上物色。本合不说，缘差西去，家中乏劣。"③ 此件惠德被派往西州充使，当属差役。S.528

---

① 《俄藏敦煌文献辑录》第7册，上海古籍出版社1996年版，第251页。

② 唐耕耦等：《敦煌社会经济文献真迹释录》第2辑，全国图书馆文献缩微复制中心1986年版，第145页。

③ 《英藏敦煌文献》第12册，四川人民出版社1995年版，第193页。

《三界寺僧智德状稿》① 记载智德被差"口承边界，镇守雍归"。且要自备"缠裹衣粮"。智德至雍归后被编入队中，承担兵役。由以上可见，政府给僧人授田，在一定时期内向僧人征税，以及让僧人服徭役、兵役，使得僧人和世俗百姓一样生活。

不仅如此，据郝春文先生考证，从吐蕃时期起寺院再不供给僧人饭食。于是僧人除了僧官和无依无靠的僧尼住在寺院生活外，其余大多数为了生计，要么直接住在家里，要么和亲人或亲戚合活。僧人随之逐渐融入世俗生活中，并将主要精力投入到了经营土地和交纳赋税，维持生活上，为此，僧人与家庭和家人的联系日益紧密。

值得一提的是，关于尼僧与家庭的关系情况，正史史料记载很少，但卷帙浩繁的敦煌文献却提供了这方面的大量信息。综上述资料可知，敦煌尼僧与世俗家庭有着密切的关系，在通常状况下，她们往往被视为家庭中的一员，参与家庭事务，甚至长期住家。而且家人在平时生活中时时不忘自家的出家尼僧；尼僧也并没有为佛门所阻隔，经常参与家庭事务，为父母亲人祈福、追福，写经造像表达对他们的孝顺与亲情，与家人有密切的关系和特殊的情感。敦煌尼僧与家庭的这种特殊关系，是佛教在中国世俗化、中国化的典型体现。

正如汤一介先生所说："一种外来文化传到另外一种文化环境中，往往一方面需要适应原有文化的某些要求而有所变形；另一方面也会使原有文化因受外来文化的刺激而发生变化。因此，在两种不同传统的文化相遇过程中，文化的发展有一个双向选择的问题。"② 佛教自西汉末传入中国后，不仅被动的中国化，同时也主动有选择地吸收益于自身的中国文化来改变和调整自己，使自身能够在有深厚底蕴的中国文化土壤中扎根并发扬光大，成为中华文化不可缺少的一部分。这两种文化的吸收改造互动融合的过程，也就是佛教的中国化和本土化的过程。佛教的中国化和本土化，使得僧人生活贴近大众，再加上当时敦煌统治者实施的有别于内地的一些促进僧人世俗化的政策，使得僧人更加融入世俗生活中，

---

① 郝春文：《英藏敦煌社会历史文献释录》第 3 卷，社会科学文献出版社 2003 年版，第 34 页。
② 汤一介：《佛教与中国传统文化》，宗教文化出版社 1999 年版，第 2 页。

与世俗人特别是家庭产生了千丝万缕的关系。以上论述的尼僧与家庭之间的密切关系就是一例证，探讨这一问题对于我们研究佛教中国化和本土化具有重要的意义，尼僧与家庭的密切关系是佛教与社会内在的、与生俱来的联系的显现，又是佛教早期人间化的典范。

第三节　尼僧在家庭中的地位

由前文论述可知，敦煌尼僧大多数出家不离家，出家后仍居住在家中，故存在一个尼僧在家庭中的地位问题，以下站在世俗的角度，按尼僧出家前社会地位的高低分上、下两个阶层对其家庭地位进行讨论。

一、下层出家女在家庭中的地位

八至十世纪的敦煌住家尼僧中，有许多来自于普通百姓家庭的下层妇女。如上引 S. 4710《唐年代未详（公元九世纪后期）沙州阴屯屯等户口簿》中，阴屯屯户有"女尼定严"；张猪子户有"妹尼鬟鬟"；刘再荣户有"女尼钵钵、妹尼觉意花、女尼□娘，侄尼金吾、侄尼鹰鹰、侄尼瘦瘦"[1]。上引 P. 4989《唐年代未详（公元九世纪后期?）沙州安善进等户口田地状》中，安善进户有"妹尼印子年三十"，傅兴谈户有"姊尼福胜年三十三"[2]。这些尼僧上述提到大多数生活在家中，和世俗家庭中的其他成员一样，从事社会生产和世俗谋生活动。既然和世俗百姓一样生活，那么她们为什么还要出家为尼呢？其中的原因以上已经提到，是多方面的。对于平民尼僧来说，最重要的原因是当时的赋役政策和本身

---

① 唐耕耦等：《敦煌社会经济文献真迹释录》第2辑，全国图书馆文献缩微复印中心1990年版，第470页。

② 唐耕耦等：《敦煌社会经济文献真迹释录》第2辑，全国图书馆文献缩微复印中心1990年版，第471页。

的信仰。

上文提到过，在赋役方面，八至十世纪敦煌大部分僧尼可以享受官府的全部和部分免役的待遇①。不但如此，还可凭其僧尼身份不定期地从僧团领得一份宗教收入——儭利，同时还可以通过为他人做法事赚取财物，以宗教的身份获得额外的经济收入。基于上述情况，许多贫困家庭的妇女纷纷出家。她们的出家在不影响家庭生产力的情况下，不但减轻了家庭的税役负担，而且还可获得一部分经济收入，为家庭经济作出一定的贡献，故其双重身份受到家庭其他成员的尊重，在家庭中拥有相当的地位。

在信仰方面，敦煌在八至十世纪是西北地区著名的佛教城市，民众长期受佛教熏染，信奉因果报应和出家可获得无量果报说法者当不在少数。于是有许多女性出家为尼，以求正果。她们出家后积极参加各种宗教活动成为她们生活的主题。这些活动主要包括修习活动，如课诵、布萨、夏安居、讲经、各种斋会和法事活动。参与这些活动深化了她们对宗教的认识。尼僧的上述宗教活动及其自身行为对其家庭其他成员的宗教信仰亦产生了很大影响，尼僧因此成为宗教进入家庭的桥梁和纽带之一。这种媒介作用在世俗政权对佛教支持和保护态度的大背景下，又有利于保持或提高其所在家庭的社会地位。

基于这些事实，家庭和家族其他成员亦对出家的本家庭或家族尼僧备加重视，尼僧也因此在家庭中有着相应较高的地位，其地位一般高于在家世俗女子。

二、上层出家女在家庭中的地位

八至十世纪敦煌尼僧中，除了社会地位低下的农家平民之女外，还有一些出身于社会上层贵族的妇女。这在敦煌文献中有记载，上引日本京都有邻馆藏敦煌文书51号《大中四年（850年）十月沙州令狐进达申

① 郝春文：《唐后期五代宋初敦煌僧尼的社会生活》，中国社会科学出版社1984年版，第111页。

请户口牒》中，令狐进达户有"妹尼胜福、妹尼胜□、妹尼照惠、妹尼□□"①。令狐是当时敦煌大姓，且户中的尼僧有婢侍奉，故这些尼僧应当是出身于上层家庭住家出家女。这些贵族妇女出家后，一方面和普通尼僧一样从事夏安居、布萨、自恣等修习、说戒的宗教活动，参加各种斋会和法事活动，另一方面以其特殊的出身，往往在释门担任要职。

S.6417《后唐长兴二年（913年）正月普光寺尼徒众圆证等状并海晏判词》载：

1. 普光寺尼徒众圆证等　状。

2. 　　请妙慈充法律□□充都维。

3. 　　请智员寺主□□□典座慈相□直岁。

4. 右前件尼，并是释中精雅，缁内豪

5. 宗。四依不弃于晨昏，八敬常然于

6. 岁月。寺徒上下，顺礼不失于释风；百姓

7. 表均，训俗无亏于旧则。除此晚辈，

8. 更无能仁。若不甄升，鸿基难固。

9. 伏望

10. 都僧统和尚智镜高悬，允从众意

11. 者。伏请　处分。

12. 牒件状如前，谨牒。

14. 　　　　长兴二年正月 日普光徒众尼圆证等牒。②

该文书是长兴二年（913年）普光寺尼众圆证等要求提拔妙慈等人充法律、都维、寺主、典座及直岁等僧职，提拔理由之一是她们均是"缁内豪宗"。

又 S.4760《宋太平兴国六年（981年）圣光寺阇梨尼修善等请戒慈等充寺职牒并判词》载：

---

① 转录于（日）池田温：《中国古代籍帐研究》，东洋大学东洋文化研究所报告，1979年，第566页。

② 唐耕耦等：《敦煌社会经济文书真迹释录》第4辑，全国图书馆文献缩微复印中心1990年版，第53页。

1. 圣光寺阇梨尼修善等。

2. 请晚辈尼戒慈充法律，愿志充寺主，愿盈充典座，愿法充直岁，

3. 右件尼虽为晚（小）辈，并是高门，戒行以秋月俱明，德业共春

4. 花竞色。况且圣光之寺，相承古迹，鸿基净室，金田继踵，未

5. 尝坠陷。而乃常住糟粕，切藉有功之人；帑库珍财，贵要英灵

6. 之众。昨者，合徒慎选，总亦堪任准请，若不金升，梵宇致

7. 令黎坏。伏望

8. 都僧统大师特启明镜，洞鉴晚辈之尼，察照众情，赐茸

9. 招提之业。允垂，判凭。伏请处分。

10. 牒件状如前，谨牒。

11. 　　　　太平兴国六年辛巳岁十一月 日圣光阇梨修善以寺徒等牒。①

文书中记载了圣光寺修善等人要求破格提拔戒慈、愿志充法律，愿盈充典座，愿法充直岁，而提拔她们的理由是她们"并是高门"。由此可见在八至十世纪的敦煌，出身门第是影响僧尼任职的重要因素。大族尼僧往往因其出身可在释门担任要职，如张议潮的姐姐了空为法律，张议潮的孙女清净戒为普光寺法律，张议潮的侄女戒珠为灵修寺阇梨，张淮庆（曹议金之妹夫）之姐姐及女儿都曾为普光寺法律，曹议金的侄女也曾为大乘寺法律，曹元忠之姨性真为安国寺法律，索龙藏的姑姑及妹妹也曾任灵修寺法律。还有些尼具有"大德"之称，如上面提到的普光寺法律尼张清净；灵修寺阇梨尼张戒珠；大乘寺法律尼曹法律；法律尼了空；等等，都有临坛大德的称号。上文中曾经指出，临坛大德是一种头衔，其职责是主持戒坛，对尼众的传戒、守戒及尼寺进行管理。上述提到的"临坛大德"法律尼几乎都出身于大族，如张清净为"前河西一十一州节度使张太保之贵孙"；张戒珠是"前河西陇右一十一州太保之贵侄"；曹阇梨是"前河西一十一州节度使曹大王之侄女"；了空是张议潮的姐姐；她们把持着对尼众及尼寺的管理。这些释门要职的担任进一步

_____

① 唐耕耦等：《敦煌社会经济文书真迹释录》第 4 辑，全国图书馆文献缩微复印中心 1990 年版，第 59 页。

加强了大族尼僧在家庭中的地位。

八至十世纪，敦煌世家大族出于对佛教的崇信，常常把佛教信仰与家庙甚至家学结合在一起。如敦煌索氏家族在莫高窟修建了第 144 窟及第 12 窟，第 12 窟窟主是金光明寺高僧索义辩，当时都僧统悟真还撰写了《沙州释门索法律窟铭》，记载了索法律义辩于其皇考与兄弟卒后，曾"建宝刹于家隅，庄成紫磨。增修不倦，片善无遗。更凿仙岩，镌龛一所。召良工而朴琢，凭郢人匠以崇成。竭房资而赏劳，罄三衣而务就"。据此推断，当时所建宝刹，应属于家寺①。敦煌翟氏早在大成元年（579年），其祖先就迁于三危，在莫高窟"镌龛"立像。至唐贞观十六年，翟氏又造第 220 窟。后唐同光三年，翟氏后裔翟奉达又重修第 220 窟甬道北壁。此外，翟氏家族还有一位曾高就都僧统的翟法荣，修建了莫高窟著名的第 85 窟。而且在莫高窟第 220 窟甬道北壁中央文殊师利变下记载了翟氏的检家谱②。S. 5778 文书也有"谨咨仁兄，其翟氏家谱，口道将来，都不见之"之语③。说明翟氏家族信佛传统久远，而且他们所修的佛窟同时兼有家庙性质。可见，这些敦煌世族已经把对佛教的信仰与家族的荣耀结合在一起了。正是由于这些大族崇信佛教，并将对佛教的信仰与其祭祖等家族需要结合在一起，因此大族女性的出家，就不仅仅是出于对佛教的信仰，更重要的是为了对其家族利益的维护。她们在释门担任要职，既维护了家族的利益，又炫耀了本家或本族的家门，因而受到了家族的认可和尊重，这在一定程度上提高了她们在家庭或家族中的地位。

如上文提到的莫高窟供养人题记中，不少修建洞窟的家庭或家族都把已出家女性即尼僧的姓名法号甚至亲属名字列于其上，就是其表现之一。另外，从敦煌文献记载看，在家族的碑文中亦有尼僧的名号出现。P. 4460《阴处士碑》中即有"尼法律智惠性等，月中桂影，已厌鲜花，

---

① 杨际平等：《五——十世纪敦煌的家庭与家族关系》，岳麓书社 1966 年版，第 166 页。

② 贺世哲：《从供养人题记看莫高窟部分洞窟营建年代》敦煌研究院编《敦煌供养人题记》，文物出版社 1986 年版，第 194—236 页。

③ 唐耕耦等：《敦煌社会经济文书真迹释录》第 5 辑，全国图书馆文献缩微复印中心 1990 年版，第 51 页。

云外天堂，修持有路……"① 这种现象一方面体现了这些大族家庭仍把出家者视作本家或本族的一员，同时以家中有"临坛大德"、"律师"、"寺主"而引以为荣，另一方面说明了敦煌尼僧与家庭、家族互为依存关系，而且在本家庭或家族中具有一定的地位，受到了极大的尊重。关于这种状况，在上引 P. 3556《后周敦煌大乘寺法律尼某乙（曹议金侄女）邈真赞》，《府君庆德邈真赞》，上引 P. 3556《后周敦煌郡灵修寺阇梨尼张氏戒珠邈真赞》，上引 P. 3556《后周故普光寺法律尼清净戒邈真赞》等敦煌所存文献中都可以得到印证。

所谓邈真赞，就是死者逝后，家人请人为其画像立赞，以表纪念。尼僧作为出家人，死后其世俗家人请人为其画像写赞，很明显说明了这些尼僧生前对其家庭或家族有特殊的贡献和影响，在本家庭或家族享中有较高的地位。

综上所述，我们可以看出，在八至十世纪的敦煌，就尼僧来说，不管是大族尼僧，还是平民尼僧，都因其给本家庭甚或家族作出了特殊的贡献，而在家庭中享有相当的地位，但二者的表现方式和侧重点不同。平民尼僧在家庭中的地位更多地体现在对家庭的经济贡献方面，如减免税赋、劳役等，而大族尼僧因多在寺院中担任要职，其在家庭中的地位则主要表现在其行为对家庭、家族带来的社会影响上。

---

① 郑炳林：《敦煌碑铭赞辑释》，甘肃教育出版社 1992 年版，第 36 页。

第六章　敦煌尼僧的财产处理及丧葬

第一节　敦煌尼僧财产及处置

　　佛教哲学是出世哲学，尼僧出家的目的是摆脱一切世俗烦扰，以明心见性，证成圣果。故佛教内律明确规定，不允许尼僧蓄有私财。《四分律删繁补缺行事钞》载："制不听畜：如田园、奴婢、畜生、金宝、谷米、船乘等，妨道中最，不许自营。"《长阿含经》卷十三云："金银七宝不取不用，不娶妻妾，不畜奴婢、象马、车牛、鸡犬、猪羊、田宅、园观，不为虚诈斗秤欺人，不以手拳共相牵抴，亦不抵债，不诬罔人，不为伪诈，舍如是恶，灭于诤讼诸不善事；行则知时，非时不行；量腹而食无所藏积，度身而衣趣（取）足而已。"① 但佛教是社会的产物，出家的尼僧又生活在一定的社会环境中，故必然要受当时生产资料私有制和世俗生活方式的影响和渗透，繁琐的清规戒律在严苛的现实面前不得不有所突破。佛教内律开始对禁止尼僧蓄积私财的规定有所变通。《毗尼母》云："毕陵伽为国人所重，施一小寺、罗网、车舆、驰驴等蓄，僧坊所须，开受。《僧祇》中，为僧故，得受。《善见》，居士施田地，别人不得用，若供养僧者，得受。《多论》，檀越欲作大房舍，应开解示，语令小作顺少欲法。若为客多人故作者，不应违意。《五分》，有人施僧田宅肆，听受，使净人知之。《善见》，若人以池施僧供给浣濯及一切众生

---

　　① 《大正藏》卷 1，新文丰出版社股份有限公司 1998 年版，第 83 页下。

听饮用者，随意得受。"①《行事钞》云："《四分》，老病不堪步涉，听作步挽车，若辇、若乘。除牛、马，若得辇，听蓄。须辇辕及皮绳、若枕橙，并得。"②《中阿含》云，我说一切衣服、饮食、床榻、园林、人民，得畜不得畜者，皆不定。若畜便增长善法，我说得畜，反此不得。③可见，佛教内律在讲不得蓄之后，又阐述了一些可蓄的条件，允许僧人包括尼僧拥有一定的私有财产。

八至十世纪属于唐五代宋初时期，在敦煌处于唐、吐蕃、归义军统治时期。在这一时期，生产资料私有制依然是当时唯一的所有制形态，生活在这种私有制财产关系中的尼僧，同样受世俗经济体制的影响，也渐渐拥有了私有财产。S.5820《未年（803年）尼僧明相卖牛契》载：

1. 黑牸牛一头，三岁，并无印记。

2. 未年润十月廿五日，尼明相为无粮食及

3. 有债负，今将前件牛出卖与张抱玉。准

4. 作汉斗麦一十二硕、粟二硕。其牛及麦，

5. 即日交相分付了。如后有人称是寒道（盗）

6. 识认者，一仰本主卖（买）上好牛充替。立契后

7. 有人先悔者，罚麦三石入不悔人。恐人无

8. 信，故立此契为记

9. 　　　　麦主

10. 　　　牛主尼僧明相年五十五

11. 　　　保人尼僧净情年十八

12. 　　　　保人僧寅照

13. 　　保人王忠敬年廿六

14. 　　　见人尼明兼④

从文书中可见，尼僧明相亦蓄有私产即牛一头。而且在契约中尼僧

---

① 《大正藏》卷40，新文丰出版社股份有限公司1998年版，第69页下栏—70页上栏。

② 《大正藏》卷40，第126页上栏。

③ 道宣：《四分律删繁补阙行事钞卷下一》，《大正藏》，第40卷，第110页上栏。

④ 唐耕耦等：《敦煌社会经济文书真迹释录》第2辑，全国图书馆文献缩微复制中心1990年版，第33页。

净清和明兼分别以保人和见人的身份出现。我们知道，所谓保人是为双方或多方履约作保证的人，对契约人履约担负责任，即当事人约定一方与他方债务、约定不履行时，由其代负履行债务、约定责任，故作为保人必须具有一定的财产赔偿能力。见人就是当场目睹可以作证的人，又称见证人、证人或人证。从敦煌契约文书看，见人一般由有地位、有身份、有威望、可以信托的人担当。由此可知，尼僧净清作为保人，应有足够的财务抵偿能力，而尼明兼作为见人，应有一定的经济基础和相当的社会地位，这在一定程度上也说明尼僧净清和尼僧明兼亦拥有一些私产。

P.2583《申年比丘尼修德等施舍疏十三件》载："□絁檀七条袈裟并副博黄縠子头巾共一副，十综布七条袈裟并副博头巾□（共）一副，赤黄布偏衫一，生绢八尺，八综布五十尺，七综半布一匹，于阗花毡十领，剪刀一具。以上物施入合城大众。黄绁（絁）绢二丈五尺施入灵图寺行像。细布八尺充法事。……十二月十五日比丘尼修德谨疏。十综布袈裟覆博头巾一对，官絁裙衫一对，紫绢衫子一，白锦袜肚一，麹陈绢二丈，已上物施入合城大众。白绣袜一量，施入龙兴，修行像。细布衣兰一，入法事。……十二月廿日比丘尼真意谨疏。紫绢袈裟一条，官施。绢裙一腰，绢偏衫一，……正月三日尼明兼谨疏。"① 文中尼僧为宗教活动施舍大量物品，一定程度上说明她们也拥有一些可以自主支配的私有财产。

从正史的史料记载看，上述僧人私蓄财产的形成经历了一个很长历史过程，早在南北朝时期就有此类现象发生。如东魏时济州门统道研，"资产巨富，在郡多有出息"②。唐前期的胡僧慧范"畜赀千百万"③。唐

① 唐耕耦等：《敦煌社会经济文书真迹释录》第3辑，全国图书馆文献缩微复制中心1990年版，第65页。
② 《北齐书》卷46《苏琼传》，中华书局1972年版，第643页。
③ 《白孔六贴》卷89僧二十《孔贴》，参《资治通鉴》卷210睿宗景云二年，中华书局1956年版，第6664页。

初和尚释道宣云："此之一戒，人患者多。"① 表明了僧人私蓄资财者在唐前期已非仅存一两例。经过隋和唐前期的发展，到唐后期日渐增加，并形成一定的规模。《太平广记》载："圆观者，大历（766—779 年）末洛阳惠林寺僧，能部田园，富有粟帛，梵学之外，音律贯通，时人以宣僧为名"。咸通时（860—873 年）人所撰《云溪友议》载："襄州李八座翱……断僧尼通状云，七岁童子，二十受戒，君王不朝，父母不拜，口称贫道，有钱放债。"《金石萃编》载，大中（847—860 年）时节，比丘尼正言："请将自出钱，买得废安所在万年县产川乡并先庄，并院落内家俱什物，兼庄内若外若轻重并嘱授。"这些普通僧人，或因"能部田园，富有粟帛"而以"富僧"为名；或能够自己出钱买下一座田庄及院落，家具什物；或因钱多而放债取息，皆可说明唐后期僧尼私蓄财产之多。其中私产主要包括庄田、院落、家具、园林、粟帛、衣物等。张弓先生和李德龙先生曾对此问题作过考证，指出僧尼蓄产情形较普遍，且数量多而广。

一、尼僧私有财产的来源

从上述探讨可知，敦煌尼僧一般拥有一些财产，那么这些财产来自何处？这也是我们要讨论尼僧财产处理的一个重要前提问题，以下分阶层进行论述。

1. 尼寺中上层僧官私有财产的来源

上层僧官是指在寺院担任僧职的出家人。从敦煌文献的记载看，尼寺中不少生活用品为这些僧官所占有。S. 1774《后晋天福七年（942 年）大乘寺法律智定等交割常住什物点检历状》中有"木盆大小五，内一在严护"；"黑木楪子十枚，内五枚欠在前所由延定真等不过，内五枚欠在智定等一伴不过"；② S. 1776《后周显德五年（958 年）大乘寺法律尼戒

---

① 《四分律删繁补阙行事钞》卷中二"随戒释相篇蓄钱宝戒"条，《大正藏》卷40，第71 页上栏。

② 唐耕耦等：《敦煌社会经济文书真迹释录》第 3 辑，全国图书馆文献缩微复制中心 1990 年版，第 18 页。

性等交割常住什物点检历状》中有"严忍入缸两口，内一破，内一在智定伴，曹法律入乾盛瓮两口，内一在邓阇梨;"① 这些物品属常住什物即尼寺财产，个人不得据为己有。然而，从文献记载看，这些被尼僧占有的常住什物，往往很长时间后仍未见归还。如上引 S.1774 记大乘寺延定真占有该寺一个小经案，S.1774 的年代是在天福七年（942 年）。在 15 年后的 S.1776 仍有"小经案二，内一在延定真"。

长期不归还，往往会导致所借之物的实际所有权发生变化。如前引 S.1774 在天福七年（942 年）时已被前所由延定真和智定占有的十枚黑木楪子，到 S.1776《后周显德五年（958 年）大乘寺法律尼戒性等交割常住什物点检历状》时，这十枚黑木楪子和被延定真、智定占有之事皆从账面上消失。上引 S.1774"木盆人小五，内一在严护"，到 S.1776 也变成"木盆大小四"。那么这些财产又流往何处呢？从上述分析看，毫无疑问是尼僧已将其转为自己的私有财产。

从材料看，这些欠尼寺常住什物的尼僧，大多是在尼寺任职的上层住寺的出家人，如上引文书中欠该寺常住什物的法律智定及邓阇梨等。这些人往往在任职期间利用手中权力将一些物品据为己有，转化成私有财产。这是上层尼僧财产来源的一个方面。

另外，由于上层尼僧在寺院常担任一定职务，故有很多人愿意请她们作法事等宗教活动。而在这些法事等宗教活动中，一般会有大量的施舍，在这些施舍中，有一部分往往是归尼僧个人所有的宗教收入。如 P.2049《后周长兴二年（931 年）正月沙州净土寺直岁愿达手下诸色入破历》载："安国寺程法律念诵入。"这种收入通常也是尼僧私有财产的组成部分。

2. 下层尼众私有财产的来源

下层尼僧私有财产来源主要是靠自身劳动获得的。在八至十世纪的敦煌，尼僧特别是下层尼僧，通常和俗人一样从事各种社会生产活动，

---

① 唐耕耦等：《敦煌社会经济文书真迹释录》第 3 辑，全国图书馆文献缩微复制中心 1990 年版，第 24 页。

过着自食其力的生活。关于这一点在第四章敦煌尼僧私有经济一节中已经作过具体的论证。通过她们的辛勤劳作，往往可换取一部分自由支配的生活资料，得到一部分私产。

其次，从以上论述中可知，在八至十世纪的敦煌，尼僧往往参与寺院组织的法事活动、出唱活动、官私施舍等宗教活动。参与这些宗教活动往往可以获取相应的经济收入。这种收入往往形成尼僧私有财产的又一组成部分。

二、尼僧私有财产的处置

随着尼僧私有财产的形成，如何处理其财产便成为大家关心的问题。从敦煌文献记载看，敦煌尼僧私有财产的处理，主要包括其生前私产的分配和死后遗产的处置两个方面。以下分述之。

（一）生前私有财产的分配

从敦煌文献记载看，敦煌尼僧生前积蓄的私产在通常情况下，主要被用于谋生、施舍、纳赠及社会公益事业。

1. 用于谋生

上文提到过，在八至十世纪的敦煌，尼僧特别是下层尼僧，通常和俗人一样从事各种农业、手工业、商业在内的社会生产活动，过着自食其力的生活。通过她们的辛勤劳作，获得了一部分可以自由支配的生活资料而拥有一些私产。但是尼僧的这种个体私有经济一般规模很小，再加上当时还需交纳税役，显得十分脆弱，尼僧特别是下层尼僧生活仍然很贫困。

在这种情况下，一些尼僧特别是下层尼僧迫于生计，往往将自己刚刚通过辛苦劳动积蓄的一些私有财产，又通过变卖等方法用在维持生活上。如上文提到的 S.5820《未年（803 年）尼僧明相卖牛契》中，尼僧明相拥有私产牛一头，后来由于缺少粮食和负有债务，迫于无奈，而将自己的私产——牛，出卖给同乡百姓张抱玉，以换取食用粮食和清偿债务。又据上引 S.2228《辰年巳年（公元九世纪前期）麦布酒付历》载：

"又张老于尼边买布一匹四十二尺，至折麦一硕五斗两家合买，其布纳官用。"① 文中尼僧也用自己拥有的布匹换取粮食，维持生活。

2. 用于施舍

尼僧私产除了一部分用于维持生活外，还有些用于施舍。上引 P. 2583《申年比丘尼修德等施舍疏十三件》载：申年正月七日，比丘尼智性因己身染病，久治不愈，而施舍"八综布一匹四十尺，七综布一匹四十尺，手巾一条法事"。设置道场，请为念诵，希望自己能够早日恢复健康。又在同年，比丘尼慈心也因己身久病不愈，行为粗鲁，冲突师长，呵斥家客，口过尤多，而施舍"檀绝被一张，禄绝袴子一，黄绢裙衫一对，紫官绝襜裆一，紫绢衫子一，九综布袈裟褥覆一对，九综布裙衫一对，细布衫子一，针毡子一施入合城大众。布一匹施入报恩寺常住。麦五石 花盘子二 花椀五 花叠子五 花钵子一 施入灵修寺常住。细布手巾一条入法事"②。设置道场，请为忏念。希望自己早日恢复，得到宽恕。S. 1642 背《后晋天福七年（942 年）大乘寺交割常住什物点检历》载："又程阇梨入黄布经巾一，在柜"。文中程阇梨将私有物品黄布经巾施舍于所在寺院大乘寺。上引 S. 1776《后周显德五年（958 年）大乘寺法律尼戒性等交割常住什物点检历》（二）载："程阇梨施两石柜一口，故"；"严忍入（缸）两口"；"曹法律入乾盛瓮两口"；"程阇梨施入瓦盛一口，（缸）一口"；"王都维施入褥一条"；"妙惠花毡一领。张阇梨蕃褥一条"；"程阇梨白毡一领。政修白毡一领"；"真如白毡一领"。文中涉及尼僧程阇梨、严忍、曹法律、王都维、妙惠花、张阇梨、政修、真如亦将私有物品施舍给所在寺院。

由于上述这种大量的施舍行为，使得尼僧的部分私有财产转归寺院和合城大众等，用于开展斋会、写经等宗教活动。

---

① 唐耕耦等：《敦煌社会经济文书真迹释录》第 3 辑，全国图书馆文献缩微复制中心 1990 年版，第 149 页。

② 唐耕耦等：《敦煌社会经济文书真迹释录》第 3 辑，全国图书馆文献缩微复制中心 1990 年版，第 64 页。

3. 用于纳赠

在八至十世纪的敦煌，各种社邑（包括官社和私社）特别是私社广泛流行。私社是一种民众自愿结合进行宗教与生活互助活动的组织，通称"社邑"、"义社"、"社"、"邑"、"义邑"等。这类私社大体有两种类型，一类主要从事佛教活动，如营窟、修寺、斋会、写经、燃灯、印沙佛、行像等。另一类主要从事经济和生活互助，主要的是营办丧葬，有的还兼营社人婚嫁、立庄造舍的操办襄助，以及周济困难、慰问疾病、宴集娱乐、远行和回归的慰劳等。入社的目的是在佛教教义及儒家礼法的指导下接受教义，特别是从事集体的宗教活动和生活互助活动。

八至十世纪的敦煌尼僧往往参加上述的这种社邑。如上引 P. 3489《戊辰年正月廿四旌坊巷女人社社条（稿）》载，尼僧孔阇梨、安阇梨参加了社邑活动，并在社中担任录事职务。上引 S. 527《后周显德六年（959 年）正月三日女人社社条》载，尼僧功德进也参加了经济互助的社邑活动，并在社中担任了一定的职务。

参加这种以经济和生活互助为主的社邑，往往需要纳赠一些物品。如上引 P. 3218《某年八月廿二日时年转帖》载：

1. 时年　转帖。
2. 右缘普光寺范阇梨迁化，准例合有盖黄
3. 助送，祭杏盘，此着当寺勾当。金光明寺帖
4. 至，限今日午时于西门外取齐。如有
5. 后到，罚麦三斗。全不来者，罚麦六斗。
6. 其帖各自示名递过者。
7. 　　　八月廿二日　录事陈僧正　帖。
8. 龙刘僧正　吴法律　乾张法律　程法律　开张
9. 法律　索法律　永翟僧正　小翟僧正　金马僧
10. 正　韩僧正　图张法律　曹法律　显索法律
11. 梁僧正　韩明曹禅［师］　界刘僧正　张僧正　土李
12. 僧正　高法律　莲安法律　李法律　恩索法
13. 律　张法律　云李僧正　范僧正　修李阇梨

14. 米阇梨　圣申阇梨　张阇梨　国范阇梨　李阇

15. 梨　乘翟阇梨　马阇梨①

此帖是一个通知社人参加普光寺尼僧范阇梨丧葬活动的社司转帖，帖中规定社邑成员接到通知后，携带纳赠物品到指定地点聚齐，帮助凶家普光寺尼僧范阇梨的营葬。如不按时或不来者，按社条规定罚麦3斗或6斗。社邑的规模很大，有30多名僧人出钱出力，以互助的形式参加。在这30多人中，其中就有灵修寺、圣光寺、安国寺、大乘寺四个尼寺的李阇梨、米阇梨、申阇梨、张阇梨、范阇梨、李阇梨、翟阇梨、李阇梨、马阇梨等9位尼僧。

从文献看，这种以营葬互助活动为主的社邑，社员纳赠物品主要有三类：第一是纳粟、麦、面、饼、油、酒等食品及柴。供丧家及作吊祭死者的祭盘及出殡醊酒之用。第二类是食品外再加布、褐、麻、绫、绢、绣等织物。丝织品一般用于丧服、装殓盖棺、挽棺之用，彩色织物可用于装殓、祭帐、旌幡等。第三类是赠纳物品之外还送葬。以丧葬互助为主的社邑活动中，要纳赠大量的物品，依理可以推知，以其他经济和生活互助为内容的社邑自然也不例外。

另外，尼僧的私有财产还用于社会公益事业上，这也是纳赠活动的另一表现方式。上文提到在八至十世纪的敦煌，尼僧常常参与日常的经济活动，如赈济、救助等社会公益活动，同时还开设店铺抄经、铸造佛像，从事一些与道场活动相关的法器和实物的经营，为周边信徒和往来香客提供便利。这种经营性活动往往以寺院集体的名义展开，相关的所得，有很大一部分用在了当地的寺院修建、洞窟开凿、塑像绘画等公益佛事活动的开支上。其次僧人包括尼僧主持修桥、铺路等社会公益活动，也更是常见的事，这种以捐赠的形式将个人私有财产用于社会公益活动，是尼僧私产分配的又一种方式，是尼僧的功德行为。

（二）尼僧死后遗产的处置

佛教内律总体上对僧尼的私财的处理原则是"依法断还法门"，"制

---

① 唐耕耦等：《敦煌社会经济文献真迹释录》第1辑，书目文献出版社1986年版，第356页。

入僧，余处不得"①。即将僧尼的私财转化为常住僧财。南北朝时期的佛门在处理僧尼私财时，应用了这个原则。八至十世纪即唐五代宋初时期，随着新僧侣地主阶层的产生，僧尼私有财产处理问题再度突出。从而促使了上述内律原则为基础的僧尼私有财产传承制的重新确立。关于其原则释道宣所撰《〈四分律〉删繁补阙行事钞》和《量初轻重仪》，对亡僧尼私有财产的处理作了详细的论述，指出亡僧的遗产分割原则，轻物即生前的生活必需品归现前僧分，重物即生活必需品以外的物品归常住。后世释子所著《资持记》、《戒本疏》等，均以此书为范本。道宣这两部著作的问世，在一定程度上标志着中国佛教中僧尼私产传承制度的确立。

在这种私产传承制度的影响下，八至十世纪的敦煌尼僧的遗产处置，主要采取了以下几种方式。

1. 通过遗嘱留给俗家

唐代名僧释道宣《〈四分律〉删繁补阙行事钞》卷一记载，僧尼的身后私有财产的处理有嘱、授两种方式。嘱即生前立遗嘱，这是最主要的方式，遗嘱财产的范围限定为奴婢、田宅、车、牛、庄园等；授是指用一般的方式给予别人，其范围是绢、衣服、宝物等。由于僧尼被允许用遗嘱的方式处分自己的私有财产，于是这种方式成为僧尼处理私有财产的方式之一。

八至十世纪的敦煌尼僧在处理遗产时，亦用这种方式。上引 S. 2199《唐咸通六年（865 年）尼灵惠唯（遗）书》载："尼灵惠忽染疾病，日日渐加，恐身无常，遂告诸亲，……灵惠只有家生婢子一名威娘，留于侄女潘娘，更无房资，灵惠迁变之日，一仰潘娘葬送营办"，尼僧灵惠就是以遗嘱的形式将自己的家生婢子威娘留给侄女潘娘。

这种遗嘱继产得到了敦煌官方的尊重和保护。P. 3410《寅年正月尼惠性牒》中，尼惠性作为亡僧贺阇梨的遗嘱执行人上状，要求按照其外甥贺阇梨遗嘱办事。其之后所附僧官洪辩判不可违背"亡僧遗嘱"。由此可窥其一斑。

---

① 《行事钞》卷下 1《二衣总别篇》引《僧祇律》，见《大正藏》卷40，第 113 页上栏。

从敦煌文献中看，这种继产遗嘱的订立，并使之生效，必须满足两个条件：

一是要得到家人或族人的同意。如敦煌遗书 S.0343《析产遗嘱》（样式）、S.5647《遗书》（样式）二件、S.65372V—3V《遗书》（样式）等文书中均有遗嘱人久病不愈之后，处置家产时"与汝儿子孙侄家眷等宿缘之会"①的内容。作为一种遗嘱文书的样式，其关键条款应是所有类似的遗嘱文书成立的必要条件。八至十世纪的敦煌尼僧大多出家不离家，或直接住在家中，或与亲人合活，与家人关系很密切。正因为如此，尼僧在处置其遗产时，也要跟她的世俗家人商量，并征得他们的同意。如尼僧灵惠的遗嘱中有"遂告诸亲"之语。遗嘱后有"弟金刚、索家小娘子、外甥尼灵皈、外甥十二娘、外甥索计计、侄男胜贤"等家人或亲戚的签名。

二是要得到官方的认可。如尼僧灵惠的遗嘱上有索郎水官和左都督的签字画押。此二人出现在遗嘱后的签名上，故他们既是官方的代表，又是见证人无疑。另外在敦煌残存的一件遗嘱原件上，亦清楚的有"将此凭呈官"。官府盖印意味着遗嘱有了法律效力，受法律的认可和保护。

上述这种以遗嘱办法处分个人财产的方式，早在汉代就有。唐代时，随着遗嘱继产的增多，逐渐以律令的形式明确规定下来。《唐律疏议》卷32《丧葬令》载："身丧绝者，所有部曲、奴婢、店宅、资财，并令近亲将营葬事及功德之外，余并入女。无女均入以次近亲。若亡人在日，自有遗嘱处分，有正验者，不用此令。"表明在处理遗产时，若有遗嘱，遗嘱便是处分财产的主要依据，这种规定与佛教经律中的规定一致。故当时敦煌俗界用这种方式处理遗产者不在少数，如 S.4577《癸酉年（972年）十月五日杨将头遗书》杨将头用遗嘱的方式处分自己的遗产，及上述书写遗书的样式皆为其例证。这种分割遗产的方式及家庭成员为尼僧遗嘱的执行人和最信任的人，都是八至十世纪敦煌佛教中国化、民族化、世俗化的表现。

---

① 唐耕耦等：《敦煌社会经济文书真迹释录》第2辑，全国图书馆文献缩微复制中心1990年版，第159页。

2. 通过嘱授归寺院

佛律规定僧尼临终可以用嘱授的方式处理自己的遗产，僧尼通过这种方式可将遗产留归寺院或僧众。在八至十世纪的敦煌，尼僧亦使用这种方式处置自己的私有财产。P. 3556 抄有定祥尼师，殆于后周显德之末，自己行将圆寂之先，特出"遗书"说明其私有财资、器物，悉予投付安国尼寺"永充鸿基"之"副本"。其文曰：

皂绫袈裟一事。皂绫偏衫一领（两事，共一对）。黄细布孝衣一对。五色红花氍一领。六尺牙盘一面，火团盘一面。

右件舍施，所申意者：伏以定祥生居女质，长在凡愚。弃俗离尘，归于寺室。一从守戒，未施寸效于金田。六十余年，出入忧愁，徒费伽蓝之忧。今则忽染微疾，未获蠲疗。谨将前件房资，投付安国之寺，永充鸿基。伏望　慈悲，幸为回向。

从文中记载看，敦煌尼僧定祥因患疾而立嘱，决定将自己的私产全部授归尼寺安国寺，永充鸿基。可见，通过嘱授将自己的财产留归寺院和僧众，是尼众处置财产的主要途径之一。这种处理遗产的结果无疑使尼僧遗产中的大部分回归寺院，是故敦煌遗书唱衣历中就有亡僧尼的遗物。P. 2638《清泰三年（936 年）沙州亲司教授福集等状》所记出唱的衣物包括从癸巳年六月一日以后，至丙申年六月一日以前，中间三年，应所有官施、私施、疾病死亡僧尼散施等官私僧俗各方面，死亡僧尼散施是其中一部分。其他机构、寺院、和僧人出唱物品来源也大体如此。关于这一点张永言先生在《关于唐代的唱衣历》一文中已作过论证，并明确指出唐代寺院分买的布施品中有亡殁僧人的遗物。

不仅如此，而且在敦煌遗书中还有专门与唱卖已亡尼僧衣物的文书。如 P. 2358v 载：

仰启十方法佛、诸大（天）菩萨、罗汉圣僧、见前清众，咸愿证明。然今舍施所谓意者，时有式叉尼某乙彼处寿尽，所是衣物，持入见前，大众敬陈忏谢之所建矣。然式叉尼乃柔袊雪映，淑质霜明；奉净成（戒）则已于赳半珠，劬□□（尸罗）乃全精止作。将冀高晖佛日，光润法流；何晋奄（掩）疾膏肓，俄然示灭。由是持生前受用衣钵，祈没后（无）

上之良因。故于此时，广陈福事。以斯念诵功德、舍施胜因，尽用庄严亡过式叉尼魂路。唯愿神游素柰苑，托质花台；逍遥十地之阶，纵赏九仙之位。宾波罗树下，长为禅悦之林；阿褥（耨）达池［中］，永条（涤）尘劳之水。①

据龚泽军博士考证，此类亡文是在唱卖亡僧尼衣物时所作之文，唱卖这些衣物的目的是为了助亡灵往生净土，为亡者及斋主追福。这类文书的存在，进一步说明了将遗产授归寺院和僧众，是尼僧处理自己遗产时所选择的一种普遍方式。

3. 绝户尼僧不动产归官府

绝户尼僧指无亲无故的出家女性，这些人死后，从敦煌文书中看，其财产一般归官府支配。S.4622v《尼僧菩提心菩提严请亡僧舍地状稿》载：

1. 尼僧菩提心菩提严　状

2. 右菩提心等在先来邻寺为客，并无居住处。今圣光寺内有亡僧口舍

3. 地两口，元（无）人居住，虽（？）似空闲。今拟修治居住，恐后僧人

4. □□□□□。伏请

5. 大夫即行笔命□□

6. 牒，件状如前，谨牒。②

文书中尼僧菩提心等因无住处，向政府上状请求修治亡僧房舍居住。她们作为出家尼僧，要房舍不向所在寺院申请，却向官府上状，在一定程度上说明了文书中提到的亡僧遗留财产的支配权在官府一方，而不在寺院。关于这一点的详细情况，郝春文先生在其大著《唐后期五代宋初敦煌僧尼社会生活》中已作了论证。在此不再赘述。

值得注意的是尼僧作为出家人，属于寺院的一分子，若无亲无故，

① 录文参黄征等：《敦煌愿文集》，岳麓书社1995年版，第768页，图版见《法藏敦煌西域文献》第12册，上海古籍出版社2000年版，第364页。
② 《英藏敦煌文献》第6册，四川人民出版社1992年版，第169页。

生前死后一切事宜应是由寺院僧众承担的，其遗产依理应归寺院，然而为什么上述亡僧财产却由官府支配呢？对于这个问题可作如下解释：

佛教内律规定，僧尼死后其财产由寺院僧众来处理，亡僧的财产分轻物和重物。轻物是指基本的生活资料，包括绢匹、衣服、室物等；重物一般是指生产资料，包括奴婢、田宅、车、庄田等。重物按规定归常住，轻物由现前僧分。但唐后期随着僧尼个人蓄产的增多，亡僧尼遗产激起了世俗政权和亡僧尼家庭的争夺。绝户僧尼没有亲属作法定的继承人，佛教寺院和世俗政权两方的争夺显得更为激烈。在这场争夺过程中，曾出现过政府收取亡僧财物的记载。宋赞宁《高僧传》卷十五《唐京兆安国乘如传》载："先是五众身亡，衣资什具悉入官库。然历累朝，曷由厘革。如乃援引诸律，出家比丘，生随得利，死利归僧，言其来往，本无物也。比丘贪畜，自兹而省者，职由于此。今若归官，例同籍没。前世遗事，阙人举扬。今属文明，乞律法，断其轻重。大历二年（767 年）十一月二十七日敕下，今后僧亡，物随入僧。乃班告中书门（下），牒天下宜依。"① 但是，这个诏令并没有贯彻下去。唐德宗时（780—820 年）又敕："亡僧资财旧例送终之余分，及一众比来因事官收，并缘扰害。令仰依旧，一准律文分财法。官司仍前拘收者，以违制论。"② 从中可见，尽管佛教内律规定亡僧财产由寺院僧众处理，但是寺院的这个权力并不巩固。佛教的内律往往受世俗官方外律的控制，故在它们的比拼中，世俗王权作为赢家的情况也在所难免。因此绝户亡僧尼的财产由官府支配应在情理之中。

唐后期五代宋初的敦煌处于归义军政权统治时期，在这一时期统治者采取了一系列的政策，加强了对佛教僧团及僧尼的控制，据荣新江先生考证，到张承奉统治时期，归义军政权已完全凌驾于教权之上③。基于这种历史背景，上述敦煌绝户尼僧死后财产由官府支配便不难理解。

---

① 《大正藏》卷 50，第 801 页。
② 释志磐：《佛祖统纪》卷 54，《大正藏》卷 49，第 472 页中栏。
③ 荣新江：《九、十世纪归义军时代的佛教》，《清华汉学研究》第 1 辑，第 94—95 页。

4. 债务的清偿

亡尼僧债务的清偿包括两个方面，一是别人欠亡尼僧债，在尼僧死之前未还清，剩余部分的追偿问题。二是亡尼僧欠别人债，在死前未还清，剩余份额的偿还问题。这是一个问题的两个方面，并不冲突。鉴于上述探讨的主题是尼僧的私有财产归属问题，故这两种情形下，即尼僧放债的归属问题和借贷的偿还问题皆应在讨论范围。

从敦煌遗书中的契约、借贷文书看，敦煌僧尼包括尼僧一旦涉及有关经济问题，需要相关的人担负经济责任时，他们首选的对象往往是世俗家人或与自己关系密切的僧尼。S. 1475v（9）《某年（823年?）僧义英便麦契》载："……僧义英于海清手上便佛帐青麦二硕八斗，……限至秋八月内还足。如违其限，……一仰保人父等代还。"[①] 其后保人有其父□广德，见人智舟、见人灯判官等的签名。文书中的僧义英借贷，如无力偿还，根据契约其父必须得代他偿还。S. 1475v（10—11）《某年［823年?］僧神寂便麦契》载："僧神寂……便麦两硕六斗，并汉斗。其麦限至秋八月内送纳当寺足。如违……一仰保人等代还。"[②] 其后亦有保人僧净心，见人惠云，见人道远等的签名。这说明僧净心在僧神寂无力偿还借贷时，僧人净心有替他还债务的义务和责任。权利和义务往往是对等的，上述与僧人关系密切的世俗家人或僧人作为保人，有替借贷人偿还债务的义务，那么如果僧尼有遗产或放债，这些人也对其财产应有支配权或追回权。上述遗嘱继承中，僧尼用遗嘱的方式将部分遗产留给家人即其印证。这是僧尼财产处理的总体情况。而尼僧作为这个总体中的个体，理应在处理财产上也是类似的情况。如上引S. 5820《未年（803年）尼僧明相卖牛契》中，文后有保人尼僧净清年和俗人王忠敬、见人尼僧明兼的签名。这意味尼僧明相如果违反契约规定，其随后的经济责任应由保人、见人担负。同理如果她亡后有遗产或放债，上述这些人亦有继

① 唐耕耦等：《敦煌社会经济文书真迹释录》第2辑，全国图书馆文献缩微复制中心1990年版，第88页。

② 唐耕耦等：《敦煌社会经济文书真迹释录》第2辑，全国图书馆文献缩微复制中心1990年版，第90页。

承或收回的权利。

综上所述可知，关于八至十世纪敦煌尼僧的私有财产，在其生前通常被用于谋生、施舍、纳赠和从事社会公益事业；在其亡后，一般通过嘱授等方式分别留与所在寺院、其他僧人、自己的亲属或者直接由官府支配，而她们生前的债权债务一般由其家人或与其关系密切的尼僧继承或偿还。从中可以看出，敦煌尼僧私有财产的分配并没有完全遵守佛教内律关于僧尼私有财产分配的原则，而是在其基础上根据实际情况作了变通，呈现出了多样化的局面。这种财产分配的方式体现了敦煌佛教的中国化、本土化的真情实况，同时也是中国古代尼僧私有财产继承情况的一个缩影。

第二节　尼僧丧葬及风俗

出生、成长、衰老、死亡的自然规律，对于社会结构复杂、思想活跃、感情丰富的人类来说，是一种逃之不掉、挥之不去、莫之奈何的法则。面对死亡，自古以来人类社会就进行了顽强的抗争和深入的思考，从而形成了形形色色的人生态度和丧葬文化。

世俗之人，为了获得长寿，尽享天年，一般是尽可能地提高生活质量，享受生活，同时通过医疗与养生，以祛病延年，若能无疾而终，则善莫大焉，是谓"善终"，这是国人追求的所谓五福之一。但有的人对此仍不甘心，还希望盛殓厚葬，在另一个世界里仍能保持富足。

佛教认为，天地万物从众因缘而有，有聚集则有离散，皆属无常；众生的身心由"地水火风"四大与"色受想行识"五蕴和合而生，有生必有死，这也是自然规律；正因无常，死也就不是永断，恰恰孕育着新生，只是时空、形态不同而已，如佛教说的六道轮回，现代科学所谓物质不灭、能量守恒。通过行善积德、持守净戒、修习禅定、开发智慧，能够死后往生善趣，或超登净域，或现世明心见性、证得圣果，未来了脱生死，永离苦海。因此，佛教徒对于死亡就会有与世人截然不同的态度：他们一般视人生如幻，身体为臭皮囊，视死亡为必然的现象，临终时，显得十分坦然；死后也不求厚葬，一般都按最简单、洁净的火葬方式来处理。

八至十世纪的敦煌尼僧与世俗家庭联系紧密，大多数直接住在世俗家中，在死前弥留之际或死后的善后事宜安排上与世俗大众有相似之处。

首先，即将死亡的尼僧，也同世俗人一样在弥留之际写有遗书。S. 2199《咸通六年（865 年）沙州尼灵惠遗书》就是敦煌尼僧灵惠在临终前所立的遗嘱。在遗嘱中，交代了自己生前财产的处理办法及善后事宜的安排，决定将生前侍奉自己的家生婢子威娘，留与侄女潘娘，自己的丧葬营办等善后事宜，全由侄女潘娘承担。

其次，敦煌尼僧特别是上层，由于与家庭关系密切，在晚年或病危时也存在有亲人为其请人画像写赞的习惯。"偶因凋瘵，预写生前之容；故命良工，爰缋丹青之貌。"[1] 这种画像写赞，在敦煌文献中称为邈真赞。所谓邈，原来应作"貌"，这里转成动词，与"写"、"图"义相同，是作图写容貌的意思[2]。"真"乃容貌。"赞"即赞词。按照当时敦煌文书之记载，每画像必请人题赞，赞中内容基本是备述主人翁功德业绩。图文并存，序赞并具，是八至十世纪敦煌邈真赞的主要特点。

邈真赞中的邈真像一般悬挂于真堂（影堂、灵堂）之中，其用途广泛多样。

P. 3556《张法律尼清净戒邈真赞并序》称："孤兄叫切，贤姊悲煎。隔生永别，再睹象影。略留数韵，用记他日。"写影主要是为了孤兄贤妹思念中瞻望。

P. 3556《张戒珠邈真赞并序》称："六亲哀切，恨珠溺于深源；九族悲号，痛光沉于大夜。攀之不及，徒泣断于肝肠；望之有思，写仪形于绵帐。"绘制写真像的目的主要是为了六亲九族在纪念活动中使用。

---

① P. 3718《张良真生前写真赞并序》，载唐耕耦等：《敦煌社会经济文书真迹释录》第 5 辑，全国图书馆文献缩微复制中心 1990 年版，第 257 页。

② 蒋礼鸿：《敦煌变文字义通释》，中华书局 1962 年版，第 55 页。

P. 3718《刘庆力和尚生前邈真赞并序》载："乃召匠伯，盼像题篇。逝迁之已，聊佐周旋。余以寡识，助荐同年。"绘制的目的是为了逝世之后丧葬仪式中使用的。如上引 S. 6417《亡尼》载："掩（奄）然游魂，邈舆（矣）长别。"P. 2856《乾宁二年营葬都僧统榜》中有"邈舆"之记载，而邈舆是安放被葬者画像的丧车，可见，邈真像还可在送葬时，用以招亡灵魂，为丧仪中不可缺少的一部分。

除了在神志清醒之时立遗嘱，弥留之际请人画像写赞之外，八至十世纪的敦煌尼僧还经常在弥留之际在佛像前忏悔。S. 5561《尼患文》中有文曰：

惠尼自云：生居女质，长自凡流；常遊苦海之中，未离欲尘之境。虚［沾］淄众，浪忝披真；徒受圆满之尸罗，全犯巨知之限约。或将非律之绣绮，枉禀衣□；或求罥利之名闻，诈行异行；或经行殿塔，污泥伽蓝；或反应上言，抵突师长；或因自赞，隐毁他人；或不细思，忘（妄）谈长矩（短）；或因执掌常住，分寸搜掉；或是犯捉之间，将轻换重。如斯等罪，陈诉难周；前世怨家，讵知头数？盖在凡缘所闭，不觉［不］知；今卧疾中，始悟前障。无门诉告，忏恳尊前；伏愿慈悲，希垂救拔。怨家债主，领受斯福；舍结济生，十恶之怨并愿消灭，惟愿以慈（兹）舍施功德、无限胜因，总用庄严患者即体：惟愿药王、药上，授与神方；观音、妙音，施其妙药。醍醐灌顶，法雨润身；万福云臻，千灾务倦（卷）。身病心病，即日消除，卧安觉安，身心轻利。又特（持）胜福，此（次）用庄严特（持）炉施主即体：惟愿福同春树，吐叶生花；罪等浮云，随消散灭。然后家眷大小，并保休宜；远近亲罗，咸蒙吉庆。磨诃般若。①

文中的病尼在佛前总结了她一生中所犯的过错：未离欲尘之境；违反戒律，着绣绮之衣装；追求功利，不择手段；经行殿塔，污泥伽蓝；目无尊长，冲突上级；偏于自赞，隐毁他人；不细加思考，妄谈别人长短；恃于在寺任职，办事不掌握分寸；处罚违规之事，不十分公正，将

---

① 录文参黄征等：《敦煌愿文集》，岳麓书社 1995 年版，第 695 页，图版见《英藏敦煌文献》第 8 册，四川人民出版社 1992 年版，第 25—26 页。

轻换重……这种忏悔就是在佛陀面前拷问自己的灵魂，以减轻自身的罪过。

　　按照佛教的理论，众生有身口意三种活动，其中身是身体发生的动作，口是嘴说的言语，意是人的思维活动，三种活动又称为业。众生有善、恶二业之分，顺理利人为善，违理损人为恶。善业有十种：不杀生、不偷盗、不邪淫、不妄语、不两舌（搬弄是非）、不恶口（说不恭敬的话）、不绮语（花言巧语）、不贪欲、不嗔恚、不邪见。前三种是身业道，后三种是意业道，中间四种则是口业道。与此相对的则是十不业道。佛教认为业是产生结果的原因，即业因，由业因而来的果报便是业果。众生按照今世的业力可在来世获得不同的果报，行善者得善报，行恶者得恶报。果上又可造新业，再感未来果报，如此往复流转，在过去、现在、未来三世，天上、人间、阿修罗、地狱、饿鬼、牲畜六道，胎生、卵生、化生、涅生四生里轮回贯通转生不止。即所谓的"善有善报，恶有恶报"，"六道轮回，转世托生"等的死亡观念。

图 6－1　榆林窟第 15 窟　六道轮回（五代）

正因为佛教宣传这种因果报应，生死轮回的教义。故有些尼僧因生前犯有许多过错，在临死之前，心里会感到非常恐惧，害怕在来世遭报应，受苦受难，于是在弥留之际向佛忏悔，希望得到佛的宽容与谅解，死后能进入极乐世界，来世能得到幸福。上述的《尼患文》就是为达到这种目的而向佛陀做的忏悔。

（一）丧葬仪式

尼僧死后，也像俗人一样，有营葬的礼仪。而且不同层次的尼僧，其葬仪规格、丧事的承办者和营葬活动的参与者区别很大。

1. 尼僧官的丧葬

从敦煌文献记载看，在敦煌尼僧中，担任如都僧统等寺院要职的尼僧很少，几乎没有，但是任一般僧职的人很多。据郝春文先生考证，这些担任普通僧职的尼僧死后，其丧葬活动，通常是由都司统一营办，各寺助葬。其葬仪规格及其规模远远不如上述都僧统等高职僧官。

另外，这些普通僧官的丧葬，有时会因她们参加了以丧葬互助为主的社邑活动，而得到社人的帮助。如上引 P. 3218《某年八月廿三日时年转帖》就是一个通知社人参加普光寺尼僧范阇梨丧葬活动的社司转帖。转帖中的主人公普光寺尼范阇梨，就是因生前参加以僧正、法律为主的丧葬互助社团，所以在她去世后，社团通过发转帖的形式，通知社人纳赠物品，参加其丧葬活动。由于社邑成员以担任僧职的僧正、法律为主，因此他们对丧葬的资助是很可观的。故尼僧对这种社邑的参与，对提高担任一般僧职的尼僧的葬仪规格，扩大了丧葬活动的规模，起了很大的作用。从敦煌文献记载看，普通僧官的丧葬中，有生仪舆，也有祭盘等。参加人包括全体社邑成员和亡者的世俗家庭成员和亲戚，规模较大，规格较高，场面较隆重。

2. 普通尼僧的丧葬

普通尼僧的丧葬，因尼僧各人具体情况的不同而有所区别。

在八至十世纪的敦煌，住在家里的尼僧死后，其丧葬事宜，一般由家人承办。如上引 S. 2199《咸通六年（865 年）沙州尼灵惠唯（遗书》中提到的尼僧灵惠同伍女潘娘合活，死后其丧葬事宜一仰潘娘营办，丧葬费用由其全权承担。

住在寺中的普通尼僧死亡之后，丧葬事宜通常由都司安排寺院出面举办，丧葬费用亦不完全由寺院承担，其中一部分是来自尼僧生前所用之物唱卖所得。上引 S. 2358v《亡式叉尼文》载：

仰启十方法佛、诸大菩萨、罗汉圣僧、见前清众，咸愿证明。然今舍施所谓意者，时有式叉尼某乙彼处寿尽，所是衣物，持入见前，大众敬陈忏谢之所建矣！然式叉尼乃柔袊雪映，淑质霜明；奉净戒则已于克半珠；效□□（尸罗）乃全精止作。将冀高晖佛日，光润法流。何图奄（掩）疾膏肓，俄然示灭。由是持生前受用衣钵，祈没后［无］上之良因。故于此时，广陈福事。以斯念诵功德、舍施胜因，尽用庄严亡过式叉尼魂路：唯愿神游素（柰）苑，讬质花台；逍遥十地之阶，纵赏九仙之位。宾波罗树下，长为禅悦之林；阿㝹达池，永条（涤）尘劳之水。

从文中的"所是衣物，持入见前，大众敬陈忏谢之所建矣！""持生前受用衣钵，祈没后［无］上之良因"记载可知，此尼僧生前的衣物即用于为亡者念诵追福。据龚泽军博士考证，唱卖这些衣物的目的，与筹备该亡者的丧葬费用密切相关，具体地说，就是为了资助亡灵往生净土，弥补丧葬之用①。这是住寺尼僧的丧葬费用来源之一。尼僧丧葬费用另一来源，主要是来自社邑经济互助。在当时的敦煌，很多尼僧生前参加以丧葬互助为主的社邑。如上引 P. 3489《戊辰年正月廿四日旌坊巷女人社社条》② 以及 S. 527《显德六年（959 年）正月三日女人社社条》③ 都是以丧葬互助为主要目的的社团，这些社团中的领导社官、社长、录事、虞候等均由尼僧担任。这种社团互助的办法是，社人及家内遇有凶丧，立即向社司报告，社司得报后，由社司首领录事发放社司转帖通知全体社人，携纳赠物品按规定的时间、地点集合交纳，并确定具体做法。集

① 龚泽军：《敦煌写本祭悼文研究》，博士学位论文，四川大学历史文化学院，2005 年，第65—66 页。

② 唐耕耦等：《敦煌社会经济文书真迹释录》第1辑，书目文献出版社1986 年版，第276 页。

③ 唐耕耦等：《敦煌社会经济文书真迹释录》第1辑，书目文献出版社1986 年版，第274 页。

合时间，一般在放帖的次日早上或上午。集合时依所有社司转帖通例捉后到二人罚酒一角，不到者罚酒半瓮。赠物不足数，欠少成色，不按期交纳或不纳者，亦有罚则。

社邑营葬互助活动的内容主要有三类，一是纳粟、麦、面、饼、油、酒等食品及柴，以供丧家及作吊祭死者的祭盘及出殡醉酒之用。二是食品外再加布、褐、麻、绫、绢、绣等织物。丝织品一般用于丧服、装殓盖棺、挽棺之用，彩色织物可用于装殓、祭帐、旌幡等。第三是纳赠物品之外还参加送葬活动。尼僧一旦参加了这类社邑活动，其死后的丧葬事宜依据社约均可得到社邑社人的人力、物力援助。参与这种社邑活动，在一定程度上也解决了尼僧丧葬的费用之需。不仅如此，这些尼僧如果加入这种以丧葬互助为目的的社团，不但在己身亡故时能得到社人的援助，而且其世俗家人在亡故后，也可向社邑请赠，得到人力、物力的支持。与之同理，如果尼僧的世俗家人参加了这类性质的社团，尼僧也同样在亡后可得到其家人所在社团的援助，有关这一点，前面已作过论证。这种援助可以使社人及其家人的丧葬仪式规模大一些，更体面一些。

另外，值得一提的是，上述住寺尼僧的丧葬活动很多情况下不在本寺举办。如 S. 6034《报恩寺状》记载："报恩寺状上。右安国寺尼法证亡祭盘著报恩寺其价直未蒙支给，今日大众分僦……阇梨命割小多请处分。（后缺）"[①] 就是明显的例子。

（二）丧葬中的法事活动

佛教内律原则上规定不宜厚殓，应衣以洁净旧服，新衣布施他人，以增亡者之福。一切以简约为本，不尚奢华。但由于佛教的世俗化，在执行过程中，也有所变通。

寺院尼僧亡后，一般是停尸一天不动，大众轮班助念。二十四小时后始入殓，先为亡者热敷，以热毛巾搭敷关节处，令筋骨活络，始为其更衣。若有死未瞑目者，亦待全身冷透，以毛巾热敷双眼，数分钟后即

---

① 唐耕耦等：《敦煌社会经济文书真迹释录》第 5 辑，全国图书馆文献缩微复制中心 1990 年版，第 3 页。

可合拢。殓后即可装龛。

图 6 - 2　莫高窟第 332 窟《入殡》（初唐）

装龛后，在停龛期间，设灵堂，悬挂亡者遗像，或佛像前供往生牌位，便于亲龛吊唁、拜祭。灵桌上铺黄布，供鲜花、灯烛、茶果（每日更换）。晨、午供饭菜，切忌荤腥，应于午前供，晚间不供，以合过午不食之旨。即使晚间施食，亡僧灵前仍不供饭菜。可延请僧人、道友于灵堂念佛诵经，行锁龛佛教之礼，锁龛仪式结束后，"次行起龛佛事，由法堂起龛至山门首，在此转龛，即转龛向里边。斯时供香华茶汤为转龛佛事，鸣钹至葬处"。[1]

送葬起灵时，弟子为报师恩，当为师抬龛或抬棺上灵车。倘有多位弟子，可一人捧遗像，余为抬棺、龛。若仅弟子一名，则捧遗像随灵而

---

[1]　《仪礼注疏》卷 12《土葬礼》第 12 或《太平御览》卷 552《礼仪部》31，第 2499 页。

行。阖寺僧众，送至葬所。寺院多设有化身窑，出家尼众多以火葬为主。普通尼众火化后，骨灰放入普同塔（亦名海会塔），而上层有名望的尼僧火化后，可单独起塔作纪念，也可将遗体经特殊处理后全身入塔作纪念。若为火化收取灵骨时，可细心检寻，倘有舍利可取出供养，标明亡僧法号暨生卒日期，以志其修持。如没有舍利，则将骨灰存入塔中供养。

图6-3　莫高窟第61窟《出殡》（五代）

尼僧入塔后，还要举行一定的祭祀活动。敦煌文献中就有尼僧之祭文。如P. 3213v载：

维岁次壬辰二月壬辰朔廿四日甲寅，阿夷师正智致以香药之贡，明祭于故外生（甥）尼胜妙律师之灵。惟灵幼怀聪慧，素范清贞。鹅珠皎净，七聚偏精；四依无谷（？），八敬逾明。梵宇语慕，徒侣伤倾；悲余心府，痛割五诸（肢）。念尔盛年悠浅（潜），亲戚雕（凋）零。沥茶乳于路左，尔灵神分歆馨，尚飨。①

---

① 《法藏敦煌西域文献》第22册，上海古籍出版社2002年版，第178页。

图6-4 莫高窟第61窟《四抬枢辇》（五代）

此文是祭奠尼胜妙之文。追念尼胜妙生时之德及表达心中之悲伤。

从文献记载看，不同阶层的尼僧，其祭文的写作者不同。一般尼僧死后乃由同乡僧侣为其作祭文。如《敕修百丈清规·大众章》载："大夜念诵，来早出丧。隔日午后堂司行者覆住持两序报众，挂念诵牌，预报库司造祭食差人，铺排祭筵。乡人法眷作祭文……维那读祭文。"[1] 就是说此类祭文是用于大夜念诵之时，而且由同乡之僧作祭文。由此，我们可以推知，上引祭文之阿夷师正智为尼胜妙之同乡。

大德亡故后，由住持、两序、勤旧等为之作祭。如《大正新修大藏经》载："若亡僧是大方名德，西堂单寮勤旧、有功山门、住持、两序有祭。"[2]并且由全体僧众为之作祭文。这在敦煌文书中有记载，如P.3214载：

维岁次己巳八月癸巳朔十一日癸卯，当寺徒众法藏等谨以清酌之奠，敬祭于故安寺主阇梨之灵。惟灵天生慈善，轨范立身；温柔有德，泛爱仁人。投真舍俗，禁护六门。在寺无分毫之阙，茸理实越人伦。为僧清

---

① 《大正藏》卷48，新文丰出版公司1998年版，第1148页。
② 《大正藏》卷48，新文丰出版公司，1998年，第1148页。

恪，并无氛氲；释中硕德，众内超群。营私（寺）建塔，触事匀均。将谓永沾不替，同仏（佛）教而长春；何今祅祸，降坠善界。愿亲思之闷绝，合寺咸辛；今生一弃，弥勒会因。路边箪笥，请来钦（歆）真，伏惟尚乡（飨）。①

　　此文书是全体僧众为寺主安阇梨所作的祭文。文书中记载亡者之德"温柔有德"，可以推断此僧人极有可能是一女性出家人，并且这位女性出家人生前曾在寺院任寺主，故亡后其生前所在寺院全体尼众为她写祭文，表达她们的悲切之情。

　　将亡者安葬后，还要为亡者举行斋会。敦煌的亡忌盛行十斋之俗，所谓十斋就是七七斋、百日斋、一年斋、三年斋。关于"七七斋"，《瑜伽师地论》卷一中曰："人死中有身，若未得生缘，极七日往，若有生缘则不定。若极七日，必死而复生，如是展转生死，乃止七七日往，自此以后，决定得生。"《大藏经》卷五十四中亦曰："人亡每至七日，必营斋追荐，谓之累七，又云斋七。"说明在人死去之后，每隔七天为一忌日祭奠一次，修够七斋即七七四十九天为止。因为佛教认为人生有六道流传，在一个亡人的死与生之间，另有一个"中阴身"阶段，如童子之形，在阴间正寻求生缘，以七天为一期，如果七天结束了，仍然没有寻求到生缘，则可以更续七天，到第七个七天时为止，必生一处，所以，在这七七四十九天之间，逢七必须举行超度、斋供，以免新亡人在阴间挨饿。敦煌写本咸75《佛说阎罗王受记劝修生七斋功德经》云："如至斋日到，无财物及有事忙，不得作斋请佛延僧荐福，应其斋日下食两盘，纸钱，喂饲新亡人并随归在一王，得免冥间业报、饥饿之苦。"②

　　这种活动连续举行七次，是营葬中的必要活动。前引 P. 3730《寅年正月尼惠性牒》中有"虽则权殡已讫，然斋七未施"，就说明"斋七"属于营葬活动的一部分。

　　为尼僧作"七七"斋在敦煌比较普遍。敦煌文献中保存了这类斋文的范本。上引 P. 2058《亡尼文》曰：

---

① 《法藏敦煌西域文献》第 22 册，上海古籍出版社 2002 年版，第 180 页。
② 转引段小强：《敦煌祭祀考》，《西北民族学院学报》2001 年第 1 期，第 114 页。

夫法身无像，流出报形；庐舍圆明，垂分化质。人悲八塔，鹤变双林，此界缘终，他方感应。捣多敬筹而影灭，僧伽攀树以（已）亡枝。一切江河，会有枯竭；凡慈（兹）恩爱，必有离别。庸（痛）哉无常，颇（巨）能谈测者矣！厥今严雁塔、饰鸡园、焚宝香、陈玉志者，为谁施作？时则有坐端斋主奉为亡尼阇梨某七追福诸（之）嘉会也。惟阇梨乃行叶舒芳，性筠敷秀。柔襟雪映，凝定水于心池；淑质霜明，皎禅枝于意树。故得临坛珂御，归取（趣）者若林；启甘露门，度之者何数。精求是务，利物为怀；龙女之德未申，示灭之期已及。将欲长然惠（慧）炬，永固慈林；成四果之福因，修六行之轨躅。何期拂尘世表，永升功德之天；脱履烦笼，常游大乘之域。但以桂影不亭，璧（璧）轮已（易）往；刹那四（死）相，娥（俄）尔逾旬。至孝等仰神灵而轸泪，长乖示悔（诲）之声；对踪迹以缠哀，感伤风树。纵使灰身粉骨，未益亡灵；泣血终身，莫能上答。故于是日，以建斋筵；屈请圣凡，荐资神识。于是清丈室，扫花庭；庄道场，严法会。虚空请佛，沙界焚香；厨营百味之餐，舍施七珍之会。以兹设斋功德、迴向福因，先用奉资亡阇梨所生魂路：惟愿袈裟幢之世界，证悟无生；琉璃佛之道场，蠲除有相。云飞五盖，花落三衣；持顶上之明珠，破地前之劫石。又持胜福，次用庄严斋主即体：惟愿六根敷秀，飘八水［之］波涛；心境常明，照三春之楼阁。求经童子，蜜（密）借光明；护法善身，常来围遶。然后廓周法界，包括尘沙；俱沐芳因，齐登觉道。①

从文中记载"时则有坐端斋主奉为亡尼阇梨某七追福诸之嘉会也，……故于是日，以建斋筵；屈请圣凡，荐资神识。于是清丈室，扫花庭；庄道场，严法会。虚空请佛，沙界焚香；厨营百味之餐，舍施七珍之会。以兹设斋功德、回向福因，先用奉资亡阇梨所生魂路：惟愿袈裟幢之世界，证悟无生……。"可以看出，此亡尼文是为阇梨尼进行七七追荐的斋文。

又上引 S.343《亡尼文》曰：

---

① 录文参黄征等：《敦煌愿文集》，岳麓书社 1995 年版，第 776 页，图版见《法藏敦煌西域文献》第 3 册，上海古籍出版社 1994 年版，第 364 页。

夫世想（相）不可以久流（留），泡幻何能而永仁？从无忽有，以有还无。如来有双树之悲，孔丘有两盈（楹）之叹。然今所申意者，为亡尼某七功德之所崇也。惟亡尼乃内行八敬，外修四德，业通三藏，心悟一乘；得《爱道》之先宗，习《莲花》之后果；形同女质，志操丈夫，节（即）世希之有也。可谓含花始发，忽被秋霜；春叶初荣，偏逢下雪。何期玉树先雕（凋），金枝早落。父心切切，母意惶惶；睹喜（嬉）处以增悲，对轿车而洒泪。冥冥去识，知旨何方？寂寂幽魂，聚生何路！欲祈资助，惟福是凭。于是幡花布地，梵向（音）陵天，炉焚六殊（铢），餐茨（资）百味。以斯功德，并用庄严亡尼所生魂路：惟愿神超火宅，生净土之莲台；识越三途，入花林之佛国。然后云云。①

从文中记载"然今所申意者，为亡尼某七功德之嘉会也。……欲祈资助，惟福是凭。于是幡花布地，梵音陵天，炉焚六铢，餐资百味。以斯功德，并用庄严亡尼所生魂路：惟愿神超火宅，生净土之莲台；识越三途，入花林之佛国。"亦可以明显看出，此亡尼文是为某一亡尼作斋七的社斋文。

这种为亡尼作"七七"的斋文以范本的形式保存下来，说明为尼做"七七斋"在敦煌比较盛行。据杜斗城先生考证，为出家人作斋的斋主可分几种情况，一种是弟子为师（僧尼）而作，一种是僧尼的亲人为亡亲而作，同时还有些斋主不甚明确。上引文书 P. 2058 和 S. 343 就属于斋主不太明确的"七七"斋文。

除了为亡人作七七斋外，生人亦预修七七斋。S. 1523《逆修》中云："加以性珠久清，心境先明；知泡幻之不返，□（悟）浮生之难驻；每惊二鼠，恒惧四蛇。是知红颜易念念之间，白发变须臾之际；惠心内朗，坛会外施；今生植来世之胜因，即日种后身而（之）福利。故能先开净土，预扫天门，抽撼（减）净财，爰修某七。"②所谓逆修，是指人在活

---

① 录文参黄征等：《敦煌愿文集》，岳麓书社1995年版，第9页，图版见《英藏敦煌文献》第1册，四川人民出版社1990年版，第141页。

② 录文参黄征等：《敦煌愿文集》，岳麓书社1995年版，第711页，图版见《英藏敦煌文献》第3册，四川人民出版社1990年版，第90页。

着的时候就预先为自己死后累七修斋而大兴佛事，以祈求将来在冥土之中得到快乐，故又称预修、预修斋。从文中记载可见，预修七七斋是佛教所倡导的一种礼俗。又 S. 4624《发愿文范本》记载《逆修》时提到：

加以蹑履释门，启有□（漏）之脆；窥阐真教，知物色之无常。既有过去而有此生，既因现在而感当果（来）。三世论清，四生讵逃？若不预备资粮，何以乐乎冥道？所以策勤佛，深凭政困（正因），身修自祈。自得竭精诚之志，割贪惜之财。营逆修十供清斋，今则某七为道。生不作福，没后难知未尽。少无男女，老復孤遗，莫保百年。逆修某七道场。于是饰华弟（第），严绮庭；屏帷四合而烟凝，花敷五色而云萃。长播（幡）掣拽（曳），艳起空中；矩（短）饰连悬，晕飞檐下。请真容而稽桑，紫磨金姿；延彩像已虔恭，白豪玉色。旋迎法宝，开妙袟以先浮；启召圣僧，宾头卢而降趾。僧尼肃穆，如从舍卫大城；道众骈阗，若赴崆峒方所。长者居士，咸契良因；清信夫娘，同缘善会。梵［呗］寥亮，香气氛氲；百味珍羞［馐］，一时供养。①

从文书中可以看出，预修七七斋作为佛教倡导的一种仪式，庄严肃穆，并且在当时的敦煌比较盛行，已经形成一种习俗。无论是僧尼，还是世俗之人几乎都在生前举行这种斋会活动，以至于变卖所有财产来增强这种场面的隆重程度。难怪王梵志诗云："急首买资产，预设逆修斋。"

关于预修七斋的好处及具体做法，敦煌佛教文献中有相关记载。P. 2003、P. 2870、S. 2489、S. 3147《佛说阎罗王受记四众逆修生七斋往生净土经》提出预修七斋的好处有："必出三途，不入地狱"；死后"判放其人生富贵家，免其罪过"；"若是生在之日作此斋者，……七分功德尽皆得之，若亡殁已后，男女六亲眷属为作斋者，七分功德，亡人惟得一分"；预修七斋的具体做法有两种，一是"每日二时，供养三宝，祈设十王，唱名纳状"。另外一种是每七作一斋，"如至斋日到，无财物及有事忙，不得作斋请佛，延僧建福，应其斋日，下食两盘，纸钱喂饲"。

"七七斋"过后，亡人的"福业"仍然不能决定，还需过百日斋、

---

① 录文参黄征等：《敦煌愿文集》，岳麓书社，1995 年，第 124 页，图版见《英藏敦煌文献》第 6 册，四川人民出版社 1992 年版，第 184 页。

一年斋和三年斋，与"七七斋"一道构成十斋忌。故敦煌尼僧还作百日斋会。如 S. 6417 卷中有一则为尼作"百日斋"的范文：

> 窃闻功成妙智，道登缘觉者佛也，玄理幽寂、至教精凉（深）者法也，禁戒守真、威仪出俗者僧也，故号三宝。为世间 [之] 依（衣）足，六趣之舟楫矣！厥今敷彰彩错，邀请圣凡云云。惟阇梨乃素闻清节，操志灵谋；六亲仰仁惠之风，九族赖温和之德。加以违荣出俗，德（得）爱道之芳踪；奉戒餐禅，继《莲花》之轨躅。岂谓风摧道树，月暗禅堂；掩（奄）然游魂，邈舆（矣）长别。但以金乌西转，玉兔东移；时运不停，俄经百日。至孝等自云：福怨灵佑，畔隔兹（慈）襟；俯（抚）寒泉以穷哀，践霜露而增感。色养之礼，攀栱木而无追；顾腹之恩，伫禅林而契福。无处控告，唯福是凭；荐拔亡零（灵），无过白业。于是幡花匝地，梵泽（铎）陵天；诸佛遍满虚空，延僧尽于凡圣。炉焚海岸，供献天厨；施设精诚，聊资少善云云。①

一般来说，百日斋会有两种。一种是为亡故尼僧祈福的斋会，如上述这位尼僧的百日斋就属这种；另一种是为活着的尼僧所作的斋会。如 S. 5639《先修十王会》中就有段某尼为自己"逆修"百日斋文字，其文曰：

> 夫圣得（德）慈尊，降迹娑婆之界；显金容于仗（丈）六，白毫相以腾晖……厥今宏敷宝殿，广瑞幡花；请鸡足之上人，命龙象之圣众。设斋百味，兼舍家财，炉梵宝香启嘉愿者，为谁施作？时则有尼弟子阇梨晓之（知）凡夫患体，如蟾映之难亭；抛只（质）非常，似石光之不久。割舍衣具，广发胜心，敬设逆修？金（今）至百日。先奉为龙天八部，护佐边方；宋（守）界善神，加威圣力；亡过父母，不历三涂；己躬保宜，灾殃解散诸（之）福会也。惟尼阇梨乃性本柔和，谦恭克己。八敬每彰于众内，[四] 衣（依）恒护如（而）无亏；奉上不犯于公方，临下如同于一子。嘉（加）以倾心三宝，摄念无生；悦爱深（染）于椆林，悟真如之境界。是以崇重贤善，信敬三尊；栋相当来，生开净域。

---

① 录文参黄征等：《敦煌愿文集》岳簏书社 1995 年版，第 756 页，图版见《英藏敦煌文献》第 11 册，四川人民出版社 1994 年版，第 56 页。

尼阇梨自云：生居女质，处在凡流；出家不报［于］之（知）恩，行里（李）每乖于圣教。致使三千细行，一无护持；八万律仪，常多亏犯。身三口四，日夜不亭；经、教名闻，全无寻问。今者年当之（知）命，日落西倾；大报至时，无人救拔。强怒（努）强力，建次（此）微筵；邀屈圣凡，心生惭愧。以斯设供功德、舍施回向福因，尽用庄严尼阇梨即体：惟愿菩提日长，功德时增；法水洗如（而）罪垢除，福力兹如（滋而）寿命远。又持胜福，此（次）用庄严婆父：承兹福力，永离三涂；见佛闻经，悟真常乐。荣康眷属，同获福因；随喜见闻，俱沾少分。然后上通三界。傍尽十方；并沐胜因，俱沾佛果。①

从文书内容看，此文即为一件尼僧为自己逆修百日斋时诵读的范文。文中很清晰地说明了预修百日斋的目的："若不预备资粮，何以乐于冥道？……生不作福，没后难知未尽"，只有"割贪惜之财，营逆修十（王）供清斋"，为己修福。此尼已"年当知命"，担心自己"大报至时，无人救拔"，故为自己逆修设斋。

百日斋后，紧跟着的就是小祥、大祥。《仪礼·士虞礼》"朞而小祥，曰荐此常事。又朞而大祥，曰荐此祥事。"郑注："小祥，祭名，祥，吉也。祝辞异者，言常者，朞而祭礼也，古文常为祥。"贾公彦疏：《注释》曰："此谓二十五月大祥祭。"② 也就是说，在小祥、大祥这天，需要设祭，并有祭辞。《大唐开元礼》对此也有记载，敦煌文献也有相关记载。P. 2622《张敖书仪》云："来年死日谓之小祥……［主］馔设祭，祭文在后卷中。""从亡后廿五月，月尽，是日预造禫衣服……。"敦煌祭文中有关尼僧一周年斋即小祥的文献记载很少。但关于"三周年斋"，即大祥的记载在文献中保留不少。S. 5637 有文曰：

厥今坐前斋主厶人焚香启愿所申意者，奉为厶尼追福诸加（之嘉）会也。伏惟厶尼神资特达，气量宏深；五百庭（挺）生，千贤间出。故得灵台独鉴，智府孤名。湛八水于心源，六尘□净；芳七花于意树，三

① 录文参黄征等：《敦煌愿文集》，岳簏书社1995年版，第217页，图版见《英藏敦煌文献》第8册，四川人民出版社1992年版，第231页。
② 《仪礼注疏》卷43《十三经注疏》，上海古籍出版社1997年版，第1176页。

草抽辉。禅何（河）叠耳，戒月清凝；夺师子之威容，播龙宫之秘藏。或是尼觉花重影，戒月孤凝；七聚精知，五篇妙达。参耶输之雅志，集爱道之贞风；利物为怀，哀伤在念。理应乾坤不变，以（与）法宝而无亏；劫石齐年，将天地而不易。何图宝幢摧折，四众无依；日月推移，掩（奄）归大夜。至孝厶人自云：积宜尤深，望昊天而洒泪；哀伤五内，瞻案机（几）以悲唆（酸），遽所（使）四时递往，六律奔驰；义（仪）毕三周，俄临斯日。……以兹设斋功德、无限胜因，先用庄严亡尼去识：惟愿从涅槃而再去，佛日重兴；所惠（使慧）海而长波，法船恒驾。又持胜福，次用庄严斋主即体：惟愿福同春草，不种自生；罪若秋林，霜隳彫（凋）落。然后森括有无之际，该罗动值（植）之间；并证胜因，齐登佛果。摩诃。①

这种尼僧大祥设斋之文，说明僧尼亡后第三年也需要设斋作祭。佛教认为人死之后的三周年，要在地狱十殿阎王中过最后一王——五道转轮王，此王决定人来生当牛做马，还是做人升天等，故尼僧的此斋一般极为隆重。

除此之外，敦煌祭悼文中还发现有尼僧中祥即二周年斋之文。如P. 2757v "奉为殒故姨师中祥追荐"、P. 3219 西隐三藏为先师中祥文等，这说明尼僧亡后不但在小祥、中祥之日设斋作祭，而且在中祥之日作文以祭。

另外，敦煌石窟壁画中的一些经变画以及佛传故事、本生故事、因缘故事画等也有丧俗的内容，如棺枢立鸡、辟邪鸣阳的丧俗，在第332窟、第148窟《涅槃经变》送殡图和第61窟佛传故事画送殡图中，佛弟子抬的释迦牟尼彩棺上都站立着一只雄鸡。棺枢立雄鸡的意义，东汉应劭撰《风俗通义》第十卷《雄鸡》中引《山海经》曰："祠鬼神皆以雄鸡。"引证《青史子书》云"鸡者，东方之性也。岁终更始，辨秩东作，万物融户而出，故以鸡祀祭也。"② 从此记载看，古人在官枢上立雄鸡的主要用意是祀示鬼神，御死辟邪。民间认为，"鸡鸣阳出，四时有序"，

---

① 录文参黄征等：《敦煌愿文集》岳麓书社 1995 年版，第 237 页，图版见《英藏敦煌文献》第8 册，四川人民出版社 1992 年版，第 201 页。

② 应劭：《风俗通义》，上海古籍出版社 1990 年版，第 69 页。

用雄鸡有以阳引阴，在冥间为死者报晓的象征。

（三）埋葬方式

《四分律删繁补阙行事钞》中载，僧人亡后的埋葬方式有三种：火葬、土葬和天葬。即"火葬焚之以火，土葬埋之岸，劳林葬弃之中野，为雕虎所食。律中多明火林二葬，亦有埋者"。这三种埋葬方式中的第三种即劳林葬弃之中野，为雕虎所食葬法，属印度式的天葬，这种葬法与中国的本土文化格格不入，早在南朝时就受到了僧俗的抵制，中国尼僧的葬法大体上主要有火葬和土葬两种。

在敦煌，尼僧死后处理遗体和遗骨的方式有火葬、骨殖葬、棺葬、坐化式葬、仰身直肢葬。埋葬方式因尼僧地位不同，处理方式不一样，有的起坟，有的还在坟上起塔。

图6-5　莫高窟第61窟《火化图》（五代）

敦煌的尼姑坟，大体上可分为两种形制：一是坟塔。坟塔历来在敦煌普遍存在。敦煌莫高窟第296窟的北周壁画，有一幅《贤愚经》微妙比丘尼品，画三名尼姑在墓园相遇的场面。坟身作覆钵形，有方砖基台承托，前后植树，四周围墙，左右各开阙口，以便扫墓人出入。莫高窟附近和对面山坡上至今仍保存着不少当时的墓塔。"塔"是梵文"窣堵波"的音译，原意为坟墓，是埋葬佛骨的地方。"坟上起塔"即成坟塔，用来存放高级僧尼的骨灰，坟塔集中的处所称为塔林或塔院，即僧尼的公墓。在世的时候，按佛门的规矩，尼的地位居僧后；尼僧死后，其坟塔也不能与僧平起平坐。唐代高僧百丈禅师死后，门人立碑声明："地界内不得置尼台、尼坟塔"，以维护高僧的尊严。

二是瘗窟。在1988年至1994年对莫高窟北区进行清理发掘时，发现了18个瘗窟。据彭金章先生介绍，这些瘗窟往往分片分布，每片由二至五个瘗窟组成，其特征是洞窟一般较小，窟顶较低，矮小的窟门多用土坯石头封堵住。多数瘗窟里有官床，建舍利塔瘗埋。①

对于起坟，除了将遗体进棺入土掩埋而成坟茔外，还有一种葬法，即火葬焚体后，将骨灰装入木匣或其他容器掩埋入土，这种方式为一般尼僧及其他僧众所常用。据谭蝉雪先生考证，在20世纪五六十年代敦煌莫高窟基建时，就曾出土了许多骨灰陶罐和棺材形制的小匣，有的直接埋在土中，有的用砖修拱形墓道，集体安放。这种情况说明了火葬在古代敦煌地区很普遍。

①　彭金章：《敦煌莫高窟考古新发现》，《丝绸之路》1996年第1期，第12页。

第七章 政府对尼僧及尼寺的管理

八至十世纪敦煌地区佛教发展兴盛，随着佛教对世俗百姓的影响和熏染，出家皈依佛门的民众日益增多。在古代社会，人力是农业经济和军队的核心力量和资源，大量的民众遁入空门势必对农业的发展和军队人力的补给造成重大影响，同时也会影响国家税收。故对出家僧尼数量的控制与有效管理是事关国力的大事，所以统治阶级在对佛教的发展给予极大关注的同时，又对其施加了一些人为的限制。

在八至十世纪的敦煌，政府对佛教的管理包括对僧尼的管理和对寺院的管理两个方面。

第一节 政府对尼僧的管理

政府对尼僧的管理主要是对尼僧数量的控制和对尼僧在寺日常修习活动的管理，而对尼僧修习活动的管理在前文已述及，故在这里仅对尼僧数量的控制作主要阐述，对尼僧数量的控制措施有以下两个方面。

一、对出家途径的控制和管理

当时敦煌僧尼人数占总人口的比率已相当高，其中尼僧的数量也很多。尼僧数量的增多，不但对民众的宗教影响力非常大，而且从国计民生上说，年富力强的妇女遁入空门，势必影响社会生产和国家人口的增殖，对国家产生不利影响。所以对统治者来说，管理僧团是行政控制的关键所在。

上文提到过，在八至十世纪的敦煌，尼僧出家前必须取得政府发放的度牒，有了度牒，方可有资格出家，未取得度牒而出家者，皆非正度，被视为伪滥僧。而且度牒的获取往往要付出较大的经济代价，这对已出家的社会民众来说是一道无形的进入壁垒。

度牒详细记载尼僧原籍、俗名、年龄、所属寺院、剃度师名及所属官署，有效地防止了尼僧私度现象，严格地控制了尼僧的数量，有利于统一管理。尼僧持有度牒后，有了明确的身份，得到了政府的保护，获得了免除租税徭役的特权，有利于国家的稳定和佛教的发展。同时，又使一部分欲出家女性，因自身经济能力等方面因素的限制，而被拒之于门外，一定程度上防止女性劳动力的散失。

除了控制度牒外，政府还往往掌握着尼僧的度僧权。根据敦煌文献记载，在八至十世纪即唐、吐蕃、归义军统治时期的敦煌，度僧权基本上控制在政府手中。在唐统治时期，度僧权由政府委派人员直接管理。吐蕃统治敦煌时期，度僧权由吐蕃政权内部的都督掌握。上引 P. 3774《丑年（821 年）十二月沙州僧龙藏牒》提到：僧龙藏的侄女出家是"于安都督处买度印。"归义军统治时期，中原政府的控制力不及敦煌，敦煌的度僧权牢牢掌握在归义军节度使手里。主要表现在以下几个方面：

首先，在归义军统治时期，女性出家都要经过世俗政权的批准。上引 S. 1563《甲戌年（914 年）西汉敦煌国圣文神武王准邓传嗣女出家敕》中，前后所钤之印为敦煌国天王印，表明此件应是归义军张承奉统治敦煌时期批准百姓出家的实用文书，文书中的邓传嗣女请求归义军节度使敦煌王张承奉批准其出家。上引 S. 4291《清泰五年（938 年）敕归义军节度使任从张留子女胜莲出家牒》亦是上述类型的文书，文书中的张留子女胜莲向归义军节度使上状，请求批准其出家，文末有当时的归义军节度使曹议金的签字。

其次，控制着女性出家后受戒的各个环节。女性剃度出家后，即成为沙弥尼或式叉尼。沙弥尼或式叉尼要成为正式的尼僧，必须要经过受具足戒仪式。从文献记载看，在当时的敦煌，沙弥尼或式叉尼何时授具足戒，何人可授具足戒，都控制在归义军政权手中。授具足戒须置方等戒坛，置方等戒坛的时间由归义军政权掌握。如前引 S. 2575《天成四年（929 年）三月六日应管内外都僧统置方等戒坛牓》中曰"右奉处分，令置方等戒坛"，这里的"处分"，就是来自归义军节度使。方等戒坛设立之后，欲受戒者须向归义军节度使上状申请。如 S. 5953《奉唐寺僧依愿上令公阿郎状》就是请求受具足戒的文书，这里的令公指归义军节度使曹议金。节度使批准受戒以后，道场司如发现不符合条件者，须再次上列名单呈报节度使批准。前引 P. 3167v《乾宁二年三月安国寺道场司常秘等牒》就是向归义军节度使上报各尼寺求受戒沙弥尼中不符合条件者的名单，请求归义军节度使"处分"。

这种控制大大限制了出家范围，基本上控制了尼僧的数量。在一定程度上避免大量女性劳动人口流入尼寺，保证了农业经济的稳定发展及国家的税源的稳定。

另外，在八至十世纪的敦煌，与度牒并行的还有另一种身份性证件，名为戒牒。如 P. 3320《乾德二年（964 年）九月十五日沙州三界寺授娘子张氏五戒牒》；S. 532《乾德三年（965 年）正月十五日沙州三界寺授女弟子张氏五戒牒》；S. 4844《乾德四年（966 年）正月十五日沙州三界寺授菩提最五戒牒》；S. 4115《雍熙二年（985 年）五月十五日沙州三界寺授法清八戒牒》；P. 3392《甲子年（964 年）正月廿八日沙州三界寺授菩提最八关斋戒牒》；S. 347《乾德三年（965 年）正月廿八日沙州三界寺授小娘子张氏八关斋戒牒》中的小娘子张氏。再如 S. 330《太平兴国七年（982 年）正月八日沙州三界寺授惠意程氏八戒牒》；P. 3483《雍熙二年（985 年）五月十五日沙州三界寺授法满张氏八戒牒》；S. 4915《雍熙四年（987 年）五月沙州三界寺授智惠花菩萨戒牒》；S. 2851《菩萨十无尽戒牒》等。这些戒牒的存在强化了女性出家的严肃性，加强了对女性出家持戒意识的醒示，弥补了度牒在控制方面遗留的漏洞。在一定程度上是度牒的补充证件，与度牒相辅相成，相得益彰，加强了对度僧各个环节的控制。

二、对尼籍的管理

对出度尼僧贯之以籍账是敦煌政府对尼僧管理的又一措施。敦煌文献中保存有尼僧名籍。S. 2669《年代未详［865—870 年］沙州诸寺尼籍》[①] 载：

大乘寺尼应管总二百九十人，

坚法　沙州敦煌县　洪池乡　姓张俗名太娘　年七十二

明贤　沙州敦煌县　神沙乡　姓孔俗名纵纵　年七十一

法因　沙州敦煌县　慈惠乡　姓张俗名阎子　年七十

明意　沙州敦煌县　赤心乡　姓张俗名要要　年七十五

真藏　沙州敦煌县　平康乡　姓杨俗名八娘　年五十八

觉意　沙州敦煌县　神沙乡　姓吴俗名阎子　年六十五

戒定　沙州敦煌县　洪闰乡　姓范俗名严娘　年五十七

神秀　沙州敦煌县　效谷乡　姓姚俗名公子　年五十七

了空　沙州敦煌县　神沙乡　姓张俗名媚媚　年五十七

般若心　沙州敦煌县　玉关乡　姓姚俗名担娘　年五十九

法定　沙州敦煌县　玉关乡　姓卫俗名定子　年六十一

胜贤　沙州敦煌县　神沙乡　姓张俗名要要　年六十一

胜性　沙州敦煌县　神沙乡　姓马俗名品品　年六十一

乘会　沙州敦煌县　敦煌乡　姓李俗名判判　年五十七

（中略）

圣光寺尼应管七十九人，

正忍　沙州敦煌县　慈惠乡　姓王俗名胜如　年五十一

遍施花　沙州敦煌县　慈惠乡 姓索俗名关关　年五十一

胜持　沙州敦煌县　平康乡　姓史俗名心心　年六十一

思义　沙州敦煌县　莫高乡　姓康俗名严严　年六十一

---

① 唐耕耦等：《敦煌社会经济文书真迹释录》第 4 辑，全国图书馆文献缩微复制中心 1990 年版，第 215 页。

法戒　沙州敦煌县　慈惠乡　姓张俗名美子　年五十五

照空　沙州敦煌县　玉关乡　姓张俗名六六　年五十二

戒慈　沙州敦煌县　莫高乡　姓张俗名那那　年五十一

严真　沙州敦煌县　莫高乡　姓罗俗名六六　年二十二

胜德　沙州敦煌县　慈惠乡　姓米俗名媚子　年五十五

严戒　沙州敦煌县　慈惠乡　姓王俗名太太　年四十八

莲花意　沙州敦煌县　洪池乡　姓康俗名团子　年四十

法正　沙州敦煌县　慈惠乡　姓吴俗名娇子　年四十

（下略）

此尼籍账造于九世纪下半叶，前后均缺，共保留270行，入籍尼268人。分别隶属于三个寺院。名籍包括七项内容：配住寺及总管人数、法名、州县、乡贯、姓、俗名、年龄，与祠部所规定编制僧尼的要求大体吻合。据唐代僧尼籍账一式三份的规定，可推断这件尼籍应该是当年留在州县的那一份。并由上引文书看出，各州县编制的尼僧籍账，须首先具明辖境所管寺院总数，然后分寺开列名籍，在各寺名籍之前又要说清本寺应管尼僧人数，分总有序，环环相扣，科学准确。

另外，在俄藏敦煌文献中，亦保留着此类文献。如Дх.00998《五尼寺名籍》[①] 载：

（前缺）

（一）

1. ＿＿＿女善明　梁保全女善惠＿＿＿

2. ＿＿＿德女善藏　唐章＿＿＿

3. ＿＿＿善妙　索信住女善思＿＿＿

4. ＿＿＿女善修　王富庆女慈行＿＿＿

5. ＿＿＿宋守真女慈念　押牙李＿＿＿

6. ＿＿＿阳育文女慈智　阴＿＿＿

7. 宋？盈女慈果；押牙？＿＿＿

---

① 《俄藏敦煌文献》第7册，上海古籍出版社1998年版，第251页。

8. ☐☐令狐章平女愿行 氾弘? ☐☐

9. ☐☐张荣田女信愿 氾善? ☐☐

10. ☐☐清 梁庆住女信清 阎? 庆☐☐

11. ☐☐信德 龙清儿女信因氾☐☐

12. ☐☐? 迁女信定 索固☐☐

13. ☐☐女信妙 张怀胜女信口☐☐

14. ☐☐? 流住女善敬 都头安员? ☐☐

15. ☐☐? 儿女智定☐☐☐

（二）

1. 官应净寺

2. ☐☐☐五尼寺老病☐☐☐

此尼籍前后均缺，共保留 17 行，其内容主要记载了五尼寺的尼僧名籍，强调了某尼系某人之女。

这种籍账详细说明了尼僧姓名、乡贯、俗名、法名、年龄及所属尼寺的名称，更有甚者强调某尼系某人之女。这在总体上有利于政府对尼僧教团的监督和控制，加强对尼僧的管理。另一方面也说明了尼僧与家庭关系紧密。

这种对尼僧贯之以籍账的做法，就历史渊源来说，早在东晋时就有东晋隆安三年（399 年），桓玄在境内裁汰僧尼，令各地"州符求沙门名籍"，且"煎切甚急"[1]。所谓"州符求沙门名籍"者，就是由地方政府行文四方，索求僧籍名册纳于官府。南朝刘宋统治末年，丹阳尹沈文季也曾"建义符僧局，责僧属籍"[2]。责僧属籍，就是以行政命令的手段，将僧尼名籍纳入国家户籍管理机制内。北朝自姚秦设立僧官便已立僧籍了。《魏书·释老志》曰：延兴二年（472 年）四月诏：无籍之僧，精加隐括，有者送付州镇。又云：（太和）十年（486 年）冬，有司奏：前被敕以勒籍之初，愚民侥幸，假称入道，以避输课。其无籍僧尼，罢遣还俗……。太和十年（486 年），有司奏称"前僧尼被敕以勒籍"，将僧籍

---

① 《大正藏》卷 52，第 85 页下栏。

② 梁释慧皎：《高僧传》卷 8《齐京师天保寺释道盛传》，中华书局 1992 年版，第 307 页。

纳入官籍。至隋开皇年间后，隋政府即设崇玄署，掌僧尼籍账和度僧等事务。官府对僧尼实行"公贯"政策。"公"指官方，"贯"即乡贯。"公贯"指系僧人名籍于官府。唐政权继承了这一做法，开元十七年（729 年），"敕天下僧尼三岁一造籍"①，以州县为基层编制单位编订。僧道名籍册一式数份，一份留县，一份留州，一份上报祠部（僧尼）或宗正（道士、女冠）。僧尼籍账要写清楚其法名、俗姓、乡贯、户头、所习经业及配住寺人数等，若遇僧尼身死或还俗，须申报祠部办理"注销"手续。凡是无籍的僧人，皆被视为伪滥僧，不但有随时被强迫还俗的危险，而且还要受到法律的制裁。唐玄宗开元二年（714 年），即对无籍的伪滥僧进行了清算。当时中书令姚崇曾上书奏僧尼伪滥、妄自出家，应给予淘汰，唐玄宗采纳了他的意见，命有司精加铨择，"天下僧尼伪滥还俗者，多达三万余人"②。时过不久，唐玄宗再下《检括僧尼诏》，对非籍僧尼进行检括惩处。其曰："僧尼数多，逾滥不少，先经磨勘，欲令真伪区分，仍虑犹有非违，都遣括检闻奏。凭此造籍，以为准绳。如闻所由条例非惬，致奸妄转更滋生，因即举推，罪者斯众，宜依开元十六年旧籍为之，更不须造写。"③唐文宗太和四年（830 年），祠部请允天下僧尼非正度者，许具名中省给牒。太和五年（831 年），又敕天下州郡造僧尼籍。自宋以后，直到清代乾隆年间，僧籍概由僧录掌管。乾隆帝废止度牒以后，政府不再掌握僧籍。僧籍原是政府管理民众出家的一种措施，无籍僧尼便是未经政府登记而私自出家的。对僧尼实行籍账管理，强化了对社会僧团的控制。

吐蕃占领敦煌初期，于 790 年，按照其本身的制度，将沙州百姓分成若干部落，尼僧被划归为"僧尼部落"。S. 2729《吐蕃辰年（788 年）三月沙州僧尼部落米净辩牒（算使勘牌子历）》载：

灵修寺徐法真　张修空　杨法意　张智用　翟法炬　刘慈心

宋修德　罗妙空　龙修证　阴惠胜　翟圆照　刘净觉　阴普果

---

① 《佛祖统纪》卷 40《法运通塞志》，《大正藏》卷 49，第 374 页。
② 《唐会要》卷 47，商务印书馆 1935 年版，第 840 页。
③ 《全唐文》卷 30，中华书局 1983 年版，第 337 页。

安妙定　马普因　朱妙政　杜无导　王政智　薛普持　阴普真

瞿妙胜　石修定　杜无导　邓神照　张智性　范妙法　张无垢

阴修广　杨智光　宋修善　安妙修　索了性　李胜妙　邓修智

（中略）

普光寺王智净　索普证　王普意　唐普劝　王智明午年十一月八日

死　安普惠

李普喜　宋普贤　李志念　张普妙　孟澄照　索普行　安普登

唐普胜　索悟智　贺普航　张坚戒　安普照　张普集　范普愿

武成就　罗普戒　范妙德　张戒清　安胜因　曹惠悟　罗真寂

张正相　索无念　白优坛申年三月七日死　无含闰　索普严　唐普

定　崔常进

（中略）

大乘寺张法性　张法坚　令狐正见　孔正信　范正遍　孔归依

贺净凝　索广净　范明照　董无相　阎无着　石修行　阴无胜

薛圆性　索善光　范妙行　阴净相申年七月廿二日死索真净　索悟

真　薛妙寂

淳于光相　索胜缘　阎真心辰年八月四日死索妙性　唐辩悟　宋妙

喜　宋真性

（中略）

潘原堡郭智林　赫连广祭　吴善信　蕉净凝　李澄清　张普行

贺拔普照　杨悟真　张正信　杨旃檀林　孙妙法申年八月七日死

王志清

孟坚持十三

计尼一百七十一

都计见上牌子僧尼三百一十人内一百三十九僧　一百七十一尼

牒件状如前，谨牒。

　　辰年三月　日僧尼部落米净辩牒。①

---

　　① 唐耕耦等：《敦煌社会经济文书真迹释录》第 4 辑，全国图书馆文献缩微复制中心 1990 年版，第 194 页。

此牒是辰年僧尼部落吏员米净辩上报给吐蕃专管户籍"算使诸落按谟"的沙州僧众籍账。从牒中内容看，当时敦煌四所尼寺灵修寺、普光寺、大乘寺和潘原堡寺所辖人员都被编入了僧尼部落，每位尼僧法名前均贯以俗姓。如灵修寺尼徐法真和张修空；前引已受沙弥尼十戒的普光寺尼范妙德；大乘寺尼张法性、张法坚、令狐正见；潘原堡尼郭智林、吴善信等。对已亡僧尼需特别证明，并由吐蕃官员亲加核实，如亡僧尼名后注有"吐蕃赞息检"。

这种将尼僧编入僧尼部落，造籍作册，并由政府委派官吏清查户口的措施，便于政府检查、征收赋税和管理僧众，加强对她们的控制。

归义军时期采用僧俗合籍。关于这一点，上述已作过说明。据郝春文先生解释，官府免除或征发僧人赋役的依据是其户内状况，而僧尼的户籍又不记载这方面的情况，故只有将僧人编入户籍中，才能清楚地了解每个人是否应承担赋役。这种僧俗合籍的办法，很明显有利于政府掌握尼僧及其他僧人实际情况，便于加强对他们的控制和管理。

第二节　政府对尼寺的管理

一、严格控制寺院的数量，严禁私自营造寺宇

《唐六典》卷四"尚书礼部祠部郎中"条记载："凡天下寺总五千三百五十八所。三千二百四十五所僧，二千一百一十三所尼。"[①] 每所寺院都要在当地的州县注册僧尼人数，以便国家统一掌握。

从敦煌文献看，在八至十世纪的敦煌，政府对佛教及僧团的管理与组织建设是非常重视的。在敦煌文献中，都明确地记载着每个寺院的僧

① 李林甫等撰、陈仲夫点校：《唐六典》，中华书局1992年版，第125页。

尼人数。

S. 5676《沙州诸寺僧尼数》就明确记载了敦煌诸寺的僧尼人数："龙廿三人，开廿一人，永十七人，图三十七人，云十五人，康十九人，窟十九人，金廿六人，恩三十一人，修五十五人，乘六十一人，普五十七人，国廿九人，圣七人"①。所谓龙、开、永、图、云、康、金、恩，分别是指敦煌僧寺龙兴寺、开元寺、永安寺、灵图寺、大云寺、永康寺、金光明寺、报恩寺的简称，乘、普、国、圣分别是指敦煌尼寺大乘寺、普光寺、安国寺、圣光寺。这种人数的统计有利于政府的统一管理。

相关文献不但对诸寺僧尼的人数有所统计，而且对尼寺尼僧的人数作单独统计，如 P. 3600《吐蕃戌年普光寺等具当寺应管尼数牒三件》载"普光寺　状上。当寺应管尼众一百廿七人。""□□寺　状上。□（当）寺应管尼四十九人。"② 更有甚者，还将单个尼寺尼僧的名录也一一列出。如 S. 4444《大乘寺尼名录》：

1. 常喜　明戒　庆沙　最胜护　花胜　智宝　法喜　福严　花严
2. 普云　坚护　定忍　胜藏　莲花德　坚定　灵信　永定愿　坚戒
3. 相妙　莲花意　莲花妙　福严　慈明　胜严　正行　真体　善贤
4. 坚持　坚妙　严戒　坚智　威戒　德意　圣意　善缘　菩提惠
5. 戒真　威德　能严　性净藏　宝严　普净　善胜　妙贤
6. 戒香庆　善妙　总持　善清　圣觉　圣行　智惠光　妙空
7. 功德藏　福严　体净　胜净　最胜贤　定真　灵忍　胜妙
8. 最心　禅惠　严律　圣惠　照严　善满　菩提　福严　善愿
9. 启行　真明　坚性　定惠　智花　觉性　菩提藏　凝妙　德行
10. 自在满　胜行　明忍　智真　坚净　菩提惠　神智　明律　寂净藏
11. 定心　圣意　胜满　能护　遍净　慈力　正心　圆镜

---

① 唐耕耦等：《敦煌社会经济文书真迹释录》第4辑，全国图书馆文献缩微复制中心1990年版，第249页。

② 唐耕耦等：《敦煌社会经济文书真迹释录》第4辑，全国图书馆文献缩微复制中心1990年版，第209—213页。

12. 德真　相觉　真意　性真　能性　性净贤　戒乘　明相　妙圆
13. 戒贤　胜了　坚胜　能忍　胜心　妙觉　福藏　妙德　胜定
14. 正惠　善惠　戒净　凝清　明惠　胜惠　莲花德　性真　戒只
15. 坚忍　定意　性念　戒香　普惠　戒法　意贤　戒因　正意
16. 延福　严意　最贤　乘净　圣妙　能正　念澄　能信
17. 妙果　定严　善觉　严福　真如　真胜。①

对尼寺尼僧人数进行这种单独统计，以及对单个尼寺尼僧名目的罗列，在一定的程度上说明了在八至十世纪的敦煌，政府对尼寺的管理，较之对僧寺管理来说，更为重视和更为严格。如此，对尼寺数量的限制，宏观上控制了出家女性的数量，进而在保证税收的基础上，维持了农业的稳定发展和军队建设对人力的需要。

二、对尼寺的管理制度和管理机构

在八至十世纪的敦煌，政府不但严格控制尼寺和尼僧的数量，定期清查各尼寺的尼僧人数，加强统一管理，而且在尼寺设立了一套管理体制，对尼寺进行严格管理。

1. 尼僧僧官制度

尼僧僧官制度可溯源于东晋。东晋太元十年（385 年），权臣司马道子任命尼妙音为尼寺简静寺寺主，"徒众百余人，内外才义者因之以自达。供赈无穷，富倾都邑，贵贱宗事。门有车马日百余辆……权倾一朝，威行内外云。"② 尼僧妙音甚至参预朝廷机要，成为中国历史上最早的一名有权有势的基层尼僧僧官。《晋书》卷七十五《王国宝传》载："及道子辅政，以为秘书丛。俄迁琅邪内史，领堂邑木守，加辅国将军。入补侍中，迁中书令、中领军，一与道子持威权，扇动内外。中书郎范宁，国宝舅也，儒雅方直，疾其阿谀，劝孝武帝黜之。国宝乃使陈郡袁悦之

———————————————

① 唐耕耦等：《敦煌社会经济文书真迹释录》第 4 辑，全国图书馆文献缩微复制中心 1990 年版，第 250 页。

② 《大正藏》卷 50《比丘尼传》第 936 下栏—937 页上栏。

因尼支妙音致书与太子母陈淑媛，说国宝忠谨，宜见亲信。"王国宝为东晋高门太原王氏之后，危难关头犹需要通过支妙音疏通关系，由此更不难想象支妙音的势力。妙音尼虽只是简静寺的区区寺主，却凛然有高级中央僧官的威仪。

南朝刘宋政府继承了尼僧任寺主的传统，并把此制推广到各地。刘宋时担任尼寺寺主而留于史册者很多。《比丘尼传》卷三《建福寺智胜尼传》言"令旨仍使为寺主"①，《青园东寺法全尼传》"众既新分，人望未缉，乃以全为寺主"②，《普贤寺净晖尼传》"后为寺主"③，《比丘尼传》卷四《南晋陵寺释令玉尼传》"宋邵陵王大相钦敬，请为南晋陵寺主"④ 等。

后来，随着尼寺经济的迅速发展，尼寺中的事务日益殷繁，单一由一名寺主领导一寺僧众的制度已经不适应形势的需要，于是，不少尼寺在寺主之外又设一、二种僧职，与寺主共同担负基层僧官的职责，监管尼寺中的宗教活动和生产、生活事务。泰始二年（466 年），政府为尼僧设立管理机构，实行尼僧自治，《比丘尼传》卷二"宝贤尼传"载："宝贤，本姓陈，陈郡人也。……宋文皇帝深加礼遇，供以衣食。及孝武雅相敬待，月给钱一万。明帝即位，赏接弥崇。以泰始元年（465 年）勅为普贤寺主，二年又勅为都邑僧正，盛是威风。"《比丘尼传》卷二"法净尼传"载："法净，……泰始元年（465 年），勅住普贤寺。宫内接遇，礼兼师友。二年，勅为京邑都维那。"宝贤尼和法净尼就分别担任了尼僧正和京邑都维那，全权监管京城一带尼僧事务。⑤

尼僧正的设立，实行尼僧自治，是中国佛教史上绝无仅有的事情，难怪释道宣在《大宋僧史略》云："北僧立制，多为附僧，南土新规，别行尼正，宋泰始二年（466 年）敕尼宝贤为尼僧正，又以法净为京邑都

---

① 《大正藏》卷 54，第 245 中栏。
② 《大正藏》卷 50，第 943 上栏。
③ 《大正藏》卷 50，第 943 中栏。
④ 《大正藏》卷 50，第 947 页上栏。
⑤ 《比丘尼传》卷 2《普贤寺宝贤尼传》、《普贤寺法净尼传》，《大正藏》卷 50，第 941 页上栏。

维那，此则承乏之渐。梁陈隋唐少闻其事。"①

据文献记载，这些尼僧僧官都具有较高的行政组织能力，大多以有见识、有魄力而见重于世。如尼慧果纲纪景福寺，克己奉公。"赎遗之物，悉以入僧，众业兴隆，大小悦服"。尼僧端治理永安寺。"纲纪众务，均爱等接，大小悦服，久而弥敬"。尼宝贤和法净的政绩亦很突出，据《比丘尼传》卷二"宝贤尼传"载："元徽二年，法颖律师于晋兴寺开《十诵律》题，其日有十余尼，因下讲欲重受戒。贤乃遣（建）僧局，赍命到讲座，鸣木宣令诸尼，不得辄复重受戒。若年岁审未满者，其师先应集众忏悔竟，然后到僧局，僧局许可，请人监检方得受耳。若有违拒，即加摈斥。因兹已后，矫竞暂息。在任清简，才兼事义，安众惠下，萧然寡欲。"又据《比丘尼传》卷二《法净尼传》载："法净，……（泰始）二年（466年）勅为京邑都维那，在事公正，确然殊绝。"可见尼宝贤及尼法净上任后秉政清廉，对协调当时佛教内部事务，起到了一定的积极作用，故大众皆钦服。刘宋一朝设立独立于比丘的尼僧僧局，有效地实行比丘尼自治，这套制度不光同时的北朝所无，即就是在整个中国佛教史上也是罕见的。

受这种僧官制度的影响，八至十世纪即唐、吐蕃、归义军统治时期的敦煌，也设立了较完善的尼僧僧官制度，对尼寺进行了有效的管理。

唐统治时期，政府对敦煌僧团的管理与组织建设更加重视，在敦煌设立了由皇帝直接任命的僧统、副僧统，主管宗教事务。

"安史之乱"以后，西南部的吐蕃王朝日益强盛，乘虚进攻河西，攻陷了凉州、甘州、肃州等地。沙州将士百姓坚持长达十一年的抵抗，终因弹尽粮绝，以城降蕃。自此，吐蕃统治了全部河西，长达六十多年。

吐蕃占领敦煌时期，正是吐蕃政权大力弘扬佛教的时代。吐蕃把敦煌看作一个佛教的中心，极力加以保护，对这里佛教的发展给以很大支持。设立专门的机构——都司，管理佛教事务。都司的供职人员一般是法律以上的僧职人员，最高僧官称为都僧统。在敦煌文献中，未发现尼

---

① 《大宋僧史略》卷中，《大正藏》卷54，第243页上栏。

僧在都司任主要僧职的记载。但尼僧任普通僧官的很多。

吐蕃时期的普通尼僧担任的僧官，首先有尼法律。P.3600《普光寺寺卿索岫牒》中提到："法律法喜"；《大番故敦煌郡莫高窟阴处士公修功德记》中提到"尼法律智惠"都是这时存在称尼法律的僧官的实证。

其次有都判官、判官。前引《沙州诸寺僧尼簿》第 32 行，在寺户曹莫分名下，就有一条记"判官驱使"，可以印证。

还有尼三纲：寺主、维那（都维那）、上座。上引 P.3600《吐蕃戌年普光寺等具当寺应管尼数牒》中提到"寺主真行"。P.3654《某年十二月赞普冬季福田付安国等寺维那经数》中提到的"安国寺维那遍觉"，"普光寺维那悲愿花"。

除三纲之外，新出现了"寺卿"。如前引《普光寺寺卿索岫牒》中有寺卿索岫，与 S.542v《吐蕃戌年六月沙州诸寺丁口车牛役簿》连贴的还有"灵修寺寺卿薛惟苏算羊牒"、"大乘寺寺卿唐千进算羊牒"等，说明寺卿的设置是很普遍的。依据佛教内律规定，寺卿一职一般由俗人担任。《十诵律》卷 34 有云："佛言，应立使净人率（帅），应先作塔事，次作四方僧事，次作饮食事，次作可分物事，次教与上座、中座、下座作，如是周遍一切僧作。听立使净人主者，还立白衣中勤修能处分者。"[1]这即是说，从白衣即俗人中，选拔信仰佛教及有办事能力者，充当"使净人率（帅）"，称之为"使净人主者"，即役使净人的主管人。这种主管人就是寺卿。

寺卿的设置在尼寺中显得特别重要。因为，内律中，如《四分律删繁补缺行事钞》卷上有云："或雇男子杂作，尼亲检校，寻坏梵行。"[2]即内律禁止比丘尼管理有男子参加的生产活动，因此，在前引普光、灵修、大乘等尼寺中，由男性世俗人充当的寺卿，就作为寺产、寺庄、寺户、寺有畜群的经管人而出现。

有的学者认为寺卿是吐蕃时沙州寺户的管理人[3]；但寺卿又参与寺中

---

① 《大正藏》卷 23，第 251 页。
② 《大正藏》卷 40，第 23 页。
③ 姜伯勤：《唐五代敦煌寺户制度》，中华书局 1987 年版，第 51 页。

的财务管理①。大乘寺的寺卿唐千进，普光寺寺卿索岫还曾向上司牒陈当寺尼籍，寺卿索岫牒中还有寺主真行及法律法喜一起列名签署，似乎寺卿的地位作用不在寺主之下。S. 542v《吐蕃戌年六月沙州诸寺丁口车牛役簿》中第24行为"张像法、蕃卿手力"；第189行有"与悉勃藏卿般草两日"的记载。如果这里的蕃卿、悉勃藏卿就是寺卿，则寺卿可能有可能有留在教团和派驻各寺的两种。派驻各寺者由教团都司派出，负有监察和协理寺务之职。这些都使我们联想起隋及唐初寺院的监丞和唐后期中原内地的"监寺"，也许吐蕃时期沙州寺院的寺卿就是类似于监丞或监寺的一种寺职。

公元848年，张议潮率领河西军民摆脱吐蕃统治，归化唐朝后，各种制度恢复唐制，都司仍然是沙州僧官的统治机构，都僧统同样是站在权力顶端的沙州教团最高僧官。吐蕃时期设立的尼法律、都判官和判官一职，归义军时期依然存在。P. 2944《大乘圣光寺等尼名籍》载："愿惠王法律、善胜阴法律，妙志印儿米法律。"波士顿美术馆藏 No201570 观音经变相供养人题名："灵修寺法律尼临坛大德香号闻戒俗姓索氏一心供养"②。"灵修寺法律尼临坛秉义大德香号戒净俗姓李氏敬绘观音菩萨供养"③。显德五年（958年）的 S. 1776《某寺交割常主什物历》，有"判官与当寺徒众就库交割所由法律尼戒性、都维永明、典座慈保、直岁□等一伴、点检常住什物，见分付后所由法律尼明熙、都维□心、都维菩提性、典座善戒、直岁善性等一伴执掌常住物色"的记载。

这个时期寺院的基层僧官仍由上座、寺主、都维那组成三纲。尼寺中的三纲即上座、寺主、都维那，一般由尼僧担任。如上引 P. 3370《《戊子年（928年）六月五日某寺公廨出便于人抄录》提到"普光寺尼索寺主"，S. 6417《后唐长兴二年（913年）正月普光寺尼徒众圆证等状并海晏判词》载："普光寺尼徒众圆证等状。请妙慈充法律□□充都维。

① P. 3432《沙州龙兴寺寺卿赵石脚下佛像供养具经等目录》记云："龙兴寺寺卿赵石老脚下，依蕃籍所附佛像供养等数"。
② 国立西洋美术馆编：《ボストン美术馆展》，日本美术出版ヂインセンタ1978年，第74图。
③ 国立西洋美术馆编：《ボストン美术馆展》，日本美术出版ヂインセンタ1978年，第74图。

请智员寺主□□典座慈相□直岁。"S. 4760《宋太平兴国六年（981 年）圣光寺阇梨尼修善等请戒慈等充寺职牒并判词》载："圣光寺阇梨尼修善等。请晚辈尼戒慈充法律，愿志充寺主，愿盈充典座，愿法充直岁。"P. 3753《唐大顺二年（891 年）正月普光寺尼定忍等辞职牒并判词》载："寺主慈净、都维体净、典坐智真、直岁戒忍。"上引 P. 2838（2）《唐光启二年（886 年）安国寺上座胜净等诸色斛斗入破历算会牒残卷》中提到"安国寺上座胜净"，上引 P. 2883《唐中和四年（884 年）正月上座比丘尼体圆等诸色斛斗入破历算会牒残卷附悟真判》中提到"上座比丘尼体圆"，等等。这些材料皆印证了当时的寺院三纲即上座、寺主、都维那，都是由本寺的尼僧担任的历史事实。

寺卿一职亦复存在，但寺卿的部分职责似已由住寺的僧正、法律取代。同时又有直岁、阇梨等执事僧，如上文提到的直岁慈相、直岁愿法、直岁戒忍等。又如 P. 3218 时年转帖中提到的普光寺范阇梨，灵修寺李阇梨、米阇梨，圣光寺申阇梨、张阇梨，安国寺范阇梨、李阇梨，大乘寺翟阇梨、马阇梨，等等。

三纲及执事僧都是尼寺中最直接的管理者，她们负责所在寺院的纲管，维护内律及禅门清规，管理寺院的经济事务。S. 1600《庚申年至癸亥年（960—963 年）灵修寺招提司典座愿真等诸色斛斗入破历算稿残卷》①记载了从庚申年至癸亥年灵修寺应入诸渠厨田兼诸家散施及官仓佛食兰梨手上领入常住仓顿设料等情况，而灵修寺这项常规性的工作主要由寺主、典座、直岁、阇梨等共同完成的，直岁尼主要负责对尼寺账目的管理，阇梨尼主要负责纠正弟子的行为，同时也参与寺院的经济事务。

2. 管理体制

在八至十世纪的敦煌，都司是沙州僧官的首脑机构，都僧统是沙州教团中的的最高僧官。

政府对寺院的控制，一个重要方式是控制都司，而控制都司的主要

---

① 唐耕耦等：《敦煌社会经济文书真迹释录》第 3 辑，全国图书馆文献缩微复制中心 1990 年版，第 527 页。

措施是对以上僧官的控制。郑炳林先生指出，晚唐五代敦煌归义军节度使对僧官的任命控制非常严格，在张氏归义军时期僧官的任命权主要在唐朝中央，由归义军节度使上奏朝廷诠升。曹氏归义军时期，实际上从张承奉建立西汉金山国前后，由于唐朝中央势力的衰弱和影响力的降低，敦煌地区一般僧官的任命不再向唐朝中央奏请诠选，而是由归义军节度使直接任命。这种办法一直沿用到五代以后[1]。前贤谢重光先生和郝春文先生亦有过类似的论证[2]。由此可以推知，尼寺中的主要僧官包括都僧统、副僧统、都僧政、都僧录等的任命基本上掌握在敦煌地方政府手中。

尼寺中的下级僧官包括执事僧如法律、上座、寺主、维那、直岁、阇梨等，一般由受政府直接控制的都司的最高首领都僧统任命。上引敦煌文书 S. 6417《后唐长兴二年（913 年）正月普光寺尼徒众圆证等状并海晏判词》；S. 4760《宋太平兴国六年（981 年）圣光寺阇梨尼修善等请戒慈等充寺职牒并判词》都是尼寺普光寺、圣光寺尼众请求补充法律、上座、寺主、维那、直岁、阇梨等，而向都僧统海晏上的申请状，在这些牒状中，都有都僧统海晏批准的判词。这充分说明了都僧统对这些尼僧僧官具有任免权。

在当时，都僧统是直接由政府任命的教团最高僧官，其一举一动都代表着政府的意愿。而都僧统又掌握着执事僧法律、上座、寺主、维那、直岁、阇梨等的任免权，这种层层牵制，进一步加强了政府对尼寺的管理。

尼寺事务一般由政府直接控制下的都司统一管理。这种管理从一定程度上代表了政府对尼寺的管理，其管理主要包括三个方面：

一是派出僧官对尼寺的经济等日常事务进行监督检查，及对教务活动的管理。P. 2838《唐光启二年（886 年）安国寺上座胜净等诸色斛斗入破历算会牒残卷》载："光启二年丙午岁十二月十五日，僧政、法律、

---

① 郑炳林：《晚唐五代归义军政权与佛教教团关系研究》，《敦煌学辑刊》2005 年第 1 期，第 5 页。

② 谢重光：《吐蕃占领时期与归义军时期的敦煌僧官制度》，《敦煌研究》1991 年第 3 期，第 58 页；郝春文：《唐后期五代宋初敦煌僧尼的社会生活》，中国社会科学出版社 1998 年版，第 393 页。

判官、徒众算会，胜净等所由手下，从辰年正月已后，至午年正月已前，中间三年应入碨颗、梁颗、厨田，及前帐回残斛斗油苏等，总三百四十八硕九斗三胜。"可见，安国寺对于诸色斛斗的算会是由僧政、法律、判官徒众共同核算的。P. 2838（1）《唐中和四年（884 年）正月上座比丘尼体圆等诸色等斛斗入破历算会牒残卷付悟真判》也有同样记载，该卷第19、20 行记载，"面三斗，油二升，粟三斗，康僧政、冯法律顿递用"；第22、23 行记载了"麦二斗，粟一升，僧政等城南园顿递用"。说明僧政、法律及判官是经常到尼寺检查的。僧政、法律是任职于都司的僧官，判官也是由都司派出的巡检官，都司对于尼寺的管理正是由她们来实现的。

二是掌握尼寺教团内部的司法权。P. 6005《释门帖诸寺纲管》载："应管僧尼寺一十六所，夏中礼忏，修饰房舍等事，寺中有僧政、法律者，逐便钳辖。其五尼寺，缘是尼人，本以性弱，各请僧官一人检教。若人多事即频繁，勒二张法律检教。……若有睊漫，必不容恕。"这份文书是都司的僧政、法律根据都僧统下达的帖文，通知诸寺纲管安排、监督僧尼做好安居有关事宜的文件。文中规定检校尼寺的法律、僧官，"若有睊漫，必不容恕。"这表明教团中很注重用司法的手段管辖尼僧和基层僧官。执法人是奉命而行的僧政、法律，真正掌握司法权的是发号施令的都僧统。而政府正是通过都僧统掌握着尼寺教团内部的司法权。

三是直接对尼寺宗教活动加以干预。S. 2146《布萨文》曰：

夫窃见流沙，一方缁徒累百，其能秉惠炬建法幢，弘志教于即时，竖津梁于来世者，岂非我教授之谓欤！故能使二部律仪荣勤而不倦，蹰躅相继而无穷。布萨之法，洗涤于烦笼，住持之功，继明于动植。唯愿以斯白业，五蕴福因，先用庄严梵释四王，龙天八部，即愿福德逾（愈）增，威光转盛，消除疫疬，利乐生灵。三边无变怪之忧，百谷有丰登之乐。又用功德奉资□□圣神赞普，伏愿明斋舜宇靡叶，尧汤补恩惠于八方，视芥黎于一子。次用功德庄严我节儿上论，伏愿荣高往岁，庆益今晨，此用庄严都督社公，惟福递年长，寿逾金石。然后散沾法界，普及有情。①

在这篇布萨文中夹杂了为吐蕃中央和地方统治者"赞普"、"节儿"祈愿的内容，由此可以看出这样一个社会现实：在吐蕃统治期间，统治者对宗教活动的干涉和控制是很严厉的，以至于出家僧人不得不在经常性的布萨说戒法事中掺入奉承异族占领者的内容。

P. 3101《大中五年（851 年）尼智灯苑状》：

1. 尼智灯苑　　状上

2. 右前件尼，虽沾僧士，体合增福于光，一则盈益军国，二乃自己福

3. 田，转诵之间，亦合无诉。今缘鸣尼病疾，恐减应管福田寺□

4. 减通名数，格令罚责严难，恐司所由亏□□□□

5. 尚慈光普照，接病患之徒，特乞笔毫恩垂矜恤。请乞处分。

6. 牒件状如前，谨牒。

7. 　大中五年十月一日患尼智灯苑谨　牒。

8. 身在床枕，制不由人，转经

9. 福田，盖是王课，今若患

10. 疾，理合优矜，付寺法律，

11. 疴缠不虚，勿得勾检，仍

12. 任公凭。一日，离烦。②

此状中称若不参加转诵活动，"格令罚责严难"。其后的离烦判中又曰"转经福田，盖是王课"。这说明在张议潮统治时期，统治者对教团宗教活动抓得很紧，要求亦比较严格。

S. 2575《后唐天成三年（928 年）七月十二日都僧统海晏于诸寺配借幡伞等帖》称："右常例，七月十五日应官巡寺，必须并借幢伞，庄严道场。……右上件所配幡伞，便须准此支付，不得妄有交互者。天成三

---

① 录文参王书庆：《敦煌佛学·佛事篇》，甘肃民族出版社 1995 年版，第 78 页，图版见《英藏敦煌文献》第 4 册，四川人民出版社 1991 年版，第 32 页。

② 唐耕耦等：《敦煌社会经济文书真迹释录》第 4 辑，全国图书馆文献缩微复制中心 1990 年版，第 118 页。

年七月十二日帖。应管内外都僧统海晏。"出借对象有灵修寺、大乘寺、普光寺等尼寺，所借法器有要伞、官绣伞、幢伞、经巾、额（额和大额）、各种幡（大银幡、锈幡、银幡）、裙额等。七月十五日是盂兰盆节，是佛教的主要节日，佛教教团都要举行一定的法会和发愿活动。从这件帖中记载情况看，在佛教大型节日中或者重要活动中，应管官员巡寺是一种常例。

上引 S. 1604《天复二年（902 年）归义军张承奉帖》中，张承奉向都僧统发号施令，令"从今以往，每月朔日前夜，十五日夜，……尼僧寺燃一盏灯。当寺僧众不得欠少一人，仍须念一卷《佛名经》"，对尼众严加管教。P. 4810《普光寺比丘尼常精进状》中说其时的番第道场是"敕目严令"而置。P. 3556《应管内外都僧统帖》中有"右奉处分"，在敦煌，能"处分"都僧统的只有归义军节度使。这是归义军时期政府直接干预、监督教团宗教活动的例证。

归义军政权为管理五尼寺还专门设立了五尼寺判官，管理五尼寺具体事务。莫高窟第 98 窟南壁贤愚经变下端，供养人列东向第二十五身题名："释门法律知五尼寺判官临坛大德沙门□□一心供养。"五尼寺判官是敦煌佛教集团的一种常设机关，一般由男性僧人来担任。P. 3718《梁故管内释门僧正临坛供养大德兼阐扬三教大法师赐紫沙门张和尚写真赞并序》载："和尚俗姓张氏，香号喜首，即首厅宰相检校吏部尚书张公之中子也。……十载都司管内，训俗处下方圆。累岁勾当五尼，终身刚柔两用。故知心明水镜，理物上下均享；贤奖幽暗能全，姑务例同平直。遂遇尚书谯公，秉政光耀，大扇玄风，举郡以荐贤良，师乃最称第一。请弃逐要之司，转迁释门僧政。"可见，男性僧人张喜首曾任五尼寺判官。又 BD06035（芥 035）《佛说阿弥陀经》题记："施主清信佛弟子诸三窟教主兼五尼寺判官法宗、福集，二僧同发胜心，写此《阿弥陀经》一百卷，施入十寺大众，故三业清静，罪灭福生，莫逢灾难之事，比来生之时共释迦牟佛同其一绘。"[①] 从中亦可见，男性僧人法宗、福集曾担

---

① 录文参敦煌研究院编：《敦煌遗书总目索引新编》，中华书局 2000 年版，第 511 页。图版见黄永武主编《敦煌宝藏》第 57 卷，新文丰出版公司 1973 年版，第 32 页。

任五尼寺判官。五尼寺判官的主要职责是负责五尼寺的具体管理事务。
上引 P.3718《梁故管内释门僧正临坛供养大德兼阐扬三教大法师赐紫沙
门张和尚写真赞并序》载："累岁勾当五尼，终身刚柔两用。"即为其佐
证。五尼寺判官一般由都司任命，故其职相对于僧寺来说，是一种较独
特的僧职的设置。这种僧职的设置，进一步加强了政府对尼寺的具体管
理，以及对尼寺的控制。

除了设立五尼寺判官管理尼寺事务外，归义军政权的统治者亦通过
任命本家族出家女性担任寺职或僧团要职，加强对尼寺的直接控制。

从敦煌文献记载看，在归义军政权内部，不断有贵族和上层官宦家
庭出身的女子受戒出家，直接进入僧团，成为尼僧。而且她们大多能够
在其所在寺院，甚至在僧团中担任要职。为了方便论述，以下列表说明：

上层出家女性任僧职一览表①

尼僧人名	所属寺院	僧职僧位	俗家身份	材料出处
了空	——	登坛大德尼法律	张议潮的姐姐	莫高窟第 156 窟
戒珠	灵修寺	阇梨尼临坛大德	张议潮的侄女	P. 3556（9）
清净戒	普光寺	法律尼临坛大德	张议潮的孙女	P. 3556（8）
德胜		登坛大德尼	张淮深的妹妹	莫高窟第 94 窟
念定	普光寺	法律	张淮庆的姐姐	莫高窟第 108 窟
最胜喜	普光寺	法律	张淮庆的女儿	莫高窟第 108 窟
严会	普光寺	法律临坛尼大德	张氏家族成员	敦煌绢画 Ch. liv. 006
曹阇梨	大乘寺	法律尼临坛赐紫大德	曹议金的侄女	P. 3556（4）
性真	安国寺	法律尼临坛大德	曹元忠的姨妈	莫高窟 53、55、61 窟
宝真	圣光寺	法律	曹延禄的婆婆	榆林窟第 35 窟
长胜	圣光寺	比丘尼	曹氏家族成员	榆林窟第 35 窟
善□	灵修寺	寺主	索龙藏的妹妹	莫高窟第 144 窟
妙明	灵修寺	法律	索龙藏的姑姑	莫高窟第 144 窟

① 转引陈大为：《唐后期五代宋初敦煌僧寺、尼寺人口数量比较》，《中国经济史研究》，2012 年
第 1 期，第 67 页。

（续表）

尼僧人名	所属寺院	僧职僧位	俗家身份	材料出处
□性	灵修寺	——	索龙藏的妹妹	莫高窟第 144 窟
巧相	普光寺	律师	索龙藏的妹妹	莫高窟第 144 窟
证信	普光寺	都维	索龙藏的妹妹	莫高窟第 144 窟
明戒	灵修寺	法律尼监坛大德	索氏家族成员	波士顿美术馆 No. 201570
戒净	灵修寺	法律尼监坛秉义大德	李氏家族成员	波士顿美术馆 No. 201570
□□	安国寺	律师	李明振的侄女	莫高窟第 148 窟
□□	普光寺	□□	翟氏家族成员	莫高窟第 85 窟
智惠性	安国寺	法律	阴氏家族女儿	莫高窟第 138 窟
□□	安国寺	□□	阴氏家族成员	莫高窟第 138 窟

　　张氏、曹氏、索氏、李氏、阴氏皆是当时敦煌有势力的大族，故从上表可见，出自于这些家族的大族女性出家后，大多在所在尼寺担任寺职，或者在僧团担任要职，她们之所以能在寺院担任职务，都与其出身于高门有关。关于这一点在第五章第三节已经做了论述。

　　归义军政权正是通过这种方式，即出于本家族出家女性与其之间的紧密关系，使她们担任佛教职务。一方面表现出对佛教的支持态度，赢得民众和僧团的支持，更重要的是能够便于直接掌控尼寺，达到政教合一、政教互助的效果。

　　另外，值得一提的是，从敦煌文献记载看，尼寺又受僧团的管辖。P.3556《应管内释门都僧统帖》记载："况出家释子，先将戒行为基；入法净人，切以律文为本。""尼众之辈，亦乃一般，不避嫌疑，踪姿法性。四依陷没，背修四依八敬；阙邪僻营，八敬总论污犯。厘墨虽名有德，顺也而自知无才，弃条而不觉。"[①] 文中内容反映了僧团对尼僧团具有一定的管理权。又在敦煌文献和供养人题记中有许多"毗尼藏主"的记载，如敦煌文献 P.3720《前敦煌都毗尼藏主始平阴律伯真仪赞》中，有"毗

---

① 唐耕耦等：《敦煌社会经济文书真迹释录》第 5 辑，全国图书馆文献缩微复制中心 1990 年版，第 174—175 页。

尼藏主"阴律伯；同卷《敕授河西应管内都僧统京城内外临坛供奉大德兼阐扬三教毗尼藏主赐紫沙门和尚墓志铭并序》中，有"毗尼藏主"阴和尚；P.4660《敦煌唱导法将兼毗尼藏主广平宋律伯彩真赞》中，有"毗尼藏主"宋律伯；P.3630《大梁故河西管内释门都僧正兼毗尼藏主京城内外临坛供奉大德阐扬三教大法师赐紫沙门香号会恩俗姓阎氏和尚邈真赞并序》中，有"毗尼藏主"阎和尚；P.3718《唐故河西释门正僧政临坛供奉大德兼阐扬三教毗尼藏主赐紫沙门和尚邈真赞并序》中，有"毗尼藏主"马和尚；同卷《后唐河西敦煌释门法律临坛供奉大德兼通三学法师毗尼藏主沙门刘和尚生前邈真赞并序》中，有"毗尼藏主"刘和尚。敦煌莫高窟第39窟东壁门五代供养人像南向第一身题名："应管内释门法律临坛供奉大□阐扬三教大德□（兼）毗尼藏□沙门□□供养。"①敦煌莫高窟第44窟北壁供养人像东向第一身题名："释门法律□（毗）尼藏□临坛大德沙门惠……"②莫高窟第217窟东壁门北五代供养人题名："应管内释门都僧政京城内外临坛供养大德毗尼藏主阐扬三教大法师赐紫沙门洪认一心供养。"③莫高窟第258窟西壁龛外下南坛东壁五代供养人像北向第一身题名："亡释门法律临坛供奉大德兼通三教□□毗尼藏□沙门增□一心供养"④。据姜伯勤先生考证⑤，"毗尼藏主"出现于晚唐时期，是归义军建立后变通吐蕃管辖时期的寺院制度的产物，主要负责保存传承毗尼藏，主持参与教团所辖各个寺院僧众和尼众的授戒，以及持戒和整纲肃纪事宜。一般由职任都僧统、都僧正的僧官大员，以及称为律伯、三学法师、释门法律的师主充任，并同时带有临坛大德的德号，是教团中的高级僧官。从敦煌文献和莫高窟供养人题记记载看，这些担任"毗尼藏主"的高级僧官，皆为男性僧人。如上引敦煌文献和题记中涉及的阴律伯、宋律伯、阎和尚、马和尚、刘和尚、沙门惠……沙门洪认、沙门增□即皆为男性僧人。由男性僧人担任"毗尼藏主"，在

---

① 敦煌研究院编：《敦煌莫高窟供养人题记》，文物出版社1986年版，第12页
② 敦煌研究院编：《敦煌莫高窟供养人题记》，文物出版社1986年版，第14页
③ 敦煌研究院编：《敦煌莫高窟供养人题记》，文物出版社1986年版，第101页
④ 敦煌研究院编：《敦煌莫高窟供养人题记》，文物出版社1986年版，第110页
⑤ 姜伯勤：《敦煌艺术宗教与礼乐文明》，中国社会科学出版社1996年版，第324—336页。

一定程度上说明了男性僧人在整个教团中具有非常高的地位，决定了由男性僧人组成的僧寺在整个教团中占有重要地位，这种重要地位在一定意义上使得僧寺对尼寺的拥有一定的管理权。

尼僧团受僧团的管理，说明了在当时尼寺的社会地位远远低于僧寺。

关于在八至十世纪的敦煌，尼寺社会地位低于僧寺的情况，究其原因，主要有以下几个方面：

首先，佛教戒律关于尼与僧的相关规定，是造成尼寺社会地位低于僧寺的直接原因。佛教戒律规定，女众必须遵守八敬法。以"八敬法"为中心的戒律规定女众不能独立，必须仰靠男众，不能和男众共住，也不能离男众太远而住；每半月要到比丘面前自恣，受教，必须从比丘教团取得合法性，向比丘求受具足戒等等。这种尼与僧之间既区别又依附的规定，使得两种教团间的关系非常微妙。一方面比丘尼教团看来似乎有相当的独立性，另一方面比丘教团又常视比丘尼教团只是本身的一个分支机构，从而加强了僧寺在整个僧团的统摄地位，以及对尼寺管理的合法性。从敦煌文献记载看，在八至十世纪的敦煌，"八敬法"皆为当时出家女性的行为规范，为敦煌僧团所提倡。关于这一点，在前文尼僧的佛事活动持戒中已做过说明。既然敦煌僧团亦提倡八敬法，就意味着其承认了男性僧人在整个僧团中的统摄地位，既然如此，那么尼寺作为整个僧团的一个小团体，受制于男性僧人的团体也即为合理之事。这是尼寺地位低于僧寺的直接原因。

其次，尼寺的经济状况远远落后于僧寺，是八至十世纪敦煌尼寺社会地位低于僧寺的影响因素。在八至十世纪的敦煌，尼寺的经济状况落后于僧寺。关于这一点，陈大为博士在其博士论文《唐后期五代宋初敦煌僧寺研究》中已做过论证，他通过分析僧寺和尼寺的收入来源，指出了僧寺收入普遍高于尼寺，尼寺经济状况不及僧寺。[①] 众所周知，经济地位决定社会地位，那么依照陈大为博士的研究成果，在八至十世纪的敦煌尼寺经济地位不及僧寺的前提下，其社会地位低于僧寺即为一种必然。

---

① 陈大为：《唐后期五代宋初敦煌僧寺研究》，博士学位论文，上海师范大学人文与传播学院，2008 年，第 193—199 页。

再次，受男尊女卑的社会观念的影响。佛教作为外来文化，要想在中国立足、生根和发展，就必须不断地与中国文化特别与占统治地位的儒家文化相交融。而佛教自西汉末年传入中国时，"男尊女卑"、"三从四德"的儒家妇女观已经深深的沉淀在人们的意识中。如此，佛教为了适应本土文化以求发展，开始援儒入佛，融合了儒家文化中的这种妇女观，由此，"男尊女卑"、"三从四德"等儒家妇女观渗透到了佛教文化中。《无量寿经》载："我作佛时，目无妇女；若有女人，闻我名字，得清争信，发菩提心，厌患女身，愿生我国，命终即化，来我刹土"。《日明菩萨经》亦载："女色者，世间之枷锁，凡夫恋者，不能自拔；女色者，世间之重患，凡夫因乏，至死不免；女色者，世间之衰祸，凡夫遭逢，无厄不至"。从这些佛教经义中可窥佛教文化重男轻女，男尊女卑程度之一斑。从中亦可见，儒家文化对佛教文化的影响之深。正是因为这种影响，使得佛教女性的地位远远低于同类男性，其团体尼寺社会地位远远低于僧寺。这种社会地位的差别进一步反映了佛教作为一种宗教意识形态，在传入中国后，仍然摆脱不了中国固有的"男尊女卑"社会观念的影响。这也是佛教中国化、世俗化的一种表现。

最后，受教育程度的影响。上述提到过，儒家妇女观主张男尊女卑，在这种观念的支配下，男性拥有比女性更多地受教育的机会，这种机会的不均等，使得男性与女性文化修养存在着很大的差别，僧尼亦如此。敦煌僧大德的数量远远超过尼大德即为其例证。据敦煌文献载，在八至十世纪的敦煌，僧大德不计其数，包括李福慧、马法真、范福高、阎会恩、张道真、张喜首、范海印、刘庆力、张灵俊、马灵信、张和尚、贾和尚、张福庆、法嵩、曹法镜、智定、吴洪辩、唐悟真、张善才、梁愿清、阴海晏、戒薰、法松、道行、神心、法达、法润、慈恩、广信、庆达、法眼、福集、广绍、增寿、庆林、庆福、道崇、築寂、定真、广达、道岸、法胜、灵寂、法建、绍宗、海岩、玄德、惠净、法界、聪进、智通、胜明、思云、戒文、洪认、慧净，及一些不知姓名者。[1] 而尼大德仅

---

[1] 转引陈大为：《唐后期五代宋初敦煌僧寺研究》，博士学位论文，上海师范大学人文与传播学院，2008年，第184页。

有了空、戒珠、清净戒、德胜、严会、曹阇梨、性真、明戒、戒净屈指可数的九位。所谓大德，是指佛学上有高深造诣的出家人。在尼僧人数占绝对优势的敦煌，尼大德人数却远远少于僧大德，这说明了就佛学修养来说，尼僧远不及男性僧人。正由于尼僧与男性僧人在佛学修养上的差别，使得尼僧所在团体尼寺的整体文化素质远远低于男性僧人所在团体僧寺。这种文化素质上的差异，决定了尼僧在诸多方面须求教于男性僧人，其所在团体尼寺在很多情况下要受到僧寺的辅助，这种辅助在一定意义上，使得僧寺在整个佛教团体中占主导地位。这也是尼寺地位低于僧寺的一个因素所在。

总之，综上述政府对尼寺的管理可知，在八至十世纪的敦煌，政府对尼寺的管理主要是通过设立都司等机构，都司派僧政、法律经常检查尼寺的宗教事务，并派判官等巡检尼寺经济等各方面的管理来实现的。敦煌尼寺中的尼僧不仅受寺院的戒律清规的约束，还要接受世俗政权和僧团的管理，在多重约束下，艰难地生活着。

第八章　敦煌尼僧中的突出人物

佛教的创始人释迦牟尼，是建立女众僧团的第一人。女众僧团建立后，比丘尼的力量不断壮大，于是出现了大量的杰出人物。在《佛说阿罗汉具德经》中，就载十五位大声闻比丘尼众的活跃状况以及弘法卫教的卓越风姿。如法腊第一，威德摄众的大爱道；智能第一，辩才无碍的善相；神通第一，善德度众的莲华色；头陀第一的钵咤左罗；天眼第一的苏摩；多闻第一的输婆羯哩摩罗；持律第一的讫哩舍；说法第一的达摩；福德第一的耶输陀罗等十五人。其他经典还载有精进第一的索那，宿命第一的妙贤，信心第一的芝伽罗摩多，禅定第一的难陀，观空第一的优波仙那，慈济第一的帕扎佳拉，教化第一的摩努呵利。在南传《长老尼偈》收有七十三位阿罗汉尼证果的诗偈及生平传略。如释迦族公主难陀、精陀、梅陀，憍萨罗国王后乌比哩，舍利弗三个妹妹佳拉、乌帕佳拉、悉苏帕佳拉，阿拉沃卡国的赛拉小公主等，她们在弘法教化方面多有建树，备受世人景仰。

中国比丘尼教团创始于东晋时代，第一位比丘尼净检"蓄徒养众，清雅有则；说法教化，如风靡草"，为世人所敬重，也使佛教在晋朝更加广为流传。两晋时期，以昙备、智贤、惠湛、支妙音、安令首等较为有名，受到同时代帝王的崇敬。南北朝时期，比丘尼教团发展快速，庵舍讲堂小则纳众百人，多则千数以上。许多道场受到国主、高官护持，名尼辈出。隋唐宋以降，佛法逐渐普及到社会各阶层，识见超卓和奇节高行的比丘尼更广见于经传。如六朝法宣弘法震浙东；隋代觉先感化隋文帝信奉佛法，护持佛教；唐朝智首东渡日本弘传律法、法澄译经传千古、无尽藏预知惠能当为龙象、如愿为禅律元匠；宋朝法珍断臂募刻大藏经；

元朝真净为帝后师；清代有无为萧山尼治病"随物取与，煎服即愈"；并有传慧创拈花社为禅宗女众丛林，带动江南比丘尼参禅之风等。

与之相应，在敦煌佛教的发展变迁过程中，亦涌现出了很多德高望重、精通佛法的高僧名尼。她们为佛教在敦煌地区的发展作出了重要贡献，她们的事迹为后人传诵和景仰。然而，在漫长的历史长河中，大多数尼僧的事迹已失传，未载入典籍。这里仅将一些能收集到的名尼的情况简述如下。

戒珠：俗姓张，法号戒珠，生卒年不详，晚唐五代归义军时期敦煌人。出生于豪门大族，是河西归义军节度使张议潮的侄女。其父张议谭曾任沙州刺史，曾协助张议潮在大中二年（848年）率领沙州民众起义，赶走吐蕃统治者，夺回沙州、瓜州，后又相继收复了甘、肃、伊等州，后又奉十一州地图和户籍入朝告捷，表示归附唐朝之心。大中五年（851年），归义军政权建立后，张议谭被授予金紫光禄大夫、检校鸿胪寺卿、守左散骑常侍、赐金鱼袋，并作为人质留于长安。后又加授左金吾卫大将军，死后加赠工部尚书。

戒珠容貌秀丽，性情温顺，言谈举止，恪守妇道。从小信奉佛教，对佛教之色、受、想、行、识五蕴有透彻的认识，对佛教的我、法、俱三空法门有详尽的了解。十五岁时舍弃优裕舒适的家庭生活，辞别父母兄弟姐妹，出家于敦煌五尼寺之一的灵修寺。出家后，恪守佛法戒律，三千细行，恪节不犯教门。八万律仪，谦和每遵而奉式。在灵修寺内，广展鸿资，冬夏不失安居，春秋无亏于旧积。德行高超，才能出众，芳名远播。被任命为灵修寺阇梨尼临坛大德，任职期间，讲习经文，才器超过群辈，教授学生门徒，导之以德，齐之以仪，左右亲近无不肃然起敬，远亲外属敬佩不已。受到了同辈人的敬重和世人的仰慕。就在她准备修缮寺院庙宇，聿修异范，广收门徒，显扬佛教，光耀道俗时，不幸病逝。去世后，六亲哀切，九族悲号，沉痛不已，信徒们肝肠寸断。悲痛之余，请人写赞画像，如 P. 3556《后周敦煌郡灵修寺阇梨尼张氏戒珠邈真赞》中写道：

1. 周故敦煌郡灵修寺阇梨尼临坛大德沙门张氏

2. 香号戒珠邈真赞并序。

3. 阇梨者，即前河西陇右一十一州张太保之贵

4. 侄也。父墨离军诸军事使、守瓜州刺史、金紫

5. 光禄大夫、检校工部尚书、兼御史大夫、上柱国张

6. 公之的子矣。阇梨乃莲府豪宗、叶崆山

7. 之瑞彩；清河贵沠，禀落雪之奇姿。自生

8. 神授于坤仪，立性天资于妇道。而乃妙观

9. 五蕴，解锦绣于入奉之年；审察三空，挂

10. 毳緈于出适之岁。四依细碎，言下受

11. 而纤隙无亏；八敬幽微，耳畔听而毫厘

12. 岂失。是以名因德播，贵以能升，迁秉

13. 仪大德之高科，授教诚临坛之上位。

14. 导之以德，近者肃而远者钦；齐之以仪，

15. 时辈重而人世仰。方欲聿修异范，治

16. 寺宇而诚门徒；再燃残灯，耀缁林

17. 而光道俗。奈何流星运促，誓水波

18. 长，寿已逐于四迁，果未圆于三点。

19. 六亲哀切，恨珠溺于深源；九亲悲号，

20. 痛光沉于大夜。攀之不及，徒泣

21. 断于肝肠；望之有思，写仪形

22. 于绵帐。其词曰：

23. 张公贵子，禀性优柔，辞荣

24. 慕道，戒行孤精。天将灾祟，命逐时

25. 倾。四众伤悼。①

清净戒尼：俗性张，法号清净戒，生卒年不详，晚唐归义军时期敦煌人。出身于名门望族，是河西节度使张议潮的孙女。远祖世居南阳，近祖因官移家敦煌，是为敦煌人也。她天资聪明，俊秀超群，世间罕见，

---

① 唐耕耦等：《敦煌社会经济文书真迹释录》第 5 辑，全国图书馆文献缩微复制中心 1990 年版，第 180 页。

相貌可与洛水神女相媲美，身姿可夺巫山神女之光彩。坚贞守道，亚南国之佳人；谦恭柔仪，温文尔雅，可与西施相比美。从小虔心向佛，七八岁左右辞亲割爱，舍弃了俗家的荣华富贵，抛弃了喧嚣的世俗生活，皈依佛门，出家于敦煌五尼寺之一普光寺。

出家之后，勤修佛业，三千细行，严格恪守而不触犯教规。八万律仪，谦恭遵奉。在普光寺内，广展鸿资，冬夏不出寺门，春秋回家侍奉双亲。芳名远播，德行出众，远远超过普通众人。教导讲习经文，才能超群，非一般众人所及。被任命为普光寺法律尼临坛大德，成为佛教的栋梁之才。在正准备宣传戒学，临坛讲授，教导信徒民众时，天降灾祸不幸去世，去世之后，孤兄泣叫于长波，贤姊悲流于逝水。四众老少叹伤法才之余，随亦貌真传芳容。如 P. 3556《后周故普光寺法律尼清净戒邈真赞》：

1. 大周故普光寺法律尼临坛大德沙门清净戒邈真赞。
2. 法律阇梨者，即河西一十一州节度使张
3. 太保之贵孙矣。天资别俊，应世多奇。
4. 貌超洛甫之姿，影夺巫山之彩。
5. 雍雍守道，亚南越之佳人；穆穆
6. 柔仪，比西施之雅则。而又辞亲割
7. 爱，舍烦恼于龆年；不恋世荣，弃
8. 嚣尘于龀岁。三千细行，恪节不
9. 犯于教门；八万律仪，谦和每遵
10. 而奉式。普光寺内，广展鸿资。
11. 冬夏不失于安居，春秋无亏于
12. 旧积。芳名远播，懿行杰出于众
13. 流；训习经文，才器超过于群辈。方
14. 欲宣传戒学，为释教之栋梁；秉
15. 义临坛，教迷徒而透众，何奈
16. 上苍降祸，丧及仙颜。孤兄泣断
17. 于长波，贤姊悲流于誓水。

18. 略题数字，用记高踪，聊

19. 述芳猷，乃为赞曰：

20. 间生异俊，奇艺天然。幼而别众，实所多贤。

21. 坚持戒学，秋月齐圆。立性恪节，不犯烦宣。

22. 安居守道，广展金田。训诲后辈，经教精研。

23. 方保延寿，登历戒坛。何今逝适，魄散九泉。

24. 孤兄叫切，贤姊悲煎。隔生永别，再睹象影。

25. 略留数韵，用记他日。①

曹法律尼：俗姓曹，其法名、香号不详，远祖世居于谯，近祖因官移家敦煌，遂为敦煌人也，是河西节度使曹大王即曹议金的侄女。曹议金原名曹仁贵，是河西归义军节度使张议潮的外孙，索勋的女婿，甲戌年（914年），取代张承奉，废张承奉建立的金山国，去王号，称归义军节度使。曹法律尼就是出身于这个家族中，她天生灵德，贤淑温柔。早年聪慧超群，才貌出众，言谈举止非一般人所及。小时候就虔心向佛，不近熏莘〔辛〕，不吃荤腥，一心修行，锲而不舍。七八岁时舍弃喧嚣烦攘的世俗生活，皈依佛门，在敦煌五尼寺之一大乘寺出家为尼。后威望较高，任大乘寺法律尼临坛大德。

出家之后，恪守佛门教规戒律，无亏于八万细行，不触犯三千威仪，与清众和睦相处，生活简朴，身居高位而不自傲，平易近人，常常低心下意。为人正直，性情贤淑，贞操高洁，品行冰清玉洁。在大乘寺内，广建鸿基，扩建和修缮寺院庙宇，教导寺内僧界弟子，虔心修行佛法，诱导信徒，尽怀高操，严于律己。口才出众，能言善辩，临坛讲授，头头是道，与人辩论，口若悬河，晓之以理，动之以情，为僧尼所折服，深受僧尼民众的敬重和仰慕。正准备弘扬佛教，永扇慈风时，与世长辞，辞世后，六亲哀痛，九戚悲伤，尼众伤嗟洒泪。她们在伤心之余，请人貌真旌德云。如敦煌文书 P.3556《后周敦煌大乘寺法律尼某乙邈真赞》中云：

---

① 唐耕耦等：《敦煌社会经济文书真迹释录》第5辑，全国图书馆文献缩微复制中心1990年版，第178页。

1. 大周故大乘寺法律尼临坛赐紫大德沙门某乙邈真赞并序。

2. 法律阇梨者，即前河西一十州节度使曹大王之侄女也。间生灵德，神受柔和。早年之异众

3. 超群，龆岁之弃姿美貌。辞亲割爱，接乳而不近薰莘；顿弃烦喧，舍俗而罥尘永罢。

4. 帔缁就业，八万之细行无亏；禁戒坚持，三千之威仪匪犯。六和清众，在贵而不服绮罗；四

5. 摄劝迷，居高而低心下意。大乘寺内，广竖立于鸿基。中外重修，并完全而葺理。训门

6. 从之子弟，大习玄风；诱时辈之缁流，尽怀高操。登坛秉义，词辨与海口争驰；不对

7. 来人，端贞乃冰清月皎。方欲鸿扬佛教，永扇慈风，岂期逝水以来奔偶然，俄辞于

8. 浊世。六亲哀恸，九戚声泣。释中恨别于高醍，尼众伤嗟而洒泪。呜呼，三冬降雪，偏枯

9. 柰菀之枝；五月行霜，痛碎祇园之叶。余奉邀命，辄述荒无，徒以笔翰生疏，自惭漏

10. 略。其词曰：鼎门之胄，实可豪宗。徇生灵德，神假奇容。早超群辈，龆岁英聪。

11. 辞亲割爱，行洁贞松。薰莘不染，顿弃烦笼。坚持禁戒，广扇玄风。

12. 释中俊德，尼众明灯。临坛秉义，每播高踪。寿期有限，魄遂飞空。

13. 六亲哀恸，九戚罗泣。余奉邀命，难可通融。直论美德，用赞奇功。①

妙施尼：俗姓张，法号妙施，生平不详，是吐蕃时期末至归义军时期的敦煌人。他天资聪明，品行端正，贤淑端庄，冰清玉洁，白碧无暇，

① 唐耕耦等：《敦煌社会经济文书真迹释录》第5辑，全国图书馆文献缩微复制中心1990年版，第170页。

出家于敦煌五尼寺之一的普光寺。出家之后，持戒精严，"轨范严身，埃尘不染，克意修真"，"习莲花之行，慕爱道之风；遮性皎而无暇；寂照穗而颖悟"，与其兄僧人张潜一起"罄舍房资"，"贸工兴役"，修造了佛龛。

此外，在敦煌莫高窟供养人题记及敦煌文献中，还有一些拥有一定社会地位但事迹不详的大族出家女性群体。为了便于说明，列表如下：

题记及文献中的著名尼僧

尼僧姓名	所任职务	所属寺院	文献出处
性真	法律 临坛大德	安国寺	莫高窟第 53 窟、第 55 窟、第 61 窟供养人题名
坚进		普光寺	莫高窟第 85 窟供养人题名
智□		普光寺	莫高窟第 85 窟供养人题名
□（智）		普光寺	莫高窟第 85 窟供养人题名
德胜	登坛大德		莫高窟第 94 窟供养人题名
花□			莫高窟第 94 窟供养人题名
念定	法律	普光寺	莫高窟第 108 窟供养人题名
最胜喜	法律	普光寺	莫高窟第 108 窟供养人题名
智惠性	法律	安国寺	莫高窟第 138 窟供养人题名
比丘善	寺主	灵修寺	莫高窟第 144 窟供养人题名
妙明	法律	灵修寺	莫高窟第 144 窟供养人题名
□性		灵修寺	莫高窟第 144 窟供养人题名
巧相	律师	普光寺	莫高窟第 144 窟供养人题名
证信	都维	普光寺	莫高窟第 144 窟供养人题名
了空	法律 临坛大德	大乘寺	莫高窟第 156 窟供养人题名 S. 2669《年代未详［865—870 年］沙州诸寺尼籍》
惠性	法律	灵修寺	莫高窟第 159 窟供养人题名
贤胜	法律	灵修寺	莫高窟第 159 窟供养人题名
灵真		灵修寺	莫高窟第 159 窟供养人题名
妙海	法律	安国寺	莫高窟第 201 窟供养人题名
正慈	律师	安国寺	莫高窟第 201 窟供养人题名

（续表）

尼僧姓名	所任职务	所属寺院	文献出处
坚□		普光寺	莫高窟第 359 窟供养人题名
妙慈	法律	普光寺	S. 6417《后唐长兴二年（931 年）普光寺尼徒众圆证等状并海晏判词
智员	寺主	普光寺	S. 6417《后唐长兴二年（931 年）普光寺尼徒众圆证等状并海晏判词
慈相	直岁	普光寺	S. 6417《后唐长兴二年（931 年）普光寺尼徒众圆证等状并海晏判词
修善	阇梨	圣光寺	S. 6760《宋太平兴国六年（981 年）圣光寺阇梨尼修善等请戒慈等充寺职牒并判词》
戒慈	法律	圣光寺	S. 6760《宋太平兴国六年（981 年）圣光寺阇梨尼修善等请戒慈等充寺职牒并判词》
愿志	寺主	圣光寺	S. 6760《宋太平兴国六年（981 年）圣光寺阇梨尼修善等请戒慈等充寺职牒并判词》
愿盈	典座	圣光寺	S. 6760《宋太平兴国六年（981 年）圣光寺阇梨尼修善等请戒慈等充寺职牒并判词》
愿法	直岁	圣光寺	S. 6760《宋太平兴国六年（981 年）圣光寺阇梨尼修善等请戒慈等充寺职牒并判词》

　　上述尼僧虽然具体事迹不详，但从仅存的文献记载看，她们皆非平凡之辈，等闲之流。据敦煌供养人题记载，表中所列尼僧性真、坚进、德胜、念定、最胜喜、智惠性、比丘善、妙明、巧相、证信、了空、惠性、贤胜、灵真、妙海、正慈、坚□分别是出身于敦煌曹氏、翟氏、张氏、阴氏、索氏等大族家庭的出家女性，并且在寺院中出任法律、寺主、律师和都维等寺职。另从记载看，表中所列其余尼僧皆在尼众中也享有崇高的声誉，并受到了尼众的尊重和爱戴。如文献载尼僧妙慈、智员、慈相等具有"并是释中精雅，缁内豪宗。四依不弃于晨昏，八敬常然于岁月。寺徒上下，顺礼不失于释风"①。尼僧修善、戒慈、愿志、愿盈、

----

　　① 唐耕耦等：《敦煌社会经济文书真迹释录》第 4 辑，全国图书馆文献缩微复印中心 1990 年版，第 53 页。

愿法等"虽为晓（小）辈，并是高门，戒行以秋月俱明，德业共春花竞色。况且圣光之寺，相承古迹，鸿基净室，金田继踵，未尝坠陷"①。说明了这些出家女性在当时不但具有一定的社会地位，而且还在尼众中拥有一定的威望，仍不失为一批杰出的尼众人物。

也正是这些尼僧精英和许许多多的普通尼僧一起，共同组成了属于她们的佛教团体——尼寺，发展尼寺经济，开展各种佛教活动，进行相关的社会活动，促进了佛教的发展，为敦煌乃至中国佛教史的发展作出了应有的贡献，给敦煌乃至中国佛教史添上了绚丽多彩的一笔。

---

① 唐耕耦等：《敦煌社会经济文书真迹释录》第4辑，全国图书馆文献缩微复印中心1990年版，第59页。

结　语

　　佛教自西汉末东汉初从西域传入中国内地，敦煌是最早接触佛教的地区之一。佛教传入敦煌后，在西晋末年、十六国时期开始在敦煌民间流行开来。之后隋唐时期，由于全国的统一，文化的昌盛，敦煌地区的佛教得到了充足发展，安史之乱后，唐王朝由盛转向衰败，吐蕃乘机侵吞河西，经11年攻战，于贞元二年（786年）占领了敦煌。在此后的60余年中，由于吐蕃统治者的护持，敦煌地区佛教得到迅猛的发展，并避过了会昌法难（844—845年）。这一时期，莫高窟开窟不止，寺院、僧尼不断增加，兰若数量、寺户数量均猛增，抄经活动频繁，佛教在敦煌呈现一派繁荣景象。唐大中二年（848年），敦煌豪族张议潮乘吐蕃内乱率众起义，驱逐了吐蕃统治者，恢复了汉人对敦煌的统治。唐大中五年（851年）张议潮被唐敕封为节度使，开始了张氏归义军统治时期。乾化四年（914年）议金继任，开始了曹氏归义军统治时期。归义军统治时期，张氏、曹氏归义军政权承隋唐与吐蕃统治时期之余续，竭力以宗教的力量作为维系自己政权的工具，使佛教在敦煌得到空前的发展。

　　正是佛教在敦煌空前发展的历史大背景下，有许多女性受佛教思想的感染，开始遁入空门，成为妇女中的特殊阶层——尼僧。尼僧出家的原因复杂多样，既有宗教的、历史的、经济的因素，又有个人的和家庭的因素。出家的主客观条件具备后，要成为真正的出家之人，还必须满足一些其他条件，并经过一定的传戒受戒程序才能实现。度牒是出家的首要条件，获取度牒，拥有了出家资格，方可到寺院剃度、受戒。由于男女有别，女性有不同于男性的身心特征，故女性受戒又有不同于男性的特点。这种不同体现在：欲受具足戒的出家女性，受沙弥尼十戒之后，待年满十八周岁，还要与二岁羯磨受六法，受一种有别于男性的戒——式叉摩那戒；受具足戒时，出家女性须受二部僧戒，即先在尼寺受戒，然后往僧寺求戒，而出家男性只在僧寺受戒即可；出家女性受具足戒的程序和过程要求十分严厉，而且戒坛中，除了女性僧人担任负责人外，还有男性僧人，而在僧寺举办的方等道场中，担任负责人的仅为男性僧人。通过复杂而严格的程序受戒后，女性便成为真正的出家人——尼僧。她们成为尼僧后，组成了专门的出家女性佛教团体——尼寺。从吐蕃统治时期到北宋前期，敦煌境内有尼寺五所，它们分别是大乘寺、灵修寺、安国寺、普光寺、圣光寺。其数量远远少于同时期的僧寺12所的规模。其数量虽少，但单个尼寺的规模一般要比僧寺大得多，每个尼寺平均有尼众50人，而僧寺平均有僧人仅9人。在这些规模较大的尼寺中，讲经、译经、写经活动盛行；尼僧积极参加石窟营建、六时礼忏、观想、课诵、讲经、安居、布萨、水陆道场及各种佛教节日等寺院组织的宗教活动，积累功德，净化心灵，提高自己的佛学修养，深化佛教对信众的影响，传播佛教文化，并通过官私施舍、为他人作法事活动、出唱活动、从僦司领取僦利等获得相应的经济资助。但这种经济资助十分有限，远不及同时期的男性僧人获取的多，尼僧单靠这种方式无法生存，在这种情况下，尼僧私有经济和尼寺经济便成为其重要的经济方式。在八至十世纪的敦煌地区，尼僧通过从事各种社会生产活动，过着自食其力的生活；尼寺拥有田地、果园、粮仓、油坊、牲畜、车辆及依附人口——寺户，寺院农业、手工业、畜牧业、借贷业发达，经济完全是一种自给自足的自然经济。但无论是尼僧私有经济，还是尼寺经济，其发展程度当时相对来说十分有限。就尼僧私有经济来说，仅为尼僧藉以维持自身生活的一种手段，规模比较小。这种小规模的私有经济，在税收负担下，显得十分脆弱，许多尼僧因此处境悲惨，生活相当困苦；就尼寺经济来说，亦远不如同时期僧寺经济繁荣，发展状况十分有限。尽管经济状况有限，生活处境艰难，但很多女性在出家后，不为困境所限，苦修佛法，仍有一大批有名的尼僧在此时产生，法相、戒珠、清净戒、曹法律、妙施等就是其中的主要代表。这些尼僧贤淑温柔、聪慧超群、精进修道、精研佛法，是敦煌尼僧中的精英。她们大都居住在寺院中，修持佛法，精研经教。有些还在尼寺担任一定的僧职，参与尼寺的管理，参加和组织尼寺的重大宗教活动，处理一些日常的宗教事务，在尼寺中占有一定的地位，受到了尼僧和宗教界僧俗信徒的尊敬和爱戴。

另外，佛教在中国广泛传播的过程中，不断地吸收了中国的传统观念，逐渐与中国国情民心相结合，淡化了某些同中国传统观念及风俗习惯格格不入的教义。佛教经历了中国化、现世化，这是佛教在中国发展的必然过程和趋势。隋唐时期中国禅、净、华严、法华等诸宗的成立，大大推进了佛教中国化的过程，标志着中国化的佛教已经形成。而八至十世纪敦煌地区的佛教更进一步面向现实，靠近人生，贴近生活，融入社会，向着入世合俗的方向大步迈进。与此相连，佛教重要群体——尼僧的生活与原印度佛教中尼僧的生活大相径庭，她们中的大部分直接居住在家里，和世俗家人一起生活，与家庭关系比较紧密，在自己的世俗家庭中拥有一定的地位。有自己的田地，有自己的私有财产，并从事各种农业、手工业、畜牧业、商业活动。参加各种民间社邑活动，参与各种服务于民众的社会公益事业。死前同俗人一样留有遗嘱，将财产的一部分以遗嘱的形式留给家人。家人也参与自家尼僧的财产分割事宜，承担她们的丧葬事务。政府对尼僧也加强管理，干涉尼寺的各种宗教活动，给尼僧授田，要求她们同俗人一样承担各种税役，尼僧的生活因此贴近世俗大众。

通过对八至十世纪敦煌尼僧的研究可知，在战乱纷繁、赋役繁重、生产力落后的封建社会，在自然条件恶劣的敦煌，百姓生活贫困，承受着体力和精神两重压力和折磨，而佛教给人们带来了精神寄托和生活的希望，妇女对佛教信仰的虔诚，使出家女性众多，她们出家遁入空门，超脱了俗世的烦恼，获得了作为个人在社会中有可能摆脱固有生活模式的机会，改变了她们的人生；而大量信教妇女的出家，反过来又推动了佛教的进一步发展。佛教与信众之间的这种相互推动作用，不仅是菩萨"自利利他"精神的生动表现，也是"人生佛教"、"人间佛教"根本宗旨的体现，亦是佛教核心内容之所在。

　　由于佛教的世俗化，大量的尼僧在寺院一边通过劳动自食其力，一边诵经拜佛，在发展寺院经济的同时，自己也有收入，也可为家庭减轻税赋，赢得较高的家庭地位。从这个角度来看，妇女的出家，在一定程度上使她们单纯依靠男性生活的局面有所改善。

　　八至十世纪是敦煌佛教发展的全盛时期，尼僧数量巨大，尼寺规模空前，这种状况使八至十世纪敦煌尼僧成为当时整个社会出家女性的典型代表，使对敦煌尼僧的探讨亦成为研究当时整个社会尼僧生活的窗口，故了解这一时期敦煌尼僧及其相关情况，不但对认识当时敦煌地区的佛教和尼僧情况有着重大作用，而且对了解整个中国的佛教发展状况，以及尼僧情况具有重要的意义。此外，对敦煌尼僧进行全景式的系统论述，包括敦煌女性的出家原因、尼僧的形成及其教团组织、尼僧的修习活动和宗教收入、尼僧私有经济及尼寺经济、尼僧社会生活、尼僧财产处理及丧葬活动、政府对尼僧和尼寺的管理、尼僧中的突出人物，以及尼僧在这些方面与男性僧人不同的特点，在一定程度上是以往学者未曾做过的工作。更值得一提的是，对出家女性财产处理、与世俗家庭关系，以及在世俗家庭中的地位诸方面进行探讨，在视角上也是全新的。

附录：敦煌尼籍

一、S. 2729《吐蕃辰年（788 年）三月沙州僧尼部落米净辩牒》

（前略）

灵修寺徐法真　张修空　杨法意　张智用　瞿法炬　刘慈心

宋修德　罗妙空　龙修证　阴惠胜　瞿圆照申年三月廿日死　刘净
觉　阴普果

安妙定　马普因　朱妙政　杜无导　王正智　薛普持　阴普真

瞿妙胜　石修定　杜无导　邓神照　张智性　范妙法　张无垢

阴修广　杨智光　宋修善　安妙修　索了性　李胜妙　邓修智

宋明善　石宝严　邓善行　索普船　薛无比　贾启如　瞿正因

石修果　罗法光　安静法午年正月六日死　宋修持　阴圆智　张离
念　罗圆悟

袁修净未年十月廿九日死　齐常净　张智相　张体如　田遍行　张
普德　宋照性

张广照巳年六月十日向东　张真胜　邓智妙　哥舒净智　索广明申
年七月廿三日死　朱超悟　索修惠

孔修律　阴普圆　石正严　阴胜进　阴妙心六十七

普光寺王智净　索普证　王普意　唐普劝　王智明午年十一月十八
日死　安普惠

李普喜　宋普贤　李志念　张普妙　孟澄照　索普行　安普登

唐普胜　索悟智　贺普航　张坚戒　安普照　张普集　范普愿

武成就　罗普戒　范妙德　张戒清　安胜因　曹惠悟　罗真寂

张正相　索无念　白优坛申年三月七日死　无含闰　索普严　唐普
定　崔常进

阴普意　索普满　范妙真　靳慈念　梁真行　李净戒未年二月十一
日向甘州　王九性

曹普畏　贺妙相　阎普明辰年八月廿四日死　范明相　张法喜　王
坚正册七

大乘寺张法性　张法坚　令狐正见　孔正信　范正遍　孔归依

贺净凝　索广净　范明照　董无相　阎无着　石修行　阴无胜

薛圆性　索善光　范妙行　阴净相申年七月廿二日死　索真净　索
悟真　薛妙寂

淳于光相　索胜缘　阎真心辰年八月四日死　索妙性　唐辩悟　宋
妙喜　宋真性

阴真法　薛智胜　宋真妙　荆明性　索善胜　窦净惠　范明顺

王图寂　索香严　范法惠　索真意　张净行午年三月十日死　张了
性　张启行

阴修净　翟普缘　樊普敬四十四

潘原堡郭智林　赫连广祭　吴善信　蕉净凝　李澄清　张普行

贺拔普照　杨悟真　张正信［法性］　杨旃檀林　孙妙法申年八月
七日死　王志清

孟坚持十三

计尼一百七十一

都计见上牌子僧尼三百一十人内一百卅九僧　一百七十一尼

辰年三月　日僧尼部落米净辩牒。

二、S.2669《年代未详（865—870年）沙州诸寺尼籍》

（前缺）

1. 菩提智□□□　□□□　□□□

2. 灵意　沙州□□□　□□□

3. 福意　沙州敦煌县　□□□　□□□　□□□

4. 菩提觉　沙州敦煌县　慈惠乡□□□　□□□

5. 庆意　沙州敦煌县　平康乡　姓张俗名嫂嫂　年廿五

6. 胜意　沙州敦煌县　龙勒乡　姓王俗名他蒙　年十四

7. 如意　沙州敦煌县　玉关乡　姓张俗名娲娃　年十五

8. 胜真　沙州敦煌县　慈惠乡　姓曹俗名宠真　年十六

9. 严藏　沙州敦煌县　玉关乡　姓张俗名端端　年十八

10. 严戒　沙州敦煌县　慈惠乡　姓李俗名娇娇　年十六

11. 照林　沙州敦煌县　敦煌乡　姓阴俗名桂兰　年十五

12. 圣证　沙州敦煌县　洪池乡　姓宋俗名能能　年十六

13. 遍施　沙州敦煌县　效谷乡　姓张俗名丑丑　年十七

14. 慈力　沙州敦煌县　神沙乡　姓李俗名绵子　年十八

15. 胜妙　沙州敦煌县　平康乡　姓张俗名娲娃　年十五

16. 妙德　沙州敦煌县　赤心乡　姓张俗名善娘　年卅五

17. 定明　沙州敦煌县　敦煌乡　姓王俗名绵绵　年廿二

18. 智忍花　沙州敦煌县　神沙乡　姓翟俗名娃子　年四十四

19. 最胜护　沙州敦煌县　平康乡　姓张俗名太珪　年廿五

20. 净忍　沙州敦煌县　莫高乡　姓曹俗名娲娃　年廿六

21. 照心　沙州敦煌县　慈惠乡　姓马俗名物物　年卅二

22. 坚固花　沙州敦煌县　莫高乡　姓马俗名优柔　年卅二

23. 圣严　沙州敦煌县　慈惠乡　姓张俗名女女　年四十五

24. 严意　沙州敦煌县　莫高乡　姓康俗名司曼　年廿

25. 莲花戒　沙州敦煌县　慈惠乡　姓邓俗名端端　年廿五

26. 大乘寺尼应管总二百九人

27. 坚法　沙州敦煌县　洪池乡　姓张俗名太娘　年七十二

28. 明贤　沙州敦煌县　神沙乡　姓孔俗名纵纵　年七十一

29. 法因　沙州敦煌县　慈惠乡　姓张俗名阉子　年七十

30. 明意　沙州敦煌县　赤心乡　姓张俗名要要　年七十五

31. 真藏　沙州敦煌县　平康乡　姓杨俗名八娘　年五十八

32. 觉意　沙州敦煌县　神沙乡　姓吴俗名阎子　年六十五

33. 戒定　沙州敦煌县　洪闰乡　姓范俗名严娘　年五十七

34. 神秀　沙州敦煌县　效谷乡　姓姚俗名公子　年五十七

35. 了空　沙州敦煌县　神沙乡　姓张俗名媚媚　年五十七

36. 般若心　沙州敦煌县　玉关乡　姓姚俗名担娘　年五十九

37. 法定　沙州敦煌县　玉关乡　姓卫俗名定子　年六十一

38. 胜坚　沙州敦煌县　神沙乡　姓张俗名要要　年六十一

39. 胜性　沙州敦煌县　神沙乡　姓马俗名品品　年六十一

40. 乘会　沙州敦煌县　敦煌乡　姓李俗名判判　年五十七

41. 善悟　沙州敦煌县　平康乡　姓张俗名娇娘　年六十一

42. 明心　沙州敦煌县　赤心乡　姓张俗名娇娘　年五十六

43. 乘妙　沙州敦煌县　神沙乡　姓唐俗名胜娘　年五十五

44. 福贤　沙州敦煌县　神沙乡　姓吴俗名能子　年五十三

45. 修妙　沙州敦煌县　神沙乡　姓阎俗名再再　年五十三

46. 善护　沙州敦煌县　敦煌乡　姓张俗名顺子　年五十二

47. 德定　沙州敦煌县　洪池乡　姓索俗名丑子　年五十三

48. 善想　沙州敦煌县　洪润乡　姓张俗名忧谈　年五十二

49. 善证　沙州敦煌县　敦煌乡　姓张俗名担娘　年五十一

50. 严觉　沙州敦煌县　神沙乡　姓吴俗名宠子　年六十一

51. 净忍花　沙州敦煌县　敦煌乡　姓阴俗名偏娘　年六十一

52. 殊胜花　沙州敦煌县　龙勒乡　姓索俗名媚子　年五十一

53. 乘性　沙州敦煌县　敦煌乡　姓索俗名曼殊　年四十五

54. 乘净　沙州敦煌县　莫高乡　姓马俗名段娘　年四十八

55. 德净花　沙州敦煌县　龙勒乡　姓曹俗名判判　年四十五

56. 心智　沙州敦煌县　平康乡　姓史俗名屯屯　年六十六

57. 灵忍　沙州敦煌县　平康乡　姓张俗名门子　年四十五

58. 胜惠花　沙州敦煌县　赤心乡　姓王俗名娇娇　年四十五

59. 空寂花　沙州敦煌县　敦煌乡　姓阴俗名女女　年四十五

60. 胜惠　沙州敦煌县　效谷乡　姓安俗名女子　年四十三

61. 善意花　沙州敦煌县　赤心乡　姓曹俗名金金　年三十五

62. 喜乐花　沙州敦煌县　莫高乡　姓史俗名喜子　年四十五

63. 普照　沙州敦煌县　神沙乡　姓唐俗名太真　年廿五

64. 明惠　沙州敦煌县　赤心乡　姓齐俗名品子　年五十三

65. 智灯花　沙州敦煌县　洪润乡　姓范俗名媚子　年五十五

66. 智相　沙州敦煌县　平康乡　姓索俗名漱漱　年四十三

67. 觉贤　沙州敦煌县　神沙乡　姓吴俗名公主　年四十八

68. 宝胜花　沙州敦煌县　洪润乡　姓索俗名胜娘　年四十三

69. 海妙　沙州敦煌县　敦煌乡　姓索俗名绵绵　年卅五

70. 圣智　沙州敦煌县　慈惠乡　姓李俗名意气　年四十三

71. 灵智　沙州敦煌县　玉关乡　姓范俗名娇娇　年四十二

72. 胜海　沙州敦煌县　神沙乡　姓王俗名饶坚　年四十五

73. 平等性　沙州敦煌县　玉关乡　姓张俗名观音　年五十四

74. 觉缘　沙州敦煌县　神沙乡　姓吴俗名品子　年四十二

75. 莲花心　沙州敦煌县　玉关乡　姓王俗名妹妹　年四十三

76. 觉如　沙州敦煌县　洪池乡　姓阴俗名含子　年三十五

77. 海照　沙州敦煌县　神沙乡　姓唐俗名绵绵　年四十五

78. 乘定　沙州敦煌县　敦煌乡　姓冯俗名云子　年四十四

79. 最宝　沙州敦煌县　神沙乡　姓王俗名偏子　年三十一

80. 乘宗　沙州敦煌县　龙勒乡　姓石俗名买买　年三十五

81. 德忍　沙州敦煌县　洪池乡　姓宋俗名蛮蛮　年四十二

82. 禅真　沙州敦煌县　玉关乡　姓董俗名用用　年三十八

83. 胜会　沙州敦煌县　慈惠乡　姓阎俗名宜宜　年三十八

84. 最威　沙州敦煌县　平康乡　姓阎俗名意娘　年三十八

85. 启心　沙州敦煌县　洪池乡　姓李俗名心心　年四十一

86. 善念　沙州敦煌县　龙勒乡　姓马俗名女女　年五十五

87. 最胜惠　沙州敦煌县　平康乡　姓阎俗名招君　年四十三

88. 用意　沙州敦煌县　敦煌乡　姓朱俗名胜娇　年三十二

89. 严持　沙州敦煌县　洪润乡　姓窦俗名含含　年四十三

90. 慈愿　沙州敦煌县　洪润乡　姓窦俗名心心　年四十二

91. 性静行　沙州敦煌县　赤心乡　姓董俗名太真　年三十七

92. 善贤　沙州敦煌县　龙勒乡　姓曹俗名逍遥　年三十八

93. 守真　沙州敦煌县　赤心乡　姓王俗名娲娃　年三十五

94. 性静义　沙州敦煌县　敦煌乡　姓孟俗名端端　年三十二

95. 明真　沙州敦煌县　洪池乡　姓梁俗名钵蒙　年三十二

96. 自在灯　沙州敦煌县　敦煌乡　姓冯俗名娲娃　年三十二

97. 贤定　沙州敦煌县　玉关乡　姓董俗名最最　年三十八

98. 最胜戒　沙州敦煌县　洪润乡　姓唐俗名威娘　年三十五

99. 性静德　沙州敦煌县　慈惠乡　姓石俗名住住　年三十二

100. 妙真　沙州敦煌县　敦煌乡　姓宋俗名威威　年三十五

101. 能定　沙州敦煌县　洪池乡　姓呈俗名团子　年三十五

102. 贤意　沙州敦煌县　赤心乡　姓吕俗名宠宠　年三十五

103. 常意　沙州敦煌县　平康乡　姓目俗名功德娘　年三十五

104. 相凝　沙州敦煌县　敦煌乡　姓张俗名逍遥　年三十一

105. 最胜净　沙州敦煌县　莫高乡　姓薛俗名钵钵　年三十二

106. 明了空　沙州敦煌县　敦煌乡　姓王俗名太真　年三十一

107. 性圆　沙州敦煌县　神沙乡　姓邓俗名银银　年三十一

108. 菩提藏　沙州敦煌县　洪池乡　姓张俗名更娇　年三十一

109. 戒宗　沙州敦煌县　敦煌乡　姓吴俗名严严　年三十一

110. 敬贤　沙州敦煌县　神沙乡　姓吴俗名威威　年三十

111. 性静缘　沙州敦煌县　慈惠乡　姓唐俗名观音　年三十

112. 能严　沙州敦煌县　玉关乡　姓刘俗名英英　年三十

113. 明宗　沙州敦煌县　敦煌乡　姓翟俗名福福　年三十一

114. 法定　沙州敦煌县　玉关乡　姓郭俗名含娇　年二十五

115. 启如　沙州敦煌县　效谷乡　姓令狐俗名坚坚　年三十

116. 善严　沙州敦煌县　洪池乡　姓陈俗名偏偏　年三十七

117. 思寂　沙州敦煌县　神沙乡　姓吴俗名龙女　年二十五

118. 海性　沙州敦煌县　赤心乡　姓张俗名颜子　年三十一

119. 妙戒　　沙州敦煌县　　敦煌乡　　姓阴俗名诏娘　年三十

120. 觉体　　沙州敦煌县　　神沙乡　　姓郭俗名钳钳　年二十八

121. 胜相　　沙州敦煌县　　玉关乡　　姓张俗名坚坚　年三十一

122. 胜惠　　沙州敦煌县　　平康乡　　姓杜俗名媚媚　年三十一

123. 胜惠　　沙州敦煌县　　神沙乡　　姓吴俗名娇娇　年二十八

124. 觉用　　沙州敦煌县　　神沙乡　　姓吴俗名娇娇　年二十八

125. 觉澄　　沙州敦煌县　　洪池乡　　姓宋俗名意气　年二十七

126. 性福　　沙州敦煌县　　玉关乡　　姓索俗名胜娇　年二十七

127. 戒心　　沙州敦煌县　　敦煌乡　　姓阴俗名娜娜　年二十五

128. 福圆　　沙州敦煌县　　洪池乡　　姓齐俗名足娘　年三十

129. 圆意　　沙州敦煌县　　洪润乡　　姓索俗名绵绵　年二十五

130. 最胜妙　沙州敦煌县　　赤心乡　　姓邓俗名蒙蒙　年二十五

131. 坚悟　　沙州敦煌县　　洪润乡　　姓窦俗名问问　年二十五

132. 最胜意　沙州敦煌县　　洪润乡　　姓张俗名小娘　年三十一

133. 最胜德　沙州敦煌县　　神沙乡　　姓王俗名含娇　年二十五

134. 妙净花　沙州敦煌县　　平康乡　　姓张俗名妙解　年三十一

135. 最显　　沙州敦煌县　　平康乡　　姓杨俗名娘子　年二十七

136. 普藏　　沙州敦煌县　　敦煌乡　　姓李俗名威威　年二十五

137. 觉藏　　沙州敦煌县　　赤心乡　　姓王俗名漱涑　年三十八

138. 自在　　瓜州进昌县　　青水乡　　姓马俗名丑婢　年五十

139. 定惠智　沙州敦煌县　　神沙乡　　姓翟俗名莲花　年二十五

140. 定意　　沙州敦煌县　　平康乡　　姓阴俗名胜胜　年二十三

141. 修善　　沙州敦煌县　　敦煌乡　　姓里俗名留留　年二十五

142. 胜妙　　沙州敦煌县　　敦煌乡　　姓朱俗名端端　年二十一

143. 净念　　沙州敦煌县　　敦煌乡　　姓马俗名问问　年二十五

144. 香严　　瓜州进昌县　　青水乡　　姓马张俗名丑丑　年四十一

145. 修定　　沙州敦煌县　　洪润乡　　姓令狐俗名昤晓　年二十一

146. 明了藏　沙州敦煌县　　平康乡　　姓张俗名小满　年二十二

147. 最胜智　沙州敦煌县　　神沙乡　　姓阎俗名严娘　年三十五

148. 贤定　沙州敦煌县　玉关乡　姓董俗名最最　年四十二

149. 德行　沙州敦煌县　龙勒乡　姓李俗名多娇　年二十五

150. 启相　沙州敦煌县　玉关乡　姓郭俗名胜胜　年三十一

151. 德海　沙州敦煌县　神沙乡　姓王俗名娇蛮　年三十五

152. 性静香　沙州敦煌县　莫高乡　姓范俗名悉曼　年二十五

153. 坚严　沙州敦煌县　平康乡　姓武俗名丑丑　年二十四

154. 最胜善　沙州敦煌县　洪润乡　姓安俗名判判　年二十四

155. 性静花　沙州敦煌县　平康乡　姓张俗名宠真　年二十八

156. 胜心　沙州敦煌县　平康乡　姓张俗名纵纵　年二十五

157. 真定　沙州敦煌县　敦煌乡　姓赵俗名娇娇　年三十

158. 妙定　沙州敦煌县　莫高乡　姓张俗名金圆　年二十五

159. 戒真　沙州敦煌县　龙勒乡　姓张俗名威儒　年二十二

160. 思觉　沙州敦煌县　龙勒乡　姓阎俗名足娘　年二十二

161. 善持　沙州敦煌县　平康乡　姓索俗名婀娜　年二十五

162. 定心　沙州敦煌县　平康乡　姓张俗名诏诏　年二十二

163. 莲花德　沙州敦煌县　莫高乡　姓贺俗名悉曼　年二十二

164. 善藏　沙州敦煌县　神沙乡　姓刘俗名端严　年二十二

165. 灵妙　沙州敦煌县　莫高乡　姓张俗名□□　年二十一

166. 菩提坚　沙州敦煌县　玉关乡　姓唐俗名在在　年二十七

167. 智严　沙州敦煌县　赤心乡　姓吕俗名意意　年二十五

168. 功德惠　沙州敦煌县　平康乡　姓张俗名判判　年三十

169. 智凝　沙州敦煌县　效谷乡　姓阎俗名娇娇　年二十五

170. 妙心　沙州敦煌县　平康乡　姓张俗名丑丑　年三十四

171. 妙觉　沙州敦煌县　慈惠乡　姓吴俗名娇娇　年三十二

172. 定坚　沙州敦煌县　平康乡　姓范俗名问问　年二十二

173. 菩提惠　沙州敦煌县　平康乡　姓张俗名胜娇　年二十二

174. 念空　沙州敦煌县　赤心乡　姓齐俗名多子　年三十一

175. 福满　沙州敦煌县　敦煌乡　姓张俗名钵钵　年二十二

176. 启真　沙州敦煌县　洪池乡　姓齐俗名蒙蒙　年二十三

177. 福胜　沙州敦煌县　敦煌乡　姓王俗名严娘　年二十一

178. 严行　沙州敦煌县　莫高乡　姓范俗名娇娇　年二十六

179. 真贤　沙州敦煌县　敦煌乡　姓阴俗名问子　年二十五

180. 威净　沙州敦煌县　洪池乡　姓齐俗名曼曼　年二十一

181. 胜藏　沙州敦煌县　玉关乡　姓刘俗名娘子　年二十三

182. 最胜戒　沙州敦煌县　洪润乡　姓唐俗名威娘　年二十

183. 福胜　沙州敦煌县　洪润乡　姓范俗名胜娇　年二十五

184. 定惠　沙州敦煌县　平康乡　姓杨俗名女女　年十七

185. 严律　沙州敦煌县　洪润乡　姓李俗名喜娘　年十八

186. 莲花妙　沙州敦煌县　洪润乡　姓张俗名曼曼　年二十一

187. 普定　沙州敦煌县　敦煌乡　姓张俗名龙女　年十七

188. 戒圣　沙州敦煌县　洪润乡　姓张俗名团团　年二十

189. 胜惠　沙州敦煌县　效谷乡　姓赵俗名威德　年二十一

190. 性严　沙州敦煌县　效谷乡　姓赵俗名昇昇　年十九

191. 坚藏　沙州敦煌县　效谷乡　姓赵俗名眼眼　年二十一

192. 最胜灯　沙州敦煌县　敦煌乡　姓吴俗名归归　年十八

193. 法满　沙州敦煌县　洪池乡　姓宋俗名昂呢　年十八

194. 智宝　沙州敦煌县　神沙乡　姓吴俗名福福　年十八

195. 莲花意　沙州敦煌县　洪池乡　姓阴俗名钵钵　年十五

196. 清净林　沙州敦煌县　敦煌乡　姓翟俗名足娘　年二十五

197. 如明　沙州敦煌县　平康乡　姓索俗名绵绵　年二十一

198. 真念　沙州敦煌县　洪池乡　姓唐俗名花胜威　年十七

199. 严妙　沙州敦煌县　莫高乡　姓范俗名钵钵　年十八

200. 精进藏　沙州敦煌县　洪池乡　姓张俗名意气　年十七

201. 光严　沙州敦煌县　敦煌乡　姓田俗名威娘　年十七

202. 贤智　沙州敦煌县　平康乡　姓张俗名晄晄　年十五

203. 照严　沙州敦煌县　赤心乡　姓王俗名福满　年十七

204. 无畏心　沙州敦煌县　玉关乡　姓董俗名问问　年二十一

205. 最严　沙州敦煌县　神沙乡　姓吴俗名圭娘　年二十

206. 觉海　沙州敦煌县　赤心乡　姓王俗名悉曼　年二十

207. 莲花愿　沙州敦煌县　平康乡　姓王俗名满满　年二十一

208. 定真　沙州敦煌县　慈惠乡　姓王俗名君娘　年十八

209. 相妙　沙州敦煌县　平康乡　姓阴俗名招信　年十二

210. 定坚　沙州敦煌县　洪池乡　姓索俗名优柔　年十八

211. 智花　沙州敦煌县　神沙乡　姓吴俗名足足　年二十一

212. 德念　沙州敦煌县　赤心乡　姓李俗名晗眬　年十八

213. 善严　沙州敦煌县　神沙乡　姓辛俗名丑丑　年十八

214. 见性　沙州敦煌县　平康乡　姓价俗名端端　年二十二

215. 功德满　沙州敦煌县　敦煌乡　姓李俗名丑丑　年二十

216. 遍净　沙州敦煌县　赤心乡　姓张俗名蒙蒙　年十五

217. 莲花心　沙州敦煌县　慈惠乡　姓何俗名鄯鄯　年十一

218. 见净　沙州敦煌县　洪池乡　姓张俗名诏诏　年二十

219. 顺忍　沙州敦煌县　平康乡　姓张俗名丑女　年十八

220. 坚性　沙州敦煌县　敦煌乡　姓阴俗名心娘　年十七

221. 慈惠　沙州敦煌县　敦煌乡　姓李俗名诏诏　年二十

222. 处空　沙州敦煌县　平康乡　姓张俗名德娘　年三十

223. 真胜　沙州敦煌县　龙勒乡　姓范俗名娇娇　年二十五

224. 最胜行　沙州敦煌县　洪池乡　姓唐俗名判娘　年二十五

225. 戒乘　沙州敦煌县　神沙乡　姓胡俗名娙娘　年四十九

226. 胜果　沙州敦煌县　玉关乡　姓梁俗名含含　年二十五

227. 性静因　沙州敦煌县　平康乡　姓张俗名胜因　年三十一

228. 严德　沙州敦煌县　平康乡　姓索俗名伯媚　年二十六

229. 妙音　沙州敦煌县　洪池乡　姓索俗名钵蒙　年二十五

230. 坚固藏　沙州敦煌县　神沙乡　姓沙俗名太平娘　年四十九

231. 胜觉　沙州敦煌县　神沙乡　姓翟俗名足娘　年二十五

232. 菩提愿　沙州敦煌县　敦煌乡　姓阴俗名蒙蒙　年十八

233. 贤觉　沙州敦煌县　洪池乡　姓郑俗名银子　年三十九

234. 真性　沙州敦煌县　洪池乡　姓索俗名福福　年四十九

235. 惠意　沙州敦煌县　洪池乡　姓范俗名威威　年二十五

236. 圣光寺应管尼总七十九人

237. 正忍　沙州敦煌县　慈惠乡　姓王俗名胜如　年五十一

238. 遍施花　沙州敦煌县　慈惠乡　姓索俗名关关　年五十一

239. 胜持　沙州敦煌县　平康乡　姓史俗名心心　年六十一

240. 思义　沙州敦煌县　莫高乡　姓康俗名严严　年六十一

241. 法戒　沙州敦煌县　慈惠乡　姓张俗名美子　年五十五

242. 照空　沙州敦煌县　玉关乡　姓张俗名六六　年五十二

243. 戒慈　沙州敦煌县　莫高乡　姓张俗名那那　年五十一

244. 严真　沙州敦煌县　莫高乡　姓罗俗名六六　年二十二

245. 胜德　沙州敦煌县　慈惠乡　姓米俗名媚子　年五十五

246. 严戒　沙州敦煌县　慈惠乡　姓王俗名太太　年四十八

247. 莲花意　沙州敦煌县　洪池乡　姓康俗名团子　年四十

248. 法正　沙州敦煌县　慈惠乡　姓吴俗名娇子　年四十

249. 菩提花　沙州敦煌县　莫高乡　姓张俗名蛮子　年六十二

250. 圆藏　沙州敦煌县　莫高乡　姓曹俗名意气　年四十

251. 严持花　沙州敦煌县　敦煌乡　姓冯俗名桂娘　年五十

252. 体坚　沙州敦煌县　莫高乡　姓索俗名太太　年五十五

253. 密义　沙州敦煌县　玉关乡　姓尹俗名屯屯　年五十一

254. 净光　沙州敦煌县　玉关乡　姓尹俗名喜喜　年四十一

255. 自在性　沙州敦煌县　赤心乡　姓宋俗名要子　年三十五

256. 性净遍　沙州敦煌县　敦煌乡　姓冯俗名严子　年三十五

257. 净智　沙州敦煌县　效谷乡　姓康俗名福子　年三十六

258. 能悟　沙州敦煌县　慈惠乡　姓宋俗名昊子　年三十五

259. 最严　沙州敦煌县　慈惠乡　姓董俗名胜君　年三十六

260. 最贤　沙州敦煌县　慈惠乡　姓赵俗名曼陀　年十三

261. 最胜善　沙州敦煌县　神沙乡　姓索俗名频频　年三十一

262. 修应　沙州敦煌县　效谷乡　姓梁俗名心心　年三十八

263. 清净藏　沙州敦煌县　效谷乡　姓康俗名含娘　年二十七

264. 圣贤　沙州敦煌县　效谷乡　姓康俗名娇娇　年二十

265. 遍净　沙州敦煌县　赤心乡　姓郭俗名问问　年三十

266. 德藏　沙州敦煌县　赤心乡　姓郭俗名含含　年二十六

267. 菩提惠　沙州敦煌县　赤心乡　姓郭俗名眼眼　年十八

268. 真寂　沙州敦煌县　慈惠乡　姓苏俗名再再　年十三

269. □□　沙州敦煌县　玉关乡　姓樊俗名胜子　年五十二

270. □□　沙州敦煌县　平康乡　姓张俗名英娘　年五十

（后缺）

三、S. 2614v《唐年代未详（895 年?）沙州诸寺僧尼名簿》

（二）（前缺）

1. 行　直藏　妙心　真严　戒心　福满

2. 信相　妙严　妙胜　妙德　如惠　修心

3. 修意　修惠　福行　福喜　善心　妙戒

4. 妙行　妙信　妙福　无相　无念　最胜福

5. 戒真　定空　圣行　修定　　。式叉尼：圆意

6. 圆真　喜捨　慈妙　妙会　念戒　念定

7. 念惠　胜行　妙意　善恩　灵会　灵忍

8. 精进　启行　启相　启果　圆喜　明惠

9. 明智　政戒　政定　政念　政定　无忘

10. 巧相　巧意　善恩　皈信　花严　福满

11. 法意　慈济　慈光　了信　严忍　妙力

12. 喜集　觉因　相好　福进　体真　明行

13. 灵智　明证　灵进　启净　秀严

14. 妙积　真意　证性　证信　觉悟　明意

15. 明真　镜忍　庆果　镜意　启恩。　沙弥尼

16. 善净　善进　善护　妙言　性福　善持

17. 妙进　妙善　妙德　性修　性戒　性忍

18. 善意　善施　善忍　善惠　政智　启胜

19. 镜相　巧惠　慈相　镜相　妙坚　性满
20. 善因　善妙　庆喜。计大戒尼一百
21. 四人，计式叉尼五十九人，计沙弥尼
22. 二十七人，都计一百八十九人。
23. 大乘寺　平等政　戒性　明了空　海性
24. 启相　妙真　贤意　启如　性净花　自在德
25. 性净显　思惠　坚悟　最胜意　最胜善
26. 智妙　最胜德　智严　定惠智　严行
27. 惠意　严德　菩提惠　皈净　真贤
28. 明德　圆妙　莲花意　相妙　功德藏　莲
29. 花妙　坚性　信定　法喜　定心　寂净藏
30. 严真　花严　智花　精进藏　善缘
31. 觉性　严妙　普定　智宝　贤福　戒德
32. 普惠　法性　定严　妙贤　意贤　善贤
33. 戒威　能信　能妙　妙行　明觉　德真
34. 妙觉　圣妙　严福　善满　性真　严
35. 律　真意　妙定　圆会　圆胜　圆行
36. 圆戒　圆进　缘觉　海意　海贤　圆桐
37. 庆喜　如真　严净　严胜　普圆
38. 无礙定　胜意　圆净　严定　善意
39. 胜意　真定　圆妙　明信　海真　善惠
40. 圆政　宋严律　法空　修因　福德　福林
41. 真寂　最寂　政心　无言　无著　善愿
42.
43. （中缺二行）
44. 式叉尼　胜妙　妙言　真性　修果　善住
45. 灵进　最行　明心　政意　巧能　巧德
46. 巧信　明戒　明了　菩提藏　乘因　妙福
47. 殊胜惠　殊胜果　善政　严性　妙光

48. 妙启　妙音　政修　善修　胜心　严意

49. 花藏　戒清　戒忍　敬行　庆相　胜

50. 行　证性　妙信。沙弥尼：巧智　政意

51. 妙信　妙觉　庆悟　妙果　敬信　如妙

52. 新沙弥尼：妙喜　妙惠　妙智　妙戒

53. 善信　善愿　性意　性善　明觉　明念

54. 善胜　喜信　妙福　妙建。计大戒尼

55. 一百一十五人，计式叉尼三十六人

56. 计新旧沙弥尼二十二人，都计一

57. 百七十三人。

58. 安国寺　智忍花　善性　圣智　戒净

59. 能照　德念　最胜音　智空　福因　德了

60. 妙净　妙意　性净惠　智胜　真性　真

61. 寂　妙真　真圆　花德　莲花灯　定明

62. 乘智　花严　明了念　庆意　坚护　庆

63. 妙　胜相　慈德　自在满　慈觉　胜妙

64. 信惠　遍净　胜皈　智花　福意　福严

65. 胜因　菩提　德意　坚持　政心　善胜　善

66. 贤　威德　严戒　菩提惠　能定　戒贤

67. 延惠　永定音　能严　坚悟　妙定　妙

68. 乘　政惠　能妙　政意　坚忍　戒乘

69. 莲花心　能真　胜愿　坚证　能戒　圆藏

70. 圆妙　能忍　能惠　戒性　坚妙　戒定

71. 真惠　真意　善行　自在灯　妙胜　胜惠

72. 能胜　坚藏　照心　妙贤　真原　妙行

73. 圆智　妙林　真如　真胜　真相　福喜

74. 修戒　如意　妙悟　妙戒　无染　无性

75. 妙严　能寂　胜威　式叉尼：巧圣　慈藏

76. 慈惠　政性　照惠　妙力　真顶　妙行　政信

77. 善清　政思　真行　殊胜果　戒香

78. 启圆　殊胜智　殊胜戒　皈满　皈因

79. 宝济　如意　明了德　妙言。沙弥尼：

80. 启理　喜圆　相妙　启真　明进　政信

81. 政念　善证　性慈　性寂　政因　性智

82. 性真　善护　慈济　妙真。计大戒尼一

83. 百人，式叉尼二十三人，沙弥尼

84. 一十六人，都计一百三十九人。

85. 灵修寺　智空　体性　坚固林　体净

86. 净胜　精进藏　自在行　最胜德　胜惠

87. 常念　严心　妙性　胜藏　性净眼　真行

88. 德林　菩提心　妙寂　妙明　普圆　妙心

89. 最胜修　定戒　真意　福妙　胜贤

90. 法相　凝净　真妙　相慈　慈满　法慈

91. 威德花　明了花　福惠　性行　自在喜

92. 庆心　政行　遍行　启行．如来净　德行

93. 花胜　福德花　政行　胜严　圣意　善政

94. 明相　戒圆　真明　定惠　严意　性净藏

95. 乘净　圆镜　延春　延庆　凝清　妙圆

96. 妙建　性净赞　明了惠　念证　福悟　妙净

97. 严妙　功德花　圣惠　光严　德惠　圆里

98. 圆惠　圆竹　胜明　胜花　严信　如性

99. 妙行　真如　花严　圆智　圣性　如愿

100. 修忍　福会　福庆　妙音　圆真　菩提果

101. 圆启　圆体　福喜　思妙　善净

102. 妙因　凝政　修定。式叉尼：菩提凝　修因

103. 密行　启如　启因　等持　明律　政惠

104. 无言　无思　无念　慈眼　最行　殊胜定

105. 明戒　明心　皈心　皈忍　了因　了慈

106. 了寂　敬信　证净　心真　皈妙　了真

107. 明惠　明意　皈性。旧沙弥尼：政思

108. 敬戒。新沙弥尼：敬福　性懃　性净

109. 性喜　善智　了心　妙福　严净　善戒

110. 性如　性真　性德。计大戒尼九十九人，

111. 计式叉尼二十九人，计沙弥尼一

112. 十四人，都计一百四十二人。

113. 圣光寺　性净遍　真定　胜惠　清净藏

114. 善净　净意　菩提明　严真　胜明　功德花

115. 圆满　妙意　妙行　慈严　胜行　胜藏

116. 胜净　明了心　菩提藏　明了相　严律

117. 能性　能照　能持　圣贤　妙真　觉藏

118. 觉护　能妙　圆妙　觉悟　圆净　无偏

119. 严意。式叉尼：因胜　普光　坚性

120. 严忍花　普明　无垢　灵意　明空　□□

121. 明信。沙弥尼：圆意　圆智　圆行　圆胜

122. 修因。计大戒尼三十四人，式叉

123. 尼十人，计沙弥尼五人，

124. 　　　　　都计四十九人。

（中空约两行）

125. 都计尼六百九十三人，

126. 都计尼六百九十

127. 三人，

128. 都计四十九人，

129. 僧尼都计一千一

130. 百四十人。

（后缺）

四、S. 4444《大乘寺尼名录》

1. 常喜　明戒　庆沙　最胜护　花胜　智宝　法喜　福严　花严
2. 普云　坚护　定忍　胜藏　莲花德　坚定　灵信　永定愿　坚戒
3. 相妙　莲花意　莲花妙　福严　慈明　胜严　正行　真体　善贤
4. 坚持　坚妙　严戒　坚智　威戒　德意　圣意　善缘　菩提惠
5. 戒真　威德　能严　性净藏　宝严　普净　善胜　妙贤
6. 戒香庆　善妙　总持　善清　圣觉　圣行　智惠光　妙空
7. 功德藏　福严　体净　胜净　最胜贤　定真　灵忍　胜妙
8. 最心　禅惠　严律　圣惠　照严　善满　菩提　福严　善愿
9. 启行　真明　坚性　定惠　智花　觉性　菩提藏　凝妙　德行
10. 自在满　胜行　明忍　智真　坚净　菩提惠　神智　明律　寂净藏
11. 定心　圣意　胜满　能护　遍净　慈力　正心　圆镜
12. 德真　相觉　真意　性真　能性　性净贤　戒乘　明相　妙圆
13. 戒贤　胜了　坚胜　能忍　胜心　妙觉　福藏　妙德　胜定
14. 正惠　善惠　戒净　凝清　明惠　胜惠　莲花德　性真　戒只
15. 坚忍　定意　性念　戒香　普惠　戒法　意贤　戒因　正意
16. 延福　严意　最贤　乘净　圣妙　能正　念澄　能信
17. 妙果　定严　善觉　严福　真如　真胜。

五、P. 2944《大乘圣光寺等尼名录》

1. □□□□□□□□□□□□□□□□□□乃子阿□□□
2. 修善阐眼　信清胜美　愿志迎胜　愿深支泰　福清长女　戒德罗家员胜
3. 戒净长支　戒威永胜　愿行祐会　愿会小孕　愿胜周美子　戒保胜会
4. 戒思美胜　愿因存婵　戒法胜美　弥长泰罗家女　祐员李押女衙婵福张谷子女

5. 长胜张顺兴女

6. 大乘寺　明真师师　定妙马阇梨　明照范阇梨　正会翟阇梨　菩提真张阇梨

7. 思行龙阇梨　妙慈喜延阿师子　智妙曹家支泰阿师子　妙思丑子阿师子　愿惠王法律　胜最薛法律

8. 妙严黑头　善香愿子　善行永连　妙福定连　戒想阿朵子　妙进长喜

9. 智胜愿胜　妙忍长喜　胜因永子　式叉尼　戒忍胜支　福集胜子

10. 志会义胜　志德愿会　志信晓美　志学美太　志惠陈愿连　愿深长胜

11. 志念长富　愿福回富　志行存太　愿深二娘子　福惠长意　福恩阿泰娘

12. 戒备长会　清净愿定胜　戒宁张家长富　戒威永富　戒胜存子戒会会先

13. 戒妙　愿瑞　戒志　愿因　戒法忠面子　戒进马富千女

14. 菩提员范衍子女　慈愿长太　志信罗都料女　志妙孔家长婢　戒修存道

15. 戒度　保定李胜太

16. 圣光寺　戒善申阇梨　明会张阇梨　善胜阴法律　善念大米法律妙志印儿米法律

六、P. 5000《沙州诸寺僧尼数》

（前缺）

1. 图教授　惠灵　荣照　义遊　惠宗　辩惠　法英　光明范阇梨开元文照文英常闰须弥山佛赞张阇梨宋寺主索阇梨史阇梨

2. □教授　阴阇梨判官　光深阇梨　道披　兴法阇梨　法圆　杨阇梨　法忍　崇折　法清　洪琼　海菀　归真　广济　法泉

3. 修罗阇梨　赵阇梨　罗阇梨　米阇梨　罗阇梨　薛阇梨　郭阇梨十三阇梨　修广阇梨　□性阇梨　无念阇梨　寺主　法律　普船　贺

阇梨　慈心　普心　修德　修真　贤折　菩提心　修胜　坚持　妙惠
智广　坚真　胜净　体真　摩尼藏　尼卅六人，僧卅　六人

七、Дx. 1459《第一判普光寺正念等名录》

（前残）

1. 第一判　普正念　国殊胜戒　国照惠　普精进　普妙会　国真行

2. 　　　　国善满　国政思　国殊胜智　乘明戒　普慈济　普无妄
乘

3. 　　　　妙言　乘灵进　普真意　乘明了　圣因胜　圣灵意　圣
无垢

4. 　　　　普灵智　修修行□□　普启行　修慈行□□

（后缺）

主要参考文献

一、敦煌文献

中国社会科学院历史研究所、中国敦煌吐鲁番学会敦煌古文献编辑委员会、英国国家图书馆、伦敦大学亚非学院合编《英藏敦煌文献》（汉文佛经以外部分）1—14 卷，成都：四川人民出版社，1990—1995 年。

上海古籍出版社、法国国家图书馆编：《法藏敦煌西域文献》1—34册，上海：上海古籍出版社，1995—2005 年。

俄罗斯科学院东方研究所圣彼得堡分所、俄罗斯科学出版社东方文学部、上海古籍出版社合编：《俄藏敦煌文献》1—17 册，上海：上海古籍出版社，1992—2001 年。

黄永武主编：《敦煌宝藏》1—140 册，台北：新文丰出版公司，1982—1986 年。

黄永武主编：《敦煌丛刊初集》1—16 册，台北：新文丰出版公司，1985 年。

唐耕耦、陆宏基编：《敦煌社会经济文献真迹释录》第 1 辑，北京：书目文献出版社，1986 年。

唐耕耦、陆宏基编：《敦煌社会经济文献真迹释录》第 2—5 辑，北京：全国图书馆文献缩微复制中心，1990 年。

郝春文：《英藏敦煌社会历史文献释录》第 1 卷，北京：社会科学文献出版社，2001 年。

郝春文：《英藏敦煌社会历史文献释录》2—5 卷，北京：社会科学文献出版社，2003—2006 年。

二、古代典籍

[北齐] 魏收：《魏书》，北京：中华书局，1974 年。

[唐] 李延寿：《南史》，北京：中华书局，1975 年。

[唐] 李延寿：《北史》，北京：中华书局，2003 年。

[梁] 沈约：《宋书》，北京：中华书局，2003 年。

[唐] 李百药：《北齐书》，北京：中华书局，1972 年。

[梁] 萧子显：《南齐书》，北京：中华书局，1972 年。

[五代] 刘昫等：《旧唐书》，北京：中华书局，1975 年。

[宋] 欧阳修、宋祁：《新唐书》，北京：中华书局，1975 年。

[唐] 杜佑：《通典》，北京：中华书局，1988 年。

[唐] 长孙无忌撰、刘俊文点校：《唐律疏议》，中华书局，1983 年。

[唐] 李林甫等撰、陈仲夫点校：《唐六典》，北京：中华书局，1992 年。

[宋] 李昉等：《太平广记》，北京：中华书局，1961 年。

[宋] 王溥：《唐会要》，北京：中华书局，1955 年。

[宋] 司马光编：《资治通鉴》，北京：中华书局，1956 年。

[清] 董浩等：《全唐文》，北京：中华书局，1983 年。

[梁] 僧佑 [唐] 道宣：《弘明集》，《广弘明集》，上海：上海古籍出版社，1991 年。

[唐] 释道宣：《广弘明集》，上海：上海古籍出版社，1989 年。

[宋] 释志磐：《佛祖统纪》，扬州：江苏广陵古籍刻印社，1992 年。

[汉] 郑玄：《仪礼注疏》北京：中华书局，1936 年。

（日）圆仁撰，顾承甫、何泉达点校：《入唐求法巡礼行记》上海：上海古籍出版社，1986 年。

[梁] 释宝唱，王孺童校注：《比丘尼传校注》北京：中华书局，2006 年。

[梁] 释慧皎：《高僧传》，汤用彤校注，北京：中华书局，1992 年。

三、著作、论文集

敦煌研究院编：《敦煌遗书总目索引》，北京：中华书局，2000 年。

敦煌研究院编：《敦煌石窟内容总录》，北京：文物出版社，1996 年。

陈士强：《佛典精解》，上海：上海古籍出版社，1992 年。

蔡鸿生：《尼姑谭》，广州：中山大学出版社，1998 年。

敦煌研究院编：《敦煌莫高窟供养人题记》，北京：文物出版社，1986 年。

方立天：《佛教哲学》，北京：中国人民大学出版社，2002 年。

（日）池田温：《中国古代写本识语集录》，东京：大藏出版株式会社，1990 年。

饶宗颐：《敦煌邈真赞校录并研究》，台北：新文丰出版公司，1995 年。

（日）池田温：《中国古代籍帐研究》，东京：东京大学东洋文化研究所，1979 年。

李正宇：《敦煌史地新论》，台北：新文丰出版公司，1997 年。

谢重光、白文固：《中国僧官制度史》，西宁：青海人民出版社，1992 年。

（日）中村元：《原始佛教の成立》，春秋社，1992 年。

季羡林：《大唐西域记校注》，北京：中华书局，1985 年。

马德：《敦煌莫高窟史研究》，兰州：甘肃教育出版社，1996 年。

黄征、吴伟：《敦煌愿文集》，长沙：岳麓书社，1995 年。

郑炳林主编：《敦煌佛教艺术文化国际研讨会论文集》，兰州大学出版社，2001 年。

敦煌研究院编：《1990 年敦煌学国际研讨会论文集·石窟·史地·语文集》，沈阳：辽宁美术出版社，1995 年。

姜伯勤：《唐五代敦煌寺户制度》，北京：中华书局，1987 年。

韩国磐：《敦煌吐鲁番出土经济文书研究》，厦门：厦门大学出版社，

1986 年。

郝春文：《唐后期五代宋初敦煌僧尼的社会生活》，北京：中国社会科学出版社，1998 年。

王尧、陈践译注：《敦煌吐蕃文选》，成都：四川民族出版社，1983 年。

谢和耐著，耿升译：《中国五——十世纪寺院经济》，兰州：甘肃人民出版社，1987 年。

汤一介：《佛教与中国传统文化》，北京：宗教文化出版社，1999 年。

杨际平：《五——十世纪敦煌的家庭与家族的关系》，长沙：岳麓书社，1996 年。

郑炳林：《敦煌碑铭赞辑释》，兰州：甘肃教育出版社，1992 年。

劳正武：《佛教戒律学》，北京：宗教文化出版社，1999 年。

王书庆：《敦煌佛学·佛事篇》，兰州：甘肃民族出版社，1995 年。

湛如：《敦煌佛教律仪制度研究》，北京：中华书局，2003 年。

萧默：《敦煌建筑研究》，北京：文物出版社，1989 年。

汪娟：《敦煌礼忏文研究》，台北：台北法鼓文化事业公司，1998 年。

向达：《唐代长安与西域文明》，北京：三联书店，1957 年。

敦煌研究院编：《2000 年敦煌学国际学术讨论会文集》，兰州：甘肃民族出版社，2003 年。

谭蝉雪：《敦煌岁时文化导论》，台北：新文丰出版公司，1998 年。

李玉珍：《唐代比丘尼》，台北：台湾学生书局，1989 年。

德吉卓玛：《藏传佛教出家女性研究》，北京：社会科学文献出版社，2003 年。

童丕著，余欣、陈建伟译：《敦煌的借贷：中国中古时代的物质生活与社会》，北京：中华书局，2005 年。

杜斗城：《正史佛教资料类编》，兰州：甘肃文化出版社，2006 年。

谢生保：《敦煌民俗研究》，兰州：甘肃人民出版社，1995 年。

王永会:《中国佛教僧团发展及其管理研究》,成都:巴蜀书社,2003 年。

白文固、赵春娥:《中国古代僧尼名籍制度》,西宁:青海人民出版社,2002 年。

王景琳:《中国古代寺院生活》,西安:陕西人民出版社,2002 年。

洪丕漠:《中国名尼》,上海:上海人民出版社,1995 年。

白化文:《汉化佛教与佛寺》,北京:北京出版社,2003 年。

何兹全:《五十年来汉唐佛教寺院经济研究》,北京:北京师范大学出版社,1986 年。

姜伯勤:《敦煌艺术宗教与礼乐文明》,北京:中国社会科学出版社,1996 年。

杨富学、王书庆:《敦煌佛教与禅宗研究论文集》,汕头:香港天马出版有限公司,2006 年。

邓小南:《唐宋女性与社会》,上海:上海辞书出版社,2003 年。

蒋礼鸿:《敦煌变文字义通释》,北京:中华书局,1962 年。

张弓 :《汉唐佛寺文化史》,北京:中国社会科学出版社1997 年。

郑炳林:《敦煌归义军史专题研究》,兰州:兰州大学出版社,1997 年。

四、论文

白文固:《唐宋试经剃度制度探究》,《史学月刊》2005 年第 8 期。

陈寅恪:《敦煌本〈十诵〉比丘尼波罗提木叉跋》,《北平图书馆馆刊》1929 年第 5 期。

陈祚龙:《中世敦煌妇女出家、入道、受戒、弘法之一斑》,《海潮音》1979 年第 60 卷 8 号。

陈大为:《唐后期五代宋初敦煌僧寺研究》,博士论文,上海师范大学,2008 年。

陈大为:《唐后期五代宋初敦煌僧寺/僧与尼寺/尼贫富状况的比较》,《中国社会经济史研究》2009 年第 4 期。

陈大为：《敦煌僧寺与尼寺之间的往来关系》，《敦煌研究》2010 年第 3 期。

曹大为：《中国古代的庵观女子教育》，《中国史研究》1995 年第 3 期。

曹仕邦：《从宗教与文化背景论寺院经济与僧尼私有财产在华发展的原因》，《华岗佛学学报》第 8 期。

陈丽萍：《女性、理性、习俗——唐宋时期敦煌地区妇女婚姻家庭生活研究》，博士学位论文，首都师范大学历史学院，2007 年。

陈兵：《佛教的临终关怀与追福超度》，《法音》2005 年第 8 期。

德吉卓玛：《萨加尼僧研究》，《西藏研究》2003 年第 2 期。

德吉卓玛：《藏族尼僧》，《法音》1998 年第 2 期。

德吉卓玛：《格鲁派尼众僧团初探》，《西藏研究》2004 年第 1 期。

德吉卓玛：《藏传佛教息解派尼僧与尼僧组织》，《戒幢佛学》2005 年第 3 卷。

德吉卓玛：《吐蕃出家女性初探》，《戒幢佛学》2002 年第 2 卷。

段小强：《敦煌文书中所见的古代丧仪》，《西北民族研究》1999 年第 1 期。

段小强：《敦煌"祭祀"考》，《西北民族学院学报》（哲学社会科学版）2001 年第 1 期。

杜斗城：《"七七斋"之源流及敦煌文献中有关资料的分析》，《敦煌研究》2004 年第 4 期。

方广锠：《教团与弟子》，《佛教文化》2005 年第 1 期。

非文：《中国佛教第一尼》，《中国宗教》1999 年第 1 期。

傅小静：《论唐代乡村社会中的社》，《青岛大学师范学院学报》2000 年第 1 期。

冯培红：《唐五代敦煌的酒行、酒户和酒司》，《青海社会科学》2001 年第 3 期。

（日）高田时雄：《有关吐蕃期敦煌写经事业的藏文资料》，"The International Academic Conference on the Centenary of the Discovery of the Dunhuang manuscript library Cave" June 21—25, 2000, Beijing, China。

郭永利：《晚唐五代敦煌佛教寺院纳赠》，《敦煌学辑刊》2005 年第 4 期。

尕藏才旦：《走进尼姑世界》，《西藏人文地理》2004 年第 1 期。

龚泽军：《敦煌写本祭悼文研究》，博士论文，四川大学，2005 年。（101）

郝春文：《隋唐五代宋初佛社与寺院的关系》，《敦煌学辑刊》1990 年第 1 期。

郝春文：《隋唐五代宋初传统私社与寺院的关系》，《中国史研究》1991 年第 2 期。

郝春文：《唐后期五代宋初沙州僧尼的宗教收入（三）——大众仓试探》，《敦煌学辑刊》1996 年第 2 期。

郝春文：《归义军政权敦煌佛教之关系新探》，《周绍良先生欣开九秩庆寿文集》中华书局，1997 年。

郝春文：《唐后期五代宋初沙州僧尼的宗教收入——为他人举行法事活动之所得》，《敦煌学辑刊》1997 年第 3 期。

郝春文：《唐后期五代宋初敦煌僧尼遗产的处理与丧事的操办》，《敦煌研究》1998 年第 3 期。

郝春文：《〈唐末五代宋初敦煌社邑的几个问题〉商榷》，《中国史研究》2003 年第 1 期。

郝春文：《再论唐末五代宋初敦煌社邑的几个问题》，《中国史研究》2005 年第 2 期。

郝春文：《再论敦煌私社中的"春秋坐局席"活动》，《敦煌学辑刊》2006 年第 1 期。

何兹全：《佛教经律关于僧尼私有财产的规定》，《北京师范大学学报》1982 年第 6 期。

何兹全：《佛教经律关于寺院财产的规定》，《中国史研究》1982 年第 1 期。

黄清发：《唐代僧尼的出家方式与世俗化的倾向》，《南通师范学院学报》2002 年第 1 期。

金滢坤：《吐蕃统治敦煌的户籍制度初探》，《中国经济史研究》2003 年第 1 期。

江岚：《晚唐五代宋初敦煌尼寺研究》，硕士论文，首都师范大学，2008 年。

江岚：《吐蕃归义军时期敦煌尼寺财产支出》，《首都师范大学学报》，2007 年增刊。

江岚：《吐蕃归义军时期敦煌尼寺常住财产收入》，《敦煌学辑刊》2008 年第 1 期。

姜伯勤：《论敦煌寺院的"常住百姓"》，《敦煌研究》试刊 1981 年第 1 期。

姜伯勤：《敦煌戒坛与大乘佛教》，《华学》1996 年第 2 辑。

金维诺：《敦煌龛窟名数考》，《文物》1959 年第 5 期。

冀志刚：《唐后期五代宋初敦煌信众佛教信仰初探——以斋会为中心考察》，硕士论文，首都师范大学，2004 年。

（日）久野美树著，官修方译，魏文斌校：《中国初期石窟及观佛三昧——以麦积山石窟为中心》，《敦煌学辑刊》2006 年第 1 期。

李并成：《〈沙州城土镜〉之地理调查与考释》，《敦煌学辑刊》1990 年第 2 期。

李正宇：《敦煌地区古代祠庙寺观简志》，《敦煌学辑刊》1988 年第 1、2 期。

李正宇：《晚唐至北宋敦煌僧尼普听饮酒》，《敦煌研究》2005 年第 3 期。

李正宇：《唐宋敦煌世俗佛教的经典及其功用》，《兰州教育学院学报》1999 年第 1 期。

李正宇：《晚唐至宋敦煌听许僧人娶妻生子》，《敦煌吐鲁番研究》2006 年第 9 卷。

李正宇：《唐宋时期的敦煌佛教》，《敦煌佛教艺术国际学术研讨会论文集》，兰州大学出版社，2001 年。

李小艳：《佛教寺院经济由来与发展》，《世界宗教文化》2004 年第 4 期。

李小敏：《隋唐时期的出家人与家庭》，《河南社会科学》2005 年第 2 期。

李德龙：《敦煌遗书中所反映的寺院僧尼财产世俗化》，《山西大学学报》1995 年第 2 期。

李佳静：《早期佛教僧团管理的经济制度——利和同均》，《宗教学研究》2006 年第 2 期。

李林：《中国佛教史上的福田事业》，《法音》2005 年第 12 期。

李小艳：《佛教寺院经济的形成和发展》，《五台山研究》2003 年第 1 期。

李传军：《从比丘尼律看两晋南北朝时期比丘尼的信仰与生活——以梁释宝唱撰〈比丘尼传〉为中心》，《徐州师范大学学报》2006 年第 1 期。

刘正平、王志鹏：《唐代俗讲与佛教八关斋戒之关系》，《敦煌研究》2005 年第 2 期。

刘文明：《传统佛教文化中的佛教女性》，《湘潭师范学院学报》2003 年第 6 期。

刘长东：《宋代僧尼隶属机构的变迁及其意义》，《宗教学研究》2002 年第 2 期。

雷若欣：《中国古代尼姑世俗心态分析》，《南都学坛》2006 年第 1 期。

鲁统彦：《隋唐时期僧尼角色研究》，博士论文，首都师范大学历史学院，2005 年。

罗华庆：《9 至 11 世纪敦煌的行像和浴佛活动》，《敦煌研究》1988 年第 4 期。

林聪明：《从敦煌文书看佛教徒的造经祈福》，《第二届敦煌学国际研讨会论文集》1996 年 6 月。

马德：《敦煌阴氏与莫高窟阴家窟》，《敦煌学辑刊》2006 年第 3 期。

马德：《都僧统之家窟及其营建》，《敦煌研究》1998 年第 4 期。

马德：《敦煌文书〈诸寺付经历〉刍议》，《敦煌学辑刊》1999 年第 1 期。

马德：《敦煌遗书莫高窟岁首燃灯文辑识》，《敦煌研究》1997 年第 3 期。

马洪良、周海燕：《魏晋南北朝时期的比丘尼》，《平顶山学院学报》2005 年第 6 期。

孟宪实：《论唐宋时期敦煌民间结社的组织形态》，《敦煌研究》2002 年第 1 期。

孟宪实：《唐朝政府的民间结社政策研究》，《北京理工大学学报》（社会科学版）2001 年第 1 期。

明杰：《唐代佛教度僧制度探讨》，《佛学研究》2003 年。

麻尧宾：《古印度佛教寺院经济形态探析》，《青海社会科学》2004 年第 5 期

妮玛娜姆：《浅析佛教的女性成佛观》，《西南民族大学学报》2004 年第 5 期。

妮玛娜姆：《藏传佛教尼众寺院考》，《四川大学学报》1999 年第 4 期。

宁可、郝春文：《敦煌社邑文书述略》，《首都师范大学学报》（社会科学版）1994 年第 4 期。

宁可、郝春文：《敦煌社邑中的丧葬互助》，《首都师范大学学报》（社会科学版）1995 年第 6 期。

乜小红：《唐五代宋初敦煌畜牧业研究》，硕士论文，西北师范大学历史系，2001 年。

乜小红：《唐宋敦煌毛纺织业述论》，《敦煌学》第 23 辑，2001 年。

彭氏子：《敦煌写卷"患文"与佛教医疗观》，《佛教文化》2004 年第 5 期。

潘春辉：《唐宋敦煌僧人违戒原因述论》，《西北师大学报》（社会科学）2005 年第 5 期。

齐陈俊、寒沁：《河西都僧统悟真作品和见载文献系年》《敦煌学辑刊》1993 年第 2 期。

秦闳韬：《探访尼僧生活》，《中州古今》2003 年第 1 期。

施萍婷：《日本国立国会图书馆藏敦煌文书》，《敦煌研究》1996 年第 1 期。

圣凯：《佛教出家及剃度仪式》，《中国宗教》2001 年第 1 期。

圣凯：《论唐代的讲经仪轨》，《敦煌学辑刊》2001 年第 2 期。

沙武田：《吐蕃统治时期敦煌石窟供养人画像考察》，《中国藏学》2003 年第 2 期。

沙武田：《莫高窟第 138 窟智惠性供养像及其相关问题研究》，《敦煌学辑刊》2006 年第 3 期。

苏金花：《唐后期五代宋初敦煌僧人的社会经济生活》，《中国经济史研究》2003 年第 2 期。

苏金花：《唐五代敦煌寺院土地占有形式》，《中国经济史研究》2004 年第 3 期。

苏金花：《唐后期五代宋初敦煌僧人私有地产的经营》，《中国经济史研究》2000 年第 4 期。

苏金花：《唐后期五代宋初敦煌僧人的社会经济生活》《中国经济史研究》2003 年第 2 期。

（日）松浦典弘：《敦煌尼僧关系文书管见》，《敦煌写本研究年报》2007 年第 3 期。

宋仁桃：《浅议魏晋南北朝时期女性出家之现象》，《江南社会学院学报》2002 年第 3 期。

释大智：《佛教的妇女观》，《中国宗教》2002 年第 3 期。

孙兰荃：《试论佛教戒律研究的宗教意义——以汉传佛教为例》，《宗教学研究》2005 年第 2 期。

（日）上山大峻著，顾虹、刘永增译：《从敦煌出土写本看敦煌佛教研究》，《敦煌研究》2001 年第 4 期。

黄新华：《1985 年以来国内唐代社会救济史研究综述》，《淮阴师范学院学报》2001 年第 4 期。

盛会莲：《社会救助研究》，博士论文，浙江大学历史学系，2005 年。

黄霞：《浅谈晚唐五代敦煌"女人社"的形态及特点》，《北京图书馆馆刊》1997 年第 4 期。

（日）藤枝晃：《敦煌の僧尼籍》，《东方学报》第 29 册，1959 年。

谭蝉雪：《唐宋敦煌岁时佛俗——二月至七月》，《敦煌研究》2001 年第 1 期。

薛志清：《论宋代僧尼经商活动》，《云南师范大学学报》2000 年第 3 期。

谢重光：《吐蕃占领期与归义军的敦煌僧官制度》，《敦煌研究》1991 年第 3 期。

谢重光：《略论唐代寺院僧尼免赋特权的逐渐丧失》，《中国社会经济史研究》1983 年第 1 期。

谢重光：《关于唐后期至五代间沙州寺院经济的几个问题》，《敦煌吐鲁番出土经济文书研究》厦门大学出版社，1986 年。

谢重光：《吐蕃占领期与归义军时期敦煌僧官制度》，《敦煌研究》1991 年第 3 期。

许智银：《论北魏女性出家为尼现象》，《许昌师专学报》2001 年第 6 期。

邢铁：《唐代遗嘱继产问题》，《人文杂志》1994 年第 5 期。

徐晓丽：《唐五代敦煌大族出家女性初探》《麦积山石窟艺术论文集》（下）。

徐晓卉：《唐五代宋初敦煌麻的种植及利用研究》，硕士论文，西北师范大学，2002 年。

学诚：《僧尼受戒制度古今谈》，《法音》1997 年第 3 期。

杨际平：《唐末五代宋初敦煌社邑的几个问题》，《中国史研究》2001 年第 4 期。

杨际平：《唐末五代宋初敦煌社邑几个问题的再商榷》，《中国史研究》2005 年第 2 期。

杨孝容：《从〈比丘尼传〉看刘宋时期的尼僧概况》，《宗教学研究》（成都）1997 年第 2 期。

杨孝容：《中国历代比丘尼》，《法音》1998 年第 4 期。

杨森：《敦煌社司文书画押符号及其相关问题》，《敦煌学辑刊》1999 年第 1 期。

杨森：《谈敦煌社邑文书中"三官"及"录事""虞侯"的若干问题》，《敦煌研究》1999 年第 3 期。

杨宝玉：《唐五代宋初敦煌尼僧史初探》，《五台山研究》，2009 年第 2 期。

杨发鹏：《晚唐五代时期敦煌地区僧尼人口增长及原因探析》，《西北人口》，2009 年第 2 期。

严玉明、王文东：《中国佛教戒律的伦理探讨》，《西南民族大学学报》，2003 年第 6 期。

严耀中：《佛教戒律与唐代妇女家庭生活》，《学术月刊》2004 年第 8 期。

严耀中：《试论中国佛教戒律的特点》，《世界宗教研究》2005 年第 3 期。

严春花：《墓碑文中的中唐比丘尼初探》，《西安文理学院学报》，2005 年第 1 期。

颜廷亮：《关于敦煌地区佛教及其文化的历史进程》，《兰州教育学院学报》1999 年第 3 期。

颜廷亮：《关于敦煌地区佛教及其文化的历史进程（续）》，《兰州教育学院学报》1999 年第 4 期。

杨小敏：《唐代妇女与佛教》，《沈阳师范大学学报》（社会科学版）2003 年第 3 期。

杨梅：《唐代尼僧与世俗家庭的关系》，首都师范大学学报》2004 年第 5 期。

杨梅：《唐代出家女性因缘考》，历史教学 2005 年第 12 期。

袁德领：《归义军时期莫高窟与敦煌寺院的关系》，《敦煌研究》2000 年第 3 期。

杨孝荣：《佛教女性观源流辨析》，博士论文，四川大学，2004 年。

杨惠玲：《唐五代宋初敦煌丧俗研究》，硕士论文，西北师范大学，2003 年。

杨际平：《唐末宋初敦煌土地制度初探》，《敦煌学辑刊》1988 年第 1、2 期。

湛如：《敦煌结夏安居考察》，《佛学研究》1998 年。

湛如：《敦煌布萨与布萨次第新探》，《敦煌研究》1999 年第 1 期。

湛如：《敦煌菩萨戒仪与菩萨戒牒之研究》，《敦煌研究》1997 年第 2 期。

湛如：《汉地佛教度僧辨析——以唐—五代的童行为中心》，《法音》1998 年第 12 期。

湛如：《论敦煌斋文与佛教行事》，《敦煌学辑刊》1999 年第 1 期。

郑炳林：《晚唐五代归义军政权与佛教教团关系研究》，《敦煌学辑刊》2005 年第 1 期。

郑炳林、魏迎春：《晚唐五代敦煌佛教教团的科罚制度研究》，《敦煌研究》2004 年第 2 期。

郑炳林、魏迎春：《晚唐五代敦煌佛教教团的戒律和清规》，《敦煌学辑刊》2004 年第 2 期。

郑炳林：《敦煌写本邈真赞所见真堂及其相关问题研究——关于莫高窟供养人画像研究之一》，《敦煌研究》2006 年第 6 期。

周奇：《唐代国家对寺院经济的控制——以寺院人口为例》，《佛学研究》2004 年。

张弓：《唐五代僧侣地主及僧尼私产传承方式》，《魏晋南北朝隋唐史料》1991 年第 11 期。

张弓：《敦煌秋冬节俗初探》，《1990 年敦煌国际学术讨论会论文集》，辽宁人民出版社，1992 年。

（日）竺沙雅章：《敦煌の僧官制度》，《东方学报》第 31 册。

张煜：《〈续比丘尼传〉初探》，《法音》2005 年第 2 期。

庄圆：《东晋南朝时期尼僧社会生活的历史考察——以〈比丘尼传〉为中心》，硕士论文，华东师范大学，2007 年。

周玉茹：《中国早期比丘尼研究》，硕士论文，西北大学历史系，2003 年。

周玉茹：《印度佛教最早的比丘尼》，《世界宗教文化》2004 年第 1 期。

赵红、高启安：《唐五代时期敦煌僧人饮食概述》，《麦积山石窟艺术论文集》（下）兰州大学出版社，2004 年 6 月。

志道：《中国古代的佛教僧官制度》，《佛教文化》2005 年第 2 期。

王小明：《"尼传"与"尼史"——〈比丘尼传〉浅论》，《法音》2000 年第 2 期。

王永会：《百丈清规与中国佛教僧团的管理创新》，《宗教学研究》2001 年第 2 期。

王永会：《禅宗清规与中国佛教寺院僧团管理制度》，《四川大学学报》2001 年第 1 期。

王书庆：《敦煌文献中五代宋初戒牒研究》，《敦煌研究》1997 年第 3 期。

吴艳：《两晋南北朝与唐代比丘尼僧团比较研究》，硕士论文，中国人民大学，2005 年。

后 记

本书稿是在我的博士学位论文基础上修改完成的。从选题至今，已是七易寒暑，七年时间不可谓长，但也不算短暂。如今在书稿即将付梓时，仍然没有曾经想象中的如释重负的感觉，心里总是忐忑不安。

就像那个长途跋涉的人，一路上寻找梦中的风景，到了终点却发现：许多想象中的美丽不曾经过。

有太多的遗憾留在了最后一个句号里。也许这并不是坏事。自知留有遗憾，就有继续前进的可能。也许我需要的，只是时间。

虽然粗陋，我仍想用它来表达我所有的感谢：

首先诚挚感谢导师陆庆夫先生，从论文的选题到开题及至整个撰写过程，先生都投入了大量的精力，字字句句的圈点，无不渗透着先生的心血。先生总是以他的博大胸怀和宽容之心原谅包容我的莽撞与冒失，并且自始至终都尽心尽力、无微不至地帮助我、关爱我。在此唯愿先生幸福安康！

感谢我的老师郑炳林先生，先生引领我踏入纷繁复杂的敦煌学学术殿堂。三年的悉心栽培与言传身教，让我受益匪浅。

感谢马德先生，硕士期间有幸上先生的课，从中受益匪浅，之后，先生参加我的硕士毕业论文答辩，提出了许多修改意见和建议，并激励我不断地进步。博士期间，先生一如既往地关心我、帮助我，博士论文的选题很大程度上来自先生的点拨。题目选定后，每每写作遇到困难，先生总是耐心加以解答，并无私地提供大量的相关资料。论文结稿后，交打印初稿给先生审阅，先生多次翻阅，从打印稿的卷角可知先生的仔细程度。先生的这种治学精神和高尚品德，使我深受感动。此书稿是在博士论文基础上修改完成的，修改期间，先生依然很关注，耐心地答疑解惑，提供大量的图版资料，并答应结稿后再做一次审阅。今生能遇到先生这样的学者，是一种福气，我会努力不断地进步来回报先生。

感谢我的硕士导师李并成教授和李正宇研究员，六年多来，他们始终关心着我的学习，每次遇到问题，他们总是不厌其烦，帮我耐心推敲。在论文写作过程中，他们时时关注，不但提供大量的资料，还给我以肯定与鼓励，时时鞭策，促我成长。他们严谨的治学态度、诲人不倦的治学育人精神是我永远学习的楷模。

感谢支持和培养我的各位老师，他们是王冀青老师、杜斗城老师、冯培红老师、刘永明老师、魏迎春老师等。

感谢我的学友李军、杨学勇、韩春平、张元林、姜涛、李艳，以及师兄弟陈双印、王祥伟、许栋、魏郭辉、段玉泉等，也曾给予多方面的支持与帮助，在此一并铭谢！

感谢《世界宗教研究》、《历史教学》、《云南社会科学》、《敦煌学辑刊》、《宁夏社会科学》等刊物发表本书稿的部分研究成果，鼓舞和激励我不断地前行。感谢云南省委社会科学规划办的出版资助。

感谢我的家人，是他们的无私支持与默默奉献，给了我完成学业的信心、动力和热忱。没有他们，就不可能有三年的读博生活，更不可能有今天的圆满结局。家人的牺牲和付出，希望能在今后的生活中加以报答！

我深深知道，书稿的完成，仅仅是我学术生涯的开端。今后的学术之路仍然漫长而艰辛，我坚信：只要"坚而不烦，劳而不避"，总能不断进步。也许，这才是对上述师友和亲人的最好报答。

石小英
2012 年 12 月 31 日

责任编辑:邵永忠

图书在版编目(CIP)数据

八至十世纪敦煌尼僧研究/石小英 著. -北京:人民出版社,2013.7
ISBN 978 - 7 - 01 - 011744 - 7

Ⅰ.①八… Ⅱ.①石… Ⅲ.①敦煌(历史地名)-尼姑-研究-8~10 世纪
②敦煌(历史地名)-僧侣-研究-8~10 世纪 Ⅳ.①B949.2

中国版本图书馆 CIP 数据核字(2013)第 030952 号

八至十世纪敦煌尼僧研究
BA ZHI SHI SHIJI DUNHUANG NISENG YANJIU

石小英 著

人民出版社 出版发行
(100706 北京市东城区隆福寺街 99 号)

北京龙之冉印务有限公司印刷 新华书店经销

2013 年 7 月第 1 版 2013 年 7 月北京第 1 次印刷
开本:710 毫米×1000 毫米 1/16 印张:23.5
字数:335 千字 印数:0,001-2,000 册

ISBN 978 - 7 - 01 - 011744 - 7 定价:49.00 元

邮购地址 100706 北京市东城区隆福寺街 99 号
人民东方图书销售中心 电话 (010)65250042 65289539